Anneli Hartmann und Robert Leroy (Hg.)

Nirgend ein Ort

Deutschsprachige Kurzprosa seit 1968

Mit einem Vorwort
von Harald Weinrich

Hueber

Lektorat: Dr. Jörg Wormer, München

Umschlaggestaltung unter Verwendung eines Werkes von Max Ernst:
Copeaux d'outre-mer (Späne aus Übersee), 1959, Öl auf Leinwand,
Original 41 x 32,4 cm, Privatbesitz. © VG Bild-Kunst, Bonn.

Abdruck mit freundlicher Genehmigung des Verlages DuMont
Schauberg, Köln, aus: Werner Spies: Die Rückkehr der Schönen
Gärtnerin. Max Ernst 1950–1970. Köln 1971.

Der Verlag dankt den genannten Personen, Institutionen und Verlagen
für ihre freundliche Genehmigung zum Abdruck von Copyright-
Material, soweit sie erreicht werden konnten. Trotz intensiver
Bemühungen konnte mit den Copyright-Inhabern einiger verwendeter
Texte kein Kontakt hergestellt werden. Für entsprechende Hinweise
wäre der Verlag dankbar.

CIP-Kurztitelaufnahme der Deutschen Bibliothek

Nirgend ein Ort: Deutschsprachige Kurzprosa seit 1968 /
hrsgg. von Anneli Hartmann u. Robert Leroy. Mit e. Vorw. von
Harald Weinrich. – 1. Aufl., München [i.e. Ismaning] :
Hueber, 1987.
ISBN 3-19-001461-2
NE: Hartmann, Anneli [Hg.]

1. Auflage
3. 2. 1. | Die letzten Ziffern
1991 90 89 88 87 | bezeichnen Zahl und Jahr des Druckes.
Alle Drucke dieser Auflage können, da unverändert, nebeneinander
benutzt werden.
© 1987 Max Hueber Verlag · München
Satz: Fotosatz Weihrauch · Würzburg
Druck: RMO-Druck · München
ISBN 3-19-001461-2

Inhaltsverzeichnis

Anhang

Vorwort

Die Kunst ist lang, das Leben kurz, und kurz ist auch eine Deutschstunde. Wieviel Literatur paßt denn eigentlich in eine Deutschstunde, und ist in ihr überhaupt Platz für Literatur? Einige Kleingläubige haben gemeint, das passe ganz und gar nicht zusammen: die große Literatur und die kleine Deutschstunde. Man solle sich doch eher damit begnügen, das zu lehren, was man im Alltag braucht und was man gelegentlich mit einem schrecklichen Wort „Fertigkeiten" nennt. Aber was ist das für ein Sprachunterricht, der nur Fertigkeiten lehrt! Womit soll man da eigentlich so schnell fertig werden? Natürlich, wenn man die Ziele des Sprachunterrichts, zumal des Fremdsprachenunterrichts, als bloße Fertigkeiten formuliert, bleibt eigentlich für die Literatur nicht nur kaum Zeit, sondern auch wenig Raum. Denn die Literatur wird mit dem Leben nie fertig und zumal dann nicht, wenn dieses – wie in unserer Zeit – immer komplexer wird. Es ist unter diesen Umständen verständlich, daß der Roman, der schon von seinem Umfang her eine adäquate Darstellung komplexer gesellschaftlicher Verhältnisse am besten ermöglicht, zur Leitgattung der modernen Literatur geworden ist. Aber wer kann es heute schon riskieren, umfangreiche Romane im Sprach- und Fremdsprachenunterricht zu lesen oder zu lesen zu geben! Ich will zwar nicht sagen, das sei nicht möglich. Aber um mit seinen Schülern Romane zu lesen, muß man ganz andere Lesetechniken entwickeln, als sie heute üblich sind.
Solange es daran noch fehlt, ist es besser, kürzere Erzählungen zu nehmen, an denen unsere Literatur ja nicht arm ist. Das geschieht in dieser Anthologie, und deswegen tut sie dem deutschen Sprachunterricht, insbesondere aber dem Unterricht des Deutschen als Fremdsprache, einen guten Dienst. Mit ihrer Kürze kommen die Erzählungen den zeitlichen Beschränkungen des Unterrichts entgegen. Als Anthologie gesammelt, geben sie dennoch einen Eindruck von der Komplexität der Verhältnisse, unter denen wir leben müssen. Denn man hat, wenn man die Erzählungen im Nacheinan-

der der Lektüre auf sich wirken läßt, nicht eben den Eindruck, daß sie insgesamt ein kohärentes Bild von der Gesellschaft in den vier Staaten mit deutscher Landessprache geben. Sie sind vielmehr, aufs Ganze gesehen, sowohl formal als auch inhaltlich äußerst verschieden, und wer nach ihnen ein Bild dieser Gesellschaft entwerfen wollte, hätte einige Schwierigkeiten, seine Leseeindrücke auf einen Nenner zu bringen.

Eines haben diese Geschichten allerdings fast ausnahmslos gemeinsam: sie machen von den hellen Farben einen sehr sparsamen, von den dunklen Farben hingegen einen sehr ausgiebigen Gebrauch. Es wäre naiv, daraus ohne weiteres auf einen ebensolchen Zustand der gegenwärtigen Gesellschaft zu schließen. Stand es denn in früheren Jahrhunderten, als die literarischen Konventionen verlangten, heiter und erbaulich zu erzählen, so gut um die Menschheit? Heute erschweren, ja verbieten es die literarischen Konventionen, heiter und erbaulich zu erzählen, wenn die Erzählung literarischen Rang beanspruchen will. Das muß man als eine zeitbedingte poetologische Vorgabe akzeptieren und als konventionellen Filter zwischen der Literatur und der Wirklichkeit verstehen und mitinterpretieren. Darin eben liegt das spezifische Raffinement der modernen Literatur, und genau dadurch zwingt sie uns, über uns und unsere Umwelt mehr und tiefer nachzudenken, als wir das sonst in den Geschäften des Alltags zu tun geneigt sind. Das muß auch im Sprachunterricht, und zwar ganz besonders im Fremdsprachenunterricht geschehen, da dieser ja nur dann seine Wirkung voll entfalten kann, wenn er, so kurz eine einzelne Deutschstunde auch sein mag, Zeit zum Nachdenken gibt. Es schadet nichts, wenn man dann mit dem Nachdenken nicht fertig wird. Die Literatur ist vielleicht vor allem dazu gut, Skepsis gegenüber allen rasch erworbenen Fertigkeiten zu erzeugen und geduldig zu lehren, mit Unfertigkeiten zu leben, einschließlich der eigenen.

Harald Weinrich

Zu diesem Band

Die Lesesucht ist ein thörigter, schädlicher Mißbrauch, ein wirkliches Übel, das so ansteckend ist, wie das gelbe Fieber in Philadelphia; sie ist die Quelle des sittlichen Verderbens für Kinder und Kindeskinder. Thorheiten und Fehler werden durch sie in das gesellige Leben eingeführt, nützliche Wahrheiten entkräftet, Irrtümer und Vorurteile begünstigt und vermehrt. Verstand und Herz gewinnt nichts dabei; der Geist verwildert anstatt veredelt zu werden.
Johann Gottfried Hoche (1794)

Solche Vorwürfe sind inzwischen längst verstummt: Statt die angeblich schädliche Lesesucht anzuprangern, beklagt man sich in unserer modernen Mediengesellschaft über Leseunlust und ein um sich greifendes Desinteresse für Literatur. Immer häufiger werden sogar Beschwerden laut, selbst die Lesefähigkeit sei abhanden gekommen. Mit dafür verantwortlich ist zweifellos die schrittweise Verdrängung der Literatur aus dem Unterricht durch Sachtexte, Zeitungsartikel und Comics, aber auch ihr verbreiteter Gebrauch oder Mißbrauch für literaturfremde Zwecke. Um aber dem Mißstand abzuhelfen, sind anspruchsvolle und ansprechende literarische Texte die Voraussetzung.

Das vorliegende Lesebuch enthält ein breites und neuartiges Lektüreangebot zeitgenössischer Erzählungen. Es richtet sich zunächst an Deutschlehrer der gymnasialen Oberstufe und Universitätsdozenten im Ausland, die erfahrungsgemäß wenig Zeit und Gelegenheit haben, sich mit neuesten Veröffentlichungen im Bereich der deutschsprachigen Prosa vertraut zu machen. Den im Deutschen fortgeschrittenen Schülern und Studenten kann dadurch ein Zugang zur Gegenwartsliteratur der Bundesrepublik, der DDR, Österreichs und der Schweiz eröffnet werden, so daß vielleicht auch interkulturelle Barrieren abgebaut werden. Möglicherweise findet die Anthologie aber auch im Inland im Literaturunterricht und in Hochschulseminaren Verwendung. Angesichts des nahezu unüberschaubaren Marktes belletristischer Neuerscheinungen kann dieser Querschnitt jüngster Prosa außerdem all denjenigen eine willkommene Hilfe sein, die sich ‚im Alleingang' über die neue Literatur informieren wollen.

Zeitlich wurde die Auswahl auf die jüngste Prosa begrenzt – berücksichtigt wurden nur Publikationen, die 1968 und später erschienen –, da man davon ausgehen muß, daß zwar die deutsche Literatur der Nachkriegszeit weitgehend bekannt und präsent ist, daß aber, vor allem im Ausland, die Literatur der 70er und 80er Jahre weniger verbreitet und nur schlecht zugänglich ist. Die Festlegung auf das Jahr 1968 ist wie jede derartige exakte Datierung im Bereich der Literatur nicht ohne Willkür. Dennoch bietet sich '68 als Zäsur an, weil damals – in erster Linie in der Bundesrepublik – eine Politisierungsphase, die auch die Literatur erfaßt hatte, zu ihrem Höhepunkt und Ende kam. Danach erfolgte eine Umorientierung, für die man den Begriff der literarischen ‚Tendenzwende' geprägt hat.

Das Lesebuch versteht sich als Dokumentation dieser neuen Literatur, die in den einzelnen deutschsprachigen Ländern ihre Akzente doch deutlich anders setzt als die frühere. Die Anthologie tritt dafür den Beweis an. Als repräsentativ kann die Sammlung, wenn ein solcher Anspruch überhaupt erhoben werden darf, allenfalls im Bereich der Kurzprosa gelten – das Bild wäre womöglich ein ganz anderes, wenn Romane vorgestellt würden. Zudem ist die Auswahl naturgemäß subjektiv: Aufgenommen wurde, was uns überzeugt hat, ohne Rücksicht auf Verkaufszahlen, Feuilletonerfolge oder offizielle Anerkennung der Schriftsteller. Auch wurde im Regelfall unbekannteren und jüngeren Autoren der Vorzug gegeben vor der literarischen Prominenz. Um eine möglichst vielseitige, breit gefächerte Sammlung anzubieten, wollten wir allerdings eine gewisse Textlänge nicht überschreiten; daher sind einige Autoren nicht vertreten, die hier sonst durchaus ihren Platz gehabt hätten.

Das Grundprinzip bei der Zusammenstellung der Anthologie war, nur vollständige Prosatexte aufzunehmen. Bewußt wurde von der gängigen Praxis Abstand genommen, auch Auszüge aus Romanen oder Theaterstücken zu präsentieren, denn nur ‚abge-

schlossene' künstlerische Gebilde lassen eine sinnvolle Form-
analyse zu. Somit bietet sich die Möglichkeit, die Erzählungen im
Unterricht nicht nur unter inhaltlichen, sondern auch unter for-
malen Gesichtspunkten zu besprechen, so daß eine ästhetische
Sensibilisierung für und durch diese noch ungewohnte Literatur
erreicht werden kann.

In den letzten zwanzig Jahren hat sich in der Bundesrepublik, aber
auch in Österreich, der Schweiz und der DDR die literarische
Landschaft erheblich verändert, was zum einen auf die resignierte
oder kritische Abwehr von früheren politischen Haltungen zurückzuführen ist, zum anderen damit verbunden ist, daß man im
Sinne ‚Neuer Subjektivität' andere literarische Modelle und
Sprechweisen einsetzte. In einem Kommentar zu den Texten wird
der Versuch unternommen, solchen Fragen der literaturgeschicht-
lichen Einordnung nachzugehen und die Veränderungen des gesellschaftlichen und literarischen Kontexts zu skizzieren. Vor allem
aber sollen „Zugänge" zu dieser jungen Literatur eröffnet werden,
Zugänge zu der Eigenart ihrer Themen, Formen und Schreib-
weisen. Dabei werden die einzelnen Texte so vorgestellt, daß den
Lehrenden genügend Interpretationshilfen an die Hand gegeben
werden, um ihnen die Einführung dieser neuen Prosa in den Unterricht zu erleichtern. „Das andere Inhaltsverzeichnis" führt den Leser
auf unübliche Weise in die Texte ein, indem es mit seinen kurzen,
formelhaften Charakteristiken mehr verrät als die Überschriften
und vielleicht auch produktiv irritiert, das heißt Anreiz gibt zur persönlichen Erkundung dieser Literatur.

Bei den Erzählungen wurde auf eine ‚didaktische Aufbereitung'
(Fragen, Aufgaben, Arbeitsanweisungen), die nur allzu leicht
kanonischen Charakter annimmt, verzichtet, um die Rezeption
und den Umgang mit ihnen im Unterricht nicht von vornherein
festzulegen und zu steuern. Die biographischen Angaben enthal-
ten die notwendigen Daten zu den einzelnen Autoren, die unter-
stützend zu Rate gezogen werden können, wenn Fragen der länderspezifischen Besonderheit und der literaturgeographischen Zuordnung diskutiert werden sollen. Die Buchempfehlungen – genannt

werden bei jedem Schriftsteller ein bis drei Prosatitel – können bei der Wahl weiterer Lektüre orientieren. Die Anmerkungen am Ende des Bandes beschränken sich auf die Auflösung von Abkürzungen sowie die einsprachige (d.h. deutsche) Erklärung von Dialektausdrücken und ungewöhnlichen oder wenig gebräuchlichen Wörtern und Begriffen; ferner werden Kurzinformationen zu Personen und Fakten gegeben, sofern deren Kenntnis nicht allgemein vorausgesetzt werden kann.

Dem Benutzer im fremdsprachigen Ausland kommt die Anthologie darüber hinaus vor allem durch ihre Anlage entgegen. Die Texte wurden in vier Gruppen eingeteilt, die vom Leichteren (es gibt allerdings keine ‚Anfängertexte‘) zum Schwierigeren gestaffelt sind. Von Kapitel zu Kapitel nimmt im Durchschnitt gesehen die Länge der Texte zu, während ihre Zahl proportional dazu abnimmt. Gleichzeitig steigen die Anforderungen, die an die Beherrschung des Deutschen und die Fähigkeit, mit literarischen Problemen umzugehen, gestellt werden. Somit kann das Lesebuch auf verschiedenen Stufen des Deutschunterrichts eingesetzt werden. Es bietet gleichermaßen Material für ‚kurze Auflockerungen‘ des Sprachunterrichts wie für größere literaturbezogene Unterrichtseinheiten oder ganze Literaturkurse.

Vor allem aber ist die Anthologie eine Einladung und Aufforderung an den Leser: „Der Leser, gäbe es ihn, wäre folgendes Wesen: ein Mensch, von hinten anzusehen, der gebeugt am Tisch sitzt, unter starker Lampe, reglos zumeist, mit oder ohne Brille, mit oder ohne Augen, sichtbar oder unsichtbar der Kopf. Ein liniiertes Heft vor sich auf dem Tisch, füllt er mit schnellen Schriftzügen, behende die Seiten umblätternd, Zeile um Zeile, bis er, endlich am Ende, die Stirn auf das vollgeschriebene Heft sinken läßt; ein tiefer Seufzer, der sagt, daß nichts es ermöglichen kann, das einmal Geschriebene wieder zu löschen." (Wolfgang Hilbig, *Der Leser*)

Anneli Hartmann/Robert Leroy

Kapitel I

1

Wolf Wondratschek

Geboren 1943 in Rudolstadt/Thüringen. Studium der Literaturwissenschaft und Philosophie in Heidelberg, Göttingen und Frankfurt a.M. Redakteur bei verschiedenen Literaturzeitschriften, dann freier Schriftsteller, Kritiker. 1971/72 Gastdozent an der Universität von Warwick (England). Lebt heute in München.
Gedichte, Prosa, Hörspiele.

▷ Ein Bauer zeugt mit einer Bäuerin einen Bauernjungen, der unbedingt Knecht werden will. Prosa (1970)
▷ Omnibus. Prosa (1972)

Deutschunterricht

Zum Beispiel.
Wenn eine italienische Fußballmannschaft in einem großen, internationalen Spiel gewinnt, informieren sich die deutschen Fußballreporter sofort, ob einer der italienischen Spieler deutscher Abstammung ist. Außerdem weisen sie immer wieder daraufhin, daß verschiedene deutsche Fußballer in Italien sehr gut fußballspielen.
Wir sind bekannt dafür, daß wir genau wissen, wie das Paradies aussieht. Möglicherweise liegt das daran, daß wir nie gelernt haben, richtig zu frühstücken.
Zum Beispiel.
Die deutschen Männerchöre haben ihre Lieder. Adolf Hitler besaß einen deutschen Schäferhund. Auch in Friedenszeiten reden wir gern von unseren Soldaten im Einsatz.
Wie in Bonn mitgeteilt wurde, liegt Berlin am Rhein.

Wir glauben fest daran, daß alles so kommen mußte, wie es kommen mußte. Und darauf sind wir stolz, denn wir haben noch immer keine Ahnung von unseren Befürchtungen.

Die deutschen Gastwirte freuen sich, wenn sich die Gäste über den Zweiten Weltkrieg unterhalten. Das fördert den Umsatz. Nach dem dritten Bier haben die Ausländer Heimweh nach Heidelberg.

Wir zeigen den Touristen auf einer Landkarte, wo Heidelberg liegt. Heidelberg sieht auch bei Regenwetter genauso aus, wie sich die Ausländer Heidelberg bei Sonne vorgestellt haben.

Zum Beispiel.

Die deutsche Nationalhymne[1] hat drei Strophen. Manchmal beginnt sie trotzdem mit der ersten Strophe[1]. Die Melodie erkennen wir an den Trompeten.

An den Rastplätzen der Bundesautobahnen ist Deutschland sehr schön.

Die meisten deutschen Landstraßen sind so angelegt, daß man auch bei Höchsttempo die Kirche im Dorf sehen kann. Ordnung muß sein.

Die Angst vor Kommunisten gehört noch immer zu unserer Erziehung. In der Schule erzählen die Lehrer von Rußland. Sie erzählen, daß viele Russen unsere Sprache verstehen.

Die Eltern machen den Kindern schwere Sorgen.

In Deutschland, so scheint es, begegnen sich immer nur die falschen Leute. Darin haben wir Übung. Dafür sorgen unsere Gesetze. Wir haben noch nie von unserer Vernunft profitiert. Wir ziehen den schwarzen Anzug vor.

CDU[2]. Vor dem Haus ist der Rasen gemäht. Wohlstand für alle. Weißer gehts nicht. Das ist die Hauptsache.

Wir sind vergeßlich. Nur an unseren Irrtümern ist ein Stück Wahrheit. Aber das will kein Mensch wahrhaben. Wir glauben an ordentliche Verhältnisse, nicht jedoch an politische.

Der Humor ist eine Angelegenheit von Spezialisten. Sie müssen uns im Fernsehen zur Heiterkeit überreden. Aber dann lachen wir Tränen, denn wir wollen auf alle Fälle ernstgenommen werden.

Daß das Ganze nur halb so schlimm sei, diese Rechnung geht hier immer auf. Eines der lustigsten Wörter der deutschen Sprache ist das Wort ‚Revolution'.

Zum Beispiel.

Wer dieses Land kennenlernen will, der sollte sich auch mit Frisören unterhalten. Sie sind auf eine leidenschaftliche Weise typisch für dieses Land. Zu ihrer Ausbildung gehört viel Wut.

Der Königinmutter geht es gut. Der Königin geht es gut. Dem König geht es gut. Auch den Kindern des Königspaares geht es gut. Deutsche Zeitungen berichten, es herrschen nun wieder normale Verhältnisse in Griechenland.

Wer keiner Partei und keinem Sportverein angehört, gilt hierzulande als Störenfried. Im Schwarzwald grüßen sich Spaziergänger. Auch die Nachbarn haben einen Hund. Wir lesen unter anderem eine Zeitung. Im Beichtstuhl werden die Priester aufgeklärt. Eine deutsche Frau ist keine nackte Frau.

In den Vorgärten der Einfamilienhäuser stehen bunte Gartenzwerge. Unsere Minister sehen sympathisch aus. Wir leben in einer Demokratie, sagt man.

In Zukunft will Deutschland keine Vergangenheit mehr haben. Da wir zuviel Vergangenheit gehabt haben und da wir mit der Vergangenheit nicht fertig geworden sind, haben wir die Vergangenheit ganz abgeschafft. Jetzt geht es uns besser.

Zum Beispiel.

Wir haben genügend Bundespräsidenten. Das Mittelmeer ist wieder eine deutsche Badeanstalt. Es weht kein anderer Wind.

Wir benehmen uns zwar, als verstünde in Deutschland jeder etwas von Otto Hahn[3], aber ansonsten ist unsere Gleichgültigkeit fast schon ein historischer Zustand.

Ein einziger Flüchtling genügt zur Rechtfertigung unserer politischen Einfallslosigkeit. Die Gleichsetzung von ‚Germany' und ‚Bundesrepublik Deutschland' ist mehr als nur ein Übersetzungsfehler.

Weil uns einfache Überlegungen so schwerfallen, vereinfachen wir die Schwierigkeiten.

Zum Beispiel.

Das Unglück bleibt das Privileg der Unglücklichen. Die Arbeit bleibt das Privileg der Arbeiter. Die Politik soll das Privileg der Politiker bleiben, sagt man in Bonn. Aber diese Fortsetzung hat Folgen. Die Pessimisten kritisieren die Optimisten. Und die Optimisten kontrollieren die Pessimisten. So funktioniert bei uns, was wir unter politischem Dialog verstehen. Doch das wird sich bestimmt eines Tages noch deutlicher zeigen als bisher.

Die Deutschen sehen nicht mehr so aus, als würden sie heute noch Maier und Müller heißen. So weit haben wir es inzwischen gebracht. Und diese Illusion nennen wir Fortschritt.

Das ist typisch. Ein schönes Begräbnis ist wichtiger als der Genesungsurlaub in der Schweiz. Auch der kleine Mann auf der Straße ist nicht größer geworden.

Wir sind alle optisch außerordentlich beeinflußbar. Wer hier vor mehr als sechs Mikrophonen spricht, hat selbstverständlich mehr zu sagen als andere. Die besseren Argumente entsprechen der besseren Kleidung. Diese Verwechslungen haben wir gelernt. Wir machen keine Politik. Wir wollen Eindruck machen.

Wir werden nicht müde, einander beweisen zu wollen, daß wir eigentlich gar nicht so sind, wie wir eigentlich sind.

In Deutschland wird die Unzulänglichkeit robust. Wir verstehen keinen Spaß. Die Polizei hilft ihren Freunden. Die Jugend ist ein Risiko, auf das sich die deutsche Bevölkerung nicht mehr einlassen will. Deshalb sprach unsere Regierung von Naturkatastrophen und verabschiedete Notstandsgesetze[4].

Wir tragen unser Schicksal wie eine Uniform. Wir applaudieren der Lüge. Bei uns sind auch die Holzwege[5] aus deutscher Eiche. Wir erkennen die Juden schon wieder auf den ersten Blick.

2

Peter Härtling

Geboren 1933 in Chemnitz/Sachsen. Zeitungsvolontariat und journalistische Tätigkeit. Später Cheflektor, dann Geschäftsführer des S. Fischer Verlags. Seit 1974 lebt er als freier Schriftsteller in der Nähe von Frankfurt a.M.
Gedichte, Romane, theoretische Essays.

▷ Eine Frau. Roman (1974)
▷ Hölderlin. Roman (1976)

Die Fragenden

In Buchenwald wurden die drei jungen Männer vor eine Landkarte geführt, auf der alle Konzentrationslager mit ihren „Nebenstellen" aufgeführt waren. Verblüfft fanden sie auch den Namen ihrer Heimatgemeinde, W. Davon wußten sie nichts, hatten sie nie etwas gehört. Heimgekehrt, erkundigten sie sich zaghaft auf dem Magistrat[1], ob es in W. oder in dessen Umgebung während der Hitlerzeit ein Lager gegeben habe. Dies könne nicht sein. Nein. Davon müßte man wissen. Da die drei Jungen Kommunisten waren, hielt man sich eher noch mehr zurück.

Sie blieben hartnäckig, fragten weiter, vor allem die älteren Bürger der Stadt. Niemand konnte sich erinnern. Schweigen oder Unwillen waren die Antworten, die sie bekamen. Da sie in ihrer Stadt wohl nichts erfahren würden und das Schweigen sie schmerzte, wendeten sie sich an Archive, auch im Ausland. Sie bekamen rascher Auskunft, als sie erwartet hatten.

Sie lasen, daß ein Konzentrationslager in einem der Stadt nahen Waldstück bestanden habe. Daß in diesem Lager 1600 ungarische

Jüdinnen gefangen gehalten worden seien. Daß diese Frauen für eine Firma auf dem Flughafen hätten arbeiten müssen. Sie erfuhren auch, daß mindestens sechs Frauen von der Wachmannschaft[2] zu Tode gequält worden seien. Als sie dies alles wußten, vor sich liegen hatten, schwarz auf weiß, als die Vergangenheit ihrer Eltern sichtbar wurde in Dokumenten, von Mörderhänden abgegriffenen Papieren, als die Stadt zu flüstern begann, noch nicht mehr, fingen die jungen Männer im Wald an zu graben. Sie stießen bald auf die Fundamente der gesprengten Baracken, fanden Helme, Werkzeuge. Jeden Abend saßen sie zusammen, schrieben auf, sammelten, zeichneten den Grundriß des Lagers.

Plötzlich begannen einige Bürger doch zu sprechen. Das Schweigen redete: Warum sie an diese alten Geschichten rührten. Das gehe sie nichts an. Sie sollten die Hände davon lassen. Sie beschmutzten mit dieser Wühlerei das Ansehen ihrer Gemeinde. Das Waldstück gehöre gar nicht zu W., sondern zu Z. Aber sie hörten auch, es habe vor einigen Jahren eine alte Frau nach dem Lager gefragt, nach einer Gedenkstätte, an der sie Blumen niederlegen wolle. Sie erhielten, nachdem ihre Suche bekannt geworden war, Briefe aus allen Himmelsrichtungen. Aus Israel meldeten sich Überlebende. Die jungen Männer sparten und fuhren hin, um die Frauen zu befragen. Einer von ihnen berichtete, er habe, weil der Schmerz für ihn so übermächtig geworden sei, das Tonband abstellen müssen. Er ersetzte das Schweigen seiner Väter durch seines.

Sie entdeckten die Gräber der sechs ermordeten Frauen. Nicht auf dem Friedhof in W., sondern auf einem Friedhof in dem dreißig Kilometer entfernten O.

Da sie nun das schreckliche Schweigen begriffen hatten, da sie genau und unerbittlich nacherzählen konnten, was geschehen war, legten sie Wert darauf, daß ein Stein mit einer Inschrift an die verleugnete Stätte erinnere. Wieder wehrten sich die Stimmen. Dann müßten auch die Opfer des Kommunismus. Wenn überhaupt. Warum überhaupt? Ihre Geduld setzte sich durch. Den Stein wird es geben.

3

Thomas Brasch

Geboren 1945 in Westow (England). Sohn eines SED-Funktionärs. Studium der Journalistik in Leipzig. Nach der Exmatrikulation arbeitete er als Packer, Kellner und Straßenarbeiter. Haft wegen „staatsfeindlicher Hetze". 1976 Übersiedlung nach West-Berlin. Lyrik, Erzählungen, Stücke, Drehbücher.

▷ Vor den Vätern sterben die Söhne. Erzählungen (1977)
▷ Engel aus Eisen. Filmbuch (1981)

Mit sozialistischem Gruß
(Aus Ramturs Nachlaß)

Erster Brief:
Lieber Kollege Direktor!
Heute will ich Ihnen schreiben. Ich bin Herr Ramtur aus der Dreherei und möchte Ihnen einen Vorschlag unterbreiten: Schicken Sie mir bitte jeden Monat mein Gehalt zu. Ich möchte ein Jahr lang nicht arbeiten.
Viele Grüße
Kollege Ramtur

Erste Antwort:
Lieber Kollege Ramtur!
Ich habe Ihren Brief bekommen. Was soll aus unserer Fabrik werden, wenn alle so denken, wie Sie? Kommen Sie sofort zur Arbeit.
Kollege Direktor

Zweiter Brief:
Lieber Kollege Direktor!
Ich möchte Ihnen noch einen Vorschlag machen. Wenn ich ein Jahr nicht arbeite, hat die Fabrik einen Verlust von 2376 Stunden. Das sind genau 99 Tage. Ein Jahr hat 52 Sonnabende und 52 Sonntage. Wenn ich im folgenden Jahr jeden Sonnabend und jeden Sonntag 24 Stunden arbeite, haben Sie dazu noch einen Gewinn von 120 Stunden, die ich dem Betrieb schenke.
Herzlich
Kollege Ramtur

Zweite Antwort:
Lieber Kollege Ramtur!
Das geht alles nicht. Auch ich möchte manchmal nicht arbeiten und muß morgens im Bett weinen. Ich habe auch nicht mehr viel Geduld mit Ihnen.
Kollege Direktor

Dritter Brief:
Lieber Kollege Direktor!
Ich möchte mich mit meiner Frau unterhalten über
a) meine Frau
b) mich
c) unsere Ehe
d) Kunst und Fernsehen
e) Haushalt, Reparaturen, Neuanschaffungen
f) unsere Kinder (Zustand und Perspektive)
g) das Leben, Qualifizierung, Weiterbildung
Da ich bisher um 17 Uhr nach Hause kam und keine Konzentration hatte, brauche ich für die genaue Analysierung der Probleme ein Jahr. Ich bitte Sie, das einzusehen.
Kollege Ramtur

Dritte Antwort:
Kollege Ramtur!
Sie kommen jetzt schon acht Wochen lang nicht zur Arbeit. Das habe ich gemeldet. Sie werden Bescheid bekommen. Sie haben mich dazu gezwungen.

Vierter Brief:
Herr Direktor!
Ich bin jetzt für 15 Monate in einer verschlossenen Weberei tätig. Hiermit teile ich Ihnen mit, daß sich eine Fortführung unseres Briefwechsels damit erübrigt.
Herr Ramtur 57382

4

Jürg Federspiel

Geboren 1931 in Winterthur (Schweiz). Zuerst Journalist, dann freischaffender Schriftsteller. Lebt in Basel und im Ausland.
Romane, Erzählungen.

▷ Die Märchentante. Erzählung (1971)
▷ Paratuga kehrt zurück. Erzählungen (1973)

Schweizer, einem Mißgeschick zuschauend

Man hört die Leute von weitem lachen. Sie stehen auf der Traminsel[1], auf dem Trottoir, ein paar sind auf den Tramschienen stehengeblieben, und aller Blick ist auf einen Mann gerichtet, er mag vielleicht Mitte fünfzig sein, und auf ein Wägelchen, das so hoch beladen ist, wie der eher kleine Mann groß ist. Auf dem Wägelchen (eigentlich nur ein Brett, einen Meter breit, zwei Meter lang, und daran angebracht vier Rädchen, von etwa zehn Zentimeter Durchmesser, ich glaube, in Warenhäusern braucht man solche Vehikel, um Teppiche zu transportieren), nun, das Wägelchen ist vollgepackt. Man erkennt ein zusammengeklapptes eisernes Bettgestell, zwei Matratzen, drei pralle, verschnürte Jutesäcke, zwei grüne, verschlissene Polster und auf den Polstern mehrere Koffer. Auf den Koffern liegen Pappschachteln aufgetürmt, mit mehreren Schnüren umwickelt; zuoberst ist ein zusammengerollter Teppich zu erkennen, aus dem Besenstiele herausragen. Gekrönt wird dies alles von vier Stühlen, die mit der Sitzfläche nach unten den zusammengerollten Teppich einrahmen.
Offenbar sind die Stühle heruntergefallen, jetzt, als ich näherkomme, ist der Mann damit beschäftigt, sie wieder an ihrem Ort zu be-

festigen. Er tut das ohne Hast und ohne sich um die Zuschauer zu kümmern. Er hat ein kräftig geschnitztes Bauerngesicht, schwarzgraue Haare, olive Haut, dunkelbraune Augen; untersetzt, mager und breitschultrig. Nun umkreist er mit langen, bedächtigen Schritten noch einmal diesen Riesenballast, nimmt Augenmaß, geht zur Deichsel, packt sie prüfend an und beginnt zu ziehen.

Ich betrachte die Gaffenden: einige schütteln mißbilligend den Kopf. Ob die Mißbilligung dem überfrachteten Wägelchen gilt, ich meine: *an sich?* Kein anständiger Mann transportiert auf diese Weise seinen halben Hausrat, nicht wahr? Vielleicht ist er nicht ganz im Kopf beieinander? Das kann man in Neapel machen oder in der Türkei, hier sind wir in Basel, auf dem Claraplatz … In die Gesichter tritt nun Spannung, Staunen, Zweifel, Belustigung auch. Die Zahl der Gaffer wächst. Es ist elf Uhr morgens, Samstag, man hat in einem der drei Warenhäuser oder in den Supermarkets eingekauft und strebt zum Auto oder ins Restaurant; nun dieses unerwartete Schauspiel.

Es klappt! Der Mann, rückwärts gehend, seine Augen auf die Fuhre gerichtet, hat nun ungefähr drei Meter vorwärts gemacht, Richtung Mittlere Rheinbrücke. Schon will man sich abwenden, da, in diesem Augenblick gerät das linke hintere Rädchen in eine Tramschiene, die Ladung beginnt zu rutschen, hält sich noch, der Mann läßt die Deichsel fahren, umfaßt mit beiden Armen die Ladung, und in diesem Augenblick kippt einer der Stühle vornüber, baumelt noch an der Schnur. Aber nun beginnt das Ganze zu rutschen. Die übrigen Stühle, dann die Pappschachteln und der zusammengerollte Teppich fallen auf den Boden, die Koffer mit sich ziehend, dann rutschen auch die Polster nach, die Säcke. Gelächter. Es ist tatsächlich komisch. Ungerecht wäre es, von Schadenfreude zu reden.

Der Mann bleibt unbeirrt. Er löst den Strick, mit dem er die Fuhre zusammengebunden hat, und beginnt Ordnung zu schaffen. Zuerst die Jutesäcke, die er diesmal auf die Polster legt, hierauf die Koffer, die Kartonschachteln und so weiter. Auf der andern Seite fährt eine Trambahn vorbei, auf der *andern,* Gottseidank. Der

Mann schwitzt, doch seine Tätigkeit ist ohne Nervosität, ohne Hast. Die Zuschauenden lachen wie im Kino. Buster Keaton oder Laurel *ohne* Hardy. Niemand hilft. Wer hilft schon im Kino? Der Mann hat inzwischen die Stühle wieder plaziert, überprüft das Getane und schickt sich schließlich wieder an, seinen Karren weiterzuziehen. Er ist allein auf der Welt. Er hat seine Aufgabe. Die Rädchen rollen.

Vermutlich hat der Mann etwas zu rasch gezogen, das Gewicht der Stühle nicht ganz exakt eingesetzt, denn jetzt widersetzt sich, nach hinten absackend, die ganze Packung dem Lauf, störrisch wie ein Steinesel[2]. Die Stühle fallen links und rechts nieder wie Flügel, die Kartonschachteln rutschen unter dem Teppich hervor, die Koffer scheren aus und plumpsen auf den Asphalt.

Das Wiehern und Gelächter der Zuschauer erfolgt wie auf eine gelungene Clown-Nummer. Das Trottoir ist voll von Leuten, auf dieser und auf der andern Straßenseite. Immer noch fröhlich. Ein paar Gesichter freilich lassen Bedenken aufkommen; ein paar, hauptsächlich Männer, lachen nicht. Da nicht getrommelt und auch nicht gepfiffen wird, muß es sich ja wohl um Unfug handeln. Sonst ist bei solchen Ereignissen die Polizei gleich zur Stelle. Mit Blaulicht, versteht sich.

Der Mann (vielleicht ein Italiener, ein Grieche oder ein Türke, bestimmt kein Hiesiger) macht sich wieder an die Arbeit. Auf Zurufe, er solle doch zuerst *eine* Fuhre bewältigen, dann die andere, reagiert er nicht. Er bückt sich, löst Schnüre, baut auf, überlegt, sortiert; Sisyphos ist ohne Würde nicht vorstellbar. Sein Instinkt sagt ihm, daß auf seiner Seite nun eine Trambahn kommen müsse; er trägt flugs und dennoch ohne Hast die heruntergefallenen Stühle, Koffer, Schachteln und den Teppich auf das Trottoir, rückt das Wägelchen an den Straßenrand und – läßt die Trambahn vorbeifahren.

Niemand hilft. Oh nein, es ist nicht Hohn oder Mangel an Menschlichkeit (zunächst nicht), es ist Neugierde. Was wird der Mann nun machen? Dieser Mann auf dem Mond?

Er macht weiter. Säcke, Polster, Koffer, Pappschachteln, der

Teppich mit Haushaltsgeräten, die vier Stühle; sorgfältig, ja liebevoll türmt er Besitz auf Besitz, verknotet Schnüre, richtet aus, schätzt Gewichte ab, rückt zurecht, begutachtet. Ein Hirt seiner Habe.

Man wartet ab. Grinst. Starrt. Zuweilen Lacher der Vorfreude. Auch die *möglichen Landsleute* schauen zu. Einige irritiert, andere einfach als Mitlacher. Narr ist Narr. Der Bodensatz Italiens, hat ein vornehmer Schweizer Politiker einmal gesagt. Einer sagt endlich laut und deutlich, man müsse nun die Polizei holen oder so. Er sagt es mit einem Unterton von Beileid und Mitleid, denn wer holt schon gern die Polizei?

Achtung. Der Mann hat sich wieder neben die Deichsel gestellt. Das Wägelchen beginnt sich in Bewegung zu setzen, die Ladung wackelt bedrohlich. Ja, es klappt. Diesmal klappt es.

Die Menge beginnt zu klatschen und Beifall zu lachen. Fünf Meter hat der Mann mit seiner Last hinter sich gebracht. Da gerät das Wägelchen in eine Art Eigenschwingung, die Beine der Stühle zappeln und schwingen, die Schachteln rutschen hervor, und ganz unten beginnt das eiserne Bettgestell sich abzusetzen, die Matratzen kleben sich verzweifelt an ihre Unterlage und folgen nach, die Polster, alles, ja alles. Wirklich alles.

Die Menge johlt, klatscht, lacht.

Verachtung? *Nein.*

Beifall; *Ja.* Beifall wofür; Beifall für wen? Beherzte (heißt es nicht so?) Männer überqueren die Straße, reden freundlich auf den finsteren Mann ein, den seltsamen; er hört zu, ohne zuzuhören, will seine Arbeit von neuem beginnen –, aber man beginnt die Sachen aufzuheben, zu sortieren, und am Ende bringt man den Mann mit seinen Sachen buchstäblich um die Ecke und in eine Gasse, in der er offenbar zu wohnen gedenkt.

Das Leben schreibt doch die schönsten Geschichten. Nicht die wahren. Aber die schönsten.

5

Volker Braun

Geboren 1939 in Dresden. Zuerst Arbeiter, dann Studium der Philosophie in Leipzig. Lebt in Berlin (DDR). 1965/66 Dramaturg beim Berliner Ensemble, seit 1972 Mitarbeiter des Deutschen Theaters Berlin.
Gedichte, Stücke, Prosatexte.

▷ Das ungezwungene Leben Kasts. Prosa (1972)
▷ Unvollendete Geschichte. Erzählung (1975)

Harmlose Kritik

Manches, das Hinze mißfiel, lehnte er nicht rundheraus ab, er kratzte nur am Lack. Vor einem Denkmal monierte er das *Material;* dieser Feldherr und erste Diener seines Staates stand glänzend auf dem Sockel, als hätten sich die Zeiten nicht geändert. Hinze schlug vor, solch edle Köpfe oder Körper aus aufblasbarem Zeug zu fertigen: wenn sie nicht mehr so berühmt seien, könne man ein wenig Luft herauslassen, in gnädigeren Epochen sie wieder in Form bringen, jedenfalls aufs Tagesmaß profilieren. (Sich selbst wünschte Hinze aus Gummi gegossen zu Pferde, damit die Autos unbeschadet dagegenfahren könnten.) Da seine Kritik so wenig prinzipiell formuliert war, blieb offen, ob er überhaupt gegen Denkmäler fechtelte[1] – oder gegen eine wankelmütige Art, die Vergangenheit (Gegenwart) hinzustellen.

6

Jurek Becker

Geboren 1937 in Lodz (Polen). Jugend im Ghetto und KZ. Lernte erst 1945 Deutsch. Studium der Philosophie, dann freier Schriftsteller in Berlin (DDR). Mitglied der SED bis zum Ausschluß (1976). 1977 Austritt aus dem Schriftstellerverband der DDR. Lebt seit Ende 1977 mit einem langfristigen DDR-Visum in West-Berlin. Romane, Erzählungen.

▷ Der Boxer. Roman (1976)
▷ Schlaflose Tage. Roman (1978)

Die Strafe

Wie durch ein Vergrößerungsglas siehst du die erhobene Hand des Polizisten. Du weißt sofort, was du falsch gemacht hast. Du fährst an den Straßenrand und steigst aus, du hast Strafe verdient.
Der Polizist verlangt, nachdem er korrekt gegrüßt hat, den Führerschein, den Ausweis und die Zulassung[1] für dein Auto. Du hast alles bei der Hand und gibst es ihm. Er blättert darin. Du kannst nicht erkennen, ob er gut oder schlecht gelaunt ist. Während du ihm zusiehst, spürst du auf einmal dein Herz schlagen. Er betrachtet jede Seite so genau, als suche er eine bestimmte Spur. Du weißt, daß deine Papiere in Ordnung sind, was wird er finden? Er vergleicht das Geburtsdatum in deinem Führerschein mit dem Geburtsdatum in deinem Ausweis. Es ist dasselbe. Dann zeigt er auf ein Wort im Ausweis, das er nicht entziffern kann. Er fragt, was das heißen soll. Du antwortest: Wilhelm-Blos-Straße. Er blickt noch einmal genauer hin und sagt dann: Komisch. Er blättert weiter. Du siehst ein Auto vorüberfahren, viel schneller, als du gefahren bist.

Der Polizist vergleicht das Nummernschild mit der Eintragung in den Wagenpapieren. Dann vergleicht er das vordere Nummernschild mit dem hinteren Nummernschild. Er findet keinen Fehler. Er klappt Führerschein, Ausweis und Zulassung zu, gibt sie dir aber nicht zurück. Er fragt, ob du weißt, warum du angehalten worden bist. Du antwortest: Ja. Er fragt dich: Warum? Wegen zu schnellen Fahrens, sagst du. Er sagt: Richtig. Darauf weißt du nichts zu entgegnen. Er fragt, wie schnell du hier fahren darfst. Du antwortest: Dreißig. Er fragt: Und wie schnell sind Sie gefahren? Du sagst: Sechs-, siebenunddreißig vielleicht. Er sagt, daß du mindestens fünfzig gefahren bist. Du schüttelst den Kopf, aber du kommst dir nicht überzeugend vor. Gegen deinen Willen sagt es aus dir heraus: Höchstens vierzig. Dabei weißt du genau, wie recht er hat, du bist fünfzig gefahren. Du siehst ihn auf den Zehenspitzen wippen. Du siehst, wie er mit deinen Papieren, die er in der rechten Hand hält, immer wieder auf seine linke Handfläche schlägt. Du siehst in seinem Blick die Frage, für wie dumm du ihn hältst, und auch die Warnung, seine Gutmütigkeit nicht zu strapazieren. Er fragt, ob du die Straßenverkehrsordnung kennst. Du sagst: Ja. Er nennt eine Zahl und fragt dich, ob du den entsprechenden Paragraphen kennst. Du antwortest, daß du die Nummern der einzelnen Paragraphen nicht auswendig weißt. Er sagt, es ist der Paragraph, der von Geschwindigkeitsbegrenzung handelt. Du sagst, ja, der ist dir bekannt. Er fragt: Wenn Sie ihn kennen, warum richten Sie sich nicht danach? Wieder bist du um eine Antwort verlegen. Er läßt dir etwas Zeit, dann fragt er dich noch einmal, warum du zu schnell gefahren bist. Du sagst: Wohl aus Gedankenlosigkeit. Du hast das Gefühl, daß ihm diese Antwort gefällt. Er erklärt dir, wohin es führen würde, wenn jeder Verkehrsteilnehmer die aufgestellten Schilder mißachtete, wie du es getan hast: ins Chaos. Dann nennt er ein paar Zahlen, die Höhe des Schadens beziffernd, den solche wie du allein im Laufe des letzten Jahres angerichtet haben. Du raffst deinen Mut zusammen und sagst ihm, daß du in Eile bist. Daß deine Eile, sagst du, wohl auch der eigentliche Grund für dein zu schnelles Fahren war. Er antwortet ruhig: Das hätten Sie sich vorher überlegen müssen.

Er schildert dir den schrecklichen Unfall, der sich vor drei Monaten an genau dieser Stelle ereignet hat. Und warum? Wegen zu schnellen Fahrens.

Er geht mit den Papieren in der Hand zu einem Funkwagen auf der anderen Straßenseite, den du jetzt erst bemerkst. Er setzt sich hinein, in dem Wagen befindet sich ein zweiter Polizist. Sie unterhalten sich. Sie blicken während ihres Gesprächs nie zu dir, so daß du nicht weißt, ob über dich gesprochen wird. Die Entfernung ist so groß, daß du die Mienen nicht erkennen und keine Schlüsse ziehen kannst. Du setzt dich in deinen Wagen und läßt den Motor anspringen, nur so, zum Spaß. Du machst den Motor wieder aus. Du hast Sehnsucht nach dem Augenblick, da man dir das Ausmaß der Strafe mitteilt, die du verdient hast.

7

Angelika Mechtel

Geboren 1943 in Dresden. Arbeitete zeitweise als Fabrikarbeiterin, Zimmermädchen und kaufmännische Angestellte. Lebt als freie Schriftstellerin in München.
Erzählungen, Romane, Hörspiele, Gedichte, Drehbücher.

▷ Die Träume der Füchsin. Erzählungen (1976)
▷ Die Blindgängerin. Roman (1977)

Hochhausgeschichte I

Als seine Frau das erste Kind erwartete, lag Heinz Keller tapfer vor Charkow.
Es wurde ein Sohn.
Achtundzwanzigjährig hatte der Assessor[1] Heinz Keller die damals fünfundzwanzigjährige Irene geheiratet.
Er überlebte Stalingrad.

Acht Jahre später macht ihn der neue Staat[2] zum Staatsanwalt.
Glücklich ist Heinz Keller von der Krim zurückgekehrt[3].
1950 wurde das zweite Kind erwartet, diesmal eine Tochter.
So begann die Zeit des Wohlstands und der Kinder.

Später studiert der Sohn Jura.
Die Tochter heiratet einen Rechtsreferendar[4].
Der Sohn besteht das erste Staatsexamen[5].
Die Tochter bringt das erste Enkelkind.
Der Sohn heiratet.

Die Zeit der Kinder ist vorbei.
Deshalb entschließen sich Heinz und Irene Keller, eine Drei-

31

Zimmer-Wohnung in der Hochhaussiedlung am Stadtrand zu mieten.

Zur gleichen Zeit richtet die Schwiegertochter ein Eßzimmer in Teakholz ein.

Der Sohn besteht das zweite Staatsexamen.

Er ist glücklich und geht in den Staatsdienst.

Wie der Vater.

Der Vater hat sein Leben danach eingerichtet und verdient nicht schlecht dabei.

Im Hochhaus möbliert seine Frau Irene das Wohnzimmer. Auch sie nimmt Teakholz. Ihre Couchgarnitur[6] übertrifft die der Schwiegertochter bei weitem. Und Heinz Keller hat ein humanistisches Gymnasium[7] besucht.

Der Sohn bringt den Enkel. Er kommt aus einem guten Stall und führt den Namen Keller weiter.

Das Geschlecht stirbt nicht aus.

Beinahe fünf Jahre wohnen Heinz Keller und seine Frau nun im Hochhaus am Stadtrand.

Der Sohn wird neunundzwanzig.

Die Tochter zwanzig.

Irene sagt: sie hat zu früh geheiratet.

Sie hat ihre Kinder geliebt wie Nippes[8] in der Vitrine.

Die Zeit der Kinder ist vorbei.

Ihrem Mann ist sie stets eine gute Frau.

Sie leben im siebten Stockwerk zwischen drei Zimmern mit Bad, Küche und Loggia.

Wöchentlich einmal fährt Irene in die Stadt, Einkäufe zu machen.

Sie kauft zum Beispiel Puppen.

Puppen?

Die Nachbarinnen schätzen Irene.

Und im Leben der Kellers hat sich nach dem Krieg nichts Unvorhersehbares mehr ereignet.

Selten ist Stalingrad noch eine Erinnerung wert.

Nur im Sommer zeigt Heinz Keller mit entblößten Beinen die Narben von Hungerödemen.

Andere haben ein Bein verloren.
Das macht die Kellers zufrieden.

Die Hochhaussiedlung kann an den Fensterreihen abgezählt werden.
An den Namensschildern.
Sechs Wohnungen auf einer Etage.
Vierzehn Etagen.
Ein Flachdach.
An den langgestreckten Balkons.
Irene verbringt die Zeit, die nicht mehr mit Kindern ausgefüllt ist, mit Puppen.
Irene zählt ab.
Ich und Du[9].
Vierundachtzig Mietparteien in einem Haus.
Enemenemu[9].
Zehn Hochhausblöcke liegen um einen künstlichen See. Das Baden im See ist verboten.
Achthundertundvierzig Mietparteien.
Irene hat vor dreißig Jahren die Nächte, in denen Nachbarn abtransportiert wurden, unbeschadet überstanden. Sie hat sich nichts Böses dabei gedacht.
Raus bist Du[9].
Heinz Keller sagt: das Maß aller Dinge ist der Mensch.
Grausamkeiten lehnt Irene ab.
Jetzt zerlegt sie Puppen und organisiert die Hochhausgemeinschaft der Nachbarinnen. Sie fühlte sich sonst einsam.
Und sie denkt sich nichts Böses dabei, wenn sie den Puppen Arme und Beine vom Leib trennt.
Sie hat in den ersten Nachkriegsjahren versucht, von selbstgenähten Puppen zu leben, bis sie den Mann von der Krim heimkehren ließen.
Für Heinz Keller ist es unvorstellbar, jetzt noch einmal vor Stalingrad zu liegen.
Es wäre nicht die Todesangst.

33

Vielmehr die Brutalität, der er dort erlegen ist.

Sie glauben beide an das Gute im Menschen.

Befragt, könnte Irene nicht erklären, warum sie den Puppen die Köpfe vom Rumpf trennt.

Sie lieben beide die schönen Dinge des Lebens.

Ein gesunder Mensch, sagt Heinz Keller, kann nicht peinigen.

Er kennt sich aus.

Einer, sagt er, der in geordneten Verhältnissen aufwächst, neigt nicht zur Brutalität.

Seine Frau ist seiner Meinung und häuft zerstörte Puppenteile in der Speisekammer.

Sie umfaßt den blanken Körper einer Puppe. Mit zwei Fingern streicht sie zärtlich am Bauch entlang, bis sie ihn aufschneidet.

Sie hat zärtliche Hände.

Alte Puppen hatte sie schon als Kind gehortet.

Am Seeufer gegenüber fahren die letzten Mütter ihre Kinderwagen nachhause.

Heute Abend, sagt Heinz Keller, können wir auf dem Balkon sitzen.

Wir sollten an unseren Urlaub denken, sagt Irene.

Im Frühjahr machen sie stets Sommerpläne.

In der Küche bereitet sie das Abendessen. Er deckt den Tisch auf dem Balkon.

Er ist ein guter Mann.

Auch abends trinken sie Tee oder Apfelsaft. Den Apfelsaft beziehen sie kastenweise.

Sie öffnen Prospekte auf der Tischplatte. Irene faltet die Glanzpapiere auseinander und greift mit beiden Händen nach den bunten Bildern.

Im Sand liegen, sagt sie, fünfundfünfzigjährig.

Oder Pompeji besichtigen, sagt er.

Jetzt können sie wohlgeordnete Dias der letzten fünfzehn Jahre aus der Schublade holen und die belichtete Freude der Kinder betrachten.

Irene Keller lächelt immer, wenn sie fotografiert wird.

Wenn wir verreisen, sagt sie, brauche ich ein neues Kleid.

Ihr Hochzeitskleid hängt noch im Schrank.

Mit zwei Fingern streicht sie ihrem Mann über die entblößte Kopf-hälfte, erinnert sich und sagt: deine Haare!

Sie hat zärtliche Hände.

Wie kannst du so grausam sein, sagt er, wenn sie ihn an seinen Haarausfall erinnert.

Bin ich grausam? fragt sie und begießt gewissenhaft ihre Blumen in den Balkonkästen.

Sie spart nicht am Wasser.

Wie die Nachbarinnen, die einen friedlichen Eindruck machen und sich grüßend über die Brüstungen zunicken.

Sie denken daran, auch in zehn Jahren noch ihre Geranien so zu pflegen wie heute.

Sie sind gute Nachbarinnen und haben schöne Blumenfenster.

Einmal wöchentlich treffen sie sich in einem ihrer Wohnzimmer.

Sie sagen sich etwas.

Oder sie erzählen.

Sie richten Hochzeiten aus und Geburten.

Oder sie lesen gemeinsam.

Sie sind gebildete Frauen.

Zum Beispiel Fontanes „Wanderungen durch die Mark Branden-burg".

Oder sie sprechen zwischen Kaffee und Kuchen und sanften Hand-bewegungen über den Mann und die Buddenbrooks[10].

Drei Monate lesen sie daran.

In der zweiten Etage zieht eine andere Familie ein.

Einige Wochen später steigt die Frau aus dem zweiten Stock zu einer der Damen aus dem siebten Stock in den Aufzug.

Befragt, gibt die Frau an, daß sie von der Arbeit komme.

Schade, sagt Irene Keller, sie wird keine Zeit haben, einen Nach-mittag mit uns zu verbringen.

Neugierig erkundigt sie sich, welcher Arbeit die Frau nachgeht und erfährt, daß sie in einer Puppenfabrik arbeitet.

In so einem Hochhaus, sagen die Nachbarinnen, kommt eben allerlei zusammen. Diese Hochhaussiedlungen machen keine Unterschiede mehr.

Aber man kann jeden Kontakt vermeiden.

Ernstlich erwägen sie nie, die Frau aus dem zweiten Stock einmal einzuladen.

Solche Frauen sind einfach zur Fabrikarbeit geboren, meinen sie.

Heinz Keller könnte in der Speisekammer eine große Pappschachtel öffnen und zerstörte Puppenteile finden.

Irene Keller ist eine gute Frau.

Glücklicherweise empfinden Puppen keinen Schmerz.

Und Heinz Keller genießt die friedlichen Stunden zuhause.

In diesem Sommer haben sie sich für Griechenland entschieden.

Das Lächeln seiner Frau wird sich auch auf den Dias, die Heinz Keller aus Griechenland zurückbringen wird, nicht verändert haben.

Erinnerungen an Kreta oder die Akropolis.

Das Maß aller Dinge ist der Mensch.

Manchmal fällt ihnen auch ein Bericht über griechische Gefängnisse in die Hände.

Irene beschäftigt sich mit der Königin im Asyl[11].

Augenzeugenberichte über Folterungen lehnen sie ab.

Ich befasse mich nicht mit politischen Wirren in meinem Reiseland, sagt Heinz Keller.

Und Irene fragt den Mann, während sie Blumen auf der Loggia gießt: welche Grausamkeiten kennst du? Er trinkt ein Glas Apfelsaft.

Es soll Ehepaare geben, sagt sie und nimmt ein verwelktes Geranienblatt vom Stengel, die schlagen sich.

Wenn es nicht regnet, sitzen sie jetzt jeden Abend auf dem Balkon und lesen die Briefe vom Sohn und von der Tochter, die wöchentlich eintreffen.

Grausamkeiten, sagt er, sind absurd.

Seine Kinder will er nie geschlagen haben, und der kleinen Enkelin schenken sie zum Geburtstag eine Puppe, die acht Sätze spricht.

Irene zieht an der Nylonschnur, die der Puppe im Nacken hängt.
Ich will artig sein, sagt die Tonbandstimme.
Die Puppe ist sauber und adrett gekleidet.
Die Nachbarinnen, die diesen Nachmittag in Irenes Wohnzimmer
verbringen, ziehen reihum am Nylonfaden.
Ich möchte schlafen, sagt die artige Puppe.
Die Damen sind entzückt.
Irene trifft die Frau aus dem zweiten Stock und fragt sie: stellen Sie
in Ihrer Fabrik auch Sprechpuppen her?
Ich setze die Stimme ein, sagt die Frau, im Akkord[12].

Irene Keller hält die blanke Körperhälfte in der Hand.
Arme und Beine hängen an Gummischnüren. Der Kopf fehlt und
der Rücken.
Mit der rechten Hand faßt sie die Stimme und nimmt sie von den
Schallöchern im Bauch.
Den Torso legt sie beiseite.

In drei Wochen werden die Kellers nach Griechenland fahren. Sie
haben eine Pauschalreise gebucht.
In ihrer Einkaufstasche bringt Irene noch eine Sprechpuppe nach-
hause.
Was willst du damit? fragt ihr Mann.
Sie gefällt mir, sagt Irene und zieht an der Schnur im Genick.
Spiel mit mir, sagt die Tonbandstimme.
Dazu bist du zu alt, sagt der Mann.
Irene lächelt und vergißt an diesem Abend die Geranien zu gießen.

Auch die Nachbarinnen haben Puppen gekauft.
Sie geben vor, an ihre Enkelkinder zu denken, auch an die, die noch
nicht geboren sind.
Sie setzt die Stimme ein, sagt Irene, und die Frau aus der zweiten
Etage hat an Bedeutung gewonnen.
Aber sie sagt: was soll ich erzählen? Ich tu meine Arbeit.
Sie setzt dreißig Puppen in einer Stunde die Stimme ein.
Ernüchtert wendet sich die Gesellschaft wieder dem Ausrichten
von Geburten und Hochzeiten zu.

So versteht es Irene, das Interesse der Damen auf Puppenteile zu richten.

Puppen zu zerlegen sei nicht grausam. Sie überzeugt die Nachbarinnen.

Es ist nicht grausam. Die Damen stimmen überein. Andere Leute gehen auf Hasenjagd. Und das ist ein blutiges Geschäft.

Kunststoff schreit nicht.

Sechs Frauen zerlegen in einer Stunde dreißig Puppen. Die Puppenteile schütten sie in den Etagenmüllschlucker.

Jeden Sonntagnachmittag machen die Kellers einen Spaziergang um den See.

Die Kieswege sind ordentlich geharkt. Das Baden im See ist verboten.

Mit dem linken Arm hat sich Irene bei Heinz eingehängt, die Handtasche trägt sie rechts.

Heinz Keller glaubt nicht an die Spur Brutalität, die sich hinter dem Lächeln seiner Frau auf allen Farbfotografien verbirgt.

Sie ist aus gutem Hause.

Am Montagnachmittag sitzen sechs Nachbarinnen um einen Tisch, an dem sie auch Fontane genießen oder den Mann, und gehen Irene zur Hand.

Irene zählt ab.

Ich und Du.

Enemenemu.

Und wer bist du? fragt Irene, während sie den Kopf einer Puppe auf dem Handteller trägt.

Die Damen sind hilfsbereit.

Sie gehen mit Messer und Gabel an die Sache heran. Aber bitte, meine Damen, sagt Irene, doch nicht mit gewöhnlichem Besteck. Ich nehme mein Silber.

Sie teilt weiße Damastservietten aus.

Noch ein Stück Kuchen? fragt eine der Nachbarinnen.

In der rechten Hand das Messer, die Gabel in der linken, die Serviette auf dem Schoß, so greifen sie eifrig zu und stechen ein.

Am Abend ihrer Abreise wohnen die Kellers auf den Tag genau fünf Jahre im siebten Stock des Hochhauses, und ihre Koffer stehen gepackt im Flur.

Kreta und die Akropolis.

Irene hat daran gedacht, Proviant einzupacken, Bananen, hart gekochte Eier, Apfelsinen und belegte Brote. Nach einer Stunde Bahnfahrt wird er essen wollen. Irene ist gewissenhaft.

Sie nehmen ein Taxi zum Bahnhof.

Das neue Kleid, sagt er, steht dir.

Mit zwei Fingern streicht sie ihm über den zurückgefallenen Haaransatz.

Wie kannst du so grausam sein, sagt er.

Bin ich grausam?

Nachdem sie das Taxi bestiegen haben, wird der Feueralarm ausgelöst. Die Berieselungsanlage sprüht Wasser ins Treppenhaus der vierzehn Etagen.

Vierundachtzig Mietparteien flüchten auf die geharkten Kieswege. Und fünf Frauen stehen im siebten Stockwerk auf ihren Balkons. Sie gießen Geranien.

Die Zeitungsberichte sprechen von Brandstiftung.

Puppenteile waren vor einer Wohnungstür mit Benzin übergossen und angezündet worden.

Die Frau, die in einer Stunde dreißig Puppen die Stimme einsetzt, kam mit leichten Brandverletzungen davon.

Es sei nicht erwiesen, sagt Heinz Keller, daß einer, der Puppen verstümmelt, auch Menschen peinigen könne.

Für Irene Keller ist die Zeit der Puppen vorbei.

Sie sagt: das Maß aller Dinge ist der Mensch und wünscht sich zu Weihnachten ein Lehrbuch der Anatomie.

8

Christa Moog

Geboren 1952 in Schmalkalden/Thüringen. Nach dem Abitur zuerst Kellnerin, dann Germanistik- und Sportstudium in Halle/S. Tätigkeit als Lehrerin, Gelegenheitsarbeiten. 1984 Übersiedlung nach West-Berlin.
Erzählungen, Gedichte.

▷ Die Fans von Union. Erzählungen (1985)

Saison

Mein Kollege Eberhard wohnte im Keller, und eines Morgens hieß es, er wäre tot.

War er also gestorben in diesem miesen Schuppen, dem Loch da unten bei den Fässern und Bierkästen.

Die Luft roch stockig, schon auf der Treppe mit den Brettern für die Sackkarren.

Von dem Eisenbett war die Farbe geblättert, und der Stahlfederboden hing herunter wie ein Bauch.

Der Kokosläufer war eins geworden mit dem Fußboden, dessen Löcher und Risse einer seltsamen Ordnung gehorchten.

Die Waschschüssel war bis zum Rand voll Spinnweben, und das Stück Seife schimmerte durch wie ein Kokon.

Ein paar Bons lagen herum, und die Kellnerjacken an den Nägeln sahen aus wie die Engel des Zimmers.

Wenn Wände Pocken haben können, Ausschlag, so hatten es diese.

Das Bettzeug lag naß in der Ecke, und das Stück Wachstuch klebte auf dem Tisch wie Pflaster auf der Haut.

Überall standen leere Weinflaschen.

Er trank immer seine zehn, zwölf Bier bei der Arbeit, aber wie er nachts noch das ganze Zeug hier ausgetrunken hatte, war mir ein Rätsel.

Schon am ersten Tag war ich erschrocken, als er mir die Hand gab. Aber mein Kollege Uwe sagte nachher, das wär eben 'ne typische Trinkerhand.

Es war seine dritte Saison. Er war geschieden, und einmal hatte er gesagt, seine Frau würde ihm das Kind nicht zeigen.

Er soll mit Sachen[1] im Bett gelegen haben, und später wurde erzählt, die Matratze sei voller Würmer gewesen.

„Dieses Schwein, dieses Schwein", heulte die Chefin des Hauses, in dem wir alle wohnten in dieser Saison. Entweder im Keller oder auf dem Boden[2].

9

Jürgen Becker

Geboren 1932 in Köln. Nach einem abgebrochenen Studium u.a. Mitarbeit beim WDR, Lektorat beim Rowohlt-Verlag, Leitung des Suhrkamp-Theater-Verlags und Leitung der Hörspielredaktion am Deutschlandfunk. Lebt im Kölner Raum.
Gedichte, Erzählungen, Hörspiele, Drehbücher.

▷ Ränder. Prosa (1968)
▷ Umgebungen. Prosa (1970)

Geschäftsbesuch

Sicher, wenn Sie in unserem Hause arbeiten, können Sie unser Haus auch betreten, nur, Sie müßten sich bitte legitimieren. Aber Sie kennen mich doch, seufzte Johann. Natürlich kennen wir Sie, jeden Morgen und jeden Abend passieren Sie die Schleuse, nur, wir müßten Ihre Identifikations-Karte sehen. Die habe ich eben vergessen, seufzte Johann, die steckt noch an der Jacke von gestern. Dann wird es schwierig, Sie hereinzulassen. Aber ich möchte doch, wie jeden Morgen, in mein Büro. Kein Zweifel, Sie möchten in Ihr Büro, wie jeden Morgen, aber Sie wissen auch, daß Sie jeden Morgen durch Vorzeigen Ihrer Identifikations-Karte den Nachweis zu erbringen haben, daß. Sie sind völlig im Recht, seufzte Johann, aber soll ich denn meinem Büro heute fernbleiben, bloß weil? Wir können Ihnen einen Tagespassierschein ausstellen. Na wunderbar, seufzte Johann, dann stellen Sie mir einen Tagespassierschein aus. Sie wissen, daß dieser Passierschein den Empfänger lediglich zu einem Besuch berechtigt und sein Besuch durch eine Unterschrift zu beglaubigen ist. Ja, aber in meinem Fall durch eine Unterschrift wessen? Durch die Unterschrift dessen, den Sie besuchen wollen. Ich will aber niemanden besuchen. Dann können wir Ihnen auch keinen Tagespassierschein ausstellen. Ich will und muß aber in mein Büro, seufzte Johann. Kein Zweifel, es ist auch schon gefragt worden, ob Sie bereits in Ihrem Büro sind. Und wer, bitte schön, hat angefragt? Jemand, der Sie zu besuchen wünschte. Und wo befindet sich dieser Jemand? In Ihrem Büro. Und sitzt dort und wartet, daß ich seinen Besuch durch Unterschrift auf dem von Ihnen angefertigten Tagespassierschein bestätige? Genau so verhält es sich. Nach Lage der Dinge, seufzte Johann, werde ich die Unterschrift ja kaum leisten können. Gewiß, für Ihren Besuch entsteht da eine komplizierte Situation. Er wird das Haus erst mit meiner Unterschrift verlassen können? So ist es. Ja, was machen wir dann, fragte Johann. Wir können Ihnen einen Tagespassierschein ausstellen. Und wer unterschreibt? Na, Sie selber persönlich. Ich meine, seufzte Johann, so weit wären wir fast schon gewesen. Richtig, aber nur fast, wir wollen doch nichts überstürzen.

10

Nicolas Born

Geboren 1937 in Duisburg. Lehre und Arbeit als Chemigraph. Zahlreiche Reisen und Auslandsaufenthalte. Lebte bis zu seinem Tode (1979) in Berlin und Dannenberg/Niedersachsen. Gedichte, Romane, Erzählungen.

▷ Die erdabgewandte Seite der Geschichte. Roman (1976)
▷ Die Fälschung. Roman (1979)

Der Neger im Lokal

Immerhin hatten wir einen Neger in unserer Stadt, einen lebensgroßen Neger, den die Kriegswirren verschlagen hatten nach Europa, in unser Land, in diese Provinz, schließlich in unsere kleine Stadt, in der es schon damals wieder Menschen gab, die jeglichen Rassenschranken abhold waren, die sich in dieser Ablehnung ergingen in Gesprächen, bis ihnen eines Tages ein weltweit verzweigter Umstand den Neger bescherte.

Es steht uns wohl an, sagte der Bürgermeister, diesen Menschen – aus welchem Lande auch immer er stammt, was immer er sein mag, Neger oder Chinese – aufzunehmen, ihn wie einen schwarzen Bruder willkommen zu heißen und ihm Heimat und Brot zu geben.

Die Ratsherren stimmten dem Bürgermeister zu, indem sie nickten und sagten: Ob Neger oder Chinese.

Wir müssen verhindern, sagte der Bürgermeister weiter, daß er als Hilfsarbeiter in der Fabrik oder als Hauer im Bergwerk unterkommt; erst recht müssen wir verhindern, daß er als Knecht und Viehfütterer landet irgendwo in der Landwirtschaft.

Nun kam es unter den Ratsherren zu kurzfristigen Verfeindungen. Alle ereiferten sich und redeten durcheinander. Jeder pries sein Haus und die herrlichen Entfaltungsmöglichkeiten darin für einen Neger.

Ruhe, rief der Bürgermeister. Er griff zur Schelle und schellte. Noch einmal beschwichtigte er mit ausgebreiteten Armen: Es ist nur *ein* Neger da!

Den Zuschlag erhielt der Besitzer des Hotels *Ambassador*, in dessen Parterre sich ein kleines Vergnügungslokal befand, der Bierstall. Hier sollte der Neger sich nützlich machen, hier sollte er kellnern und auch schon mal in der Küche helfen, wenn Not am Mann wäre, Kaffee kochen, wenn er so etwas vermöchte. Auch sonst waren allerlei Handreichungen und kleine Dinge zu erledigen, die jedermann dem Neger zutraute. Die Lohnfrage wurde gemeinsam geklärt, ebenso dem Mann zur Auflage gemacht, dem Neger ein vernünftiges Maß an Freiheit und Freizeit innerhalb der Möglichkeiten des Betriebes zuzubilligen. Die Sitzung war zu Ende, und das Leben des einzigen Negers unserer Stadt begann.

Noch einige Male bekam der Besitzer des Hotels *Ambassador* leichte Vorwürfe gemacht: Du hast mir den Neger weggeschnappt, wirklich, vor der Nase hat er ihn mir weggeschnappt. Sonst aber beruhigte sich die Meinung der Stadt, und von Neid konnte bald nicht mehr die Rede sein. Der Neger machte sich nützlich. Er lachte, wenn ihm jemand begegnete und ihn freundlich nach seinem Befinden fragte. Wie viele Neger hatte er eine schwarze Haut, kurzes krauses Haar und strahlend weiße Zähne. Er wurde beliebt in der Stadt. Er hieß Hans, duzte sich mit allen, und alle nannten ihn Hans. Der Bierstall verdoppelte dank Hans seinen Umsatz. Der Besitzer äußerte bei jeder Gelegenheit seine Zufriedenheit: Wirklich, ein Neger der etwas kann.

Nachmittags konnte man den Neger im Stadtpark beobachten. Dort fütterte er die Enten mit Brotstückchen, saß – wenn gutes Wetter war – auf einer Parkbank und rauchte eine Zigarre, eine schwarze Brasil. Ja, es ging ihm gut. Er trug stets einen beigen Anzug, weißes Hemd, eine Krawatte mit exotischem Motiv, und schwarze blanke Schuhe. Man sah ihn im Kino – die Verfilmung der Negeroper sah er sich viermal an –, auf dem Fußballplatz, wo er bald die Vereinsfahne schwenkte, in anderen Wirtschaften, in denen er sich aufhielt an freien Abenden und mäßig trank, in der Kirche, wo er mit schwarzer Stimme schon nach kurzer Zeit mitsang, auf dem Spielplatz, wo die jungen Mütter Vertrauen faßten zu ihm und ihn spielen ließen mit ihren Kleinstkindern. Jeder in der Stadt hatte seinen Anteil an dem Neger. An Sonn- und Feiertagen wurde er jeweils von einer anderen Familie zum Essen eingeladen. Er stand danach immer auf, dankte und ging. Das war seine Art. Darüber durfte man nicht böse sein, daran hatte man sich schnell gewöhnt, ja, andere Länder andere Sitten. Sein Negersein wurde als besonders reizvoll empfunden, wenn man ihn bei Nacht sah, wenn man vielleicht durch einen herbeigeführten Zufall gemeinsam mit ihm nach Haus ging, auf ihn einsprach, bis er lachte … – dann sah man ihn dunkel im Dunkel oder man sah ihn fast gar nicht, nur die weißen Zähne sah man, weil er lachte.

So hatte sich sein Leben dem allgemeinen der Stadt angepaßt. Er war zufrieden und wurde dicker. Seine Anwesenheit bei allen städtischen Ereignissen wurde schon als selbstverständlich empfunden. Hans gehörte zur Stadt. Hans war nicht mehr wegzudenken. Wenn jemand Hans hieß, dann freute er sich, weil er hieß wie Hans. Niemand tat ihm ein Leid an. Alle mochten ihn. Über die Unterdrückung der Neger in fernen Ländern schüttelten sie die Köpfe; ich übrigens auch. In unserer Stadt gab es keine Rassenschranken. Wir waren gut zum Neger, wir mieden nie seine Gesellschaft, und auch ihm selbst konnte man nur das beste Zeugnis ausstellen, jawohl, er verfügte über Charakter. Niemals stieg ihm seine Sonderstellung zu Kopf, niemals deutete er seine Überlegenheit auch nur an. Hans war ohne jede Einschränkung einer der unsrigen geworden.

Nur, daß er eines Tages unter ein schwarzes Auto geriet, das ziemlich schnell fuhr, woran er aber keineswegs starb, sondern im Gegenteil nach längerer ambulanter Behandlung weiterlebte – als Chinese.

11

Ror Wolf

Geboren 1932 in Saalfeld/Thüringen. Bauarbeiter. 1953 Übersiedlung in die Bundesrepublik. Studium der Literaturwissenschaft, Soziologie und Philosophie in Hamburg und Frankfurt a.M. Zeitweise Redakteur beim Hessischen Rundfunk. Seit 1964 freier Schriftsteller. Lebt seit 1979 in Wiesbaden.
Erzählungen, Hörspiele, Drehbücher.

▷ Danke schön. Nichts zu danken. Geschichten (1969)
▷ Punkt ist Punkt. Fußballspiele (1971/73)

Ein Mann fand es gut, eine Sammlung anzulegen. Und da er sie gegen Staub schützen wollte, brachte er sie in gut schließenden Kästen unter, die er in gut schließenden Sammlungsschränken aufbewahrte, die er in geschlossenen Räumen aufstellte. Dieser Mann konnte in dieser Beziehung nicht vorsichtig genug sein. Also wählte er Räume in abgesperrten Häusern, die in wenig befahrenen Straßen standen, die in menschenleeren Ortschaften lagen, die in verlassenen Landschaften lagen, in weiter Ferne von jedem Leben. Es war freilich ein Unglück, daß dieser Mann seine Sammlung niemandem zeigen konnte, was wiederum auch nicht so übel war, weil dieser Mann unter den geschilderten Umständen gar keine Sammlung anlegen mußte, er also die Kästen, die in den Schränken in den geschlossenen Räumen in den abgesperrten Häusern in den wenig befahrenen Straßen in den menschenleeren Ortschaften in den verlassenen Landschaften standen, in weiter Ferne von jedem Leben, auch nicht öffnen mußte, was sich unbedingt günstig auswirkte und eine Verstaubung vollständig verhinderte. Dann und wann, wenn Besuch kam, zeigte der Mann die zur Aufbewahrung der Sammlung vorgesehenen staubfreien Kästen.

12

Franz Hohler

Geboren 1943 in Biel (Schweiz). Studium der Germanistik und Romanistik in Zürich. Lebt als Kabarettist und Schriftsteller in Uetikon am See (Schweiz).
Einmannprogramme, Sendungen fürs Schweizer Fernsehen und Radio, Schallplatten, Theaterstücke, Erzählungen, Hör- und Fernsehspiele.

▷ Der Rand von Ostermundigen. Geschichten (1973)
▷ Die Rückeroberung. Erzählungen (1982)

Erlebnis

Heute ist mir gegen halb sechs Uhr abends in den Sinn gekommen, daß ich meine Frau an der Autofähre in Meilen abholen könnte, mit welcher sie um sechs Uhr eintreffen wollte. Ich nahm also einen Regenmantel mit und ging auf die Straße, die vor unserm Haus durchführt, gegen Meilen hinunter.
Eine Frau, die mir entgegenfuhr, schaute mich im Entgegenfahren an. Lastwagen eines Meilener Transportunternehmens fuhren mit großer Geschwindigkeit talwärts.

Kleinbusse von Bauunternehmen oder Schreinereien waren auch auf dem Weg nach Hause, man sah die Arbeiter im Laderaum sitzen, einige drehten den Kopf, als sie vorbeifuhren.
Am Restaurant ging ich vorüber, ohne einzukehren. Ich wohne seit mehr als zwei Jahren hier und bin noch nie im Restaurant eingekehrt. Dann habe ich auf dem Straßenbord Margriten[1] gesehen und gedacht, ich muß eine mitbringen. Ich ging auf die andere Straßenseite hinüber und pflückte eine, die noch nicht zu fest offen

war. Im Weitergehen drehte ich sie zuerst etwas zwischen den Fingerspitzen, dann steckte ich sie mir plötzlich hinter das rechte Ohr, wie einen Kugelschreiber oder einen Bleistift.

Ein Weinbauer, der direkt am Straßenrand an einer Rebe arbeitete, beachtete meinen Gruß nicht.

Einen richtigen Bauern sah ich durch die halbhohe fallenlose Tür[2] in den Stall gehen.

Zwischen den Rebbergen waren verschiedentlich Baugespanne[3] zu sehen, neben einem Stück Rebland wurde eine Betontreppe gebaut, die Reben am Rand wuchsen aus dem Bauschutt heraus.

Ich passierte die Ortstafel Meilen, sie ist weiß mit einem schwarzen Rand darum.

Vor einem Wohnblock war ein Schutthaufen, der schon gänzlich mit Gras und langen, fleischigen Schutthaufenpflanzen überwachsen war. Drei Italiener, die mit Stangen nach Hause gingen, pfiffen drei ganz jungen Mädchen nach, zwei hatten rote Haare und eines schwarze. Das mit den schwarzen Haaren drehte sich um, und die Bewegung wirkte aufreizend. Der letzte Italiener wäre fast in mich hineingelaufen, weil er zu dem Mädchen zurückschaute.

Das Mädchen stand neben einem Transformatorenhäuschen, an dem die Straßentafel „Bergstraße" befestigt war.

Neben einem Stopsignal standen zwei Frauen und sprachen miteinander, die eine hatte lange Haare, die andere kurze. Die mit den kurzen sagte gerade, das bruuchsch eifach[4].

Dann kreuzte ich viele Leute, die mir vom Bahnhof her entgegenkamen und gelangte auf die Seestraße, wo ein neues Strandbad in den See aufgeschüttet wird.

Gerne wäre ich bei der Ankunft der Fähre schon am Ufer gestanden und hätte gewartet, aber bevor ich den Landeplatz erreichte, kam mir meine Frau entgegengefahren. Als ich ihr winkte, hielt sie an, und ich stieg ein.

13

Volker Braun

Geboren 1939 in Dresden. Zuerst Arbeiter, dann Studium der Philosophie in Leipzig. Lebt in Berlin (DDR). 1965/66 Dramaturg beim Berliner Ensemble, seit 1972 Mitarbeiter des Deutschen Theaters Berlin.
Gedichte, Stücke, Prosatexte.

▷ Das ungezwungene Leben Kasts. Prosa (1972)
▷ Unvollendete Geschichte. Erzählung (1975)

Der Halbstarke

Kunzes Tochter war aus der Art geschlagen. Sie lebte in wilder Ehe, von einer wilden Arbeit, in einer wilden Wohnung. Kunze schüttete Hinze sein, sagen wir, Herz aus. Sie liebt diesen Menschen, sagte er, ihr gefällt dieses Leben, sie fühlt sich wohl in dieser Behausung! – Das freut mich für sie. – Ich bin mit dem Abschnittsbevollmächtigten[1] eingeschritten, um sie in geordnete Verhältnisse zurückzuführen. – Ach du Unglücklicher, sagte Hinze. – Ja, und du weißt noch nicht alles, ächzte Kunze. Sie hat sich der Staatsmacht widersetzt. Das muß sie büßen. – Hinze sah ihm in das blasse Gesicht und erwiderte amtsmäßig: Schlimm das alles. Du bist also ausgeflippt[2]. Du bist ein Assi geworden, mein Lieber, ein Asozialer. Auf der schiefen Bahn. Sieh zu, wie du dich wieder eingliederst in deine Gesellschaft zuhause.

14

Gabriele Wohmann

Geboren 1932 in Darmstadt. Studium der Germanistik, Romanistik, Musikwissenschaft und Philosophie in Frankfurt a.M. War zeitweise als Lehrerin tätig. Heute freie Schriftstellerin.
Romane, Erzählungen, Hörspiele, Drehbücher, Gedichte.

▷ Böse Streiche. Erzählungen (1977)
▷ Paarlauf. Erzählungen (1979)

Schönes goldenes Haar

„Ich versteh dich nicht", sagte sie, „sowas von Gleichgültigkeit versteh ich einfach nicht. Als wär's nicht deine Tochter, dein Fleisch und Blut da oben." Sie spreizte den Zeigefinger von der Faust und deutete auf die Zimmerdecke. Aufregung fleckte ihr großes freundliches Gesicht. Sie ließ die rechte Hand wieder fallen, schob den braunen Wollsocken unruhig übers Stopfei. Gegenüber knisterte die Wand der Zeitung. Sie starrte seine kurzen festen Finger an, die sich am Rand ins Papier krampften: fette Krallen, mehr war nicht von ihm da, keine Augen, kein Mund. Sie rieb die Fingerkuppe über die Wollrunzeln.
„Denk doch mal nach", sagte sie. „Was sie da oben vielleicht jetzt treiben. Man könnt meinen, du hättest deine eigene Jugend vergessen."
Seine Jugend? Der fremde freche junge Mann; es schien ihr, als hätten seine komischen dreisten Wünsche sie nie berührt. Sie starrte die fleischigen Krallenpaare an und fühlte sich merkwürdig losgelöst. Es machte ihr Mühe, sich Laurela vorzustellen, da oben, über ihnen, mit diesem netten, wirklich netten und sogar hübschen

und auch höflichen jungen Mann, diesem Herrn Fetter – ach, war es überhaupt ein Vergnügen für Frauen? Sie seufzte, ihr Blick bedachte die Krallen mit Vorwurf. Richtige Opferlämmer sind Frauen.

„Ich versteh's nicht", sagte sie, „deine eigene Tochter, wirklich, ich versteh's nicht."

Der Schirm bedruckter Seiten tuschelte.

„Nein, ich versteh's nicht." Ihr Ton war jetzt werbendes Gejammer. Wenn man nur darüber reden könnte. Sich an irgendwas erinnern. Sie kam sich so leer und verlassen vor. Auf den geräumigen Flächen ihres Gesichtes spürte sie die gepünktelte Erregung heiß. Er knüllte die Zeitung hin, sein feistes viereckiges Gesicht erschien.

„Na was denn, was denn, Herrgott noch mal, du stellst dich an", sagte er.

Sie roch den warmen Atem seines Biers und der gebratenen Zwiebeln, mit denen sie ihm sein Stück Fleisch geschmückt hatte. Sie nahm den Socken, bündelte die Wolle unterm Stopfei in der heißen Faust. Nein: das hatte mit den paar ausgeblichenen Bildern von damals überhaupt nichts mehr zu tun.

„Na, weißt du", sagte sie, „als wärst du nie jung gewesen." Sie lächelte steif, schwitzend zu ihm hin.

Er hob wieder die Zeitung vors Gesicht: Abendversteck. Jung? Sein Hirn schweifte gemächlich zurück. Jung? Und wie. Alles zu seiner Zeit. Er rülpste Zufriedenheit aus dem prallen Stück Bauch überm Gürtel. Kein Grund zur Klage. Richtige Hühner, die Frauen, ewiges Gegacker. Er spähte über die Zeitung in ihr hilfloses redseliges Gesicht: mit wem könnte sie quasseln und rumpoussieren[1], wenn Laurela erst mal weg wäre? Er stand rasch auf, drehte das Radio an. Die Musik schreckte das Wohnzimmer aus seinem bräunlichen Dösen.

Sie sah ihm zu, wie er zum Sessel zurückging, die Zeitung aufnahm, sich setzte. Sie lehnte sich ans Polster, preßte das Stopfei gegen den Magen. Das war ihr Abend, gewiß, er und sie hier unten, sie mußten warten, das war von jetzt an alles. Und oben Laurela. O Laurelas Haar. Sie lächelte. Kein Wunder, daß sie ihr nachliefen. Sie wollte nachher noch anfangen mit dem blauen Kleid, ganz eng unterm Busen, das hob ihn so richtig in die Höhe. Das Blau paßte gut zum Haar. So hübsches Haar. Wenn es goldene Seide gäbe, sähe sie aus wie Laurelas Haar. Sie räusperte sich, hörte das pappende[2] Geräusch ihrer Lippen, saß mit offenem Mund, starrte die Zeitung an, die fetten kräftigen Krallen rechts und links.

„Sie hat hübsches Haar", sagte sie. „Wie Seide, wie Gold."

Er schnickte[3] die Seiten in ihre gekniffte[4] Form zurück.

„Na klar", sagte er.

Sie sah die Krallenpfoten zum Bierglas tappen und es packen. Sie hörte ihn schmatzen, schlucken. So schönes goldenes Haar. Sie bohrte die Spitze der Stopfnadel in den braunen Wollfilz. Seine und ihre Tochter. Sie betrachtete die geätzte Haut ihres Zeigefingers. Seine und ihre Tochter. Sie reckte sich in einem warmen Anschwellen von Mitleid und stolzer Verwunderung.

15

Wolf Wondratschek

Geboren 1943 in Rudolstadt/Thüringen. Studium der Literaturwissenschaft und Philosophie in Heidelberg, Göttingen und Frankfurt a.M. Redakteur bei verschiedenen Literaturzeitschriften, dann freier Schriftsteller, Kritiker. 1971/72 Gastdozent an der Universität von Warwick (England). Lebt heute in München.
Gedichte, Prosa, Hörspiele.

▷ Ein Bauer zeugt mit einer Bäuerin einen Bauernjungen, der unbedingt Knecht werden will. Prosa (1970)
▷ Omnibus. Prosa (1972)

Aspirin

Sie hat ein schönes Gesicht. Sie hat schöne Haare. Sie hat schöne Hände. Sie möchte schönere Beine haben.
Sie machen Spaziergänge. Sie treten auf Holz. Sie liegt auf dem Rücken. Sie hört Radio. Sie zeigen auf Flugzeuge. Sie schweigen. Sie lachen. Sie lacht gern.
Sie wohnen nicht in der Stadt. Sie wissen, wie tief ein See sein kann. Sie ist mager. Sie schreiben sich Briefe und schreiben, daß sie sich lieben. Sie ändert manchmal ihre Frisur.
Sie sprechen zwischen Vorfilm und Hauptfilm nicht miteinander. Sie streiten sich über Kleinigkeiten. Sie umarmen sich. Sie küssen sich. Sie leihen sich Schallplatten aus.
Sie lassen sich fotografieren. Sie denkt an Rom. Sie muß im Freibad schwören, mehr zu essen.
Sie schwitzen. Sie haben offene Münder. Sie gehen oft in Abenteuerfilme. Sie träumt oft davon. Sie stellt sich die Liebe vor. Sie probiert ihre erste Zigarette. Sie erzählen sich alles.

Sie hat Mühe, vor der Haustür normal zu bleiben. Sie wäscht sich mit kaltem Wasser. Sie kaufen Seife. Sie haben Geburtstag. Sie riechen an Blumen.

Sie wollen keine Geheimnisse voreinander haben. Sie trägt keine Strümpfe. Sie leiht sich eine Höhensonne[1]. Sie gehen tanzen. Sie übertreiben. Sie spüren, daß sie übertreiben. Sie lieben Fotos. Sie sieht auf Fotos etwas älter aus.

Sie sagt nicht, daß sie sich viele Kinder wünscht.

Sie warten den ganzen Tag auf den Abend. Sie antworten gemeinsam. Sie fühlen sich wohl. Sie geben nach. Sie streift den Pullover über den Kopf. Sie öffnet den Rock.

Sie kauft Tabletten. Zum Glück gibt es Tabletten.

16

Elisabeth Plessen

Geboren 1944 in Neustadt/Holstein. Studium der Philosophie,
Literaturwissenschaft und Geschichte in Paris und Berlin; Promotion. Reisen nach West-Indien, Südamerika und in die Sowjetunion. Lebt als freischaffende Schriftstellerin in Berlin.
Romane, Erzählungen, Gedichte.

▷ Mitteilung an den Adel. Roman (1976)
▷ Kohlhaas. Roman (1979)

Sie oder ich unterwegs

Ich möchte die Reise absagen. Ich möchte in meinen vier Wänden
bleiben. Die vielen Städte, die viel zu vielen Städte, die Namen
tragen. Ich bin selber ein Ort. Ich möchte sagen: Ich bin woanders.
Gegebenenfalls werde ich Sie zu mir sagen. Kinderkram fällt mir
ein. In die Dorfschule kam einmal jährlich der Schularzt und untersuchte alle Kinder, guckte die Zähne nach, horchte die Lunge ab,
ließ jeden Schüler und jede Schülerin auf die Waage steigen und
stellte das Gewicht fest. Jeder mußte sich ausziehen, das hieß: jeder
mußte gewaschen sein. Aus Angst vor der Untersuchung dachte
ich, ich hätte mich das ganze Jahr über nicht gewaschen. Ich weinte,
obwohl ich mich jeden Tag wusch, obwohl ich mich jeden Tag
nach Sauberkeit gedrängelt hatte. Das Schrubben in der Badewanne, bis ich überall am Körper rot war. Die Angst, entdeckt zu
werden. Was sollte entdeckt werden?
Clown werden.

17

Elfriede Jelinek

Geboren 1946 in Mürzzuschlag/Steiermark. Studium der Kunstgeschichte, Theaterwissenschaft und Musik in Wien. Lebt als freie Schriftstellerin in Wien, München und Paris.
Gedichte, Erzählungen, Romane, Hörspiele.

▷ Die Liebhaberinnen. Roman (1975)
▷ Die Ausgesperrten. Roman (1980)

Paula

Früher habe ich noch die gymnastischen Übungen gemacht, die dafür gemacht sind, damit man einen flachen und harten Bauch bekommt und behält. Dann fühlte ich eine Schwangerschaft herannahen und gab daher diese wichtigen Übungen, die ich mir aus einer Zeitschrift herausgeschnitten hatte, wieder auf. Ich war wie gemacht dafür, Mutter zu werden, war ich doch ein ganzer Mensch. Man sagt ja, eine Schwangerschaft erfordert einen ganzen Menschen. Vielleicht war es ein Fehler, daß ich mit den Übungen aufgehört habe, als ich mich Mutter werden fühlte, denn mit den Übungen darf man nicht aufhören, wenn man sich Mutter werden fühlt: dann erst recht. Sonst ist man statt eines ganzen Menschen nur mehr ein halber oder geteilter. Vielleicht hat das auch dazu beigetragen, daß ich mich langsam meinem Manne zu entfremden begann, was in einer Ehekrise seinen Ausdruck fand. Ich fürchte, ich habe mich vernachlässigt, als ich neues Leben in mir wachsen fühlte. Man darf sich nicht so sehr auf das wachsende Leben in einem selbst konzentrieren, man muß auch dem Manne ein Augenmerk zuwenden, weil sich dieser sonst plötzlich vernachlässigt fühlt. Er darf nicht glauben, jetzt spielt er die zweite Geige statt der ersten. Das neue Leben in mir wuchs also und wuchs, ich aber verfiel äußerlich immer mehr, direkt proportional dem wachsenden neuen Leben. Dazu die schwere Hausarbeit, die das neue Leben zwar nicht am Wachsen hinderte, mich aber von meiner täglichen Mindestpflege immer ferner und ferner hielt. Ich war zwar erst knapp 16, aber je mehr das neue Leben in mir wurde, desto mehr Haare und Zähne fielen mir aus dem Kopf, was nicht unbedingt nötig gewesen wäre, wenn ich die kosmetischen Tricks angewendet hätte, die man anwenden muß, um Haare und Zähne bei sich behalten zu können. Ich war nicht schlecht[1] entstellt! Ich hatte bisher immer versucht, meinen Verstand, zum Beispiel durch Fernsehsendungen, auf dem laufenden zu halten. Jetzt mußte ich jedoch gerade zur Fernsehzeit immer öfter meinen Gatten aus dem Gasthaus nach Hause holen, er war zur Zeit des Hauptabendprogramms immer schon völlig betrunken. Der Gang vom Gasthaus nach Hause war ein schwerer Gang, oft fielen wir gemeinsam über Hindernisse oder er schlug mich in eine Höhlung im Boden mit der Faust hinein. Dennoch war ich froh, ihn heil und ganz nach Hause gebracht zu haben. Hätte er sich nämlich erst später angesoffen, so hätte ich ihn in der Frühe zum Arbeitsgang[2] nicht mehr aus dem Bett bekommen. So aber schaffte er es immer gerade noch, diesen schweren Gang anzutreten. Auch ich würde bald meinen schweren Gang ins Krankenhaus antreten müssen, um die Geburt zu vollziehen. Während der Zeit, in der ich mich Mutter werden fühlte, begann also die Entfremdung zu meinem Manne, die sich bald rapide ausbreitete und alle Bereiche des täglichen Lebens umfaßte. Denn mein einziges Kapital, mein früher schlanker und daher sowohl kosmetisch wie kleidungsmäßig leicht zu behandelnder Körper sagte mir jetzt leider den Dienst auf[3]. Das heißt, mit der Schlankheit war es jetzt aus. Das Wichtigste ist nämlich immer, daß überhaupt eine Basis da ist, auf die man aufbauen kann, in meinem Fall war mein schlanker Körper diese Basis, die jetzt weg war. Bald begann mein Mann mich bald hierhin und bald dorthin zu treten. Manchmal hatte ich Glück, und er fand eine Stelle, die weniger schmerzte, so die Oberschenkel oder den Hintern, manchmal jedoch hatte ich Unglück, und er traf eine Stelle, die mehr schmerzte, weit mehr, den Bauch beispielsweise. Selbst während meiner Schwangerschaft war ihm mein Bauch offenbar nichts Heiliges, was er doch sein sollte, sondern etwas Unheiliges, das man treten durfte. Dennoch konnte die Schwangerschaft erhalten bleiben. Hier steht, daß man die gymnastischen Übungen unter allen Umständen aufrechterhalten muß. Die andren Umstände[4] waren für mich aber eine solch schwere Belastung, daß die Übungen auf der Strecke bleiben mußten. Was zwischen Mann und Frau wichtig ist, ist die gegenseitige Achtung. Mein Mann konnte diese leider für mich nicht mehr aufbringen, weil ich mich körperlich so gehen ließ. Ich weiß, ich hätte mich gegen diesen inneren Drang, der mir ständig sagte: lasse dich fallen, zur Wehr setzen müssen, hätte dagegen ankämpfen müssen, vielleicht, wer weiß, hätte ich sogar gesiegt, und der Drang, mich fallenzulassen, wäre unterlegen. Aber da fühlte ich plötzlich eine Panik in mir aufsteigen, die mir sagte: kosmetische Pflege, selbst wenn es nur die allermindeste Grundpflege ist, kostet Geld. Dieses Geld vertrank mein Mann. Kaum, daß mein Mann gehört hatte, daß ich mich Mutter werden fühlte, ging er schon ins Wirtshaus und kam nicht mehr heraus, außer, um mich zu schlagen und zu treten. Manchmal gab er mir auch zu bedenken, daß wir platzlich[5] viel zu beschränkt für Kinder wären, weil wir doch nur dieses eine kleine Zimmer im Hause meiner Eltern bewohnten. Am liebsten wäre ihm gewesen, ich hätte mich in Luft aufgelöst oder wäre mit dem noch ungeborenen Leben verstorben, nur damit ich und das ungeborene Leben keinen Platz einnehmen. Obwohl mein schlanker Körper früher weniger Raum eingenommen hatte als weniger schlanke Körper, war das jetzt zu Ende, und ich nahm von Tag zu Tag mehr Raum ein, je mehr ich mich Mutter werden fühlte. Zuerst sagte mein Mann: eines Tages werde ich nicht mehr zur Tür hereinkommen, wenn ich todmüde von der Arbeit heimkomme, wenn du und dein Bankert noch mehr Platz verbraucht, dann wieder versuchte er durch die obengenannten radikalen Methoden, meinen Bauchumfang auf das normale und natürliche Maß zu reduzieren. Es ist ein großes Glück, wenn man sich Mutter werden fühlt, ich aber fühlte nur die Schläge meines Gatten auf meinen nun ungeschmeidigen und daher zu wenig wendigen Leib herniederhageln. Es ist eine Zeit der inneren und äußeren Vorbereitung für eine Frau. Ich bin eine Frau. Ich war aber fast immer unvorbereitet, wenn die Schläge kamen, obwohl ich sie stündlich erwartete. Manchmal, wenn ich ausnahmsweise versuchte, in meinen Kopf ein wenig Abwechslung und Zerstreuung vom täglichen Einerlei hineinzubringen, indem ich mir etwas im Fernsehen anschaute, holte er mich gleich wieder von der Abwechslung und Zerstreuung weg, führte mich aus dem Wohnzimmer meiner Eltern in unser Zimmerchen und schlug mir dort manchmal sogar auf den Kopf, der doch wendig bleiben sollte, was ihm langsam ebenso schwer fiel wie meinem Körper. Ich glaube, mein Gatte wünschte insgeheim, daß das Ungeborene auch ein Ungeborenes bliebe und niemals ein Geborenes würde, was ihm eines schönen Tages beinahe auch gelungen wäre. Wenn man mir nicht im Spitale Leib und Seele zusammengehalten und das Ungeborene daran festgebunden hätte, wer weiß, vielleicht wären heute mein Leib und meine Seele schon getrennt voneinander. Beides wurde jedoch errettet. Es war eine schöne Zeit, gutes Essen, oft Fleisch, dennoch holte mich mein Gatte wieder aus dem Spitale heraus, weil ich die Hausarbeit zu verrichten hätte, wer verrichtet sie denn sonst? So war denn auch diese schöne Zeit wieder zu Ende, ich erinnere mich noch heute gerne daran. Doch mein Gatte wünschte mich an seiner Seite zu haben, wo die Frau hingehört. Ich nahm also wieder meine täglichen Pflichten an seiner Seite auf. Jetzt ging es ja wieder mit ein wenig frischeren Kräften vorwärts, das werdende Leben in meinem Bauch war wieder für einige Zeit saniert[6]. Im Spitale hatte ich einige neue Haarschnitte in einer Illustrierten gesehen, Haarschnitte, welche ich aber leider an mir nicht ausführen lassen konnte. Hätte ich es doch getan! Daß ich es nicht tat, war sicher ein Fehler, der sich sogleich an mir rächte, indem ich für meinen Mann immer unansehnlicher wurde, das werdende Leben fraß mir quasi die Haare vom Kopf, ein neuer Kurzhaarschnitt hätte vielleicht retten können, was noch zu retten war, was nicht mehr viel war, aber diesen Traum mußte ich austräumen, noch bevor er richtig angeträumt war. So blieb denn alles beim alten. Mein Gatte wäre vielleicht mit einer neu kurzgeschnittenen Frau zufrieden gewesen, noch zufriedener aber war er mit einem oder mehreren Litern Alkohol in sich. Trotzdem quälte mich noch immer der Gedanke, daß ich kosmetisch und gymnastisch mehr hätte vorsorgen können für den Fall, der jetzt eintrat, nämlich mein körperlicher Verfall, der sich unter andrem auch in Wasser in den Beinen äußerte, welches mir das Gehen zu einer langwierigen und zeitraubenden Angelegenheit machte. Es ist ganz natürlich und ungefährlich, daß Frauen, die werdende Mütter sind, Wasser in den Beinen haben, es pflegt nach der Geburt spurlos zu verschwinden. Dies ist eins von den wenigen Dingen, die keine Spuren in einem Menschen hinterlassen. Das Wasser verschwand wirklich spurlos, und das Kind war ein gesundes Kind, später sollte ihm noch ein zweites nachfolgen.

Hatte ich mich früher nach kosmetischer Pflege und mehr Zeit für Gymnastik gesehnt, so sehnte ich mich nun unbegreiflicherweise nach einem besseren Leben, von dem ich annahm, daß es für mich besser geeignet wäre als ein schlechteres. Sicher war es ein Fehler von mir anzunehmen, ich hätte ein Anrecht auf ein solches, vielleicht war alles, worauf ich ein Anrecht hatte – die Tatsache, daß ich gesunde Kinder hatte. Es gibt welche, die das nicht von sich behaupten können. Und auch ich, die Mutter, war gesund. Das war ein Glück, von dem viele behaupten, es wäre ein unverdientes Glück, weil unter diesen vielen auch solche sind, die ungesunde[7] bis kranke Kinder ihr eigen nennen. Auch mein Gatte war den Umständen entsprechend gesund. Die Umstände waren dagegen beinahe ungesund in diesem einen kleinen Zimmer, in dem vier Personen lebten, eigentlich nur drei, denn Kinder unter 14 Jahren sind halbe Personen, so sagt es der Gesetzgeber, wenn es sich darum handelt, wie viele Personen in einem Personenkraftwagen fahren dürfen. Vielleicht war es mein Fehler, daß ich diese Lebensumstände in lebenswerte verwandeln wollte, in lebenswerte Umstände meine ich. Es hätte mir genügen müssen, daß wir alle satt zu essen hatten, wofür mein Gatte aufkam, nachdem er einen nicht unwesentlichen Teil seines Wochenlohnes für alkoholische Zwecke abgezweigt hatte. Ich sehe auch ein, daß die Lebensumstände meines Gatten ebenfalls nicht die angenehmsten waren, hatte er doch, außer den unangenehmen Lebensumständen daheim, die wir mit ihm teilten, auch noch die unangenehme und schwere Arbeit im Wald zu vollbringen. Immerhin wohnten wir nur zu dritt, wenn nicht zu zweit, in dem kleinen Raume, während er draußen eifrig am Bäumefällen war. So wenig, wie es mich aber befriedigte, zu dritt in einem kleinen Raume zu leben, so wenig befriedigte es mich, zu viert in demselben kleinen Raume zu leben und außerdem immer von der spannendsten Stelle im Fernsehen weggeprügelt zu werden, teils wegen Nichtigkeiten, teils jedoch wegen wie ich zugeben muß, wichtigen Eheverfehlungen wie einem wegen des „Kommissar"[8] ungewaschen gebliebenen Geschirr. Wo mein Mann recht hatte, hatte er recht. Haushalt und Kinder dürfen nicht unter den Auswirkungen des „Kommissar" leiden. Wenn Haushalt und Kinder nicht unter dem „Kommissar" litten, litten sie in zunehmendem Maße leider unter einer gereizten und oft auch mürrischen Mutter, nämlich unter mir, die ich mir einbildete, unter einer unerträglichen Belastung zu stehen, die vor allem nervlich in Erscheinung trat, die aber in Wirklichkeit sicher eine erträgliche gewesen ist. Beweis: ich habe sie ertragen. Und das sogar mehrere Jahre! Das wiederum beweist, daß es doch letzten Endes meine Schuld gewesen sein muß. Nachdem ich auf die tägliche Gymnastik für Bauch und Hüften sowie auf Lippenstift und Lidschatten verzichten mußte, hätte ich dafür einen weniger vergänglichen, einen bleibenden Ersatz, nämlich meinen Gatten, die Kinder sowie den Gesamthaushalt suchen und finden müssen. Ich hatte meinen Gatten, die Kinder sowie den Haushalt zwar gesucht und gefunden, sie waren mir aber auf die Dauer kein Ersatz. Also blieb in mir eine gewisse Oberflächlichkeit erhalten, obwohl mein Leben doch wahrhaftig genug Tiefe hatte, so hinterließen z.B. die Schläge, die auf mich niederprasselten, doch oftmals ein tiefes Gefühl des

Hasses gegen den Schläger in mir, der Geschlagenen. Anschließend beging ich dann den, wie ich glaube, entscheidenden Fehler, Geld als die Lösung dieser Probleme zu sehen, was niemals eine wirkliche Lösung sein kann, da man die entscheidenden Dinge im Leben, wie allgemein bekannt ist, durch Geld nicht erkaufen kann, Gesundheit zum Beispiel, wie ich schon ausgeführt habe. Stattdessen wollte ich immer mehr und gewaltsam erkaufen. Etwas, das man mit Gewalt erreichen will, geht oftmals schief. Etwas, das man aber mit Geld erkaufen kann, kann man auch kaufen, vorausgesetzt, daß man dieses Geld überhaupt sein eigen nennt. Geld bewegt die Welt. Das ist eine einfache Rechnung. Vielleicht war es wirklich meine Schuld, aber die Prostitution für Geld, die ich schließlich zu vollführen als meinen einzigen Ausweg sah, brachte mir wirklich soviel ein, daß ich mir dafür ein sorgenfreies Leben hätte leisten können, besonders in unsrer Gegend, wo das Angebot an Prostituierten so gut wie nicht vorhanden ist. Oder sagen wir besser, hätte mir soviel eingebracht, wenn nicht unrecht Gut nicht gedeihen[9] würde. Das durch Prostitution erworbene Geld war nämlich dieses unrechte Gut, das auch in meinem Falle nicht gedieh. Das alles merkte ich spätestens an dem Tag, an dem alles herauskam, daß nämlich dieses Gut, das ich da so eifrig erwarb, ein unrechtes und nicht gedeihungsfähiges war. Ich hatte es erworben mit Hilfe meines kosmetisch ungepflegten, leider, möchte ich sagen, beinahe verwahrlosten Körpers, der dennoch immerhin ein weiblicher genannt zu werden verdiente, dessen wenige Haare noch immer ungeschnitten, dessen abgebrochene Fingernägel noch immer unlackiert, dessen Absätze immer noch schiefgetreten und nicht erneuert waren, und so weiter. Ich hatte es erworben, obwohl kaum noch etwas Reizvolles an mir zu finden war, nicht einmal mit einer Lupe, und dennoch genügten offenbar die wenigen typisch weiblichen Merkmale und Kennzeichen, um einen schwunghaften kleinen Handel damit aufzuziehen. Doch gerade in dem Moment, da ich daran gehen konnte, mich wieder ein wenig herzurichten, war es auch schon wieder zu Ende mit der Hege[10] und Pflege, denn da hatte sich schon die Tatsache, daß unrecht Gut nicht gedeiht, als zutreffend herausgestellt. Durch einen blöden Zufall. Meine Kinder und meinen Gatten war ich dann auch rasch los, schneller als ich schauen konnte. Gerade jetzt, wo ich wieder etwas gehegtere Weiblichkeit für ihn in petto gehabt [11] hätte. Ausgerechnet jetzt, wo ich wieder damit beginnen konnte, mich zu attraktivieren [12], mußte das passieren. Das unrecht erworbene Gut schrumpfte in der Folge noch rascher zusammen als das rechtmäßig Erworbene, wie mir scheint, und zwar schrumpfte es während der Zeit nach der Scheidung, als ich mir eine Stelle suchen mußte, die ich dann auch fand. Freilich, Kapital, das ruht und nicht arbeitet, ist schnell zu Ende. Ich selbst mußte arbeiten, durfte nicht ruhen. Es war vielleicht auch ein gewisser Fehler von mir, daß ich nicht mit dem unrecht Erwerben weitermachte, was eine leichte, wenn auch ziemlich ekelhafte Erwerbstätigkeit darstellt, dennoch wollte ich, wenn ich schon keine Familie mehr mein eigen nannte, doch wenigstens Güter rechtmäßig erwerben. Es war vielleicht ein Fehler, daß ich die Prostitution sausen [13] ließ und mich der Fabriktätigkeit zuwandte, bei ersterem wäre sicher mehr zu holen gewesen, aber es hatte mir schon einmal kein Glück gebracht, und so wird es mir vielleicht auch ein zweitesmal kein Glück bringen, vor allem, wo ich doch darauf hoffen kann, daß ich bei meinem Aussehen bald einen Freund haben werde, der vielleicht beruflich eine saubere Tätigkeit ausführt und keinen Tropfen Alkohol anrührt. Dann wird sich vielleicht die Investition, die darin besteht, daß ich eine rechtmäßige Tätigkeit ausübe, nämlich eine Fabrikarbeit, rentieren, nämlich in einer neuerlichen Ehe und neuerlichen Kindern. Diese Chance will ich mir nicht durch neuerliches Erwerben von unrechtem Gut vermasseln [14]. Es kann nämlich leicht zu einer schlechten Gewohnheit werden, Unglück zu haben oder Unrecht zu tun, was dasselbe ist. Ich möchte nun auch bald zu den Leuten gehören, die gewohnheitsmäßig und sogar regelmäßig Glück haben, wie der Besitzer dieser Fabrik zum Beispiel, um nur einen zu nennen, dieser Fabrik, in der ich hier mein Brot und meine Kosmetika verdiene. Letztere stellen ein sogenanntes EXTRA dar, das mir jedoch sehr gelegen kommt, gehört es doch zu den rechtmäßigen Investitionen, die darauf zielen, eine neue Ehe und einen neuen Hausstand mit einem neuen, frischen und unverbrauchten Menschen zu gründen. Auf diese Weise werde ich zwar nicht viele Güter erwerben können, doch werden diese wenigen Güter auch gedeihen. Auf die andre und unanständige Weise würde ich zwar viel mehr Güter erwerben können, sie würden aber in meiner Hand nur Unglück bringen und keineswegs gedeihen. Unglück habe ich genug gehabt. Jetzt will ich einen Aufstieg nehmen. Ich habe aus meinen Fehlern der Vergangenheit gelernt, was eine Leistung ist. Einmal ist es schon mein Fehler gewesen, ein zweites Mal soll es nicht mein Fehler werden. Da muß alles streng legal zugehen.

18

Ernst Jandl

Geboren 1925 in Wien. Nach amerikanischer Kriegsgefangen-schaft Studium der Germanistik und Anglistik. 1950 Promotion mit einer Arbeit über die Novellen Arthur Schnitzlers. Tätigkeit als Lehrer, 1971 Lehrauftrag an der Universität Texas. Literarische Veröffentlichungen seit 1952. Mitbegründer der Grazer Autoren-versammlung. Lebt in Wien.
Gedichte, Schallplatten, Hörspiele, theoretische Texte.

▷ Aus der Fremde. Sprechoper (1980/85)

ein gewitter

nichts als ein blitz nichts als ein blitz und ein blitz nichts
als ein blitz und ein blitz und ein blitz nichts als ein blitz
und ein blitz und ein blitz und ein blitz nichts als ein blitz
und ein blitz und ein blitz und ein blitz und ein blitz nichts
als ein blitz und ein blitz und ein blitz und ein blitz und ein
blitz und ein blitz nichts als ein blitz und ein blitz und ein
blitz und ein blitz und ein blitz und ein blitz und ein blitz
nichts als ein blitz und ein blitz und ein blitz und ein blitz
und ein blitz und ein blitz und ein blitz und ein blitz nichts
als ein donnern und nichts als ein donnern und noch ein
donnern und nichts als ein donnern und noch ein donnern
und noch ein donnern und nichts als ein donnern und noch
ein donnern und noch ein donnern und noch ein donnern
und nichts als ein donnern und noch ein donnern und noch
ein donnern und noch ein donnern und noch ein donnern
und nichts als ein donnern und noch ein donnern und noch

ein donnern und noch ein donnern und noch ein donnern
und noch ein donnern und nichts als ein donnern und noch
ein donnern und noch ein donnern und noch ein donnern
und noch ein donnern und noch ein donnern und noch ein
donnern und nichts als ein donnern und noch ein donnern
und noch ein donnern und noch ein donnern und noch ein
donnern und noch ein donnern und noch ein donnern und
noch ein donnern und regen regen regen regen regen regen
regen regen regen regen regen regen regen regen regen
regen regen regen regen regen regen regen regen regen
regen regen regen regen regen regen regen regen regen
regen regen regen

Kapitel II

19

Jutta Schutting

Geboren 1937 in Amstetten/Niederösterreich. Ausbildung als Photographin, dann Studium der Geschichte und Germanistik an der Universität Wien; Promotion. Seit 1965 im Lehrberuf an einer höheren technischen Lehranstalt in Wien tätig.
Erzählungen, Gedichte.

▷ Parkmord. Erzählungen (1975)
▷ Der Vater. Erzählung (1980)

Sprachführer

I In einer fremden Stadt
Entschuldigen Sie, wie heißt diese Straße (-ser Platz)? Verzeihen Sie – steht diese Burg (Kathedrale) schon längere Zeit (die ganze Woche) hier? Ich habe ein bißchen die Orientierung verloren, vielleicht können Sie mir Auskunft geben – wie heißt diese Gasse (Straße, Provinz, -ses Land)?

II Im Restaurant
1) Ich esse kein Fleisch (kein Gemüse, nichts Süßes, keine Teigwaren etc.). Ich esse nichts Gekochtes (Gebratenes oder Gebackenes). Das ist mir zu schwer. Ich muß Diät halten, ich bin nämlich magen- (leber-, gallen-, nieren-, darm-)leidend. Kann mir die Spezialität des Hauses künstlich verabreicht[1] werden?
2) Das habe ich nicht bestellt. Schicken Sie das in die Küche (den Stall) zurück! Ich kann mich nicht mehr erinnern, was ich bestellt habe – ist der alte Oberkellner noch im Dienst(verhältnis)? Ist das die Suppe? (Von wem ist dieses Fleisch?) Bitte zahlen, ich warte schon drei Stunden (Tage, Monate)!

III Beim Friseur

Beeilen Sie sich, Sie sollen meine Haare färben. Bitte einen Schnurrbart (Backenbart). Wozu rasieren Sie meinen Nacken aus?

IV In der Putzerei[2]. In der Kunststopferei

Die Flecken müssen gründlich entfernt werden (dürfen nie dagewesen sein). Bitte stopfen Sie das Loch an (in) meiner linken Brust.

V Eine Panne

Ist das mein Wagen? Das Blut rinnt aus. Waschen Sie zuerst meine
Wunde.

VI Am Strand

Wie weit ist es (zurück) zum Strand? Wie lange muß man land-
wärts schwimmen? Kann das ein Haifisch sein? Gibt es hier Ret-
tungsreifen? Wie tief ist hier das Wasser? Was meldet der Wetter-
bericht? Unter welcher Welle befinden Sie sich?

VII Unangenehme Situationen

Der Wechselkurs ist mir nicht angenehm. Die Berge sind mir etwas
zu hoch. Ich bin von Ihren Fähigkeiten als Billardspieler enttäuscht.

VIII Wir suchen ein Zimmer

Kann ich ein anderes (eine andere Art) Zimmer sehen? Haben Sie
auch (vielleicht) ein Zimmer mit einem Bett (einer Tür, -nem
Fenster)? Gibt es ein Zimmer mit WC? Gibt es im Hotel ein WC?
Irgendwo im Ort? Lassen Sie mein Klavier von der Gepäckaufbe-
wahrung holen.

IX Auskünfte und Beschwerden

Das WC ist leider besetzt. Die Leitung ist blockiert. Das Theater ist
ausverkauft (ausgebrannt). Die Geschäfte bleiben heute (diese
Woche) geschlossen. Hier gibt es keinen Arzt. Die Bahn ist über-
füllt. Der Autobus ist überbelegt. Der Wagen ist reserviert. Die Auf-
führung muß leider abgebrochen werden. Die Brücke existiert
noch nicht (nicht mehr). Das Flugpersonal (die Post) streikt. Die Tür
ist versperrt (plombiert). Die Türglocke ist abmontiert. Die Adresse
ist fingiert. Das Wasserleitungsrohr ist nicht angeschlossen. Das

Telephon ist eine Attrappe. Der Blick aufs Meer ist an die Wand gemalt.

X Unterwegs

1) Hallo Taxi – zum Hauptbahnhof! Wo ist der Bahnsteig I? Wo ist der Bahnsteig? Wo sind die Geleise?

2) Wie komme ich zum Dampfer? Wie kommt denn hier ein Dampfer her? Wie bin ich auf diesen Dampfer gekommen? Ich bin doch nicht auf einem Dampfer?! Pardon, Sie tragen meinen Koffer (Anzug)! Herr Kapitän, ich möchte sofort aussteigen!

XI Im Taxi

Das Hotel liegt aber in der anderen Richtung! Fährt man hier immer bei Rot über die Kreuzung? Was fahren Sie so schnell? Warum schalten Sie die Scheinwerfer nicht ein?

XII Für alle Fälle

Ich möchte eine Beschwerde einleiten (Anzeige machen) unflätig beschimpft … bestohlen … beraubt … niederge(er-)schlagen. Verständigen Sie die Vertretung meines Landes. Telegraphieren Sie meiner Braut! Schreiben Sie meinen Eltern. Rufen Sie einen kath. (evangel. AB[3] (HB[4])) Pfarrer! Sie sind auch nicht zuständig – wer dann?

XIII Das Wichtigste in Kürze

Guten Morgen (Tag, Abend)! Helfen Sie mir. Ich brauche dringend … Ich muß sofort … Achtung! Vorsicht! Ich verstehe Sie nicht! Bitte schnell! Hilfe! Sprechen Sie langsamer! Wo ist das Fundbüro (die Apotheke, der Zahnarzt, Arzt, Chirurg, die Feuerwehr, Rettung[5])? Nicht die Rettung – die Polizei!

XIV Unpäßlichkeiten

Ich habe Kopfweh. Ich habe Beschwerden. Ich habe Schmerzen (stechende, brennende, rasende). Mir ist nicht ganz wohl. Bitte sehen Sie nach, wo mein rechter Arm ist. Ich glaube, der Unterschenkel ist mir abgequetscht worden. Gewiß hatte ich heute morgen (beim Verlassen des Hotels) zwei Hände! Ich bin seit gestern marod[6] (bewußtlos). Können Sie mir eine Salbe empfehlen?

XV Umgang mit dem Hotelpersonal

Wieso ist mein Kasten[7] in solcher Unordnung? Wer hat meine Handtücher benutzt? Was liegt dort auf dem Teppich? Schaffen Sie den Geruch hinterm Bett (im Kasten) hinaus. Wo sind meine Kleider? Wo mein Pyjama? Wer liegt in (unter) meinem Bett?

XVI Nachtrag – Sizilien

Ich habe geschlafen. Ich muß wohl geschlafen haben. Ich habe einen tiefen Schlaf. Ich habe es weder blitzen sehen noch donnern hören. Ich höre schlecht. Ich bin besonders kurzsichtig. Ich habe diese Hand noch nie gesehen. Ich bin über ihn hinweggestiegen, um ihn nicht zu wecken. Man hat ihn zugedeckt, es war ja kühl. Er hat häufig Nasenbluten (ist wohl bei einer Treibjagd in die Kugeln des Jagdgastes geraten).

20

Ludwig Fels

Geboren 1946 in Treuchtlingen/Bayern. Zuerst Packer und Hilfsarbeiter. Seit 1973 lebt Fels als freier Schriftsteller in Nürnberg.
Gedichte, Erzählungen, Romane, Hörspiele.

▷ Platzangst. Erzählungen (1974)
▷ Ein Unding der Liebe. Roman (1981)

Kunstwelt

Jeder fühlt sich einzigartig, sagt er seinen Namen in Gesellschaft,
und bricht dann niemand ins Lachen aus, nimmt er sich erst recht
ernst. Am liebsten ist ihm aber, er wird ganz ohne sein Zutun
erkannt, zum Beispiel an seinem Auto, an seinem Hund oder an der
Person, mit der er den Familiennamen teilt: Hauptsache, man ist für
irgendetwas bekannt und wird für voll[1] und angenommen. In einer
Welt, in der man sich einzig allen andern vorlebt, herrscht
Ordnung muß sein, und die ist laut, pocht auf die Vorfahrt oder
hupt auf der Überholspur, ist froh ums Eigenheim und glücklich
wegen jedem Parkplatz, der sich auftut. Jedermann hat ein Gesicht,
trägt es oft wie einen überflüssigen Körperteil, die Augen drin stehn
grad, die Blicke sind flurbereinigt[2] worden und die Lider wirken
darum wie Auswüchse der Hirnschneisen[3], die die Realität geschlagen hat. Jeder ist überzeugt, die ganze Welt sei so wie das
Stück, das er von ihr weiß und kennt; die Innerlichkeit besteht aus
Hunger, Durst und geiler Scheiße, vielleicht daß noch die Leber wie
ein fetter Schwamm zwischen den Rippen klemmt, das dürfte dann
aber auch schon alles sein. Halt, die Sprache soll nicht vergessen
sein, diese Worte, mit denen sich scheinbar jeder glänzend versteht

und verständigt; wenn einer redet, ruht er nur von der Anstrengung aus, dem andern zuzuhören und ihn nicht zu gründlich mißzuverstehn. Bieder zählt landauf landab der Wandersmann den Baumbestand und die technischen Errungenschaften, mit denen der heimische Trimmpfad[4] wirbt. Aber auch in abgehobenern Bereichen wie Künstlerkneipen und Vereinslokalen geht es erbärmlich austauschbar zu, gibts kaum noch Unterschiede zwischen Karibik und Bayerischem Wald. Die vereinigten Politiker aller Länder begrüßen das als Fortschritt.

21

Hannelies Taschau

Geboren 1937. Arbeitete als kaufmännische Angestellte, Sekretärin und Journalistin und lebt seit 1967 als freiberufliche Schriftstellerin in Hameln und Essen.
Gedichte, Rundfunktexte, Romane, journalistische Beiträge.

▷ Landfriede. Roman (1978)
▷ Erfinder des Glücks. Roman (1981)

Ich bin anständig, weil ihr sagt, daß ich anständig bin

Fiti hat geladen, geschossen, geladen, geschossen usw. Siebenmal. Bis geschrien wurde.

Als die Schreie nicht aufhörten, ist er zum Telefon gegangen und hat die Polizei angerufen. Er hat gesagt, kommen Sie zum Köterberg, da ist geschossen worden. Das kann er später wörtlich wiederholen.
Nicht daran erinnern kann sich Fiti, auf dem Weg zum Telefon gesagt zu haben, hoffentlich habe ich niemanden verletzt. Aber seine Verlobte Hildegard kann das beeiden.

Fiti sitzt auf der Treppe. Angezogen. Mütze auf dem Kopf. Morgens um halb fünf. Er wartet auf die Polizei. Seinen Vater sieht er nicht. Seine Mutter wimmert in einem dunklen Raum. Hildegard steht hinter ihm und fordert schrill das Gewehr.
Er sagt ruhig, führ dich nicht auf. Schrei bloß nicht so.
Er hatte sie gebeten, die Haustür zu öffnen. Sie hat nicht reagiert. Er ist dann selbst hingegangen, hat die Haustür aufgeschlossen und

angelehnt. Dann ist er zurückgegangen, hat sich wieder auf dieselbe Treppenstufe gesetzt und gewartet. Das Gewehr hat er nicht aus der Hand gelegt.

Es wird gegen die Haustür getreten. Sie schlägt gegen die Wand, mach keine Dummheiten, brüllt ein Polizist. In der linken Hand hält er eine Pistole.
Fiti steigt die Stufen hinunter, das Gewehr trägt er vor sich her. Spinnst du? sagt er erstaunt. Ich schieß doch nicht auf dich, Heinz.
Leg das Gewehr auf die unterste Stufe, bleib stehen, sagt Heinz und zielt.
Fiti sagt verwundert, was hast du denn. Hier nimm doch das Ding. Es ist nicht geladen. Ich schieß doch nicht auf dich, ich bin doch nicht verrückt.

Ein zweiter Polizist, älter als Heinz, geht auf Fiti zu, dabei auf ihn zielend, und nimmt ihm das Gewehr ab.
Heinz sagt, Fiti, hast du wirklich geschossen.
Fiti sagt, ich wollte niemanden treffen. Ich wollte denen nur einen Schreck einjagen.
Der ältere Beamte belehrt Fiti, daß alles, was er jetzt sagt, später gegen ihn verwendet werden könne.
Fiti erfährt, daß er drei Leute verletzt hat.
Hildegards Jammern wird ihm unerträglich. Sie streitet einfach ab, daß er geschossen hat.
Natürlich habe ich geschossen, sagt Fiti ärgerlich. Das ist doch nachprüfbar. Daran ist nichts zu rütteln.
Heinz sagt, du redest jetzt vorläufig überhaupt nicht mehr. Auch der ältere Beamte ist nett zu Fiti. Er lobt später dessen diszipliniertes Verhalten ausführlich. Er sagt, er habe gleich gemerkt, daß er es mit einem anderen Typ Täter zu tun gehabt habe, nicht mit dem üblichen kriminellen Typ.

Beruhigen Sie sich, sagt der ältere Beamte zu allen, noch ist ja niemand gestorben.

Ich verstehe das nicht, sagt Fiti erstaunt, ich weiß gar nichts mehr, das ist passiert ohne mich.

Gut, sagt der Anwalt später, was Sie damals gesagt haben, ist gut für Sie.

Fiti führt die Beamten in sein Zimmer im ersten Stock. Er stellt sich auf, winkelt den linken Arm an, streckt den rechten Arm aus, beugt sich aus dem geöffneten Fenster und sagt, so habe ich gestanden. Dann habe ich geschossen, siebenmal in die Richtung, ohne zu zielen.

Von dem Fenster aus kann man das Glockengerüst nicht sehen. Man sieht nur den Betondeckel, der über der Glocke angebracht ist. Das Gerüst ist verdeckt von Haselbüschen, Haselbüsche sind zur Pfingstzeit bereits belaubt. Fiti sagt, ich kann das nicht glauben. Da schieß ich blindlings in die Gegend und treffe dreimal.

Fitis Zimmer darf nicht mehr betreten werden, es darf nichts verändert werden. Die Beamten schließen das Fenster und versiegeln die Tür.

Gehen wir, sagt der ältere Beamte und faßt Fiti am Arm. Nicht anfassen, bittet Fiti und geht an der weinenden Mutter und dem stummen Vater und der weinenden Hildegard vorbei. Zum Vater sagt er, die Steine für die Garage kommen übermorgen. Die sollen die Steine gefälligst stapeln, nicht einfach hinschmeißen und abhauen.

Hildegard hängt sich an seinen Arm. Was macht sie denn, sagt Fiti verlegen, und Heinz drängt Hildegard beiseite. Fiti geht aus dem Haus.

Drei Krankenwagen fahren vorbei.

Fiti wartet neben dem Polizeiauto, bis der ältere Beamte die Wagentür geöffnet und die Rücklehne des Vordersitzes nach vorn gekippt hat.

Fiti steigt ein.

Heinz setzt sich hinter das Steuer. Der ältere Beamte setzt sich neben Fiti.

Heinz läßt den Motor an, da hetzen die ersten Feldkirchner den Köterberg herauf.

Fiti nimmt die Mütze ab. Und der Polizist neben ihm sagt verblüfft, was ist denn das, was ist denn mit dem los.

Heinz dreht sich um und lacht.

Der Fiti ist nämlich ein Witzbold. Ein Spaßmann.

Der läßt sich für ein paar Tacken[1] ein Muster in die Frisur scheren, Karo oder Punkte, ganz nach Wunsch, er läßt sich auch ganz, halb oder viertel kahl scheren.

Für dieses Muster hat Fiti hundert Mark kassiert.

Fiti lacht auch. Das macht doch nichts. Das wächst doch wieder.

Die ersten Feldkirchner lassen sich keuchend gegen den Jägerzaun[2] vor Fitis Elternhaus fallen. Sie sehen in dem vorbeifahrenden Polizeiauto zwei heftig lachende Beamte und Fiti. Fiti lacht auch. Dann streiten die Feldkirchner, ob es vier, fünf oder nur drei Schüsse gewesen sind.

Der Zugang zum Glockengerüst ist längst gesperrt. Beamte haben zu den Feldkirchnern gesagt, hier gibt es nichts zu sehen. Die Feldkirchner haben aber etwas gesehen, niedergetretenes Gras und unter den Haselsträuchern Blut.

Hildegard läuft weinend auf das Haus zu. Fitis Vater preßt die Fäuste gegen die Ohren und folgt ihr. Seine Frau bleibt zurück, an den Jägerzaun geklammert. Sie kann weder sprechen noch sich bewegen. Hildegard kommt zurück, und unter ihren leichten Schlägen lösen sich die Hände von Fitis Mutter vom Jägerzaun.

Zwischen zwei Gottesdiensten mit dem üblichen freudigen Pfingstthema fährt der Pfarrer von Burg nach Feldkirchen. Er findet Fitis Mutter und Hildegard im Garten, wo sie weinend Maiglöckchen und Veilchen ausgraben, teilen und versetzen.

Der Pfarrer sagt spontan, der arme Junge, wir müssen alles tun, um ihm zu helfen. Wir müssen jetzt stark sein. Er darf jetzt nicht an uns zweifeln.

Hat Fiti den Pfarrer nicht zweimal klaglos nach Hildesheim zum tausendjährigen Rosenstock[3] gefahren? Spendet nicht Fiti großzügig und zu allen Anlässen? Hat er nicht sogar für die Glocke auf dem Köterberg gespendet? Kann der Pfarrer ihm anlasten, daß Fiti nicht mehr in die Kirche kommt? Hat Fiti nicht recht, wenn er sagt, ich habe keine Zeit für den lieben Gott. Noch muß ich arbeiten. Hildegard stößt viermal den Spaten um ein Büschel Veilchen und sagt unter Tränen, ich halte zu ihm.

Fitis Mutter teilt sachkundig unter Tränen die Veilchen und sagt, dann solltet ihr euch endlich verloben.

Hildegard ist dabeigewesen, als Fiti schoß. Aber sie hat nichts verhindern können. Sie hat in dem verdunkelten Raum und im Halbschlaf das Gewehr nicht erkannt. Fiti hat geschossen. Aber als geschrien wurde, hat er aufgehört und gesagt, hoffentlich habe ich niemanden getroffen.

Es wird ein unvergeßlicher friedlicher Pfingstsonntag. Trotz des Unglücks. Sie reagieren nicht auf Klingeln und nicht auf Rufe. Sie halten sich im Garten auf. Sie arbeiten oder sie sitzen am gedeckten Tisch. Sie wählen die richtigen Plätze für Maiglöckchen und Veilchen. Sie hören irgendwann auf zu weinen. Sie reichen sich Milch und Zucker und Gebäck und haben ein gemeinsames Thema: Wo Fiti jetzt sein mag. Ob er gut behandelt wird. Fiti hatte als Kind nie schmutzige Hände. Er kann keine dunkle Bettwäsche ausstehen. Er trägt nur kochbare Unterwäsche. Fitis Vater sagt, wieso haben wir noch nie hier gesessen. Das sollten wir öfter tun.

Daß Hildegard jetzt nicht servieren kann, sieht der Wirt vom Lamm ein. Er sagt am Telefon zu ihr, da muß es eben die Pfingsttage mal ohne dich gehen.

Abends schaltet Fitis Vater die elektrische Warnanlage und das Licht über Fitis neuem Lkw ein.

Fiti hat immer gearbeitet. Auch nach Feierabend. Auch an Sonntagen. Er hat die Ölheizung gebaut, er hat die Fenster vergrößert, Thermopanescheiben eingesetzt und einen Balkon angebaut. Er hat den Abstellplatz für seinen schönen neuen Lkw planiert und ihn mit Licht- und Warnanlage ausgestattet. Jetzt wollte Fiti die

Garage bauen. Die Steine sollen am Dienstag nach Pfingsten geliefert werden.

Fiti nimmt die Mütze ab, als er dem Haftrichter vorgeführt wird. Und der Haftrichter sagt empört, was hat man denn mit Ihnen gemacht?
Nein, nein, sagt Fiti, das ist ein Spaß. Ich habe gewettet, daß ich damit rumlaufe. Das macht doch nichts. Das wächst doch wieder.
Der Haftrichter lacht verhalten.
Fiti bittet, die Haare nicht beischneiden zu müssen, weil er sonst die 100 Mark verlieren würde.
Der Haftrichter sagt, vorläufig kann überhaupt nichts von Ihnen verlangt werden.
Fiti setzt die Mütze wieder auf, damit der Haftrichter aufhört zu lachen. Dann sagt er, ich wollte niemanden treffen. Ich wollte denen nur einen Schreck einjagen. Ich habe geschossen, das bestreite ich nicht. Aber nur in die Richtung, aus der das Gebimmel und das Lachen kam. Ich weiß nicht, daß ich das Gewehr geholt habe.
Der Haftrichter sagt, ruhig. Jetzt schön der Reihe nach. Was war an dem Morgen? Wann sind Sie aufgestanden? Was haben Sie dann gemacht?
Fiti ist um fünf aufgestanden. Das ist nichts Besonderes. Er steht immer um fünf auf. Dann ist er zu Mey gefahren. Früher war Mey Fitis Chef. Aber Fiti hat jetzt einen eigenen Lkw. Mey gibt ihm Fuhren, und er fährt auf eigenes Risiko. Fiti bekam eine Fuhre nach Köln.
Ich bin morgens hin, nachmittags wieder zurück. Sieben Uhr abends war ich wieder zu Hause. Gegessen, gebadet, dann in eine Kneipe. Dann in einen Film. Wieder in eine Kneipe. Tanzen mit meiner Verlobten. Um vier ins Bett. Ich war gerade im ersten Schlaf, es war so halb fünf, da ging das Gebimmel los. Es ist übrigens nicht das erste Mal, daß sich jemand an der Glocke vergriffen hat. Dann muß ich rausgelaufen sein und das Gewehr geholt haben. Ich weiß aber erst wieder, daß jemand geschrien hat.

Weil jemand im Lamm sagt, habt ihr das Geläute heute morgen gehört, da wird der Fiti ja wieder getobt haben, und ein Betrunkener sagt, ich habe drei Schüsse gehört, ein anderer, ich habe vier gehört, weil mehrere Leute heute morgen oben auf dem Köterberg waren und gesehen haben, wie Fiti abgeholt wurde, weil sie Blut unter Haselbüschen entdeckt haben, weil der Betrunkene sagt, der Fiti hat drei Leute umgelegt, und ein anderer, vielleicht ist Fiti tot, einige Leute haben Fiti zwar heute morgen noch gesehen, aber ihnen wird nicht unbedingt geglaubt, weil Mani sagt, Fiti erschießt niemanden, Alfi sagt, niemals, unmöglich, Bodo sagt, vielleicht hat man auf ihn geschossen, so könnte es doch gewesen sein, der Betrunkene hämisch dazwischen, der Fiti stirbt nie, der ist unsterblich, weil sich jemand erinnert, daß Fiti nie der Ruhigste gewesen ist, daß er sich manchmal geprügelt hat, wenn auch nie ohne Grund, wie er zugeben muß, andererseits einer feststellt, daß man seines Lebens nicht mehr sicher sei, da habe einer ein Gewehr und benutze es auch, wenn er Wut habe, das könne jeden treffen – aus diesen und anderen Gründen ruft der Wirt die Hildegard an und sagt ihr, hier wird geredet. Niemand weiß Genaues. Da kommen leicht Gerüchte auf, die hinterher wieder schwer aus der Welt zu schaffen sind.

So kommt es, daß Hildegard schon Pfingstmontag abend wieder den Ausschank macht[4], Bier zapft, Doppelte und Einfache[5] eingießt, Senf mit Essig glattrührt, an der Heißwassermaschine flink Kaffee, Tee oder Bouillon braut. Und sie gibt Auskunft. Fiti hat nicht drei-, vier- oder fünfmal, sondern siebenmal geschossen. Er hat nicht drei Männer erschossen, sondern drei Männer angeschossen. Er hat nicht gezielt geschossen. Das Glockengerüst ist versteckt hinter den Büschen. Vom Fenster aus war niemand zu sehen.

Ich stell mir das vor, sagt Schutte, ich fahr nach Köln und zurück, anschließend mach ich einen drauf[6], weil Samstag ist. Bis um vier. Ich kann ja am nächsten Tag endlich mal ausschlafen. Und ich will eben einschlafen, da geht die Glocke los. Da dreht man doch durch. Schutte, sagt der Wirt, Fiti braucht einen guten Anwalt. Um halb fünf am Sonntagmorgen, dem einzigen Tag, an dem man ausschlafen kann, vergreift sich einer an der Bimmel, sagt Bodo.

Das müßt ihr euch vorstellen, sagt Hildegard, da kann jeder, der Lust hat, den anderen quälen. Und man kann nichts dagegen machen.

Es ist ja auch nicht das erste Mal gewesen, daß jemand geläutet hat, sagt Bodo.

Kommt irgendein Spinner, nachts oder morgens. Läuten wir doch mal. Und du kannst dich nicht wehren. Also ich weiß nicht, was ich da gemacht hätte, sagt Alfi.

Hoffentlich stirbt keiner, sagt Mani.

Ich glaube nicht, sagt Schutte laut, daß einer von sich behaupten kann, ihm wäre das nie passiert.

Sie werden ohne Fiti nicht nach Traben-Trarbach fahren. Das soll Hildegard ihm ausrichten. Ohne Fiti ist sowieso nichts los.

Das hätte mir ebenso passieren können, sagt Mani.

Das hätte jedem von uns passieren können, sagt der Wirt.

Schutte ruft den Spediteur Mey an. Der sagt, verdammt, Fiti war mein bester Mann. Das ist ja eine dumme Geschichte. Der Bursche hat abgebaut[7]. Ist doch ganz klar. Gönnt sich keine Ruhe, kann den Hals nicht vollkriegen[8]. Jeden Tag unterwegs. Erst nachts zu Hause. Am nächsten Morgen schon wieder 'ne neue Fuhre. Ich kümmere mich um einen Anwalt.

Dienstag nach Pfingsten steht es in der Zeitung. Einer ist lebensgefährlich verletzt, die beiden anderen wurden nach ambulanter Behandlung wieder entlassen.

Die drei Männer kamen mit ihren Frauen von einer Geburtstagsfeier. Einer wußte, daß auf dem Köterberg das Glockengerüst steht. Sie sind auf den Köterberg gefahren, die drei Frauen sind in den Autos geblieben. Sie haben ihre Männer deutlich sehen können, in ihren weißen Hemden, es wurde ja schon hell. Die Männer haben abwechselnd geläutet. Sie haben sich gekrümmt vor Lachen. Bis die Schüsse fielen. Der eine wurde gleich getroffen. Die anderen krochen ins Gebüsch. Einer hat geschrien, hör doch auf, willst du uns denn alle abknallen. Dann habe jemand zurückgebrüllt, sagen die drei Frauen und die beiden Männer übereinstimmend, euch Schweine müßte man alle umlegen. Der Schwerverletzte ist nicht vernehmungsfähig.

Fiti ist Untersuchungshäftling und untersteht nicht der Anstaltsleitung. Er kann Wünsche äußern, und es liegt am Richter, ob der sie genehmigt. Fiti kann sich zum Beispiel das Essen aus dem nahe gelegenen Esso-Motor-Hotel bringen lassen, wenn er will. Er muß keinen Blaumann[9] tragen. Er muß nicht arbeiten. Wenn er nicht will, braucht er keine Runden auf dem Gefängnishof zu drehen.

Fiti wühlt in einem Paket mit Walnüssen. Es ist nicht zu fassen, sagt Fiti, schicken einem Walnüsse und vergessen den Nußknacker.
Weil Fiti nicht gefragt hat, sagt der Anwalt, Sie müssen wissen, daß einer der Verletzten in der vergangenen Nacht gestorben ist.
Was mach ich denn jetzt, sagt Fiti niedergeschlagen, ohne Nußknacker.
Wir müssen damit rechnen, daß der Staatsanwalt jetzt Anklage wegen vorsätzlicher Tötung gegen Sie erhebt, sagt der Anwalt.
Fiti legt eine Walnuß unter das Tischbein, läßt den Oberkörper auf die Tischplatte fallen, und die Nuß platzt. Die Mütze fällt ihm vom Kopf.
Meine Zeit, sagt der Anwalt, was ist denn mit Ihnen. Das sieht ja schrecklich aus.
Wir sitzen im Lamm, sagt Fiti, da kommt jemand und sagt, Fiti, deinen Skalp. Und ich sage, was soll es denn sein. Und der sagt, Karo. Für Karo gibt es 100 Tacken. Das sind Festpreise. Wenn es nicht unbedingt sein muß, möchte ich nicht zum Friseur. Dann habe ich nämlich die 100 Tacken verloren. In zwei Wochen ist das ja nachgewachsen.

Die Gemeinde Feldkirchen, schreibt der Pfarrer an den Anwalt, hat keine eigene Kirche. Damit sie wenigstens Glockengeläute bekam, haben wir für eine Glocke gesammelt, weil das Glockengeläute von Burg nicht bis nach Feldkirchen dringt. Ich konstruierte zusammen mit dem Bauunternehmer Reich einen Glockenturm mit Schalldeckel aus Beton, der die spezifischen Bedingungen des Schalls berücksichtigt. Der Schalldeckel wurde schräg über der Glocke installiert, zum Berg hin gesenkt, zum Tal hin angehoben. Und er trägt den Schall jetzt wunderbar weit hinunter ins Dorf. Wir entschieden uns für den Köterberg wegen der Westwinde und wegen der Nähe. Auch in Waldkirchen steht übrigens so ein Glockenturm. Mit ihm ist noch nie Unfug getrieben worden, noch nie hat sich jemand an der Waldkirchener Glocke vergriffen. Aber zur Sache: Ich habe Fritz konfirmiert. Ich habe an seinem bisherigen Lebensweg Anteil genommen. Fritz ist ein aufrechter, fleißiger und hilfsbereiter Junge. Alle im Dorf können das bestätigen. Er hat sich bisher nichts zuschulden kommen lassen. Verteidigen Sie ihn nach allen Regeln Ihrer Kunst, damit ihm die Zukunft nicht verbaut wird.

Schutte, Mani, Alfi, der Wirt und andere unterschrieben einen Brief an den Anwalt, den Bodo aufgesetzt hat: Wir alle kennen Fiti von der Schule her. Fiti war immer kameradschaftlich und hilft immer, wenn jemand ihn darum bittet. Er ist kein Schläger und kein Killer. Er hat bisher nichts Unrechtes getan. Tun Sie, was Sie können. Schließlich hat er sein Leben noch vor sich.
Wer wagt zu behaupten, ihm hätte so was nie passieren können? Kann das jemand behaupten?
Übrigens waren viele gegen die Glocke. Vor allem die Jüngeren, die Berufstätigen. Sonntags wird sie dreimal geläutet. Sonntag ist der einzige Tag, an dem wir ausschlafen können.
Eine Kopie dieses Briefes schickte Bodo an die Heimatzeitung. Fiti kriegte ein Exemplar der Heimatzeitung, die den Brief veröffentlichte. Der Richter hatte nichts dagegen einzuwenden.

Alle seine Freunde waren gegen die Glocke, sagte Hildegard zum Anwalt. Von Anfang an hat es Ärger um die Glocke gegeben. Mal wurde das Glockenseil durchgeschnitten. Mal war das Schloß ausgetauscht, mit dem das Seil an das Gerüst angeschlossen war. Es kam öfter was vor. Mal wurde sogar der Klöppel gestohlen. Wer das war, weiß man nicht. Jedenfalls welche, die das Gebimmel auch aufregte. Wir waren alle gegen die Glocke. Aber wir wurden ja nicht gefragt.

Fiti hat manchmal gedroht, daß er aus dem Haus seiner Eltern ausziehen würde, wenn das Gebimmel nicht aufhört. Aber dann hat Hildegard gesagt, spinn doch nicht. Für hundert Mark Kost und Logis, sturmfreie Bude[10] und ein Haus in der Hinterhand[11] wirst du das doch aushalten können.

Fitis Vater sagte, es stimmt, daß er gegen die Glocke war. Aber gegen die Glocke waren viele.

Fitis Mutter sagt, er hat sogar gespendet für die Glocke, obwohl er gegen sie war.

Was halten Sie davon, sagt Fiti zu seinem Anwalt, wenn ich der Witwe Geld überweise. Ich dachte an 150 Mark monatlich. 150 Mark ist gut, sagt der Anwalt, das muß man anerkennen. Aber die Idee ist nicht von mir, das gebe ich ehrlich zu, sagt Fiti.

Nachdem ihm klargeworden ist, daß eine U-Haft auch länger dauern kann, manchmal Jahre, läßt sich Fiti helle Bettwäsche, Geschirr, den Transistor, den Plattenspieler, Platten, einen tragbaren Fernsehapparat und eine Reiseschreibmaschine bringen. Außerdem bekommt er regelmäßig Pakete.

Auf der Schreibmaschine schreibt er den Dauerauftrag über 150 Mark aus für die Witwe des Verstorbenen. Er beschwert sich bei der Baustoffefirma, die die Steine für die Garage doch nicht gestapelt hat, und kündigt einen Rechnungsabzug[12] an.

In Jubel und in Klage / begleit ich eure Tage / und rufe nah und fern / denkt an Gott, den Herrn: Das ist die Inschrift und die Bestimmung der Glocke in Feldkirchen, predigte der Pfarrer. An Glocken, Kirchen und Grabsteinen vergreift man sich nicht. Das ist mehr als nur grober Unfug. Menschen haben in der Pfingstnacht wohl aus Übermut und unter Alkoholeinfluß sich an unserer Glocke vergriffen. Die Glocke ist geweiht und bestimmt zu heiligen Dingen des Lebens und des Sterbens, und in außergewöhnlichen Fällen zum

Alarm bei Feuer und Not. Nie haben wir gehört, daß früher Frevel mit Glocken getrieben wurde.

Ein Mann, der von der Ruhestörung besonders betroffen war und den diese Frechheit stark erregt hat, ging nun seinerseits zu weit und schoß. Aus den Warnschüssen in die Dunkelheit wurden Treffer.

Ein Toter ist zu beklagen. Der Schütze hätte sich bedenken müssen. Aber auch die Frevler. Das Ende des Geschehens ist schrecklich. Aber der Anfang hat das Ende ausgelöst. Niemand hat es gewollt. Wir haben kein Recht, den Schützen zu verurteilen. Wir können nur für ihn beten. Wir wissen, daß er ein unbescholtener, hilfreicher und ehrlicher Mann ist. Jesus sagt, wer unter euch ohne Sünde ist, der werfe den ersten Stein.

Fiti bekommt viel Post. Die Stimmung in Feldkirchen sei für ihn, schreiben seine Freunde.

Wie ich Ihnen sagte, die Anklage lautet jetzt auf vorsätzliche Tötung, sagt der Anwalt.

Bin ich jetzt ruiniert? Daß mir das passieren muß. Darf ich überhaupt noch auf einen Lkw?

Der Anwalt sagt streng, darüber nachzudenken haben wir noch viel Zeit. Sie müssen jetzt klaren Kopf bewahren. Sie haben doch gute Nerven von Natur. Pflegen Sie die. Lassen Sie alles auf sich zukommen. Tun Sie was. Zwingen Sie sich. Nutzen Sie Ihre Möglichkeiten als U-Häftling[13].

Hildegard erzählt an der Theke, daß Fiti der Witwe monatlich 150 Mark überweist.

Nobel, sagt einer. Das braucht er ja nicht. Das verlangt ja niemand von ihm.

Richtig langweilig ist es hier, wenn er nicht da ist, sagt der Wirt.

So'n ulkiger Vogel, und jetzt das. Hat aber auch ein Pech, der Junge.

Die Feldkirchner Frauen mit eigenen Söhnen wissen, Fiti ist ein guter Sohn. Er hat seiner Mutter eine Waschmaschine geschenkt, da wuschen die meisten noch mit der Hand. Er brachte seine

Mutter zum Arzt und holte sie auch wieder ab, wenn er konnte. Er ließ seine Mutter an Samstagen nie allein einkaufen, wegen der Schlepperei. Und wenn er nicht selbst fahren konnte, bezahlte er ihr ein Taxi. Er hat immer großzügige Geschenke gemacht. Zuletzt hat er seinen Eltern einen beleuchteten Globus geschenkt. Sie waren die ersten in der Gegend, die einen Swimmingpool hatten. Von Fiti gebaut.

Fiti wurde Schützenkönig. Das war das schönste Schützenfest überhaupt. Er ließ was springen[14]. Er holte eine Kirmes nach Feldkirchen.
Wenn Fiti für 100 Mark sich den Kopf hatte kariert scheren lassen, gab er erst mal eine Runde.
Auf irgendeine Weise haben viele von Fiti profitiert.

Fiti bewegt sich zuwenig und ißt zuviel. Von den Walnüssen hat er Pickel bekommen. Er stellt den Antrag, in der Handball- oder Fußballmannschaft der Vollzugsanstalt mitspielen zu dürfen. Er bekommt die Erlaubnis, in beiden Mannschaften mitzuspielen.

Die Zeit in der Zelle vergeht ihm mit Radio- und Fernsehprogrammen, oder er schreibt Briefe, oder er erledigt Korrespondenz, die mit dem Haus zu tun hat, er erwirkt Zahlungsaufschub für fällige Rechnungen. Er läßt sich Prospekte schicken für Markisen, Rolläden, Rasenmäher usw.
Du hast Glück, Freund, sagt ein Vollzugsbeamter, vor ein paar Monaten war das noch nicht so wohnlich hier. Da gab es noch sogenannte Schamwände und Leibkübel[15] hier, da war noch nichts mit Wasserspülung.

Fiti ist meist ausgeglichen, launisch ist er nie. Alle Beamten mögen ihn. Hat Pech gehabt, der Junge. Gehört eigentlich nicht hierher. Kann einem leid tun.

Mey läßt Fiti ausrichten, er solle einen anderen auf den Lkw lassen, damit der Wagen bewegt wird und nicht nur kostet. Fiti will es sich überlegen.

Er bekommt regelmäßig Besuch.

Er ist zuversichtlich. Sein Anwalt hat gesagt, unsere Sache steht gar nicht so schlecht. Fiti hatte zur Tatzeit 1,77 Promille. Hildegard und Fiti waren in drei Kneipen, tanzen, in einem Western, in dem geschossen, geblutet und geprügelt wurde. Zum Beispiel warf einer, als er von einem Trinker angebettelt wurde, einen Dollar in den Spucknapf, und der Trinker wollte den Dollar aus dem Spucknapf fischen. Er kriegte einen Tritt unters Kinn, wurde wieder aufgestellt und bekam wieder einen Tritt usw. Man kann also sagen, ein brutaler Film. Außerdem war es nicht das erste Mal, daß die Glocke geläutet wurde. Fiti war sozusagen vortraumatisiert. Die Streuung der Kugeleinschläge und die von Zeugen übereinstimmend bestätigte schnelle Schußfolge beweisen, daß Fiti nicht gezielt geschossen hat. Er hat auf dem Weg zum Telefon gesagt, hoffentlich habe ich niemanden verletzt. Das weiß er nicht mehr, aber Hildegard kann es bezeugen.

Weder Hildegard noch Fitis Eltern können aber bestätigen, daß Fiti gebrüllt habe, euch Schweine sollte man alle umlegen.

Der Staatsanwalt will also auf vorsätzliche Tötung hinaus. Wir wollen auf fahrlässige Tötung hinaus, sagt der Anwalt. Ich will Ihnen das erklären. Wenn Sie nicht verstanden haben, fragen Sie. Unterbrechen Sie mich. Es gibt den bedingten und den unbedingten Vorsatz. Unbedingter Vorsatz bedeutet, Sie wollten den anderen töten. Das hat aber nicht einmal der Staatsanwalt angenommen. Der Staatsanwalt sagt, es war bedingter Vorsatz. Das heißt, Sie haben geschossen. Sie wollten nicht treffen, haben aber für den Fall, daß Sie treffen, in Kauf genommen, daß der andere umkommt. Haben Sie verstanden. Das ist gar nicht so kompliziert. Ich will dagegen auf fahrlässige Tötung hinaus. Die liegt vor, wenn jemand etwas Pflichtwidriges tut, also zum Beispiel mit dem Gewehr auf einen Menschen schießt, aber darauf vertraut, daß nichts passiert.

Fiti fragt, was er seit langem überlegt hat: Ist es nicht möglich, daß mit der U-Haft die Sache erledigt ist?

Sie meinen Bewährung? Möglich, der Anwalt breitet pathetisch die Arme aus, möglich ist alles.

Die Überweisungen an die Witwe erfolgen. Sie reagiert nicht, aber sie schickt auch das Geld nicht zurück.

Fiti schreibt an Mey, daß er keinen anderen auf den Lkw lassen könne. Was ist, wenn der ihn kaputtfährt. Möglich ist auch, daß bald alles vorbei ist.

Hildegard und Fiti stecken sich im Besucherzimmer die Verlobungsringe an.
Der Anwalt schickt einen Strauß Blumen. Der Mey schreibt, du kannst jederzeit wieder für mich arbeiten, das weißt du. Die Gäste sitzen an Resopaltischen[16]. Es riecht nach Orchideen. Weil man die Türen der vier Klosetts im Besucherzimmer nicht von außen verschließen kann, wurde ein spanisches Spray, Duftnote Orchidee, gesprüht.

Fiti hat einen festen Wohnsitz, ging bisher einer geregelten Tätigkeit mit regelmäßigen Einkünften nach und lebte auch sonst in geordneten Verhältnissen. Außerdem sind Flucht- und Verdunklungsgefahr[17] nicht mehr gegeben. Nach acht Monaten wird Fiti aus der U-Haft entlassen.

Er läßt sich mit einem Taxi auf den Köterberg fahren und neben seinem Lkw absetzen. Er fährt mit dem Lkw auf das Haus zu. Er blendet die Scheinwerfer voll auf. Er hupt anhaltend. Alle kommen aus dem Haus gelaufen. Er walzt vor Freude den Jägerzaun nieder, das Gartentor, er fährt hupend und schreiend und blinkend auf die Haustür zu und bremst erst, als die Vorderreifen gegen die Treppen springen. Morgen fangen wir an, die Garage zu bauen, sagt er zu seinem Vater.

Anschließend fährt er zum Lamm. Er tritt die Klinke mit dem Fuß herunter, die Tür fliegt auf.
Mani schreit Fitiiii!
Alfi trägt Fiti zur Theke.

Bodo hebt Fiti auf die Theke.

Der Wirt gibt eine Runde.

Schutte sagt, siehst gut aus, ein bißchen blaß, ein bißchen fett, aber sonst.

Mani sagt, so plötzlich bist du wieder da, ist was passiert.

Der Wirt sagt, laßt ihn, erst muß er was trinken.

Und Fiti trinkt, saugt an, schluckt, trinkt langsam und behaglich stöhnend.

Bodo sagt, alles klar?

Fiti nickt nur und trinkt.

Ein Betrunkener ruft, Fiti? Hör doch mal? Fiti! Wie schläfst du nachts?

Bodo ruft, sauf und halt die Klappe.

Fiti stöhnt behaglich und läßt das Bierglas nicht aus der Hand. Er sagt, die Verhandlung ist wahrscheinlich noch lange nicht. Ich habe ab sofort wieder einen festen Wohnsitz, festes Einkommen, gehe einer regelmäßigen Tätigkeit nach und lebe auch sonst in geordneten Verhältnissen. Er sieht Hildegard an, alle lachen.

Der Betrunkene ruft, Fiti, ich hab' dich was gefragt.

Es ist möglich, daß ich mit den acht Monaten U-Haft schon aus dem Schneider bin [18], sagt Fiti bescheiden.

Alfi gibt die nächste Runde. Der Wirt nimmt Fiti sanft das leere Glas aus der Hand und drückt das volle hinein.

Fiti trinkt.

Der Betrunkene ist plötzlich ganz nah neben Fiti. Ich hab' dich was gefragt: Liegst du lange wach, bevor du einschläfst? Oder hast du da keine Probleme? Nein?

Schafft ihn weg, sagt Fiti und gibt ihm einen Stoß, daß er gegen Bodo fällt. Sonst passiert ihm was.

Bodo fängt ihn auf und sagt zum Wirt, schaff ihn raus, er stört hier.

Was hab' ich denn gemacht? brüllt der Betrunkene, ich hab' Fiti was gefragt. Mehr nicht.

Der Staatsanwalt will auf vorsätzliche Tötung hinaus, sagt Fiti, während der Wirt den Betrunkenen durch die geöffnete Tür stößt. Mein Anwalt will auf fahrlässige Tötung hinaus. Wenn alles klappt. Das muß klappen. Wenn ich Bewährung kriege, bin ich aus dem Schneider.

Alfi sagt, dann können wir ja jetzt Traben-Trarbach anpeilen. Du darfst doch reisen?

Natürlich darf er reisen. Er wird es dem Anwalt mitteilen. Dann geht das in Ordnung.

Jemand ruft, Fitiii, deinen Skalp! Und der Wirt bringt das Rasiermesser.

Die nächste Runde gibt Fiti. Dann setzt er sich und zieht mit beiden Händen den Hemdkragen stramm, damit keine Haare ins Hemd fallen.

22

Hans Joachim Schädlich

Geboren 1935 in Reichenbach im Vogtland. Studium der Germanistik in Berlin und Leipzig; Dissertation über Phonologie. Arbeitete zuerst an der Akademie der Wissenschaften in Berlin. Anschließend war er als freier Übersetzer tätig. 1976 unterzeichnete Schädlich die Biermann-Petition. Sein Ausreiseantrag wurde Ende 1977 genehmigt. Lebt seitdem in West-Berlin. Erzählungen, Roman.

▷ Versuchte Nähe. Prosa (1977)
▷ Irgend etwas irgendwie. Zehn Texte (1984)

Nirgend ein Ort

1

Die jüngeren werfen ihn zu Boden, es ist ein Jagdspiel. Er kommt los, weil er greller schreit. Wenn er umringt bleibt, stoßen sie ihn mit Holzstöcken. Die Arme hängen vor dem Leib von eingefallenen Schultern. Sie geben ihm eine Lücke, den Fuß zieht er nach.
Die Angst ist größer, seit die anderen zur Schule gehen. Auf dem Schulhof, in den Pausen, sucht er seine Jäger. Nach dem Unterricht ist Schulzeit für ihn, der Hausmeister kehrt die Klassenzimmer, H. streut Sägespäne. Er erkennt den Geruch von Kreidestaub und Fußbodenöl aus den Kleidern der Feinde.
Buntes Kino oder schwarzweißes, den großen Plakatgesichtern zusehen, fürs Stühletragen im Freilichtkino umsonst. Die dünnen Arme halten nur einen großen Bogen[1] Gesichter, die langen Arme halten einen großen Gesichterbogen sehr hoch. Ankleben, einen behalten jede Woche. Und Taschengeld vom Lichtspiel[2]. Wegen Kuchen, hauptsächlich Blechkuchen[3], manchmal Torte,

93

hilft H. beim Bäcker. In den Laden kommt er nicht. Leute sagen, Der mischt Gips unters Mehl.

2

Er merkt gar nicht, daß es ins Lazarett geht. Da ist es so ruhig, schön liegt es sich. Um nichts braucht man sich zu kümmern. Beinahe drei Wochen liegt er so schön ruhig. Alle kümmern sich. So könnte man ewig liegen. Er merkt gar nicht, daß er nicht ewig so liegt. Ist ja vielleicht auch besser so für ihn, sagen Leute.

3

Daß Kohlenträger Bierdurst haben, abends, im Juni, wenn sie den ganzen Tag Kohlen schleppen, bei jedem Gang in den Keller einen vollen Zentner auf dem Rücken, immer Kohlenstaub zwischen den Zähnen, im Keller ist es besonders schlimm, das kann man sich vorstellen. Bier und Korn, doppelte. Ein Sachbearbeiter aus dem großen Lazarett trinkt was mit. Dem Fleischergesellen ist auch danach.

Im Freien schmeckt es besser als drin. Am See, neben dem Freilichtkino, ist ein Ausschank, der gehört zum Restaurant auf der anderen Straßenseite, Tische und Stühle unter alten Kastanien.

Die leeren Gläser räumt H. ab, viel kann er nicht tragen auf einmal, geht er eben öfter.

Was der große Kohlenträger sagen muß, muß er jetzt sagen. Nimm die Pfoten von den Gläsern, du verdammter Gipsmischer, willst uns wohl vergiften, was? sauf deine Pisse selber, alte Ratte, hau ab hier, du Verbrecher du.

H. geht fort vom Tisch, zum Kino hinüber, der Fleischer muß es aber auch mal sagen, Mißgeburt versaute, und der kleine Kohlenträger auch, und der Sachbearbeiter aus dem großen Lazarett auch, Verbrecherschnauze.

Er kann auch zum See gehen, am Ufer stehen Bänke, oder doch zum Freilichtkino, oder auf die Straße, nach Hause. Er dreht sich um und geht zurück zum Tisch.

Die Hände suchen Halt in der kalten Luft, die Füße helfen nicht, und was soll denn gesagt werden, Ein Verbrecher bin ich? ein Verbrecher? Die Hände halten sich fest, daß sie weiß sind, und lassen sich los: wollen die durstigen Kehlen zerschlagen.

Nach paar Bieren und Korn, doppelten, können drei Männer leicht vom Tisch aufstehen, und ein Kohlenträger hält ihn fest, und ein Fleischer haut seine Faust in ein kleines Zerrbild, und ein Kohlenträger schlägt in eine große Angst, und drei Männer schlagen in helle und dunkle Schreie. Wie lange, nicht lange, hinzuwerfen brauchen sie ihn nicht, der Kohlenträger hält ihn nicht länger.

Das ist zu wenig für viel Wut. Sie zerren ihn an den Beinen, da könnten sie den zerreißen. Zwei knien nieder, in die Erde müßten sie ihn schlagen, und einer kniet auf ihm, zerschlägt ihn, Du Hund, jetzt hast du genug.

Drei Männer sind in Fahrt gekommen, Erst mal 'n Schluck Bier.

Still liegt H. auf dem Rücken, die Beine gespreizt, ein kleiner blutiger Kopf zwischen den ausgebreiteten Armen, Der Hampelmann der.

Der Wirt ist da, muß was tun, er setzt ihn mal auf einen Gartenstuhl, Der sitzt nicht, hält er ihn eben fest, Wo sind denn die Schuhe?

Reinlich ist sein Hemd nicht, Sand, vom Kopf Blut, und die Fäuste. Müssen wir die Drecksau auch noch waschen, zwei genügen, ziehen sie ihn an den Armen zum See, tun ihn ins Wasser, die Füße bleiben draußen.

Zigarette? Tut drei Männern gut jetzt, in der Abendluft, am See-ufer.

Aus dem Wasser kann ihn einer allein ziehen, faßt seine Füße und zieht, Bloß noch Abfall.

4

Am nächsten liegt das große Lazarett, auf der anderen Ortsseite. Er braucht nicht zu atmen, oder zu essen, oder zu trinken. Bloß der Kopf bleibt stumm. In der dritten Woche nach dem Tag am See kann er sterben.

5

Der hat ja noch drei Wochen gelebt, das kann es na also nicht gewesen sein, sagen sie.

23

Helga M. Novak

Geboren 1935 in Berlin. Studium der Journalistik und Philosophie in Leipzig. 1961 Heirat nach Island. Bis 1965 Arbeiterin in isländischen Fabriken. Rückkehr nach Leipzig und Studium am Literaturinstitut „Johannes R. Becher". 1966 Aberkennung der DDR-Staatsangehörigkeit. Rückkehr nach Island. Lebt heute in Frankfurt a.M. Erzählungen, Romane, Gedichte, Hörspiele.

▷ Die Landnahme von Torre Bela. Prosa (1976)
▷ Die Eisheiligen. Roman (1979)

Palisaden oder Aufenthalt in einem irren Haus

Die Vögel zwitschern. Sie trällern, flöten, zetern, schreien.
Schwester Margret sagt, wir belauschen sie freudig, denn sie sind dem Leben zugewandt.
Die Krähen dazwischen.
Schwester Margret geht durch den Schlafsaal. Sie klatscht mehrmals hintereinander in die Hände und ruft, und auf! und hoch! wacht auf jetzt!
Um fünf Uhr früh aufstehen.
Sich dem Leben zuwenden.

nein nein bitte keine Spritze von der ich steif werde die Spritzen sind um mich steif zu machen nein nein bloß keine Spritze die mich steif macht

Zuerst drängeln wir uns zu sechst um das Waschbecken. Hedwig wäscht sich später. Sie zieht die Spanische Wand hinter dem Medikamentenschrank hervor und stellt sie sorgfältig um das Waschbecken herum auf. Die Spanische Wand ist so niedrig, daß alle sehen können, wie sie sich mit dem Waschlappen flüchtig die Achselhöhlen tupft.

Kalenderwort zum 22. April.
„Gott widersteht den Hochmütigen, den Demütigen gibt er Gnade."

Unsere Nachthemden sind grobgewebt und weiß. Sie sind vorne geknöpft und hinten offen. Wenn wir uns das Gesicht waschen, halten wir mit einer Hand die Hemden über dem Gesäß zusammen.

ah Sie sind aus Berlin mein Bräutigam ist auch aus Berlin ich habe einen Bräutigam in Berlin im Augenblick habe ich ihn aus den Augen verloren ich habe ihn verloren so wie ich meine Handtasche verloren habe mit allen Papieren darin als ich nicht mehr wußte was los ist ich habe ja nicht mehr gewußt was los ist da habe ich meine Tasche verloren und den Bräutigam er wartet auf mich in Berlin sicher treffen wir uns dort alle einmal

warten	Aufstehen. Sich anziehen. Das Bett	warten
warten	machen. Die Tische decken. Um fünf	warten
warten	Uhr aufstehen. Von sieben bis acht	warten
warten	Uhr auf das Frühstück warten. Auf	warten
warten	das Brot, auf die Butter warten. Auf	warten
warten	den Morgenkaffee, grau und dünn wie	warten
warten	seidene Strümpfe, auf die Morgen-	warten
warten	milch warten. Vom Wetter reden, von	warten
warten	den Blumen, den Bäumen im Park.	warten
warten	Warten. Auf die nächste Mahlzeit	warten
warten	warten. Auf den Arzt, die Tablette,	warten
warten	den Spaziergang warten. Auf das	warten
warten	Abendbrot warten, auf die Nacht.	warten
warten	Immer auf die Nacht warten.	warten

Keine Streichhölzer haben dürfen. Keine Schere haben dürfen.
Keine Nagelfeile haben dürfen. Bevor du kamst, habe ich mir die
Nägel mit Sandpapier gefeilt, und das noch unter Aufsicht. Die
Toilettentür nicht hinter sich schließen dürfen. Sich tagsüber nicht
hinlegen dürfen. Umhergehen. Sich bewegen. Stricken, Schreiben.

Die Geschichte mit den Blue Jeans ist nicht der Rede wert.
Ich sage, Schwester Margret, geben Sie mir meine Blue Jeans heraus. Ich kann nicht jeden Tag in dem rosanen[1] Kleid gehen.
Schwester Margret sagt, das kommt überhaupt nicht in Frage, daß
Sie hier mit Blue Jeans gehen. Das schickt sich nicht. Außerdem
sind Ihre Blue Jeans schmutzig, wir aber halten auf Sauberkeit. Ich
sage, meine Blue Jeans sind nicht schmutzig, sie sind nur ver-
waschen. Bitte, geben Sie sie mir doch. Schwester Margret sagt, ich
habe die Blue Jeans eingeschlossen, und das bleiben sie auch, bis Sie
die Anstalt verlassen. Ich sage, wenn ich die Blue Jeans nicht be-
komme, breche ich den Schrank auf. Schwester Margret sagt, das
werden Sie nicht tun, in Ihrem eigenen Interesse. Sollten Sie bis jetzt
nicht gehorchen gelernt haben, dann lernen Sie es hier.
Ich spucke Schwester Margret vor die Füße.
Sie lacht und sagt, regen Sie sich nicht auf, es ist nicht der Rede wert.
Das rosane Kleid ist doch sehr hübsch. Keine hat hier so ein
hübsches Kleid. Ich sage, das Kleid ist mir zu schade für diesen
Käfig.

Kalenderwort zum 23. April.
„Seid aller menschlichen Ordnung untertan um des Herrn Willen."

Stricken. Tagtäglich stricken. Ich stricke nicht. Ich schreibe. Mir ist
erlaubt worden zu schreiben. Ich stricke nicht. Du strickst. Sie
strickt. Die und die strickt. Ihr strickt. Sie stricken. Rechts links.
Rechts links. Links. Links. Links. Zwei. Drei. Vier. In gerader Linie
um die Kurve. Das Ganze kehrt um. Marsch. Marsch. Stillgestan-
den. Nicht aus der Reihe tanzen. Eine Armee aus Schlaufen rührt
sich. Die Bajonette sind die Nadeln. Deshalb werden sie wohl
abends weggeschlossen, damit sich niemand verletzt.

Die Glocken läuten.

Alle Glocken läuten und die Kuhglocken dazu.

Und der Gong der uns ruft.

Und die Glocke bimmelt die uns abmeldet.

Irgendeinen jeden einmal irgendwann.

Wo hast du die Ohrringe her? Genau solche Ohrringe hatte meine Mutter. Weg damit. Mach sie raus. Her damit.

Ich schreie.

Immanuela hängt sich an meine Ohren. Sie zieht, läßt nicht los. Ich brülle. Ich schlage zu. Sie fällt hin. Ich falle neben sie. Meine Ohrläppchen werden heiß und schwellen an.

Von Amadeus Mozart die Konzertarie „Schon lacht der holde Frühling". An dem Tag hast du mir zur Besuchszeit Fleisch mitgebracht anstatt Blumen. Trockenes Bündner Fleisch. Ißt du denn hier nicht richtig? Nein, den Fraß esse ich nicht. Aber das Fleisch, das du mitgebracht hast, habe ich mir in den Mund gestopft, kaum daß du wegwarst. Fleisch. Fleisch essen. Wenn du wiederkommst, bring mir Fleisch mit und Obst. Keine Blumen.

Köchelverzeichnis[2] 580 „Schon lacht der holde Frühling".

Bitte, beteiligen Sie sich doch ein einziges Mal an unseren Arbeiten. Haben Sie denn gar kein Interesse daran, Ihren Mitmenschen zu helfen?

Jetzt nicht aufhören zu schreiben.

Schnittmuster für Babywäsche gehen von Hand zu Hand. Und Rundstricknadeln. Babykleider für die armen, geistesverwirrten, unglücklichen, werdenden Mütter.

Haben Sie denn gar kein Herz, kein Mitleid für andere?

Wo käme ich hin, wollte ich auch noch anfangen zu stricken. Ich werde mich hüten. Was gehen mich werdende Mütter an, ob sie nun den Verstand verloren haben oder nicht.

Blödsinn, laß das mit dem Fleisch. Ich komme raus. Am nächsten Besuchstag bin ich draußen. Dann gehen wir Fleisch essen und trinken. Dann gehen wir mit einer Flasche Wodka auf eine Wiese ohne Zaun. Nichts tun. Nur so dasitzen. Dösen. Sich weit weg denken.

Sinnieren Sie nicht. Entweder Sie schreiben oder Sie stricken.

Bloß keine Blumen. Fleisch.

„Schon lacht der holde Frühling."

Ich brauche aus meinem Koffer ein sauberes Hemd. Ich sage, Schwester Margret, erlauben Sie mir, ein sauberes Hemd anzuziehen. Schwester Margret sagt, Ihre Sachen sind nicht gezeichnet, folglich dürfen Sie sie nicht benutzen. Zeichnen Sie Ihre Hemden, zeichnen Sie alle Ihre Sachen, ebenso Puderdose, Zahnbürste und Zahnpasta. Dann dürfen Sie auch an alles ran. Ich sage, so lange bleibe ich nicht, daß es sich für mich lohnen würde, alle meine Sachen zu zeichnen. Sie sagt, dann brauchen Sie auch kein neues Hemd.

Vollkommen selig sein. Nach einem kurzen Ausflug in den Himmel, aus allen Wolken gefallen und hier gelandet. In einem Haus, das aus langen Gängen besteht. Warum ich weggehen wollte, hast du nie begriffen. Soviel Irrtümer. Soviel Verzerrungen. Soviel falsche Aussagen. Und der Druck im Hals, als ich dich wiedergesehen habe. Zwischen uns eine Wand aus dickem, sauberem Glas. Ach, nie wieder zuhören, wenn du sprichst. Denn es reicht nicht heran.

Kalenderwort zum 24. April.

„Ihr Sklaven, seid mit aller Furcht euren Herren untertan, nicht nur den guten und freundlichen, sondern auch den verkehrten."

Haha.

Pscht.

Es ist totenstill. Da fängt das Fräulein Doktor an, lesen zu üben. Das Fräulein Doktor nimmt Schauspielunterricht im Selbststudium.

– e – i – ei – a – i – ai – o – i – oi –.

An Besuchstagen wird das Fräulein Doktor oft von zwei älteren Herren besucht. Der eine von ihnen nennt sie Mademoiselle, während der andere sie Signorina ruft. In Wirklichkeit heißt das Fräulein Doktor Gerda. Gerda muß einen Schlaganfall erlitten haben. Ihr rechtes Bein ist gelähmt. Ihr rechtes Auge ist geschlossen, während das linke normal ist. Mit diesem linken, offenen Auge lächelt sie. Weint sie jedoch, rinnen die Tränen aus ihrem rechten, geschlossenen Auge. Auf unseren Spaziergängen im Park bittet uns Schwester Margret, Gerdas Rollstuhl zu schieben. Es fällt mir nicht im Traum ein, den Rollstuhl zu schieben, erst recht nicht bergauf. Ich gehe neben Gerda her und biete ihr eine Zigarette an. Wir rauchen zusammen, und ihr linkes Auge lächelt.

Ich sage, Gerda, warum bist du eigentlich hier? Gerda sagt, mir sind plötzlich alle Bekannten gestorben, so plötzlich, um mich herum alle gestorben, hintereinander weg. Ich sage, ich zum Beispiel habe Schlaftabletten geschluckt, zu wenig, wie du siehst. Gerda lacht. Schwester Margret sagt, ich muß Sie bitten, das Thema zu wechseln. Es interessiert hier niemanden, warum jemand bei uns ist. Ich sage, warum hören mir dann alle so fleißig zu? Schwester Margret sagt, weil es was mit draußen zu tun hat. Aber wir haben hier aus gutem Grund die Aufgabe, durch fröhlich-entspanntes Verhalten, Heiterkeit aufeinander auszuströmen. Ich sage, da müßten Sie sich aber noch sehr ändern.

Auf einmal fängt Gerda an, mit dem rechten, geschlossenen Auge zu weinen.

Schwester Margret sagt zu mir, bitte, das haben Sie davon. Dann sagt sie, nicht weinen, hier wird nicht geweint. Aufhören zu weinen! Sofort aufhören zu weinen!

Schwester Margret befürchtet, Gerda könne uns anstecken. Sie übernimmt den Rollstuhl. Ich biete Gerda noch eine Zigarette an. Auf dem Hügel treffen wir die Männerabteilung. Die Männer stellen uns Bänke hin. Sie reichen uns die Hände und sagen Guten Tag. Wir sprechen mit ihnen über das Wetter, die Blumen, den Geruch der frischen Birkenzweige. Gerda unterhält sich gern mit den Männern. Sie ist nett zu ihnen. Ich lasse mich die Böschung hinuntergleiten und bleibe im Gras liegen.

Wie ruhig es ist.

Nicht über unsere Krankheiten sprechen dürfen.
Niemandem sagen dürfen, warum wir hier sind.
Es von den anderen nicht erfahren.
Nirgends so gut verdrängen lernen wie hier.

Christa sagt, sie habe den Israelischen Blitzkrieg[3] vorhergesehen.
Und ihrem Onkel hätte sie ins Steuer gegriffen, weil er nicht zuhören kann. Ich frage sie, warum sie vom Balkon gesprungen sei.
Sie meint, wegen des Vietnamkriegs. Christa sagt, ich solle unter
keinen Umständen mit ihrem Arzt darüber sprechen. Ich sage, was
geht mich dein Arzt an. Sie sagt, und das Fernsehen ist auch
korrumpiert. Das Fernsehen in der Schweiz lügt. Deshalb bin ich
hingegangen und habe sie gebeten, das ein für allemal sein zu lassen. Ich habe sie aufgefordert, zu uns überzulaufen. Ich sage, wer
hat dich denn hierher gebracht? Sie sagt, meine Mutter, sie ist geschieden und hat wieder geheiratet. Sie und ihr neuer Mann belügen sich auch. Ich habe sie gebeten, das nicht mehr zu tun, aber
sie haben alles abgestritten und mich hierher gebracht. Ich sage, du
gehst doch noch in die Schule. Sie sagt, ja, ich bin sechzehn, und
jetzt versäume ich so viel. Ich sage, wenn du rauskommst, kannst
du weiterlernen. Christa sagt, aber sage es nicht meinem Arzt, sie
wollten mich in der Schule nämlich nicht mehr haben. Ich habe den
Lehrer angefleht, sich auf unsere Seite zu stellen, da ist er zu meiner
Mutter gegangen und hat gesagt, erstens sei ich gefährdet, zweitens
habe sich ein junges Mädchen wie ich nicht mit Politik zu befassen.
Ich sage, laß dich doch nicht verrückt machen damit, daß alle
lügen. Du mußt verstehen lernen, warum die Menschen das tun.
Kannst du dir nicht Bücher besorgen, in denen drinsteht, warum sie
lügen, warum sich niemand für Vietnam interessiert, warum du
dich nicht mit Politik befassen sollst. Christa sagt, ich habe keine
solchen Bücher. Ich sage, ich gebe dir welche. Solange ich hier bin,
kann ich auch mit dir über Politik sprechen. Und pfeife doch auf
deinen Onkel, das Fernsehen, den Lehrer und auf deine Mutter.
Christa sagt, sie sind doch aber alle so gut zu mir, und ich bin auch
im Kinderchor.

Schreiben dürfen, also schreiben, auf Teufel komm raus[4]. Nicht
aufhören zu schreiben, sonst stricken müssen. Nichts mehr zu
schreiben haben, nichts mehr mitzuteilen. Nur die Tätigkeit gilt.
Die Darstellung des Schreibens. Die Handhabung des Bleistiftes.
Die Buchstaben gelten, die Worte, die beschriebenen Seiten. Fort-
fahren. Weiterschreiben. Nicht aufhören. Kopf hoch. Schwester
Margret sagt, wenn Sie nicht schreiben, dann stricken Sie bitte. Sie
werden doch noch Topflappen stricken können, oder? Nicht das
Heft zuklappen. Nicht die Arme hängen lassen. Nicht den Kopf
aufstützen. Ich kann nicht stricken. Ich werde bald entlassen, viel-
leicht morgen schon. Wozu noch stricken lernen?
Den Kalender hernehmen. Den Kalender für das Reformierte
Schweizer-Haus lesen. Kalenderworte abschreiben. Hauptsache:
schreiben.

Kacke.

Schwester Margret wirft mir ein Knäuel Wolle aufs Schreibheft.
Und hier ein Paar Nadeln. Im Falle des Falles, daß Sie aufhören
sollten zu schreiben. Müssen es unbedingt Topflappen sein,
obwohl ich nie einen Kochtopf anfasse? Ich habe Sie aber schon
essen sehen, nicht zuletzt Heißgekochtes.
Stricken? Nie, niemals. Um keinen Preis aufhören zu schreiben.
Dann lieber nicht mehr essen. Gar nicht mehr essen. Schreiben.
Schreiben.

da dort da fliegt er stößt an die Decke wie ein Brummer fliegt herum
der Engel kreist unter der Decke der Ärmste friert weil er nicht richtig angezogen ist immer schleppt er die große Palme hinter sich her
den schweren Baum auf der Schulter kreist er unter der Decke stößt
an wirft Schatten der Stamm wirft Schatten der Engel möchte sich
ausruhen darf nicht liegen sich nicht hinlegen fliegt fliegt darf sich
nicht ausruhen daß uns der Stamm nicht auf den Kopf fällt trägt er
ihn auf der Schulter mit sich herum wenn der Engel schwitzt regnet
es

Schwester Margret hat ein schwarzes Kleid an, aus Baumwollsatin. Sie hat eine weiße Schürze um, die nach Chlor riecht und sich anfaßt wie Packpapier. Sie sitzt am Radio und strickt.
Es ist schlimm genug, wenn vergessen wird, dem Wild Salz hinzulegen.
Anita, auch du stellst abends deine Blumen auf den Gang hinaus. Hört ihr, hundertundsieben Personen mit dem Flugzeug über Japan abgestürzt.
Das ist ein entzückender Strampelanzug, hast du ihn in hellblau fertiggekriegt, schaffst du ihn auch in rosa hinterher.

Für diese Handschuhchen nimmst du Nadelgröße zwei, sonst werden sie zu locker, und das Würmchen[5] friert. Immanuela, wo hast du die Kette her? Ihr wißt, daß ihr keine Ketten haben dürft. Mach sie gleich ab, ihr könntet irgendwo hängen bleiben.
Alle Handarbeiten abliefern, wir gehen jetzt in den Park. Es fehlen noch einige Nadeln, daß mir niemand seine Nadeln zurückbehält.
Die Nadeln werden eingeschlossen. Schwester Margret hockt sich vor die Kredenz und verstaut die Handarbeiten. Sie trägt Pantoletten[6], bei denen vorne ihre Zehnägel herausschauen.

Das Mobile an der Decke besteht aus fünf halben Walnußschalen. Jede von ihnen trägt zwei winzige Segel. Fünf kleine Boote schwingen unter der Decke hin und her. Sie tänzeln im Durchzug. Ich sehe den Booten zu, wie sie schlingern und sich drehen.

Täglich halten wir uns drei Stunden am Vormittag und drei Stunden am Nachmittag im Gemeinschaftsraum auf. Handgewebte Decken auf den Tischen, grüne handgewebte Kissen auf den Stühlen, die Stehlampe hat einen gefalteten Schirm, mit handgewebtem Stoff bespannt.
Der Fußboden im Gemeinschaftsraum ist mit Teppichfliesen ausgelegt. Die Fenster sind vergittert und aus bräunlichem Glas. Mit dem Gittermuster zusammen stellen die bräunlichen Scheiben Butzenscheiben dar. In die verschiedenen Gitterkaros sind Bilder

aus farbigem Glas eingelassen. Bunte Vögel, am Rande bunter Nester sitzend. Gitter. Haha. Gitter. Weil ich nicht aufhören darf zu schreiben. Deswegen. Weiter. Weiterschreiben. Nicht nachlassen.

Irgendwo ist immer noch ein Quadratzentimeter Krempel, den ich noch nicht erwähnt habe.

Bevor ich es vergesse, der Kalender für das Reformierte Schweizer-Haus hängt am Geschirrschrank. Ja, ja. Wenn mir nichts anderes einfällt, schreibe ich Kalenderworte ab. Auf keinen Fall den Kopf auf die Arme, auf das Schreibheft, auf den Tisch sinken lassen. Ich habe Kopfschmerzen. Ich bitte darum, mich hinlegen zu dürfen. Tagsüber wird sich nicht hingelegt. Wer sich hinlegt, wird verführt zu Grübeleien. Zu was anderem kann er hier auch nicht verführt werden. Bewegung, frische Luft. Sie werden sehen, wie schnell die Kopfschmerzen verflogen sind.

Der Arzt sagt, hier haben Sie ein Blatt Papier, nun schreiben Sie schön Ihren Lebenslauf. Ich sage, ich will mich bei Ihnen doch nicht bewerben. Er sagt, jeder liefert bei uns seinen Lebenslauf ab. Ich sage, ich habe leider keinen. Er sagt, nanu, in Ihrem Alter keinen Lebenslauf? Ich sage, ich habe ihn um die Ecke gebracht. Er sagt, dann holen Sie ihn doch wieder hervor. Ich sage, ich bin wie neugeboren. Der Arzt sagt, wissen Sie, eigentlich wollte ich Konzertgeiger werden.

Im Rundfunk Walzermelodien, dann Händel, dann stellt Schwester Margret den Kasten ab, dann herrscht Schweigen. Bitte, bitte, etwas mehr Händel. Hat etwa jemand was dagegen, daß wir den Kasten abstellen? Es hört ja sowieso keiner zu, oder? Leckt mich doch am Arsch, dann eben kein Händel mehr. Nadelklappern. Gerda übt lesen. – o – i – oi – a – u – au –. Au au au au au. Keine Launen bitte, keine Wut, keine Zornesausbrüche. Wer tobt, bleibt länger drin. Entmündigt sein. Gerne entmündigt sein. Lachen, schäkern, witzeln, tanzen, springen. Sich umarmen. Mit Schwester Margret schmusen. Gackern, kichern, Heiterkeit ausströmen. Hihi. Schwester Margret sagt, zusammenpacken, wir gehen in den Garten Federball spielen. Oh Gott, ich danke dir, daß mir dieser Traum noch erfüllt werden soll. Federball spielen. Sie sind ja dermaßen blasiert. Ihnen ist einfach keine Freude zu bereiten. Was wollen Sie eigentlich? Raten Sie mal. Raus. Raus will ich. Dann können wir weiterreden.

Warum nicht aufhören zu schreiben. Warum denn nicht stricken. Haben sie mich schon so weit? In diesem Laden sind sogar die Badetücher handgestrickt, gestrickt aus feinstem Baumwollgarn. Welch ein Luxus. Gestrickte Badetücher. Wer kann sich das heute noch leisten. Und warum nicht Waschlappen stricken, mit roten und blauen Anhängern. Jeder von uns bekommt zwei gestrickte Waschlappen, der mit dem roten Anhänger ist für oberhalb des Bauchnabels, der mit dem blauen Anhänger ist für unterhalb. Aber bitte die Spanische Wand aufstellen. Ich verlange ein Wannenbad. Schwester Margret sagt, ich kann es nicht versprechen. Ich sage, Sie haben es mir aber versprochen. Sie sagt, wir werden sehen. Sie dürfen mich morgen noch einmal daran erinnern. Im übrigen können Sie sich im Schlafsaal waschen. Sie können sich ganz und gar und überall waschen. Doch vergessen Sie nicht, die Spanische Wand aufzustellen.

Sofia hatte Besuch. Ihre Cousine war da.
Die Cousine hat ihr einen großen Strauß Tulpen mitgebracht. Die Tulpen sind rot und gelb. Sie sind schon weit offen. Auf den fetten Stielen thronen fette Kelche.
Sofia hat gesagt, bitte, mach dir keine Gedanken mehr um mich. Ich habe einen reizenden Fensterplatz. Es geht mir sehr gut hier. Sieh ihn dir einmal an. Ich fühle mich sehr geborgen, immer hatte ich von einem solchen Fensterplatz geträumt. Nein, nein. Zu Hause hatte ich nie einen so schönen Fensterplatz. Ach, diese leuchtenden Blumen, nimm wieder mit. Was soll ich auf meiner langen Reise mit Blumen anfangen? Sie werden mir nur verwelken. Stelle sie zu Hause in eine Vase für mich. Du brauchst dir keine Sorgen mehr um mich zu machen. Ich bin gut aufgehoben. Mit einem so herr-

lichen Fensterplatz hatte ich gar nicht gerechnet, als ich eingestiegen bin. Und jetzt, meine Liebe, mußt du gehen.

Die Cousine hat gesagt, wir haben doch noch zwei, drei Minuten Zeit. Warum soll ich denn schon gehen?

Sofia hat gesagt, aber deine Zeit, deine kostbare. Und der Zug fährt ja auch gleich ab. Geh nun, ich möchte mich wieder an meinen Fensterplatz setzen. Ist er nicht schön?

Die Cousine hat gesagt, na, dann auf Wiedersehen.

Sofia hat gesagt, warum?

Die Cousine hat gesagt, aber wir wollen doch die Hoffnung nicht aufgeben.

Sofia hat gesagt, welche?

Vor der Cousine auf dem Tisch haben die Tulpen gelegen. Sofia ist in den Schlafsaal gegangen und hat sich ans Fenster gesetzt.

Abends hängen wir unsere Kleider über Stühle. Jeder hängt seine Kleider wohlgeordnet über einen Stuhl. Dann tragen wir die Stühle mit unseren Kleidern auf den Gang und stellen sie vor dem Eingang zu unserer Abteilung in Reih und Glied auf. Um zwanzig Uhr wird die Tür zum Gang abgeschlossen. Nachtruhe. Wer etwas in seinen Taschen vergessen hat, kann es morgen holen. Jetzt wird geschlafen.

Ein kompliziert angelegtes, aber symmetrisch erbautes Haus mit eingeschlossenen Gärten und einem von scharf angespitzten Palisaden umgebenen Park. Innen wird das Haus von seinen Gängen, breiter werdende, schmaler werdende, steigende, abfallende, und außen von verzweigten Gärten und dem Park beherrscht. Stockwerke und Gänge sind durch elektrisch und nach geheimen Zahlensystemen funktionierende Schiebetüren getrennt.

Draußen liegt das zur Anstalt gehörende Gehöft mit Melkmaschinen, Jauchewagen, Schweinen und Kühen. Wie das klappert, stinkt, läutet, bimmelt.

Und auf dem Vesperbrot [7] keine Butter. Trocken Brot macht Wangen rot.

Daß wir bei Nacht ja nicht an unsere Kleider rankönnen. Aber wo ist denn der Ausgang. Um welche Ecke? Und wie weit? Und wie lange? Und die Zahlen, um die Türen zu öffnen? Und wozu überhaupt? Die lassen mich noch von ganz alleine frei. Die sind noch froh, wenn ich gehe.

na was
das Recht zu lieben
das Recht Angst zu haben
das Recht sich aus dem Staub zu machen
das Recht auf alles zu scheißen
das Recht bei sich selber zu sein
mit sich ins Reine zu kommen
bei sich zu Hause zu sein
wo sonst
das Recht zuzuschlagen
das Recht Leuten oder sich selbst den Hals umzudrehen
das Recht gut zu sein
das Recht zu lieben
was sonst

Rückseite des Kalenderblattes vom 1. Mai.
„Vor welch großer Entscheidung steht die christliche Frau von heute. In der modernen Gesellschaftsordnung ist die Frau dem Mann bald in jeder Beziehung gleichgestellt. Damit hat sich in ihrem Leben automatisch vieles vom Inneren auf das Äußere verlagert. Das widerspricht der schöpfungsmäßigen Bestimmung der Frau. Die harte männliche Welt verlangt den Ausgleich durch einen sanftmütigen und stillen Geist. Diesen Geist hat die Frau, und sie hat ein Zeichen aufzurichten gegen alle Veräußerlichungen des Lebens, von der wir durch Reklame, die Modeströmungen, die sogenannte öffentliche Meinung bedroht sind."

So nun wollen wir Abwechslung genießen.
In den Park gehen.
Auf die Anhöhe wo die Männerabteilung Karten spielt.

Und raucht und würfelt und auf und ab geht.
Und uns begrüßt und uns Bänke hinstellt.
Wo wir Ringelreihen tanzen uns Gummibälle zuwerfen und Seil-
springen.
Ich lege mich weit weg ins Gras.
Wenn mich jemand anspricht, sage ich,
verschwinde, laß mich in Frieden.
Und spucke ihn an.

Ein Schwarm ganz weißer Tauben trippelt über die grüne Wiese.
Schwester Margret ruft, seht ihr denn nicht, seht ihr denn nicht, wie
schön das ist?
Sie jauchzt laut auf. Verstört fliegen die Tauben davon.

24

Franz Hohler

Geboren 1943 in Biel (Schweiz). Studium der Germanistik und Romanistik in Zürich. Lebt als Kabarettist und Schriftsteller in Uetikon am See (Schweiz).
Einmann-Programme, Sendungen fürs Schweizer Fernsehen und Radio, Schallplatten, Theaterstücke, Erzählungen, Hör- und Fernsehspiele.

▷ Der Rand von Ostermundigen. Geschichten (1973)
▷ Die Rückeroberung. Erzählungen (1982)

Wie ich lebe

Seit ein paar Tagen bin ich in Basel.
Ich bewohne hier ein Apartmenthaus, aus dem man direkt auf einen Platz hinuntersieht, welcher fast ohne Autoverkehr ist. In der Mitte steht ein großer Brunnen, den ich nachts plätschern höre. Gestern habe ich von meinem Fenster aus gesehen, wie tote Schweine aus einem Lieferwagen in eine Metzgerei gebracht wurden. Die Metzgerei verfügt über eine Hängeschiene, der Lieferwagen ebenfalls, die beiden Schienen werden zusammengekoppelt, und nun gleitet ein Schwein nach dem andern, mit einem Fleischerhaken an dieser Schiene hängend, ins Innere der Metzgerei.
Etwas später bin ich auf die Post telefonieren gegangen und mußte beim Bezahlen am Schalter eine Weile warten, weil vor mir ein bärtiger Amerikaner in einem Wollpullover ein Telegramm nach Tanger aufgab, auf welchem stand: I LOVE YOU MORE THAN I CAN SAY. Es kostete 14 Franken.

Ich rufe jeden Tag nach Hause an und erkundige mich, wie es meiner Frau und meinem Sohn geht.

Heute morgen habe ich bei einer Marktfrau, welche ihren Stand auf dem Platz neben dem Brunnen aufgestellt hatte, ein Dorschfilet gekauft. Der Frau, die vor mir zwei Dorschfilets kaufte, war, seit sie die Marktfrau zum letztenmal gesehen hatte, ihr Mann gestorben, 71 war er und war nur rasch ein Glas Wasser holen gegangen und tot zusammengebrochen, der Arzt sei auch ganz baff gewesen.

Der Bub der Marktfrau, wahrscheinlich ihr Enkel, ruft, schöne Forellen haben wir auch noch, und stochert mit einem Fangnetz im Zuber, in dem sie herumschwimmen. Ich bleibe aber bei meinem Dorsch, der ist schon tot und hat keine Gräte.

In der Zeitung lese ich, daß der Flughafenangestellte, welcher die Frachtraumtüre einer später abgestürzten DC-10 verschlossen hat, beteuert, er habe die Türe richtig verschlossen. In seinem Leben habe er schon Hunderte, ja Tausende von Türen verschlossen und könne auf keinen Fall für den Absturz verantwortlich gemacht werden. Gestern habe ich vor dem Einschlafen Goethes „Wahlverwandtschaften" zu Ende gelesen. Ottilie und Eduard sterben zum Schluß, und das Buch hört mit den Worten auf:

„So ruhen die Liebenden nebeneinander. Friede schwebt über ihrer Stätte, heiter verwandte Engelsbilder schauen vom Gewölbe auf sie herab, und welch ein freundlicher Augenblick wird es sein, wenn sie dereinst wieder zusammen erwachen."

Diesen Schluß finde ich sehr schön.

25

Günter Kunert

Geboren 1929 in Berlin. Studium an der Hochschule für ange-
wandte Kunst in Berlin-Weißensee. Lebte als freier Schriftsteller in
Berlin (DDR). Kam 1979 mit einem langfristigen DDR-Visum in die
Bundesrepublik.
Gedichte, Erzählungen, Reiseberichte, Essays.

▷ Gast aus England. Erzählung (1973)
▷ Nachrichten vom Reisen und vom Daheimsein. Prosa (1981)

Alltägliche Geschichte einer Berliner Straße

Fertiggebaut ist sie im Oktober neunzehnhundertundzwei: Da
fängt ihr Leben an, bedächtig und fast farblos, unter dem Schein
fauchender Gaslaternen, unter dem Patronat einer noch wenig verhangenen Sonne; erst später nimmt der Rauch mehr und mehr zu.

Ihre eigentliche Geschichte aber setzt ruckhaft ein: Im Januar neun-
zehnhundertdreiunddreißig mit Herrn D. Platzker, der kein Herr
ist, eher ein Mensch und durch seinen Namen keineswegs charakterisiert und keineswegs durch seinen Beruf, den er mit „Technologe" angibt.
Alles weitere wird dadurch bestimmt, daß D. Platzker nicht auf das
Ende wartet; auf das einer Ansprache, die ein anderer hält, Volksbe-
sitzer von Beruf, ein Anti-Mensch eher, der im Gegensatz zu Platzker durch seinen Namen hinlänglich gekennzeichnet wird. Man
weiß, wer gemeint ist.
In dieser Ansprache ist lautstark, doch sehr indirekt auch von D.
Platzker die Rede und zwar drohender Art. Und während noch die
gigantischen blutrünstigen Worte aus dem schnurrbartge-

schmückten Mund hervorkollern, steckt indes daheim Platzker seine Zahnbürste zu sich, etwas kleine Münze aus Mangel an großer und zuletzt des Menschen wichtigstes irdisches Teil: den Paß.

Den Hut ins Gesicht gezogen, tritt er auf die Straße, fertiggebaut im Oktober Nullzwo. Er sieht, wie sie so daliegt; arm, aber erfüllt von reichen Versprechungen, hundert anderen ähnlich und ganz einmalig, und er bringt es nicht über sich, sie einer Zukunft zu überlassen, dunkel wie das Innere eines Sarges. Er nimmt sie mit einem, mit dem erwähnten Ruck einfach auf. Rollt sie zusammen, als hätte er einen dünnen Läufer vor sich, knickt die Rolle in der Mitte zusammen und verbirgt sie unter dem Mantel. Immerhin: Er ist Technologe. Leider gehen ihm einige Einwohner dabei verloren, unter ihnen die Greisin aus dem Tabakwarenladen, spurlos, und alle Vögel über den Dächern, mitten in Flug und Gekreisch.

Als er über die Grenze fährt, ruht die Straße unter seinem Sitz; bei der Grenzkontrolle beachtet man sie nicht weiter, sucht nach Wertvollerem, zieht Platzker den Mantel aus und lugt ihm unter den Hut und entlarvt vor seinem Namen das D Punkt als David und Ausreisegrund. Man hindert ihn jedoch nicht, sein Heil vor dem Unheil in der Flucht zu suchen. Außerdem: Jeder Goliath ist am mächtigsten allein.

Hinter der Grenze verlangsamt sich das Tempo der Reise; sie erstreckt sich und dehnt sich, reicht bald über Europa hinaus, um fern irgendwo zu verklingen. So fern, daß genaue Kenntnis der äußeren Umstände von Platzkers dortiger Existenz überhaupt nicht gewonnen werden kann. Nicht einmal ihm selber wird je ganz klar werden, wohin er geraten ist und was ihn wirklich umgibt. Das rührt daher, daß man ihn rasch interniert, als deutschen Spion oder als antideutschen oder als beides zusammen, wodurch er den Kontakt zu den ihn umgebenden ethnologischen Besonderheiten verliert, bevor er ihn geschlossen haben kann.

Zum anderen rührt seine Umweltsfremdheit natürlich von der Straße her, die er gleich nach seiner Ankunft im Lager hervorholt, eines eisigen Tages, um sich zusätzlich zum Mantel in sie einzuhüllen, was ihm nur zu gut gelingt. Er entdeckt ihre präventive Wirkung gegen Unbill unangenehmster Sorte; das macht ihre absonderliche Schönheit, diese unerklärliche anziehende gefährliche Schönheit des Häßlichen. Von ihr ist David Platzker vollauf in Anspruch genommen. Nichts erreicht ihn, wenn er sich in den Zierat der Häuserfronten vertieft, in die scheinbar gleichgültigen Mienen der falschen Amoretten, der zementenen Karyatiden, in den Ausdruck der gipsernen Fratzen, die von Tag zu Tag vieldeutiger werden und immer ähnlicher den grauen Gesichtern der Straßenbewohner. Bei trübem Wetter verschließen sich die Züge der Lebenden und der Stuckgeformten, als dächten sie darüber nach, was sie so weit fortgeführt aus der heimatlichen Stadt. Bricht aber Sonne durch und streift ein wandernder Lichtfinger über sie alle hin, leuchten sie auf wie die Hoffnung selber. Dann werden in den Fenstern Gardinen beiseite gezogen, lassen sich vollbusige Gestalten sehen, die die Betten aufschütteln; oder in halbdunklen Zimmern, deren weinrote Tapeten ahnbar sind, deuten sich Bewegungen nackter Leiber an.

Unverändert verkünden die Plakate an den Litfaßsäulen Jahr um Jahr das gleiche; unverändert die Männer, die immerwährende blau-emaillierte Blechkanne in der Hand, auf dem Weg zur Arbeit oder von ihr her. Unverändert die Brüste der Mädchen, die unentwegt Mädchen bleiben. Pünktlich erhellen sich abends die verhangenen Scheiben. Mit sausendem Geräusch springen zu ihrer Stunde die Lampen auf dem Bürgersteig an, um ein mäßiges Licht zu verstreuen.

In solchen Augenblicken wirft Platzker sich selber auf seinen Strohsack und die Straße unter die Pritsche, von wo er sie immer wieder vorholt.

Nur so ist zu verstehen, daß er nicht genau weiß, wie viel Zeit er in dem Hörselberg[1] des Lagers verbracht hat, als ihm das Ende jenes Mannes mitgeteilt wird, dessentwegen er fortging; dazu das Ende des Krieges und damit vor allem das seiner Internierung. Er sitzt bereits im Schiff, beziehungsweise Zug, bzw. in der Vorortbahn, als ihm überhaupt erst bewußt wird, er sei gleich daheim.

In den Resten seiner Stadt wandert er umher, und es dauert und dauert, bis er den Bezirk findet, in dem er gewohnt hatte. Er beabsichtigt, die Straße dort wieder hinzulegen, woher er sie einst genommen: Schließlich gehört sie ihm nicht. Außerdem mangelt es der Stadt an unzerstörten Straßen, und man würde diese zurückgebrachte gut gebrauchen können.

An gewissen Überbleibseln in der Nähe der Frankfurter Allee[2], an denen er sich orientiert, erkennt er exakt die Stelle, wo die Straße hingehört. Als ihn niemand beobachtet, nimmt er sie hervor, rollt sie vorsichtig auf und breitet sie zwischen dem brandigen[3] Ziegelwerk der Umgebung aus. Sie will sich aber nicht einfügen, wie er sie auch zurechtrückt und hinpreßt. Sie paßt nicht mehr.

Platzker hat keine Ahnung, was er mit der Straße anfangen soll; er war doch nur zeitweilig eine Art Kustos für sie gewesen. Er fühlt sich nicht berechtigt, sie zu behalten. Und weil er ein Mensch und als solcher in Unglaublichkeiten befangen ist, glaubt er, gäbe er sie nun unbeschadet und gerettet zurück, leiste er möglicherweise einen Beitrag zu dem, was so schön nebelhaft und verschwommen „Verständigung" genannt wird; vielleicht dankt man ihm, Platzker, einmal dafür.

Schweren Herzens läßt er die Straße liegen, wo sie liegt, und läuft in sein Hotel zurück. Nachts kann er nicht schlafen. Leere umfängt ihn, eintönige Dunkelheit. Einsamkeit. Die Straße fehlt ihm.

Am nächsten Morgen, nachdem er nachts einen schwerwiegenden Entschluß gefaßt hat, geht er ganz früh zur Frankfurter Allee und trifft wieder auf die Überbleibsel, die die Stelle markieren. Vom zerlöcherten Putz schreien Kreideschriften: WO IST ERNA? WIR LEBEN NOCH! DIE KINDER SIND …

Trümmerschutt wölbt sich auf, Eisenträger stechen daraus hervor, unkenntliches Gestänge, daran farblose Fetzen flattern. Platzker hält nach seiner Straße Umschau, bis er merkt, daß er längst in ihr steht. Die Fensterrahmen sind leer, keine nackten, keine vollbusigen, sondern gar keine Gestalten regen sich dahinter. Einzig und allein der gestaltlose Himmel steht reglos hinter den offenen Rechtecken.

David Platzker bewegt sich sacht aus der Straße zurück, die er oder die ihn einstmals besessen. Genau ist das nicht mehr festzustellen. Beim Weggehen stößt sein Fuß gegen eine blau-emaillierte Kanne, die fortrollt, während aus ihr eine Flüssigkeit rinnt, die wie frisches Blut aussieht.

26

Günter Herburger

Geboren 1932 in Isny/Allgäu. Studierte Literatur- und Theaterwissenschaft, Soziologie, Philosophie und Sanskrit in München und Paris. Übte in Frankreich, Spanien, Nordafrika und Italien verschiedene Berufe aus. Nach Rückkehr in die Bundesrepublik arbeitete er als Fernsehredakteur beim Süddeutschen Rundfunk. Heute freier Schriftsteller in München.
Gedichte, Erzählungen, Romane, Hörspiele, Drehbücher.

▷ Die Eroberung der Zitadelle. Erzählungen (1972)
▷ Flug ins Herz. Roman (1977)

Ein Vormittag

Als Gerhard die Betten machen wollte, läutete das Telefon. Die Hauswirtin kam und sagte, Carlo wolle ihn sprechen. Er war erstaunt, denn Karl war erst seit einer Stunde weg. Gerhard ließ die Leintücher liegen und ging schnell zum Telefon, das draußen im Flur stand. Im Hörer knackte es, Karl sagte:
„Nimm das letzte Geld und fahr zur Fabrik hinaus. Ich habe mein Wörterbuch vergessen. Beeil dich, der Chef ist nicht lange weg. Aber zieh die hellgraue Hose an, die grüne Jacke und das weiße Hemd. Wenn man dich im Büro sieht, muß ich dich vielleicht vorstellen." Gerhard strich sich ungeduldig über die kurzen Haare, die seinen Kopf jünger machten. Karl war auch schon über dreißig, aber ihm sah man es an.
„Wie lange brauchst du?"
„Eine knappe Stunde."
In der Muschel summte es, dann kam Karls Stimme wieder:

„Putz dir die Schuhe und nimm meinen karierten Schlips. Und vergiß nicht, in die Kragenecken Stäbchen zu tun. Hast du verstanden?"

„Jaja", sagte Gerhard und faßte sich an den Hals, „ich komme sofort."

Er hängte ab, hörte aber noch, daß Karl etwas sagen wollte. Jetzt mußte er sich beeilen.

Im Zimmer leerte er den Aschenbecher in den Papierkorb und warf die Wäsche in eine Schublade. Das Bett hängte er zum Lüften über die zwei Stühle. So sah es nicht zu unordentlich aus, die Wirtin achtete auf Sauberkeit. Sie waren froh gewesen, endlich ein Zimmer gefunden zu haben, das sie nicht anzahlen mußten. Zwei Wochen hatten sie auf Parkbänken geschlafen oder abwechselnd in den Baracken der drei kirchlichen Hilfsorganisationen. Für die Jugendherberge waren sie zu alt, außerdem mochte Karl dort den Betrieb nicht. Dann hatte Karl in einer Fabrik eine Stelle als Korrespondent gefunden, obwohl er keine Arbeitserlaubnis für Milano besaß. Das war wirklich Glück gewesen. Sie wußten zwar noch nicht, von was sie bis zum ersten Gehalt leben sollten, aber sie würden schon durchkommen. Ein Zimmer war das Wichtigste gewesen.

Karl würde sicher versuchen, Männer kennenzulernen, von denen er sich Geld leihen konnte. Das klappte in jedem Land. Jetzt begannen sie das vierte Mal.

Gerhard wäre viel lieber in Frankfurt geblieben, aber er kannte dort alle, mit denen man sich treffen konnte, und wußte, wie es meistens ausging. Läppische Eifersucht und Schwätzereien, denn die wenigsten waren sich darüber im klaren, wonach sie sich sehnten. Karl war zwar mißtrauisch, aber das eine mußte man ihm lassen, er hatte Initiative. Und wenn sie Geld gehabt hatten, waren sie in der Wohnung geblieben, und er hatte sich sicher gefühlt. Das würde er Karl nie vergessen.

Karl war sogar einmal verheiratet gewesen mit einem Mädchen Anfang zwanzig. Sie hatte behauptet, sie würde ein Kind bekommen. Für Karl war das eine große Aufregung gewesen, aber das

Mädchen hatte nur seine anständige Erziehung ausnützen wollen. Karl hatte sie geheiratet, aber es war gar kein Kind gekommen. Und selbst das wäre noch kein Grund zur Scheidung gewesen, hat Karl behauptet. Das Mädchen war aber so weit gegangen, von Karl zu verlangen, er solle seine Freunde aufgeben. Karl war sehr wütend gewesen und hatte ihr auf den Kopf zugesagt, daß sie auf seine Freunde eifersüchtig sei, weil er mit ihnen reden könne und mit ihr nicht, und weil sie gleichwertig seien und eine Frau nie und nimmer. Sicher, vielleicht kann man mit einer Frau übereinkommen, aber wenn es schwierig wird, kommen sie mit ihren Ansprüchen. Und diese Rücksichtslosigkeit hat Karl nicht unterstützen wollen.

Gerhard zog sich hastig um. Zur hellgrauen Hose mußte er wieder einen Gürtel nehmen, sie rutschte über die Beckenknochen, obwohl er doch schon so mager war und die Hose nach Maß gearbeitet. Als er in den Schuhen stand, drückten die gestopften Stellen unter den Fersen. Er würde es nie lernen, er zog eben die Löcher in den Socken zu einem Knäuel zusammen. Die Krawatte saß richtig, der braune Fleck genau an der Innenseite des Knotens. Er sagte seiner Wirtin, daß er bald wiederkomme. Dann ging er.

Bis zur Haltestelle der Straßenbahn war es eine Viertelstunde. Er mußte den großen Parco Sforzesco durchqueren. Kinder spielten auf den Wegen, und auf den Bänken saßen Rentner, die hier alle dünn waren, und sonnten sich. Er hatte einfach keine Lust mehr, sie zu beneiden, obwohl er hier viel spazierenging und sich den Kopf zerbrach, wie er auch etwas verdienen könnte. Er durfte Karl nicht alles überlassen. Die üblichen Hilfsarbeiten als Tellerwäscher, Lagerist oder Maurer konnte er nicht übernehmen, dazu war er nicht kräftig genug, außerdem würde sicher alles besetzt sein. In der Stadt gab es immer noch Arbeitslose. Und in den Büros beschäftigten sie nur Frauen. Karl war eine Ausnahme, er sprach Englisch und Französisch beinahe fließend, Italienisch weniger.

Gerhard stieg in die Straßenbahn. Die Fahrt in den Außenbezirk kostete den doppelten Tarif. Er fand noch einen Sitzplatz. Hoffentlich kamen nicht diese kleinen Hausfrauen, die vormittags mit den dicken Einkaufstaschen unterwegs sind.

Es war doch so einfach, wenn man einander verstand und achtete. Aber niemand wollte das begreifen. Nur, wenn man sich mühevoll fortpflanzte, dann waren sie für einen und all den Dreck. In Japan wurden die Schwangerschaftsunterbrechungen vom Staat gefördert und waren kostenlos.

Er konnte sich nicht vorstellen, wie er ohne Karl hätte leben sollen, und hier schon gar nicht. Zu diesen Kerlen, die sich herumtreiben und jeden anblinzeln, zu denen hatte er nie gehört. Die Gemeinschaft war wichtig und das Gefühl dafür. Die praktische Folgerung davon ist, daß man dann zusammen wohnt. Unter den berühmten Männern gab es dafür genügend Beispiele, was für ihn aber keine Entschuldigung war. Das Gefühl kennt keine Unterschiede, wenn es echt und tief ist. Außerdem war alles eine Geldfrage.

Die Straßenbahn wartete an einer Ausweichstelle auf den Gegenzug. Gerhard stand auf und ging auf die Plattform hinaus. Es wehte kein Wind. Sein Kragen klebte, und er fühlte, wie sich der Schweiß in den Achselhöhlen sammelte. Die Hosen spannten ein wenig im Schritt. Er tastete, ob die Krawatte noch in der Mitte saß. Das dumme Wörterbuch bauschte die Rocktasche. Schließlich nahm er es in die Hand. Die Straßenbahn fuhr wieder. Unter Gerhard, der sich über das Geländer lehnte, hupten Autos und Motorroller, die überholen wollten. Die Straße wurde wieder gerade, und die Fabrikanlagen begannen. Überall hingen Plakate, die politisch aussahen. Wer hier lebte, kam nicht mehr heraus. Von den Mauern, den Hallen mit den schmutzigen Glasdächern, den Schornsteinen und Eisenbahngleisen mit verdorrten Grasbüscheln zwischen den Schwellen ging eine saugende Drohung aus, der Gerhard ohne Karl, das wußte er, mit kraftlosem Entsetzen erliegen würde. In einer Fabrik zu arbeiten sei eine sträfliche Phantasielosigkeit, hatte Karl einmal gesagt. Vielleicht aber wäre es hier für kurze Zeit noch zu ertragen gewesen, man verstand die Sprache nicht, alles war fremdartig und reizte ein wenig.

Als Gerhard auf einer riesigen, gelben Wand das Wort ‚Brill' las, stieg er bei der kommenden Haltestelle aus. Der Schaffner hatte vergessen, es ihm zu sagen. Auf einer Seitenstraße ging Gerhard zum Fabrikeingang zurück und verlangte am Portierhaus, Karl zu sprechen. Es kam ein Mann, der ihm den Weg zeigte. Sie stiegen Treppen und kreuzten Korridore.

Karl saß allein in einem kleinen Zimmer, dessen Tür offen stand. Sein weißes Hemd stach von den dunklen Arbeitsmänteln, die Gerhard bei den anderen gesehen hatte, wohltuend ab. Mit seiner Brille, der scharfen Nase und dem braunen Gesicht sah Karl gewissenhaft, aber auch sportlich aus.

Gerhard wagte nicht, einzutreten. Er blieb an der Schwelle stehen und streckte das Wörterbuch vor. Karl stand vom Schreibtisch auf und kam zu ihm heraus. „Nun hast du gesehen, wo ich arbeite", sagte er. „Du mußt sofort wieder gehen, ich fürchte, der Chef kommt."

Karl fuhr Gerhard mit der Hand über die Stirn.

„Du bist ja ganz naß!"

„Die Krawatte und die schwere Jacke", sagte Gerhard, „ich werde nun wieder gehen."

„Einen Augenblick."

Karl ging in das Zimmer zurück und öffnete die Schublade des Schreibtisches.

„Magst du ein paar Pfefferminz?" sagte er. „Bei der Hitze braucht man was im Mund. Reicht das Fahrgeld noch? Kauf Brot, Käse muß noch da sein.

Heute abend verlange ich einen kleinen Vorschuß, wenn's sein muß, privat vom Chef, dann kann ich etwas zum Kochen mitbringen. Ich habe das kalte Zeug satt. Vertreib dir den Nachmittag, geh spazieren. Vielleicht findest du in einer Schublade noch Waschpulver, ich glaube sicher, daß noch was da ist. Ich habe kein gewaschenes Hemd mehr. Ja, und Zucker brauchen wir auch noch."

Gerhard nickte und steckte ein Pfefferminz in den Mund. Er sah zu, wie Karl sich wieder hinsetzte und auf seine Papiere vor sich blickte. Er wünschte sich, daß auch er für Karl einmal würde arbeiten können, sich für ihn einsetzen, ihn verteidigen.

„Du mußt jetzt gehen", sagte Karl.

Als Gerhard wieder unten war, blickte er an der Fabrikfront hoch, ob Karl aus einem Fenster sah. Aber vielleicht lag das Büro auch auf der anderen Seite. Jedenfalls wußte er jetzt, wo Karl arbeitete.

An der Straßenbahnhaltestelle standen ein paar Burschen mit schwarzen Haarschöpfen. Sie waren kleiner als Gerhard und hatten unruhige Augen. Mit dieser Sorte kannte er sich nicht aus, er würde sich besser abseits halten.

Eine alte Frau sprach mit den Burschen. Sie lachten und feixten[1] und zeigten herüber. Die Frau kam zu ihm und sagte etwas. Aber er verstand sie nicht. Die Burschen lachten wieder.

Gerhard ging schnell in die Cafeteria hinter dem Stationshäuschen und trank einen Espresso. An einem Marmortisch saß ein Mann und aß Brot und Tomaten. Neben dem Büfett lehnte das Mädchen, das ihn bedient hatte, in einem oben offenen Glaskasten und kramte in der Registrierkasse. Sonst war niemand in dem Raum. An der Decke drehte sich langsam ein langstieliger Propeller.

Gerhard hörte die Straßenbahn kommen, trank aus, zahlte und ging. Als die Straßenbahn anfuhr, blickte er zu den Burschen zurück, die ihm winkten und ein Geschrei machten, und dann sah er zu der Fabrik hinüber, las das Wort ,Brill' und betrachtete auf der riesigen Wand den bunten Mann, von dessen glänzend schwarzen Stiefeln Strahlen ausgingen.

Gerhard tat die Krawatte ab, knöpfte das Hemd auf und zog die Jacke aus. Die Manschettenränder waren schon schmutzig. Er würde sie nachher gleich auswaschen, damit das Hemd immer bereit lag, falls er sich einmal vorstellen sollte. Es war eine Dummheit gewesen, den Espresso zu trinken. Jetzt hatte er nur noch zwei Fünfer und konnte sich nichts mehr kaufen, nicht einmal mehr ein Panino[2]. Aber Tabak zum Drehen mußte daheim noch auf dem Tisch liegen. Zündhölzer würde er sich aus der Küche der Wirtin nehmen.

Hoffentlich behielt Karl seine Geduld. Warum sollte er ihn ernähren? Freundschaften waren in so umständlichen Fällen doch etwas anderes als Heirat, und ähnliche Schwierigkeiten hatte Karl schon bei diesem Mädchen abgelehnt.

Oder sollte er wie Karl versuchen, Männer kennenzulernen? Zwar wollte er nicht wissen, ob Karl bei seinen nächtlichen Gängen Erfolg hatte, mit wem er sich traf und wer ihm Geld lieh, aber für ihn war das schwieriger, er sprach doch kaum Italienisch.

Einmal hatte er Karl zufällig in einer Limousine vorbeifahren sehen, damals, als Karl noch nicht angestellt war. Es war bei der National-bank gewesen, wo er gern herumstand, weil dort der Verkehr am dichtesten ist und man in der Ferne, durch zwei Straßenzüge hin-durch, den Dom sah. Karl hatte nie davon erzählt, wer der Fahrer des Autos gewesen war, hatte nur gemeint, er sei auch unterwegs gewesen.

Vielleicht war es jemand vom Konsulat oder von der deutschen Handelskammer, wo Karl, bevor er die Stelle bekommen hatte, oft hingegangen war, um sich zu erkundigen. Stimmt, er erinnerte sich an das Nummernschild! Nein, stimmte nicht, es war eine englische Nummer gewesen. Karl kannte einen Handelsattaché vom briti-schen Konsulat. Der hatte ihm zwei Anzüge aus schottischem Stoff geschenkt, eine schwere, rauhe Qualität, wie man sie hier nur im Winter tragen konnte. Und alle seine Schuhe hatte er Karl auch ge-geben. Sie waren jedoch für ihn wie für Karl zu groß gewesen. Die Anzüge konnte man ändern lassen. Der Attaché war nach Kanada versetzt worden, würde bald reisen, so erzählte Karl. Seine ganze Garderobe hatte der Mann dagelassen. Andererseits hatte Karl auch erzählt, daß die Freundin des Attachés die meisten Anzüge für ihren Bruder bekommen habe. Jedenfalls hatte auch ein Mäd-chen existiert.

Gerhard verließ die Straßenbahn an der Endhaltestelle und ging durch den Park. Auf den von Bäumen überschatteten Wegen spa-zierten jetzt Frauen mit ihren Kindern. An einem Pavillon blieb er stehen.

Einige Leute saßen mit dem Rücken zum Park auf Bankschaukeln, die mit Kissen ausgestopft waren und blickten, leicht hin- und her-schwingend, auf einen Fernsehapparat, der im Inneren der gläser-nen Bar auf einem hohen, dünnen Eisengestell stand. Ein schwarz gekleideter Kellner servierte den Leuten Tassen und Kuchenstückchen. Auf dem Bildschirm demonstrierte eine Dame Kochrezepte in einer schönen, übersichtlichen Küche. Gerhard freute sich über die Mühelosigkeit und Schnelligkeit der kochenden Dame. Er bekam nicht einmal Hunger.

Zu Hause öffnete die Vermieterin, bevor er aufschließen konnte, schon die Tür. Sie hatte wieder gehorcht. Sie bat ihn, ihr beim Umräumen einer Kommode zu helfen, die sie in sein Zimmer stellen wollte, und den kleinen Tisch mit den Schleiervolants unten herum wollte sie dafür herausnehmen. Die Kommode war ein mächtiges und scheußliches Ding auf Rollen. Sie lavierten sie durch die zwei Flügeltüren. Der drehbare Spiegel nahm die ganze Wand zwischen den beiden Fenstern ein. Über die gemaserte Kunststeinplatte legte die Wirtin ein durchsichtiges Wachstuch, in das blaue Rosen eingepreßt waren. Da sie für das Zimmer weniger als üblich bezahlten, wagte Gerhard nicht, zu widersprechen. Karl würde ihm sicher Vorwürfe machen, er hätte sich das nicht bieten lassen sollen, nur damit die drei Elektriker, die am anderen Ende des Korridors wohnten, Platz für ihre Fahrräder im Zimmer bekamen.

Gerhard versuchte, mit einem bunten Halstuch die Steinplatte zu überdecken, aber es war zu klein und außerdem sah es noch lächerlicher als das Wachstuch aus.

Er setzte sich, drehte eine Zigarette und hörte, wie draußen die Tochter der Wirtin in der Küche herumschrie, mit ihrer Mutter schimpfte und schrill lachte. Das war so ein vorlautes, blondiertes[3] Ding, die nichts anderes tat, als auf einen Mann warten und in der Wohnung herumschnüffeln. Neulich hatte sie gesagt, sie finde es komisch, daß die beiden Deutschen in einem Bett schliefen, bei armen Italienern sei das allerdings etwas anderes. Karl hatte ihr, das war am Ton zu hören, anscheinend eine scharfe Antwort gegeben, denn sie war wortlos in ihr Zimmer gegangen. Genau so stellte er sich das Mädchen vor, nur nicht ganz so blond, mit dem Karl verheiratet gewesen war. Man konnte es sich nicht lächerlich genug vorstellen.

Nachher würde er zur Hauptpost gehen, vielleicht lag ein Brief da von einem dieser Herumtreiber aus Frankfurt. Sie würden es nur wagen, in eine ausländische Stadt zu fahren, wenn sie wußten, daß dort jemand war, der sich auskannte. Vielleicht hatte sogar einer Geld geschickt, wenn es sein mußte auch seine Mutter, aber die wußte nichts über ihn und lebte in ihrem Dorf und würde regelmäßig ihre Ansichtskarte bekommen, die sie herumzeigen konnte. Jedenfalls würde er die Runde machen, zum Bahnhof, zum American Express und zur Galleria Vittorio Emanuele Secondo, wo die vornehmen Geschäfte lagen, und versuchen, Touristen abzufangen, denen er die Stadt oder den Dom zeigen konnte, von denen sie wahrscheinlich mehr wußten als er.

Die Wirtin rief, ob er ihr nicht Brot holen könnte, sie wiederholte immer wieder Brot, als ob er dieses Wort nicht verstünde, sie sei müde und das Treppensteigen sei schlecht für ihr Herz. Die Tochter lag sicher in ihrem Zimmer und hatte keine Zeit, weil sie an einen Mann denken mußte. Weiß der Teufel, was sie dabei trieb. Ja, er käme. Vielleicht erhielt er zur Belohnung einen Teller Suppe. Karl hatte es besser, der saß jetzt da draußen hinter einem Schreibtisch und verfaßte Briefe in alle Welt.

Gerhard stand auf und stellte den Aschenbecher auf den Nachttisch. Alles war sauber und aufgeräumt. Er blickte in den großen Spiegel über der Kommode. Durch die Ritzen der Fensterladen fiel Licht auf sein Gesicht. Er sah immer noch gut und vor allem jung aus. Karl hatte ihm das noch nie gesagt.

27

Klaus Stiller

Geboren 1941 in Augsburg. Studium der Romanistik und Germanistik an den Universitäten München, Grenoble und West-Berlin. Seit 1968 freier Schriftsteller. Lebt seit 1963 in Berlin. Arbeitet für den Rundfunk und verschiedene Kulturzeitschriften. Seit 1981 Literaturredakteur beim RIAS Berlin.
Romane, Erzählungen, Hörspiele.

▷ H. Protokoll. Dokumentarsatire (1970)
▷ Die Faschisten. Italienische Novellen (1976)

Ausländer

Die Leute behaupten, die Ausländer seien an allem schuld. Dabei vergessen sie leicht, daß sie selber Ausländer sind. Genau betrachtet sind nämlich alle Menschen Ausländer, sogar die Einheimischen. So ist die Zahl der Ausländer stets identisch der Zahl der Weltbevölkerung. Das heißt: Mit zunehmender Weltbevölkerung gibt es immer mehr Ausländer.
Wir können die Ausländer grob in zwei Kategorien einteilen, nämlich die im Ausland befindlichen – diese bilden die Mehrheit – und die zu uns ins Land gekommenen, – eine verschwindende Minderheit. Während jene in der Regel weniger störend wirken, besitzen diese die unangenehme Eigenschaft, durch ihre Andersartigkeit sofort aufzufallen. Dabei ist es weniger der fremde Paß, der sie zu den Ausländern stempelt, als vielmehr ihre seltsame Sprechweise, ihre auffällige Kleidung, ihr ungewöhnliches Aussehen und die urkomischen Bewegungen des Kopfes und der Gliedmaßen.
Der unter lauter Einheimische geratene Ausländer wird zunächst auf Herz und Nieren geprüft. „Woher stammst du?" lautet die erste

Frage. Und hat er diese getreulich beantwortet, weiß jeder Einheimische ziemlich rasch, wen er da vor sich hat. Denn bekanntlich gibt es unter den Ausländern wiederum die tollsten Unterschiede. Es gibt solche und solche, unsympathische und etwas weniger unsympathische Ausländer. Mit steigender Entfernung vermindert sich im Normalfall die Antipathie. Am schlimmsten sind meistens die allernächsten Nachbarn.

Besonders dreiste Einheimische preschen mit ihrer Frage auch direkt vor[1], so als wollten sie den jeweiligen Ausländer an Ort und Stelle festnageln oder, besser gesagt, aufspießen wie einen besonders rasch raren Schmetterling. „Sie sind doch ein Eskimo!" rufen sie ihm entgegen und sind dann sehr beleidigt, wenn sich das Opfer als Japaner entpuppt. Ein echter Einheimischer freilich gibt nicht auf und fängt mit dem Ausländer zu streiten an: „Sie sehen aber aus wie ein Eskimo!" – „Nein", sagt der Japaner höflich, aber bestimmt, „das ist ein Riesenunterschied!" – „Ach was!" erregt sich der Einheimische, „das können Sie überhaupt nicht beurteilen; für mich sind und bleiben Sie ein Eskimo!"

Ist der Ausländer von den Einheimischen erst einmal richtig lokalisiert und katalogisiert, muß er sich für sein Hiersein verantworten. Früher kam er als Tourist relativ ungeschoren davon. Die Einheimischen beruhigten sich bei dem Gedanken, daß sich jeder ausländische Tourist über kurz oder lang ohnehin aus dem Staub machen werde, spätestens, wenn ihm das Geld ausginge. Seit man jedoch erfahren hat, daß ein paar Ausländer als Touristen ein-, dann aber überhaupt nicht mehr ausreisen, wächst die Angst, am Ende selber zum Ausländer zu werden, ohne je ins Ausland gefahren zu sein. Der wahre Einheimische traut den in ihren Heimatländern zurückgebliebenen Ausländern zwar ebensowenig, aber sie sind wenigstens dort, wo er sie haben will, im Ausland. „Wo kämen wir denn hin", ruft er, „wenn kein Ausländer mehr im Ausland wohnen will!"

Leider läßt es sich nicht vermeiden, daß man auf Auslandsreisen dauernd Ausländern begegnet, und zwar in solcher Überzahl, daß man sich plötzlich selber wie ein Ausländer vorkommt unter all jenen ausländischen Einheimischen beziehungsweise einheimischen Ausländern. Diese haben meist auch noch die Frechheit, ihr Ausländertum glattweg zu leugnen, indem sie sich als die wahren Einheimischen aufspielen, ganz vergessend, daß sie noch gestern, als sie bei uns sein durften, eben weiter nichts als Ausländer gewesen sind, und zwar meist von der übelsten Sorte. Jedenfalls führen sie sich auf, als wollten sie einem endlich mal zeigen, was Ausländersein bedeutet. Der Trick ist aber zu durchsichtig, um nicht sofort durchschaut zu werden. Haben doch die in ihrem Heimatland verbliebenen Ausländer lediglich den Spieß umgedreht, um nun in aller Ruhe die Vorteile ihrer eigenen Ansässigkeit zu genießen oder gar sich für die mannigfaltige Unbill zu rächen, die sie als Ausländer im Ausland, das heißt bei uns, so oft und bitter hatten erdulden müssen.

Wie aber soll sich der im Ausland plötzlich selber zum Ausländer gewordene ehemalige Einheimische verhalten? Soll er sich wie ein Chamäleon der einheimischen Art anpassen, um vielleicht eines fernen Tages selber als Einheimischer anerkannt zu werden? Oder soll er gar die erdrückende Überzahl jener ausländischen Einheimischen von seiner fremden Eigenart überzeugen, sie gleichsam zu sich bekehren?

Da hilft kein Patentrezept. Es nützt nämlich überhaupt nichts, wenn der ehemalige Einheimische plötzlich beteuert, er sei bereits als Kleinkind ausländerfreundlich gewesen, habe bei sich daheim alle Ausländer stets wie seinesgleichen behandelt und eigentlich schon immer unter der ungerechten, törichten, altmodischen Unterscheidung zwischen Einheimischen und Ausländern gelitten, auch im eigenen Heimatland, wo er ja nun wirklich weithin sichtbar als Einheimischer erkennbar gewesen sei, und wo ihm dieses Recht niemand habe strittig machen wollen. Ja, mehrmals habe er sogar Ausländer zu sich nach Hause eingeladen, speziell an Weihnachten. Dochdoch, die Ausländer seien immer seine besten Freunde und ihm auch daheim im Grunde viel lieber gewesen als die überheblichen Einheimischen, deren Ausländerfeindlichkeit er seit eh und je getadelt habe.

Umsonst! Seine Lippenbekenntnisse verhallen wie alle tönernen Worte in der schweigsamen Runde der einheimischen Ausländer, die selber heilfroh sind, endlich wieder einem Ausländer gegenüber zu sitzen, denn erst vor dem Hintergrund seiner gegenwärtigen Fremdheit kommt ihre eigene Hiesigkeit so richtig zu Glanz und Geltung.

Denn – Ausländer wird man nicht, Ausländer ist man. Entweder als Fremder unter lauter Hiesigen, oder als Hiesiger unter lauter Fremden.

Auch die immer wieder angebotenen Rezepte zur Lösung des Ausländerproblems blieben bislang wirkungslos. So erklärte ein berühmter Diktator sinngemäß: „Ausländerprobleme löst man nicht, man stellt sie auf den Kopf." – Ein alter Taschenspielertrick, mit dem er nur wenig erreichte. Denn es gelang zwar, ein paar Tausend Ausländer zu Einheimischen umzupolen. Doch gleichzeitig wurden ebensoviele Einheimische zu Ausländern. Und die Ausländer blieben – wenngleich in veränderter Gestalt – weiterhin vorhanden. Ein paar Jahre später wurde jener Diktator öffentlich aufgehängt, mit dem Kopf nach unten – von Einheimischen.

28

Volker Braun

Geboren 1939 in Dresden. Zuerst Arbeiter, dann Studium der Philosophie in Leipzig. Lebt in Berlin (DDR). 1965/66 Dramaturg beim Berliner Ensemble, seit 1972 Mitarbeiter des Deutschen Theaters Berlin.
Gedichte, Stücke, Prosatexte.

▷ Das ungezwungene Leben Kasts. Prosa (1972)
▷ Unvollendete Geschichte. Erzählung (1975)

Staatstheater

Kunze begleitete einen Gast durch die Republik[1], um ihm einen guten Eindruck zu verschaffen. Er führte ihn aus den Hotels zu Kundgebungen, einstudierten herzlichen Begegnungen in erneuerten Gebäuden. Der teure Freund genoß die Arrangements, die er gern für die Wirklichkeit nahm. Er begegnete auch Hinze, plötzlich auf unverstellter Flur, welcher schwitzend/fluchend den Alltag bewältigte. Der Gast blickte mit weit geöffnetem ausländischem Auge auf die Erscheinung und verstand sie nicht. War unangenehm berührt von dem Naturalismus, der primitiven Direktheit der Szene und wendete sich weg, d.h. kehrte in die Vorstellung zurück. Er war gutes Theater gewohnt, *die nachahmende Darstellung einer einheitlichen Handlung;* man hatte Geschmack und Sinn fürs Höhere, der dem Volk überall abging.

29

Peter Bichsel

Geboren 1935 in Luzern (Schweiz). Volksschullehrer. Seit 1973 arbeitet Bichsel als Berater eines sozialdemokratischen Bundesrates. Lebt heute in Bellach bei Solothurn. Publizistische und literarische Tätigkeit ab 1964.

Erzählungen, Kindergeschichten, Hörspiele.

▷ Kindergeschichten (1969)
▷ Stockwerke. Prosa (1974)

Eine Geschichte zur falschen Zeit

Ich habe ihn seit Jahren nicht mehr gesehen, und er ist nicht erreichbar, aber er könnte morgen wieder vor der Türe stehn und lächeln und „Tag" sagen. Wenn er kommt, bleibt er einige Tage und wird seine Abreise wie immer erst eine Stunde zuvor ankündigen, und dann geht er wieder und ist nicht erreichbar.

Wenn er noch lebt – ich hoffe es und nehme es an –, dann wird er sich nicht verändert haben, wird einen roten Schal tragen und eine schwarzblaue Jacke, wird zuhören, wird anderer Meinung sein ohne es auszusprechen, wird nicht stören, ein angenehmer Gast sein, und nach seiner Abreise stellen wir seine letzten drei Jahre aus Mutmassungen zusammen.

Er hat sich in seinem Leben für nichts entschieden, für keine Frau, für keine Ideologie, weder Hippie noch Kommunarde, kein Landstreicher, kein Clochard, kein Verehrer von irgendwem – auch nicht von Arthur Gordon Pym[1] –, und es liegt ihm fern, sein Leben theoretisch zu untermauern – es beschäftigt ihn nicht, dass andere anders leben, und ich habe ihm, das fällt mir auf, noch nie über mein oder unser oder das Leben geklagt, es hätte keinen Sinn, er beschäftigt sich nicht mit Leben. Er hatte mal mit Drogen und auch mal mit Alkohol, auch mal mit Kunst und auch mal mit einem Studium zu tun, aber all das hat ihn nicht erreicht.

Das letzte Mal kam er aus Mexiko und hat dort unter Indianern gelebt, nicht geforscht oder entdeckt oder entwickelt oder beobachtet, sondern einfach gefragt, ob es hier ein Haus gebe, und es gab eins.

„Was hast du da gemacht?" – „Gezeichnet." – „Zeig mal", und er bringt einige Bleistiftzeichnungen – keine Indianer –, Landschaften, zwanzig vielleicht oder dreissig, die Arbeit von zwei Jahren.

Es macht mich nervös, dass er sich nicht setzt. Er steht mitten in der Stube, den ganzen Tag, auch am zweiten Tag und auch am dritten. Ich halte es nicht aus und schreie ihn an, er entschuldigt sich und setzt sich. „Die Indianer stehen", sagt er. Ich habe sie aus Büchern kauernd in Erinnerung, aber es hat keinen Sinn, ihn darauf aufmerksam zu machen.

„Hie und da geht einer plötzlich weg", sagt er, dreht ab aus dem Stehen heraus und beginnt sich zu bewegen, mit kleinen schnellen Schrittchen, und die andern wissen – ohne es auszusprechen –, der geht in die Stadt. Zwei Tage wird der Marsch dauern, dann wird er in der Stadt stehen, so wie er hier gestanden hat, bis Sonnenuntergang an einer Ecke in der Stadt, wird wieder abdrehen, wird drei Tage später wieder hier stehen und nichts erzählen. Die Dinge in der Stadt haben keine Namen, dass es sie gibt, überrascht ihn nicht, dass sie eine Funktion haben könnten, fällt ihm nicht ein. Leben anschauen, nicht beobachten, nur anschauen.

Und die Moral, keine Moral.

Frage: „Von was hast du denn gelebt? – Geld?" Er überlegt, erschrickt, ich ziehe die Frage zurück, bereue sie. Er hatte nie Geld und sah immer gepflegt aus und sauber, kein Gammler. Wie er das nur macht, und immer dieselben Kleider, und die sind immer sauber. „Er hat sie gewaschen", sagt meine Frau. Mir scheint, sie werden dabei nicht nass, wie schafft er das? Jedenfalls beschäftigt er sich während des Waschens nicht mit dem Trocknen.

Vielleicht steht er morgen vor der Tür, mit rotem Schal, dunkelblauer Jacke und zwei quadratischen Taschen aus starkem Segelstoff – handwerkliche Spezialanfertigungen –, in der einen Tasche eine Schallplattensammlung, in der andern einen Plattenspieler, ein – zwar kurzes – Leben lang mitgeschleppt, in Mexiko ohne elektrischen Anschluss gehütet und durchgebracht. Eine Liebe zu Bob Dylan[2] – „Ich mag ihn nicht", sag ich aus irgendeiner Laune heraus. Er verteidigt ihn nicht. Er spielt auch keine Platten in der Zeit, in der er hier ist. Warum der Plattenspieler? Weil er reist, braucht er Gepäck vielleicht? Besitz vielleicht oder Engagement oder Vergangenheit? Zum ersten Mal sah ich ihn in Berlin in einem Jazzlokal – ja vielleicht Vergangenheit, etwas mitschleppen, was einmal war. Ende.

PS: Die Geschichte meint nichts. Ich mag ihn, wir lieben ihn, das ist alles, und oft scheint mir der Platz in der Mitte der Stube, wo er zu stehen pflegt, ausgespart.

Die Geschichte ist zur falschen Zeit erzählt – Betriebsschliessungen, Arbeitslose, Krise –, eine Geschichte aber, für die es keine richtige Zeit gibt. Oh, Merkur, Schutzherr der Diebe (das hab ich von Ezra Pound), gib mir eine Zeit für diese Geschichte, gib mir eine Zeit, in der es nicht unanständig wäre, davon zu erzählen.

Ja, ich weiss, es ist mir auch aufgefallen – der Plattenspieler, er hat ihn aus unserer Konsumgesellschaft, und die Jeans und die Jacke und alles. Ja, ich weiss, dass es Familien mit Kindern und Väter ohne Arbeit gibt, ich weiss, dass nicht alle so können wie er, und ich weiss, dass auch er zusammenbrechen wird, eines Tages – wen freut das? Mich nicht.

Ich habe ihn nie gefragt, ob er glücklich sei – wen fragt man das schon? (Die Mutter fragt es in ihrer Unbeholfenheit die Tochter am Tage der Hochzeit, stell ich mir vor oder hab ich gelesen). Aber ich weiss, dass er es nicht ist, ein Mann ohne Hoffnung ist meine Hoffnung.

Von mir wollte ich schreiben: Treffen mit F. M., um die Frage zu prüfen, ob / Teilnahme an Veranstaltung und Demonstration

Entlassener / Vorstandssitzung der Partei / Parteiversammlung /
Besprechen des Voranschlags[3] der Gemeinde / keine Zeit für E. Y. /
Ärger über F. / Telefon mit E. über neues Programm und Wahlen /
zur Kenntnis genommen, dass Hunger in so und so / Ausweisung
meines Freundes G. (Ausländer) / Bürgerpflicht, Bürgerpflicht –
Soll ich hingehen und ihm sagen: Klaus, du bist ein Schmarotzer,
so geht das nicht, du kannst nicht die ganze Welt verrecken lassen.
Ich weiss nicht, warum ich anders lebe als er. Ich weiss nur, dass ich
nicht könnte wie er. Ich denke beim Waschen ans Trocknen und
lasse es sein. Einen Plattenspieler würde ich nie länger als eine
Woche unbenützt mittragen, die Motivation würde mir fehlen.
So tu ich halt da so rum und glaube, es der Welt schuldig zu sein,
und diskutiere in der Partei über den Bau der Strassen, über die er
geht.
Für ihn tu ich's gern, eigentlich für ihn.
Aber – er braucht sie nicht.
So halt für die, die weniger Talent haben als er, die müssen ja auch.
Und auch für mich, aber halben Herzens.

30

Hans Joachim Schädlich

Geboren 1935 in Reichenbach im Vogtland. Studium der Germanistik in Berlin und Leipzig; Dissertation über Phonologie. Arbeitete zuerst an der Akademie der Wissenschaften in Berlin. Anschließend war er als freier Übersetzer tätig. 1976 unterzeichnete Schädlich die Biermann-Petition. Sein Ausreiseantrag wurde Ende 1977 genehmigt. Lebt seitdem in West-Berlin.
Erzählungen, Roman.

▷ Versuchte Nähe. Prosa (1977)
▷ Irgend etwas irgendwie. Zehn Texte (1984)

In abgelegener Provinz

In abgelegener Provinz, die aber ein schöner Landstrich ist, an einem Ort, den der Gouverneur zu seinem Sitz gewählt hat wegen ausreichender Gebäude, ist es regnerisch zu einer Jahreszeit, die Sonne bieten muß und milden Wind.

Der Mißmut des Gouverneurs am Morgen rührt zuerst her von dem Blick aus dem Fenster auf den Platz vor dem Haus. Pfützen, in denen Pfützen sich spiegeln. Niemand ist da, dem er klagen kann, daß es ist, wie es ist.

Der Gouverneur kleidet sich an ohne Helfer, damit er verschont bleibe von Gerede oder Nachricht vor dem Frühstück. Die Morgenwäsche[1] läßt er aus. Er weiß nicht, will er auch allein sein beim Frühstück, abgesehen von denen, die die Mahlzeit ihm bringen, aber wieder verschwinden?

Daß er aber hören will, was er nicht hören will, ist auch im Kopf, also frühstücken mit dem Ratgeber, der Neuigkeiten vorsagt aus einer Mappe.

Vorgestern, daß das Korn nicht ausreicht für den König, wenn das Korn ausreichen soll für die Bauern,

gestern, daß die Bauern, weil das Korn nicht ausreicht für die Bauern, das Korn verfaulen lassen,

und heute, der Gouverneur hat den ersten Bissen in der Kehle, daß etliche Schreiber, gewöhnliche Dichter, den Hals aufreißen.

Was schreien sie?

Daß sie, was sie sollen, nicht wollen. Und sagen frech, weil der Gouverneur Schweigen verlange, müsse geredet werden.

Worüber?

Daß die Gründe des Gouverneurs die Gründe des Gouverneurs seien.

Der Gouverneur springt auf, das Frühstück ist übrig.

Was ist zu tun? fragt der Ratgeber.

Was zu tun ist? sagt der Gouverneur. Einige füttere ich, daß sie mir vorpfeifen. Für andere stampfe ich mit dem Fuß auf[2]. Den dritten zertrete ich den Kopf.

31

Ludwig Fels

Geboren 1946 in Treuchtlingen/Bayern. Zuerst Packer und Hilfsarbeiter. Seit 1973 lebt Fels als freier Schriftsteller in Nürnberg.
Gedichte, Erzählungen, Romane, Hörspiele.

▷ Platzangst. Erzählungen (1974)
▷ Ein Unding der Liebe. Roman (1981)

Krisenkritik

Jetzt hält sich jeder den Bauch, das schrumpfende Ding, schlägt an
fremde Köpfe, schlägt sich an den fremden Kopf. Die Augen
schaun aus wie die Böden leerer Teller, von welkem Fett umschat-
tet. Noch erweckt nichts so leicht den Anschein, als ob man sich
bald zwischen Milch und Benzin entscheiden müsse; wenn wir
überleben, dann nicht so wie heute. Gut ist dran, wer Übung im
Verarmen besitzt, wer seine Existenz ruiniert hat, freiwillig oder be-
rauscht.

Die Gestaltung der Krise wird natürlich beim Sektfrühstück erör-
tert: die Problematik der Rohstoffbeschaffung aus den Faunares-
sourcen wurde wieder einmal zufriedenstellend und gewinnbrin-
gend ausdiskutiert. Als erster Schritt zur Bekämpfung und
Unkenntlichmachung der gefährlichen Not empfiehlt sich, die Produktion von Gürtellöchern einheitlich genormten Orientierungsrichtlinien zu unterwerfen, die unkontrollierte Abstandsbemes-
sung mit einem Verbot zu belegen.

Der Krieg, der sich dauernd fortpflanzt, lenkt ab von der täglichen
Arbeit wie Sport. Wie es scheint, genießt jede Person den letzten
Augenblick. Im nächsten Moment ist der Wohlstand tot. Es ist das

alles sehr zum Erschrecken, auch äußerlich. Und die Leute versinken in wüsten Farben, aber ihre Haut bleibt grau wie vorher, ihr Blut wird hart, der Himmel ein kaltes Loch, keinen Aufblick mehr wert. Man möchte die Richtung wechseln, umarmt seine Beine. Bei jedem Schritt stürzen einem abgeschlachtete, ausgebeinte[1] Menschenhälften vor die Füße; wenn man springt, platzt der Schädel. Dann fressen wir unser Geld.

32

Angelika Mechtel

Geboren 1943 in Dresden. Arbeitete zeitweise als Fabrikarbeiterin, Zimmermädchen und kaufmännische Angestellte. Lebt als freie Schriftstellerin in München.
Erzählungen, Romane, Hörspiele, Gedichte, Drehbücher.

▷ Die Träume der Füchsin. Erzählungen (1976)
▷ Die Blindgängerin. Roman (1977)

Netter Nachmittag

Ich gehe hin, und er steht schon an der Tür; nachmittags um fünf zum Tee.
Gnädige Frau, sagt er und küßt mir mit feuchten Lippen die Hand. Ich habe Ihren Artikel gelesen, sagt er. Er findet ihn exzellent. Ich mache eine Handbewegung und stimme ihm zu.
Dann hilft er mir aus dem Mantel, hängt ihn auf und geht voraus zu Torte und Tee, dickbäuchig, aber in guter Position. Alt, aber noch frisch wie ein Junger, meint er und setzt sich neben mich auf die Couch.
Er könne was für mich tun, sagt er und legt mir die Hand auf die Schulter. So hingelehnt ans Sofa, den Oberkörper schräg zum Unterkörper, lächelt er mir zu.
Er schätzt mich, sagt er.
Mit seiner Vergangenheit ist er zufrieden, auch mit seiner Zukunft. Zwei Weltkriege hat er überstanden und eine Ehe, sagt er. Er serviert immer den gleichen Kuchen, wenn er einlädt. Er hat drei Wohnungen: eine in der Stadt, eine auf dem Land und eine am Lago Maggiore.

Er hat das Leben gemeistert.

Artig trinke ich meinen Tee und nehme die Zigarette, die er mir anbietet; gehe auf das Gespräch ein, das er führen will.

So ist eben einer, der groß geworden ist. Unverbraucht, denkt er, anders als unser Jahrhundert.

Er vergißt nicht, höflich zu sein.

Das gehört dazu.

Beim Abschied der Griff zum Mantel und zu den Haaren: Die gehören doch raus aus dem Mantelkragen, sagt er. Und zur Hand, um die feuchten Lippen zu postieren. Das tut er alles mit der Selbstverständlichkeit derer, die was besitzen.

Du solltest nicht diese Handbewegung machen, wenn er sagt, er fände ihn exzellent. Anstelle der Hand zum Handkuß gibst du ihm einen Schlag, nicht übertrieben scharf, nur ganz leicht, und dann dein Gelächter.

Den Artikel findest du schlecht.

Torte, sagst du, ißt du grundsätzlich nicht und statt Tee verlangst du Kaffee.

Er stellt dir heißes Wasser und Nescafé zur Verfügung. Du nimmst nicht nur einen Löffel Kaffeepulver in die Tasse, du nimmst zwei, schraubst das Glas wieder fest zu und stellst es mitten auf den Tisch, so, daß er sich aufrichten muß, wenn er es mit seinen Händen erreichen will.

Noch hockt er schräg auf der Couch, den Oberkörper schräg abgewinkelt. Du läßt ihn fallen, wenn er deine Schulter fassen will. Du machst ihm Platz.

Weiche Landung, sagst du: Glückauf, und greifst nach der vollen Packung Zigaretten mit der Sicherheit jener, die nichts besitzen.

Er besitzt Einfluß, das weißt du.

Ich könnte was für Sie tun, sagt er, und du lachst. Du hörst nicht mehr auf zu lachen. Vor Vergnügen schlägst du mit der flachen Hand auf den Tisch; die Füße könntest du drauflegen.

Oder ihn durchs Dachfenster auf die Straße transportieren; sieben Etagen abwärts ohne Lift; unten die Feldherrnhalle[1]. Von der entgegengesetzten Seite marschierte Hitler mal an. Glückab[2]. Den kannte er, und nachher war er auch gleich wieder da.

Zwei Weltkriege? fragst du ihn.

Kein Schrapnell hat ihn erwischt.

Glück muß der Mensch haben.

Ich bin Augenzeuge unsres Jahrhunderts, sagt er.

Unser? sagst du, nimmst deinen Mantel, gehst und denkst: Den habe ich fertiggemacht, dem habe ich seine Heuchelei vor den Latz geknallt[3], der ist erledigt.

Aber er steht frisch an der Tür und hat ein verbindliches Lächeln im Gesicht.

Jetzt beklatscht er noch deinen Abgang.

Bravo, sagt er: Ein ganz neuer Stil.

Du bist verblüfft, weil du kein Kraut mehr weißt, das gegen ihn wächst[4], nimmst den Aufzug ins Parterre, gehst Richtung Feldherrnhalle und fragst dich, warum du Angst hast.

Du hast dir in den Mantel helfen lassen, hast ihm das Glas Nescafé zugeschoben, das heiße Wasser gereicht, hast um eine Zigarette gebeten und dir Feuer geben lassen. Du hast dich angepaßt, warst empfänglich.

Du fragst dich, warum du Angst hast?

Abends rufe ich ihn an und danke für den netten Nachmittag.

33

Gabriele Wohmann

Geboren 1932 in Darmstadt. Studium der Germanistik, Romanistik, Musikwissenschaft und Philosophie in Frankfurt a.M. War zeitweise als Lehrerin tätig. Heute freie Schriftstellerin. Romane, Erzählungen, Hörspiele, Drehbücher, Gedichte.

▷ Böse Streiche. Erzählungen (1977)
▷ Paarlauf. Erzählungen (1979)

Grün ist schöner

Ich bin ein grüner Mensch. Grün mit grünblauen Placken[1]. Grüne Haut. Die Lippen von einem so schwärzlichen Grün, daß die Leute sich fürchten. Das wird überhaupt schlimm, wenn ich mal mehr unter Leute komme. In der Schule und dann als Erwachsener. Ich muß so viel wie möglich verdecken. Doktor Stempel hat auch immer Handschuhe an. Er hat Ekzem. Bei mir werden auch alle Leute neugierig drauf sein, was ich unter den Handschuhen habe. Sie werden denken, ich hätte Ekzem. Ich muß auch einen Namen dafür finden.

Das Kind drehte sich vor dem langen Badezimmerspiegel, betrachtete seinen nackten Körper, hob die stengeldünnen Ärmchen – alles grün, unten, oben; innen auch? Es trat näher an den Spiegel, streckte die Zunge heraus: finstre bläuliche Grünporen, ein fetter Grünlappen hing über die dunklen Lippen. Also auch innen grün. Es wischte den Tau seines Atems vom Glas, es lächelte sich zu: die blassen Zähne gefielen ihm.

Häßlich bin ich nicht. Nur unheimlich. Grüne Haut ist eigentlich schöner als braune oder rosige.

– Bist du schon im Wasser? rief die Stimme der Mutter die Treppe herauf und durch den Gangschlauch zu ihm ins Badezimmer. Bist du schon ein Frosch im Wasser?

Grüner Frosch im Wasser.

– Ja! schrie es.

Es patschte sich schnell in die knisternden Schaumwolken, glitschte an der Wannenschräge hinunter und schwitzte und schnaubte. Aber das grüne Gesicht wird jeder sehn. Grün mit grünblauen Sprenkeln und einer fast schwarzen Zunge hinter fast schwarzen Lippen. Ich trag das grüne Haar tief in der Stirn, später krieg ich auch einen Bart, der wird auch grün. Und ich habe einen grünen Hals, ich winde immer einen Schal drumherum, der verdeckt auch den Nacken. Die Leute können denken, ich wär bloß im Gesicht grün. Alles andere ist normal. Ich sag: an den Händen hab ich Ekzem, deshalb die Handschuhe. Sonst zeigt man ja nichts. Ich werde immer lange Hosen tragen.

– Ists schön im Wasser, du Frosch? rief die Mutter.

– Ja! schrie es.

Alle werden denken: wie ein Frosch sieht er aus. Aber ich kann natürlich nicht mit Mädchen und so, wie Dicki das macht, baden gehn. Ich bin ganz zurückhaltend, alle wollen mit mir baden gehn, alle Mädchen, immer werd ich gequält von allen Mädchen, baden zu gehn, aber ich bin ganz vornehm und ganz grün. Ich geh in der heißesten Sonne mit meinem Schal spazieren und mit den Handschuhen.

– Fröschlein, rief die Mutter, gleich komm ich und seh nach, ob du sauber bist.

Das Grüne wird mich natürlich von den andern absondern. Ich werd wie Onkel Walter: ein einsamer alter Mann. Nur schon, bevor ich alt bin.

Von der Badewanne aus konnte es in den Spiegel sehn. Es hob einen Arm aus dem Wasser: Schaumbläschen flüsterten; das nasse Grün glänzte, es sah schärfer und krasser aus als das trockne.

Schade, daß niemand je meine strahlende nasse Grünhaut sehn wird. Ich werde ein einsamer grüner Mann. Wie eine Schlange. Der Schlangenmann.

– Fröschlein, rief die Mutter, gleich hol ich dich raus!

– Ja, rief es.

Jetzt hab ich noch die Mutter, die weiß es. Später weiß es keiner mehr.

Es hörte die flinken Schritte auf der Treppe, im Gang. Die Tür klaffte; es hielt die Hände vor die Augen, denn dazu hatte es gar keine Lust! Ein Strom frischer Luft zog herein, und die Mutter knipste die Höhensonne[2] aus und schaltete das gelbe weiche Deckenlicht an und sagte:

– So, nun komm, mein blasser sauberer Froschmann.

34

Hermann Kinder

Geboren 1944 in Thorn an der Weichsel, aufgewachsen in Mittelfranken und Münster/Westfalen. Studierte in Amsterdam und Konstanz. Promovierte 1972 über den bürgerlichen Realismus. Lehrt Germanistik und Literatursoziologie an der Universität Konstanz.
Erzählungen, Romane

▷ Der Schleiftrog. Roman (1977)
▷ Vom Schweinemut der Zeit. Roman (1980)

Glückliche Entfernung
(ohne tragischen Ausgang)

Kleinlich, niederträchtig, ja, bösartig verweigerte sie einzusehen, daß es ihre, nicht Ls Schuld gewesen war, daß sich im kleinen Laden, der, weil Geschäftsschluß bevorstand und sie, sie die Sahne für das Himbeerdessert, mit dem ihr zwölfjähriges Hochzeitsjubiläum gekrönt werden sollte, vergessen hatte, aufgesucht werden mußte von ihm, natürlich ihm, daß also er sich, aber doch eher schuldlos, statt der süßen eine saure Sahne hatte verkaufen lassen. Im Zorn stürzte L aus der Wohnung und entschloß sich, nie mehr zurückzukehren und auf der Parkbank zu nächtigen, die er schon so manches Mal in Sehnsucht nach Freiheit umkreist hatte. Die Mücken, die im Dunkeln umherschweifenden Hunde und Jogger, ach nein: die Sehnsucht vor allem ließ ihn in einem langen Lauf nach Hause eilen. Doch brach die Hoffnung nach Fortsetzung des alten oder nach dem Beginn eines neuen Glücks auf der Tür-

schwelle wieder zusammen und wich einer kleinmütigen Unwirsche[1], da sie in betonener Dickköpfigkeit sich einzusehen weigerte,
daß die saure statt der süßen Sahne erstursächlich ihre Schuld gewesen war, weil eben sie verabsäumt hatte, rechtzeitig die süße
Sahne zu besorgen. Von diesem Abend an, der damit endete, daß
sie das Festmenu ins Clo schüttete, um darauf sehr laut die Küche
auf die vollendetste Weise aufzuräumen und blank zu scheuern,
und daß er sich im Schlafzimmer am Jubiläumswein dermaßen be-
trank, daß sie es eklig vorzog, auf dem Wohnzimmersofa zu nächtigen, von diesem Abend an also gewöhnte sich L daran, ihrer ge-
fährdeten Liebe folgendermaßen aufzuhelfen: Nach Dienstschluß
trieb er sich in Kinos und hernach in Parks und Straßen umher bis
zu dem Zeitpunkt, an dem ihn plötzlich die innigste Sehnsucht
nach ihr erfüllte, die ihn zum nächsten Telefonhäuschen rennen
ließ, um ihr ins Ohr zu flüstern, wie sehr er ihr zugetan sei, worauf
sie ihm ins Ohr flüsterte, daß sie ihn so liebhabe wie ein in der
Tasche ihrer Wolljacke mümmelndes[2] Kaninchen. Gleich, rief er,
gleich bin ich bei dir. Oh gleich, rief sie, gleich bist du bei mir. Da jedoch, wenn sie sich kurz darauf über der Wohnungstürschwelle
wieder begegneten, ihre verletzliche, aber durch nichts zu ersetzen-
de Vertrautheit eine rätselhafte Entlüftung erfuhr, dehnte L seine
Gänge bis weit über Mitternacht hin aus, um sich in ihre schlaftrun-
kene oder schon traumhafte Weichheit betten und vom Glück des
Füreinanderbestimmtseins gänzlich durchströmen lassen zu können, das sich erst verlor, wenn sie oder er erwachte, weil sie oder er
rücksichtslos laut zu einem neuen Tag aufstand. L bewarb sich auf
einen Posten im fernen europäischen Ausland, der ihm nicht
erlaubte, öfter als alle vier Monate nach Hause zu kommen. Rief er
sie sonntags an, so war er zu bemerken gezwungen, daß nach den
ersten frohesten Begrüßungsworten, in denen ihre Liebe fast zu riechen und zu schmecken war, die Kurve ihrer Sehnsucht abfiel, wes-
halb L sie nur noch selten und kurz anrief, was jedesmal eine so
innige Nähe erzeugte, daß die immer länger werdende Zeit zwischen den Anrufen umso mehr vom sanften Feuer ihrer Zuneigung
durchglüht wurde. Mit der Entfernung die Liebe zu steigern, bean-

tragte L erfolgreich während einer Dienstreise durch die abgelegen-
ste Region Südamerikas die Versetzung auf einen Posten am hiesigen Ort, so daß er schließlich am telefonlosen Ufer des Amazonas
saß. Hier nun erfüllte ihn der Gedanke an sie bis unter die Haarspit-
zen mit Wärme; wie ein kleiner gepluderter[3] Kolibri kuschelte sie
sich in seine hohle Hand; und die starke Sehnsucht nach ihr machte L unverbrüchlich gewiß, daß sie, wenn er in den Ruhestand getreten und nach Hause zurückgekehrt sein werde, die glücklichsten
Tage erleben würden, die je ein sich liebendes Paar auf Erden erlebt
haben würde.

Kapitel III

35

Werner Kofler

Geboren 1947 in Villach/Kärnten. Lebt als Schriftsteller in Wien.
Mitglied der Grazer Autorenversammlung und des Arbeitskreises
österreichischer Literaturproduzenten.
Prosatexte.

▷ Konkurrenz. Kriminalroman (1984)
▷ Amok und Harmonie. Prosa (1985)

Ein Bericht für eine Jury

Für Ingeborg Bachmann

Hohe Damen und Herren von der Jury!
Sie erweisen mir die Ehre, mich aufzufordern, einen Text aus eigener Feder der Jury zur Beurteilung vorzulesen.
Ich versuche, der Aufforderung nachzukommen. Wenige Stunden
nur trennen mich vom Urteil, eine Zeitspanne, kurz vielleicht für
viele, unendlich lange aber für einen, der für eine günstige Beurteilung des Textes alle erdenklichen Vorbereitungen getroffen hat,
streckenweise begleitet von vortrefflichen Menschen, Ratschlägen,
Beifall und Warnungen, und der nun, im Grunde allein geblieben,
vorliest.
Der Text, den ich Ihnen vorlese, ist kein Auszug aus einer größeren
Arbeit, etwa aus einem Roman, den die Jury, bis auf das Vorgelesene, nicht kennt und, da es nicht ihre Aufgabe ist, auch nicht zu kennen hat; es ziemt sich nicht für einen Autor, einen Auszug aus
einem noch so dicken Roman vorzulesen und dann, um der ge-
rechtfertigten, sich bereits abzeichnenden Vernichtung zu entge-
hen, den Preisrichtern frech ins Gesicht zu sagen, wollten sie zu

einem gerechten (in Wahrheit nur für den Dichter unverdient günstigen) Urteil gelangen, müßten sie das gesamte Manuskript kennen, einen ganzen Roman! „Absolut unzulässig" hat der hohe Vorsitzende der Jury ein solches Vorgehen einmal erzürnt genannt, und ich muß ihm voller Bescheidenheit recht geben. Laut oder leise, verständlich oder nicht; ob ein einnehmendes, gefällig (etwa mit einem lustigen Hinweispappschild) arrangiertes Auftreten, ob ein von vornherein abstoßender, anmaßender Schreiber, ob Triumph, ob Niederlage – nur, was hier vor Ihnen vorgelesen wird, zählt!

– Ich bringe eine abgeschlossene Erzählung zum Vortrag, einen Bericht; einen in sich geschlossenen Text, eigens für diesen großen Auftritt geschrieben – wenngleich ich, als ich erstmals die Namen der Preisrichter las, anerkannte, allerorten gelobte, unbestechliche Meister ihres Fachs, erwartete, auch ein Orchester vorzufinden, das einen Tusch [1] spielen werde. Aber Enttäuschung steht mir nicht zu.

Meine Prosa besteht, die geschätzten Damen und Herren werden es bereits erkannt haben und mir zustimmen, aus Sprache. Aber nie nur! Sie setzt sich zusammen aus Stoff, Thema, Substanz einerseits – Sie werden es den INHALT nennen – und aus sprachlichen Mitteln, sprachlicher Vermittlung, der FORM, wie Sie bestätigen werden, andrerseits. Daß es zwischen beiden Seiten zu keiner Diskrepanz kommen darf, es versteht sich für mich von selbst. Zu billig aber (keine Jury der Welt würde sich davon zu hohen Bewertungen hinreißen lassen), zu billig, sage ich, nur Inhalte in passende Formen zu gießen, ob alte Inhalte in neue Formen oder neue Inhalte in alte Formen. Nein, auch die Form, die bloße Form kann (und muß) bereits der Inhalt sein, die Sprache als Inhalt der Sprache, die Sprache und nichts als sie, wie dies auch in meinem Prosastück in einigen wichtigen Momenten ausgewiesen ist, beispielsweise auf Seite zwei in der Formulierung „ich sprachbuch sprachbuch". Möge ein Teil von Ihnen dieses Unterfangen auch waghalsig nennen, wird mir der andere, dem Experiment zuneigende Teil der Jury größte sprachliche Kühnheit bescheinigen. Ich weiß, Sie sehnen sich nach dem stammelnden Erzähler nicht, aber: stammelte ich, ich würde hier nicht sitzen und Ihnen vorlesen. Nicht der Erzähler stammelt, sondern die Figur des Stammlers in seiner Erzählung – immer vorausgesetzt, sie ist temperamentvoll geschrieben. Was sollte, wie im Fall meines Textes, die Figur des Stammlers, des negativen Helden, des Parvenu, was sollte er anderes tun, als stammeln? Sollte er schweigen? Sollte er sich um den Posten eines Feuilletonredakteurs bewerben? Sollte er es sich vielleicht in den Kopf setzen, Preisrichter werden zu wollen? Sie sehen: die Welt ist schrecklich, und sie muß in einer schrecklichen Sprache beschrieben werden.

Doch weiter in meinem Bericht, den Ihnen nahezubringen ich alles in meinen Kräften Stehende zu tun im Begriff bin. Niemand nenne meine Sprache hölzern und umständlich, niemand spreche von Beliebigkeit oder Kanzleistil, glänzender Wortoberfläche oder mangelnder Intensität; keiner bezeichne meine Prosa „redaktionell – zynisch" gar als brillant geschriebenen Scheißdreck. Einige Autoren dämonisieren die Wirklichkeit – ich neige nicht dazu. Andere wieder flüchten IN BILDER und AUS BILDERN, aus Schwäche und Unfähigkeit heraus stellen sie Vorwurfsprosa und Bekenntnisliteratur her, Mitteilungsprosa, glanzlose, spröde Texte, politische Literatur. Nein! Nein zur Ideologie, nein zur Biografie! (Sie werden sich vielleicht fragen, hohe Damen und Herren von der Jury, woher ich die Stirn habe, Ihre kritischen Maximen so zu erraten, aber der geschätzte Vorsitzende – manch gute Flasche Rotwein leerte ich mit ihm – wird mir beipflichten. Das ICH in der *Literatur* kann nicht wichtig genug genommen werden, anders als das ICH des AUTORS, ist er doch Autor und nicht etwa Preisrichter. Hier sitzend und vorlesend, die nachfolgende Beurteilung erwartend, wie könnte ich jemand durch Maßlosigkeit und Unbotmäßigkeit verärgern wollen?)

Zurück zur Sprache. Sprache ist mein Leben, und alles Leben ist Literatur. Immer Ihr Einverständnis, von dem alles abhängt, vorausgesetzt, möchte ich sagen, daß mein Text großes handwerkliches Können verrät, er ist kunstvoll auf der einen, kunstlos auf der anderen Seite. Mit beherrschter Sprache beherrsche ich die Kunst der kunstvollen Kunstlosigkeit; ein Kunststück, den Beifall eines

Varietépublikums wert! Die Wut hinter den Zeilen, ich drücke sie ungeheuer sanft aus, ungemein sensitiv; die Wut in diesem Text hat Umgangsformen, sie ist höflich und gut angezogen. – Ein ganz leiser Text, eine musikalische Prosa, von Tempo und Präzision, Distanz und Kühle bestimmt, eine bis aufs Äußerste verletzliche Sprache. Auch Inhalte aus Mythologie und Heimatliteratur fehlen nicht. Und Momente großer Symbolik: wie ich mit den Wörtern ‚VERTRETER‘ und ‚VERRÄTER‘ kritisch experimentierend umgehe, sie, auf Seite vier zum Beispiel, vertausche, Verräter statt Vertreter, das verdient Anerkennung.

Stringenz! Atmosphäre! Sprache ist immer auch das, was man zwischen den Fingern zerbröseln[2] kann. Die Atmosphäre in meinem Text wage ich als ungemein dicht zu bezeichnen, ungemein dichte Atmosphäre! Mehr noch: was nun die Beschreibung der Stadt in meiner Prosa anlangt, mein dadurch vermitteltes Verhältnis zur heimatlichen Urbanität, so behaupte ich – der Herr Vorsitzende möge mich jetzt nicht durch Applaus unterbrechen –, daß es sich um einen HÖCHST EROTISCHEN TEXT handelt, eine hoch erotische Beziehung zur Stadt, höchst erotisch umgesetzt, mit unerhörter Intensität sprachlich bewältigt. Erotik, Notwendigkeit von Satz zu Satz, mit unheimlicher Spannung aufgebaut, bis hin zu dem einen Satz, der den Aufwand rechtfertigt, der in jeder Hinsicht einen Höhepunkt darstellt: „Ich errege mich.“ Ich errege mich! Das ist, geradheraus gesagt, verdammt gut gemacht, von meinem Manuskript zwischendurch aufsehend, kann ich Ihnen jetzt schon die Begeisterung an den Mienen ablesen. Das ist Heimatliteratur und mehr als Heimatliteratur. Gewiß, manche von Ihnen werden bei dieser schmerzhaften Einkehr an Else Lasker Schüler[3] denken, andere wieder mögen an Innerhofer Franz[4] oder Proust erinnert sein oder – wenn Sie an den Satz „Plötzlich war das Haus wieder bewohnt“ denken – an Thomas Wolfes[5] „Schau heimwärts, Engel“. Wie auch immer, ich bin vom LEBEN angeregt und nicht von LITERATUR.

Wäre meine Prosa aber nur erotisch, sie wäre nichts. Meine Figuren haben auch HUMOR. (Erotik und Humor, Eigenschaften einer

Erzählung, die die Jury zu schätzen wissen wird, angeleitet von einem trefflichen Preisrichter, der nicht bereit ist, unter seinem Niveau zu lachen. Ich sehe, Sie lachen; das beweist Ihr Kunstverständnis.) Der Humor in diesem Text, die kunstvolle Tragik-Komik, sie sind gebündelt und versinnbildlicht in der Figur des dummen August[6], der Sie vielleicht an Marcel Marceau[7] denken lassen wird. Und schier zum Totlachen ist die Szene auf Seite fünf, wo ich eine ganz alltägliche Begebenheit schildere, nämlich, wie der Held der Geschichte Spaghetti ißt, die Spaghetti-Szene – dieser erzählerische Dreh, werden Sie sagen, das ist einfach hervorragend.

Sie fragen, wie dieser Text entstanden ist. Nun, ich schrieb, meine Damen und Herren. Ach, man schreibt, weil man muß, weil man einen Ausweg will, man schreibt, um aufzusteigen; man schreibt rücksichtslos. Man beaufsichtigt sich selbst mit der Peitsche, man zerfleischt sich am Schreibtisch beim geringsten Widerstand. Allein, was zählt, ist der fertige, hier vor Ihnen, hohe Jury, und vor den Gaffern auf den Rängen vorgelesene Text.

Am Hochziehen der Augenbrauen mancher von Ihnen, am plötzlich einsetzenden Gekritzel auf Ihren Unterlagen, geschätzte Preisrichter, erkenne ich, daß Beginn und Schluß dieser Prosa Sie an Kafka erinnern. Möglich, rufe ich Ihnen zu!, doch gegen das Riesengebirge Kafka bin ich nur ein Maulwurfshügel. Trotzdem: man sage nicht, dieser Text habe den Preis nicht verdient. Im übrigen will ich keine Kenntnisse verbreiten, ich will nur – und habe es jetzt zu erwarten – Ihr Urteil; Wert oder Unwert, Triumph oder Niederlage, ich sagte es schon. Ich lese nur vor – auch wenn es früher Vormittag ist, auch wenn der Regen unvermindert anhält, ich lese vor; auch Ihnen, hohe Damen und Herren von der Jury, habe ich nur vorgelesen.

36

Frank-Wolf Matthies

Geboren 1951 in Berlin (DDR). Arbeitete als Kunstschlosserlehrling, Bankhilfskraft, Reichsbahndispatcher, Hilfsschuster, Grabenzieher und beim Fernsprechamt. Untersuchungshaft wegen „staatsfeindlicher Hetze". Wehrersatzdienst als Bausoldat. Lebte seit 1977 als freischaffender Schriftsteller in Berlin (DDR). 1981 Ausreisegenehmigung nach West-Berlin.
Lyrik, Prosatexte.

▷ Unbewohnter Raum mit Möbeln. Zwei Erzählungen (1980)
▷ Tagebuch Fortunes. Prosa (1985)

Die Beschreibung der Frau

ich werde die frau beschreiben. ich werde die frau beschreiben. ich werde nicht eine frau beschreiben.
ich werde den satz schreiben: die frau ist eine junge frau. ich habe den satz geschrieben: die frau ist eine junge frau. dies ist der zweite aussagesatz über die frau. ich habe ihn wiederholt, um etwas über mich auszusagen. ohne diesen satz habe ich sieben aussagesätze über meine person formuliert. die sieben gilt als magische zahl: bei den kelten galt eine ehe erst, wenn die partner sieben jahre miteinander gelebt hatten. das habe ich bei engels gelesen. dies ist ein beispiel: dieser satz ist ein beispielsatz.
ich werde die frau beschreiben: dies ist eine technik. diese technik wird mir dazu dienen, etwas über mich auszusagen.
die frau, welche eine junge frau ist, wurde ein dreiviertel jahr eher geboren als ich. sie feiert ihren geburtstag drei monate nachdem ich meinen geburtstag feiere. die frau ist eine mutter. sie ist eine leibliche

mutter. im gegensatz zu mir ist die frau eine leibliche mutter. die frau ist schlanker als ich: die frau ist etwas schlanker –
die frau hat eine normale körpergröße: die frau hat eine normale körpergröße –
die schuhe der frau passen mir nicht. die frau ist abgespannt: sie ist nervös: sie bebeißt ihre fingernägel. die frau bebeißt ihre fingernägel. die frau bebeißt oft ihre fingernägel intensiver als ich. die frau ist lustiger; die frau ist freundlicher; die frau ist unternehmender; die frau ist hoffnungsvoller; die frau ist.

die frau hat auch kurzes haar; die frau liest auch; die frau ist auch vielseitig interessiert; die frau ist auch gebildet; die frau hört auch gerne moderne musik; die frau fühlt sich auch am wohlsten in überschaubaren verhältnissen; die frau fühlt sich auch am wohlsten in durchschaubaren situationen; die frau träumt auch; die frau hat auch ideale; die frau hat auch sehnsüchte; die frau hat auch einen beruf der sie ausfüllt; die frau hat auch ein bewußtsein, welches ihr bewußtsein ist; die frau hat auch einen mann –
die frau ist ein individuum – die frau hat auch eine individualität. die frau hört werbesendungen, hört nachrichten, hört den sprecher der tagesschau ohne ihn zu sehen, hört die stimme erich honeckers, hört das quietschen einer bremse, hört das klingeln des telephons, hört das nachtprogramm von radio luxembourg, hört das klappern meiner schreibmaschine, hört die worte: plötzlich & jawohl & einwandfrei & kollektiv & nein & niemals & frieden & vaterland & verletzung & menschenrechte & eindeutig & staatsfeind & du & ich & die & ach & was & jetzt & plötzlich & scheiße & ficken & herr & dort & sofort & schnauze & manchmal & stasi[2] & vopo[3] & funksprechgerät & sanft & worte & frau & liebste –
& die frau hat den satz gehört: einsam sind spiegel: so ist mein mein geliebter. & die frau hat den anderen satz gehört: wer nicht für uns ist, ist gegen uns[4]. & die frau hat den wieder anderen satz gehört: wer sich nicht in gefahr begibt, kommt darin um[5]. & die frau hat diesen satz mehrmals gehört & sie hat verschiedene stimmen gehört. die frau ist ein bewußter hörer & die frau hört bewußt.

& die frau sagt die worte: müde & nicht & ich & bin & froh & glück & mut & hinterhaus & wichtig & bitte & eilig & kinder & schule & hort & liebe & baden & pizza & verantwortung & gemein & wunder & streicheln & drücken & kinderreich & partei & du & kindergarten & eifersüchtig & hier & angst & ruhe & bibliothek & puppentheater & gedankenlos & geträumt & worte & rotwein & phantasie & liebster –

die frau gebraucht typische worte. die frau bildet mit hilfe dieser worte sätze. die frau spricht keine typischen sätze: die frau formuliert hauptsätze & nebensätze & sie formuliert zwischensätze & sie formuliert einsätze. die frau auch formuliert wichtige sätze.

die frau sieht dahin & dorthin. die frau sieht dieses & jenes. die frau sieht vor & die frau sieht sich vor & die frau sieht voraus & sie sieht nach & sie sieht danach & sie sieht nach vorn & sie hat das nachsehen & sie übt nachsicht. die frau sieht auf & sie hat die aufsicht & sie hat eine aufsichtspflicht & sie sieht auf etwas & sie sieht auf jemanden & sie sieht auf zu jemandem & sie könnte auch auf jemanden herunter sehen & sie sieht hinauf & sie sieht darauf –

die frau sieht durch; sie sieht hindurch, sie sieht durch etwas, sie sieht durch jemanden; sie sieht durchaus; sie durchschaut auch.

die frau sieht bilder, die frau sieht bücher, die frau sieht lampen, die frau sieht dinge. die frau sieht ihre kinder, die frau sieht kinder, die frau sieht ihre freunde, die frau sieht fremde, sie sieht feinde. die frau sieht einen unrasierten alten mann. die frau sieht jemanden, den sie nicht sehen will: sie sieht ihn nicht. die frau sieht mich, sie sieht mich mit anderen augen. die frau sieht manchmal mit anderen augen. die frau sieht dinge, die sie mit namen benennen kann. die frau weiß viele wörter für die dinge, die sie sieht. sie sieht so: die glotze[6] & das telephon & das veilchen & das schulgebäude & die kaufhalle[7] & die wunder. & sie sieht: die anne, die jenny, meinen mann, & den dichter fühmann[8] & den heinz kahlau[9] & die alte engelbrecht & erich honecker & gary cooper[10] & die micky mouse & diese arschlöcher. aber sie sieht auch zazie[11], oder holden caulfield[12], oder anna blume[13], oder katharina blum[14], oder fjodor pawlowitsch karamasow[15], oder den kleinen prinzen[16], oder alves bäsenstiel[17].

& die frau sieht ungerechtigkeiten, lügen, heucheleien, rücksichts-
losigkeiten, anpassungen –
die frau schaut zum spiegel & sieht – den spiegel.
die frau sieht hemmungslos & die frau sieht gehemmt & die frau
sieht voller hemmungen & die frau betrachtet andere & die frau
sieht sich & die frau wird betrachtet & die frau wird betrachtet werden & die frau wird sowohl betrachtet als auch gesehen beziehungsweise angesehen.
sie übersieht & sie über sieht. sie sieht ein & sie sieht aus & sie sieht
weder ein noch aus.
ich werde jetzt den satz, den ich soeben formuliert habe, aufschrei-
ben: sie hat ein einkommen – wir haben ein auskommen.
die frau lebt in dieser zeit: in unserer zeit: in ihrer zeit: in dieser welt:
in unserer welt: in diesem land: deutsche demokratische republik:
der name des landes, in welchem die frau wohnt, ist eine tautologie:
in dieser stadt: berlin: in diesem stadtbezirk: prenzlauerberg: in dieser straße: lychener straße: in diesem haus: das zweiundfünfzigste:
in diesem zweiundfünfzigsten haus: hinterhaus: in diesem hinterhaus: erstes stockwerk: mitte: links. in diesem augenblick befindet
sie sich dort & sie befand sich auch beim letzten augenblick dort &
sie wird sich noch beim nächsten augenblick dort befinden: sie hält
sich im wohnraum der ganzen familie auf – es gibt noch einen
wohnraum für die kinder –: sie hält sich im bett auf: sie schläft. sie
schläft unter der bettdecke: sie schläft tief, nur wenige haare
schauen unter der bettdecke hervor; ich sehe nicht, daß sie die frau
ist, aber ich weiß, daß sie die frau ist. ich bin sicher, ich brauche
mich nicht vergewissern: ich bin nicht verunsichert.
ich habe mich erinnert. ich erinnere mich: ich habe mich erinnert &
schreibe: die frau sitzt am tisch & strickt. die frau wäscht sich. die
frau läuft schnell, sie läuft leicht gebückt: sie ist kaum merklich nach
vorn gebeugt beim laufen: sie beugt sich, ohne daß sie es merkt,
beim laufen leicht nach vorne: sie sieht niemanden, aber sie hört geräusche & stimmen & worte & sätze & biographien: sie hört unbewußt. sie hört unbewußt bewußt.

das geräusch meiner schreibmaschine wird die frau wecken. nun ist die frau erwacht. sie schlägt das bett auf. nun steht sie auf & schlüpft in ihre hausschuhe, jetzt nimmt sie ihren morgenmantel auf & zieht ihn über. sie läuft, sie geht zu unserem bücherregal: sie ergreift das kleine rote kästchen: ihr rotes kästchen. nun öffnet sie es. sie entnimmt ihm eine kleine mütze: nein. ich schreibe: sie nimmt die kleine mütze heraus, das leere kästchen stellt sie an seinen platz zurück. sie weiß, daß ich sie ansehe. sie dreht sich um. sie kommt auf mich zu. nun steht sie vor mir; nun hebt sie die tarnkappe hoch & bewegt ihre hände auf meinen kopf zu. nun

37

Hermann Kinder

Geboren 1944 in Thorn an der Weichsel, aufgewachsen in Mittelfranken und Münster/Westfalen. Studierte in Amsterdam und Konstanz. Promovierte 1972 über den bürgerlichen Realismus. Lehrt Germanistik und Literatursoziologie an der Universität Konstanz.
Erzählungen, Romane.

▷ Der Schleiftrog. Roman (1977)
▷ Vom Schweinemut der Zeit. Roman (1980)

Gelungen

D, eine junge Frau mit hübschem, schwachrot schimmerndem Haar, mit einem frischen, wenngleich etwas englischen Gesicht, von einer Figur, die, weder zu voll noch zu dürr, vielerlei Gefallen fand, was D einerseits abstieß, ihr andererseits angenehm, ja: lebensnotwendig war, verfiel, nachdem sie ihre Ausbildung als Bankhandelskaufmännin absolviert und eine sichere Position in einer Provinzstadt von wohltuender Größe hatte ergattern können, merkwürdigerweise auf den hartnäckigen Gedanken, sich selbst töten zu wollen, wiewohl doch die weder zu vielen noch zu wenigen Liebesgeschichten keine umwerfenden Seelenstürme mit sich gebracht hatten. Mag nun eine nur von einem geübten Seelenarchäologen ans Licht der Erkenntnis zu bringende frühkindliche, vielleicht sogar fötale Verletzung zu diesem von Tag zu Tag drängenderen Wunsch geführt haben oder auch nur ein ganz und gar harmloses, weil verständliches und normales Verlangen nach Ruhe, ohne daß hierbei ein Scheitern eines unterstelltermaßen[1] glücklich zu sein habenden Lebens eine Rolle gespielt haben müßte, D jedenfalls war deshalb in einer mißlichen Lage, weil sie es nicht über sich brachte, sich selbst auch wirklich zu töten. So oft sie auch auf einer Brücke stand und, die Hand schon aufs Geländer zur Flanke gelegt, sich in den Sog des tief unter ihr rauschenden Wasserfalls einfühlte, sie sprang dennoch nicht. Sie schweifte durch den Wald und suchte nach unverbrüchlichen[2] Ästen wie andere nach Pilzen und kehrte doch mit festem Nacken zurück. In der Apotheke erstand D statt der Schlaftabletten nur Halsbonbons. Wie auch die Schnellzüge über ihren Kopf, über Brust und Becken dahindonnerten und ihr Arme und Beine zerratterten, zermalmten, zermehlten, sie tat doch nicht den letzten Schritt, um sich auf die Schienen niederzulegen. Ja: D schärfte ihre Messer nie. Gleichwohl war sie, zunächst nur an einsamen Abenden, darauf schon im lauten Kantinenlärm der Mittagspause, schließlich vom ersten Augenblick in den Tag an eisigst entschlossen, diesem Leben, welches sie nicht hatte haben wollen, ein rasches Ende zu bereiten. Diesen Widerspruch zwischen Wollen und Können zu lösen, bediente sich D einer jedermann vertrauten Weise, die, wenn man sie nur um ein Geringes über die Art hinaus, wie sie zwischen Menschen täglich gewöhnlich war, zuspitzte, nicht nur den gewünschten tödlichen Erfolg haben mußte, sondern zudem noch den moralischen Vorteil bot, sich eben doch nicht eigenhändig umgebracht zu haben, so daß sie zwar endlich tot, aber nicht schuldig daran wäre. Kurzum: D verliebte sich. Denn da die Liebe aus der doppelten Empfindlichkeit besteht, zum einen so viel Liebe als nur immer möglich erhalten zu wollen, zum anderen auf die geringste Minderung der Liebeszuwendung mit Angriff auf sich oder das Objekt zu reagieren, wählte die nicht nur schöne, sondern auch kluge D diesen Weg, indem sie einen schon lange um sie herumstreunenden Bekannten hingebungsvoll zu ihrem Freund und Tatwerkzeug machte. Je heftiger sie ihn liebte, umso heftiger erschreckte sie ihn dadurch, daß sie ihm ihre Liebe zu entziehen schien. Demgemäß verschlang D ihn einmal nahezu mit Mund und Seele und erahnte alle seine geheimsten Wünsche, noch bevor sie ihm überhaupt hätten deutlich sein können – und steigerte dann wieder die Fallhöhe seines Glückssturzes, indem sie ihn mittels eines unzarten Hiebes gegen seinen leibseelischen Solarplexus wegboxte oder nach einer seligsten Nacht unvermittelt aus dem Bett aufstand, sich ohne weiteres Wort ankleidete und die Wohnung verließ, weder anrief noch sich anrufen ließ, um dann doch eines strahlenden Tages vor ihm unschuldigst zu stehen und ihn auf das sinnlichste allüberall zu herzen[3]. Mit immer heißeren und kälteren Schauern versetzte D ihn in immer kürzeren Abständen in ein schier unaushaltbares Wechselbad der Gefühle. Hierbei nun lenkte D seine Leidenschaft umsichtig in die vorgesehene Bahn. Nachdem sie ihn bei einem Einkauf im freitäglich überfüllten Supermarkt in eine zwischen Drogerieregalen verborgene Ecke gezogen und ihn von der Körpermitte her in das verzehrendste Leibesfeuer versetzt hatte, wobei sie ihm die unerhörtesten Worte ins Ohr geflüstert hatte, bemäkelte sie gleich hierauf seine Wahl von Wurst und Honig dermaßen, wies dermaßen beleidigend auf die auffälligen Vorzüge anderer einkaufender Männer in knappen Sommerhosen hin, daß er sie in einer Aufwallung von Zorn und Schmerz ein wenig gegen die runde Schulter stieß. Diesen Puffer nun wußte D geschickt zu vervielfachen, so daß sie mit dem zarten Kopf gegen einen kantigen Regalboden schlug, blutete und aufs erbärmlichste aufschrie. Tief über seine Rohheit erschrocken, versuchte er mit Innigkeit sein Unrecht an der Schluchzenden gutzumachen, worauf sie gewissermaßen ineinanderschmolzen und in einen Zustand grenzenloser Nähe versetzt wurden. D richtete es ferner so ein, daß sie ihm immer in solch beseligender Weise nahe war, wenn sie ihn dazu gereizt hatte, zunächst ihr den Oberschenkel blau zu knuffen, hierauf ihr mit der Knoblauchpresse den kleinen Finger zu quetschen, danach ihren Kopf an den Haaren gegen die Küchenwand zu schleudern. Schließlich gar gelang es D, ihn mit den wütenden Worten: Ich hasse, hasse, hasse dich, dazu zu verleiten, das vorsorglich geschärfte Brotmesser nach ihr zu werfen, das ihr das halbe Ohr absichelte, worauf sie ihn unter Tränen des Glücks ins Bett zog und bis zum nächsten Morgen in einer solchen Betroffenheit liebte, daß sie beide über anderthalb Tage hin nicht in der Lage waren, ihre Arbeitsstätten aufzusuchen. Kurz, eines Tages ergriff er eine zufällig beiseite liegende Heckenschere und rammte sie D mit so großer Gewalt der Enttäuschung durch Busen und Rippen ins Herz, daß D, wie es immer ihr Wunsch gewesen war, ohne viel Umstände und langes Leiden und schuldlos die ersehnte Ruhe fand, nicht ohne zuvor ihn ein letztes Mal aus brechendem, aber wie noch nie in verzehrender Liebesglut hellem Auge angeschaut zu haben.

38

Adolf Muschg

Geboren 1934 in Zollikon (Schweiz). Studium der Germanistik, Anglistik und Philosophie in Zürich. Promovierte 1959 mit einer Arbeit über Ernst Barlach. Zuerst Lehrer, dann Hochschuldozent an deutschen, schweizerischen, japanischen und amerikanischen Universitäten. Seit 1970 Professor für Literaturwissenschaft an der Technischen Hochschule in Zürich.
Romane, Stücke, Erzählungen, Hör- und Fernsehspiele.

▷ Albissers Grund. Roman (1976)

Ein ungetreuer Prokurist

Er hatte sich manchmal eine Geliebte gewünscht, nicht weil andere im Geschäft auch eine hatten, das Geschäft hatte damit gar nichts zu tun, sondern weil er auch gern einmal ein Mensch gewesen wäre mit allem, was dazugehört. Natürlich nahm er an, daß eine Geliebte in so geregelten Verhältnissen wie den seinen Komplikationen schaffen würde, aber wenn man leben wollte, mußte man auch bereit sein, hier vielleicht etwas zuzulegen, dort etwas abzubuchen. Er erwartete nur, daß es einmal mit ihm persönlich etwas zu tun hatte; so viel darf man vom Leben verlangen.

Es ergab sich dann so. Bei einer Werbeveranstaltung, um die neue automatische Saftpresse der Firma vorzustellen, kam er mit einer Journalistin ins Gespräch, die, wie sie ihm bald erzählt hatte, wieder in ihrem alten Beruf arbeitete, nachdem ihre Kinder halbwüchsig geworden waren und sie nicht mehr täglich nötig hatten. Freilich hatte sie sich früher, als Zwanzigjährige, eher mit kulturellen Ereignissen befaßt.

Als die Saftpresse vorgestellt und nicht mehr allzu viel darüber zu reden war – das Reden besorgte ohnehin eine jüngere Kraft der Firma, ein zuversichtlicher Typ im lila Jackett, während er, der Prokurist, sich zurückhielt, noch betonter vielleicht, seit er erfahren hatte, daß seine Gesprächspartnerin früher über kulturelle Ereignisse berichtet habe –, um etwa halb zehn Uhr also nahm er zu seinem Erstaunen den Rand ihres Ellbogens und führte sie daran zur Tür hinaus. Ich bin hier nicht nötig, sagte er ihr. Daraus, daß sie ohne weiteres mitkam, folgerte er noch nichts.

Er hatte nicht einmal Lust auf eine Fortsetzung des Gesprächs oder einen Drink; das gab es ja auch hier, im Überfluß, er hatte die Bestellung selbst überwacht. Es schien nur plötzlich richtig, er sagte sogar: nötig, hier wegzugehen, fünf Minuten vor dem Auspendeln [1] der Veranstaltung zu zeigen: man war noch sein eigener Herr. Ganz zwischendurch, gar nicht elektrisierend, ging ihm durch den Kopf, daß man auch mit ihr schlafen könnte, ohne daß sie viel dagegen einzuwenden hätte. Sie war ja die Mutter mehrerer Kinder usw., würde es nicht so genau nehmen; damit meinte er gleich zu Beginn nichts Verwegenes, eher eine gewisse Sicherheit: was soll da viel kaputtgehen.

Sie war eigentlich nicht hübsch genug für Gedanken daran, aus der Nähe besehen. Vielleicht war sie sogar etwas älter als er. Das erlaubte ihm, am Ecktisch drüben im „Excellence" unaufdringlich nett zu sein, fast bis zum Eingeständnis seiner Müdigkeit zu gehen; sie nahm ihm nicht übel, daß er in einer Haushaltfabrik arbeitete, wirklich nicht, sie sagte es nicht nur so. Das Leben schien sie bescheiden gemacht zu haben, zur Teilnahme fähig. Öfters blieben ihre braunen, etwas kurzsichtigen Augen in seinen Augen hängen. Er brauchte kaum zu betonen, daß er in seinem Saftladen [2] etwas Gehobenes sei, sie wußte es schon, es machte keinen Unterschied für sie. Hier sitzt ja doch ein Mensch, dachte er.

Er erzählte von sich und Familie, die Familie brachte er in den ersten Sätzen herein. Es sollte alles in Ordnung gehen, er war nicht dafür, etwas zu unterschlagen (unterdrücken etc.). Was er so äußerte über Haus und Garten, klang heute abend mühelos, unschwierig; so kannte er sich gern. Der Alkohol hatte nichts damit zu tun, sie hatten nur Bier bestellt, allerdings ein dänisches. Zu Whisky etc. wollte sie sich nicht einladen lassen, übrigens aus keinem besonderen Grund; da waren nirgends besondere Gründe, das war einfach so. Er brauchte seine Asche nicht kurzfristig abzuklopfen, durfte ruhig rauchen und sie ansehen, wenn er ihr den Rauch nicht gerade ins Gesicht blies. Ein paar Mal lachten sie; zum Schweigen war es noch zu früh. Sie hatte einen kleinen Kummer im Gesicht, aber der war wohl meistens dort, er brauchte wahrscheinlich nicht zu stören. Manchmal fehlte ihm ein Wort; dann wieder gelang ihm ein lustiger Satz, ohne daß er gelingen mußte. Sie bestrafte ihn für nichts. Das gefiel ihm, und sie schien sich dabei nicht zu langweilen. Manchmal strich er ihr mit den Augen eine Haarsträhne hinter ihr Ohr zurück, dachte daran, wie es wäre, mit einem Menschen wie diesem zu schlafen; dann vergaß er es wieder. Wenn sie die Schultern zusammenzog, dachte er wieder stärker daran, aber so, wie man an ein Fest im Kalender denkt; es hatte nichts Diebisches. Als es elf Uhr war, begleitete er sie in ihr Hotel zurück, ein Hotel der mittleren Klasse, wo der Portier auch im Restaurant nebenan aushelfen muß. Sie gingen an der leeren Loge vorbei über ein paar Treppen auf ihr Zimmer; er hatte wieder ihren Ellbogen in der Hand, aber mit einem schwächeren Griff. Das Zimmer, dessen Tür sie rasch zuzog, war eng und eckig und nur mausgrau zu beleuchten; er löschte das Licht wieder, und sie lehnte sich im Dunkel mit einem kleinen stummen Aufschnupfen[3] gegen seine Stirn. Dann zogen sie sich aus, daß es knisterte, ohne zu eilen; erst die letzte Bewegung, mit der sie in das gerade noch erkennbare, dann elend knappe Bett krochen, hatte etwas Linkisches; sie stießen an ein paar falschen Stellen zusammen; er hatte sich die ganze Minute leisten können, teils an etwas anderes, teils an nichts zu denken. Wild wurde es nicht, aber doch so, daß sie heftiger klammerte, als er vorausgesehen hatte, und plötzlich, in den spürbarsten Erfolg hinein, denken mußte, es sei am Ende nicht bloß ein Mensch in seinen Armen, sondern ein bedürftiges Wesen.

Während sie eine Zigarette rauchten und zum ersten Mal rundum schwiegen, kam ihm der Verdacht, es sei doch wieder zuviel geredet worden, doch war er entschlossen, das Ganze gelten zu lassen; erst einen Augenblick später, dessen Vorbeigehen ihm auffiel, meldete sich etwas Unbequemes, das seinen Griff an ihrer Schulter hart werden ließ. Sie lächelte und drückte ihr Haar an seinen Griff; dabei gelang ihm ein Blick auf seine Uhr, die Leuchtziffern fluoreszierten gerade noch: schon nahe zwölf Uhr, und er hatte zu Hause nicht angerufen. Er spürte die Feuchtigkeit auf seinem Rücken stärker. Viel später durfte es nicht werden, und jetzt hatte er keinen Mut, ihr das zu sagen. Er griff wieder fester zu, und sie lächelte wieder.

Es fand dann irgendeine kleine Schauspielerei statt, die den Zweck hatte, sie an seine Müdigkeit zu erinnern, keine erhebliche, die sie beide betraf, nur die allgemeine von vorhin. Er log ein wenig, fast nur in Gedanken, aber es genügte schon zu einem Vorwurf gegen sie: warum durfte er nicht müde sein? Sie bemerkte anscheinend nicht, daß er nicht mehr aufrichtig war, sie war zu bedürftig oder zu glücklich dazu, das erfüllte ihn mit Angst, er dachte jetzt schon, in ihr zufrieden geöffnetes schattenhaftes Gesicht hinein, daß diesem Verhältnis, dem ersten neben einer durchaus geordneten Ehe, der rechte Grund fehlte. Sie fuhr ihm mit dem Finger über seine offenbar zusammengezogenen Brauen, wußte nicht, daß dies schon eine kleine Abschiedsbewegung war; plötzlich sah er seinen Gedanken an Trennung wieder von der anderen Seite, wo er noch, oder schon wieder, mit der Herzlichkeit dieses neuen schmalen Körpers zusammenhing, der ihm, halb verraten schon, wieder wie sein eigener vorkam, plötzlich fühlte er sein Fleisch wieder im andern Fleisch, und nun fand, wie er mit ihren Krallen in seinem Rücken spürte, hemmungslose Abhängigkeit statt. Offenbar hatte sie lange nicht mehr geliebt, er war zu sicher gewesen, daß an ihm nicht viel zu lieben war, jedenfalls nicht beängstigend viel.

Die Tür war dünn, oft hörte man Schritte vorbeigehen, zögern, zu rasch weitergehen. Sie atmete viel zu laut, er suchte dieses sanfte Jammern, für das er nicht verantwortlich sein wollte, mit seinem Leib zuzudecken, bedeckte ihr Gesicht mit seiner Brust, der Himmel wußte, was er damit bei ihr anrichtete, sie schien ja sterben zu wollen, verschluckte sich einmal ums andere. Er bekam Angst und blieb höhnisch stark dabei, es war schon halb eins gewesen, er biß in seine Uhr, vermutlich sah ihn seine Frau, zu Hause wach, in einen unaufhörlichen Zusammensturz verwickelt, es hörte alles überhaupt nicht mehr auf, und er sehnte sich nach einer Toilette mit einem guten Buch.

Nach vielen Augenblicken wütender Pflicht hatte er sie so weit, daß sie ruhig war und er seinen Wunsch, ohne das Buch selbstverständlich, melden durfte. Sie nahm es, bis zu den Schultern strahlend, als einen ungeheuren Scherz, ein untrügliches Zeichen von Vertrautheit, jagte ihn nach einem kurzen Schauer von Kinderküssen in seine Kleider, munter, munter. Er dachte daran, die Unterhose im Dunkel nicht verkehrt herum anzuziehen, er wollte seiner Frau nicht durch solche Dinge wehtun; da ging das Licht an, eine plötzlich schneidende Helle aus der Biedermeierfunzel, er stand, seine Unterhose wendend, blinzelnd in ihrem Lachen, das leise und getröstet klang. Es blieb ihm nichts übrig, als sie in ihrer Blöße zu betrachten, die sie leuchten ließ, als hätte sie gerade ihren eigenen Körper zur Welt gebracht; er empfand weder Zärtlichkeit noch Abneigung dabei, das beruhigte ihn über sich, und er ließ ein scherzhaftes Schnalzen hören, während er seine Hose endgültig festzog. Er sagte noch, daß er viel zu dick sei für sie; im übrigen eilte es jetzt wirklich, fort mit mir, da gibt man die heftigsten Küsse, und keiner schmeckt nach Wiedersehen.

Auf dem fast verlassenen Parkplatz, im Schatten seines Wagens, wurde er endlich sein Wasser los und hörte dazu mehrere Uhren ein Uhr schlagen.

Man macht sich immer die falschen Sorgen. Sein Eigenheim, das er mit beklommener Rührung ins Auge faßte, war lichtlos, er konnte sich das fremde Salz mit den Duftresten von der Haut waschen. Alles war in Ordnung und verlockte dazu, weniger streng über ein Wiedersehen zu denken. Seine Frau schlief längst, sie hatte keine Sorgen um ihn, sie kannte ihn ja, bestätigte sein Dazukriechen mit einem halben lieben Laut: da schenkte er sich den Rest seiner Gedanken, und eingekuschelt in die endlich erlaubte und haltbare Müdigkeit, ließ ihn, von einem Atemzug zum folgenden auch die Erinnerung in Ruhe.

Ein paar Briefe, natürlich; sie zwangen ihn, den Postboten schon bei der Tür abzufangen. Er überflog sie nur flüchtig, tastete die ihm unsympathischen runden Schriftzüge auf Solides ab, Daten, mögliche Rendezvous; diese trug er chiffriert in seine Agenda ein, um die Briefe dann sorgsam in kleinste Fetzchen zerrissen in die Toilette zu werfen und ihr Verschwinden zu überwachen. Er schickte Rosen ins Hotel, wenn er wußte, daß sie da war; aber er kam auch selbst. Es reichte, wenn er das Büro früh genug verließ, wenigstens zu einem kleinen Nachtessen, bevor sie ins Hotel gingen; der Portier sah sie natürlich vorbeigehen, wußte Bescheid und bekam in Abständen ein sehr hohes Trinkgeld; zu einem Augenzwinkern war er nicht zu bewegen. So wurde diese Liebe zur nie recht kompletten Gewohnheit, die man sich gönnte, weil einen die verzettelten Mühen einer Woche immer wieder vergessen ließen, daß man ihr sieben Tage zuvor abgeschworen hatte. Der Grund für diese Zuneigung, die so wenig Gedächtnis besaß, lag wohl etwas flach; dafür konnte er auch leichter überschwemmt werden. Etwas läpperte sich da immer wieder zusammen[4], wuchs auf ein paar Augenblicke weit ins Land hinein und beschwichtigte einen Reiz, den es selbst erzeugt hatte; sein Element war es nicht. Wenn es sich mit ihren Fingern zurückzog, erleichterte ihn die Nähe des wohlverdienten Abschieds so, daß er seine Trockenheit kaum mehr beherrschen konnte, sie schlug einfach durch, stellte sich ungeduldig, ja gewaltsam wieder her und verzehrte die Erinnerung an die Liebe oft noch vor deren Augen. Das genierte ihn; es hatte ihm ja wohlgetan, daß sich ihre Finger wie Wasser angefühlt hatten. Aber es kam ihm doch sehr seltsam vor, daß er offenbar gebraucht wurde; selbst wenn sie an seinem Haar und an seiner Haut zerrte, glaubte er zu wissen, es handle sich um ein Mißverständnis; er kannte sich einfach nicht so. Was half es, wenn sie beteuerte, er solle immer der bleiben, der er sei; zu viel Ehre, dachte er, so viel, wie du denkst, hat deine Liebe nicht aus mir gemacht. Leider.

Gar nichts war es aber auch nicht.

Oft unterhielt er sich, wenn sie zusammen waren, damit, daß er sich beobachtete. Das war schon etwas Neues. Neu war diese Distanz, die er nicht nur zu ihrem, auch zu seinem eigenen Körper aufbrachte und die ihn offenbar männlich machte, oder männlich wirken ließ; dagegen waren alle Geschichten aus viel früherer Zeit wirklich nichts – an seine Ehe weigerte er sich in diesem Zusammenhang zu denken. Was hätte er nicht vor zwanzig Jahren für solche halben Nächte gegeben! Damals gab es nur den Gedanken daran, der noch in der Erinnerung so rasend sein konnte, daß er sich, diese Frau umarmend, vergegenwärtigte: das wäre es also gewesen, wenn man als Kind eine Geliebte gehabt hätte. Und die Wut über alles Versäumte befähigte ihn zu solcher Zärtlichkeit, daß sie denken konnte – jedenfalls stand es, wenn er nicht irrte, in einem ihrer Briefe –: sie habe ihm neues Leben gegeben.

Wohin damit.

Wenn sie, ein paar Städte weiter, mit ihren Söhnen spazierengehe, habe sie wieder Wind im Gesicht, zum ersten Mal seit Jahren Wind, er hatte es nicht mehr ganz genau im Kopf. Aber er nahm bei Gelegenheit Bezug darauf; er war ja kein unartiger Mensch.

Sie sorgte sich, weil seine Klagen über sich selbst häufiger und rücksichtsloser wurden; so lasse ich nicht über meinen Liebsten reden, sagte sie ihm. Sie nahm es als Spiel, Ausdruck seiner schon bekannten Müdigkeit etc., aber es war ihm ernst. Wenn er sich gering machte, sollte das heißen: was hast du auch immer mit mir. Er machte sich klein, um zu entschlüpfen. Das merkte sie nicht.

Wenn sie von ihrem Mann redete, nicht wegwerfend, nur nachdenklich, nickte er vielleicht, aber redete nie von seiner Frau. Das gehörte nicht hierher.

Einmal sagte er, während er auf der Bettkante saß: schau einmal, was ich für häßliche dicke Beine habe. Sie warf sich sogleich mit ihren Lippen darauf, und niemals war ihm eine Berührung unangenehmer gewesen. Aus Schuldgefühl streichelte er die Spitzen ihres Haars.

Immer deine Sorgenfalten, sagte er. Um was sorgst du dich eigentlich. Und zeichnete übertriebene Wellen auf ihre Stirn. Da lachte sie, und er wollte die müde Stelle bei ihrem Auge nicht sehen. Man altert auch, wenn man sich höchstens jede Woche einmal sieht.

Sie glaubte, es ihm leicht zu machen (was eigentlich?), wenn sie beteuerte, daß sie nur seinen Körper nötig habe. Darauf war er aber nicht mehr stolz. Er entnahm ihren Bewegungen nur, daß das viel war, schon zu viel, Wasser in irgendeine Wüste. Er konnte nicht Wasser spielen. Er wollte auch keine Lebensarbeit mehr, er hatte seine Prokura und eine nette Familie, seine Frau stellte etwas vor, auch wenn die Leidenschaft nachgelassen hatte, so ist das, er lebte ja zufriedenstellend. Er schämte sich über die Erschütterung des kleinen fremden Körpers, den er mit ein paar Atemzügen seines eigenen reicher machte, als ihm bequem war. Das haben die Kollegen mit ihren Freundinnen nicht, dachte er, so viel Niveau.

Sorg dich nicht um mich, zum Teufel sorg dich nicht immer, sagte er bei ihren Rendezvous, weil man diesen Satz auch lieblos sagen kann; er fällt nicht auf.

Er träumte auch von ihr, nämlich: daß sie unter ein Auto gekommen war und er ihren Körper, der nicht zerstört war, mit ehrlichem Gefühl streicheln durfte; jetzt wußte sie endlich keine Antwort mehr darauf. Er erschrak nicht einmal über diesen Traum.

Bald war er Mitte Vierzig, die Saftpresse war ein großer Verkaufserfolg, und ab und zu gingen sie jetzt in einen guten Film statt immer ins Bett. Wenn sie auf ihn zukam, als wäre es Sommer, spürte er: die andere Stadt war die Ausnahme für sie. Er aber mußte hier leben, die Nachbarn, die forschend geblickt hatten, wiedersehen. – Dafür ließ er sie büßen, wenn sie wieder im Hotelzimmer waren, aber das hielt sie für Leidenschaft, die gewohnte Leidenschaft, und gab ihm immer neue Namen, sogar solche aus dem Alten Testament. Wenigstens schickte sie ihre Briefe nicht mehr mit der Post, sondern steckte sie ihm bei ihren Abschieden zu, dicke Umschläge, er las sie, um das hinter sich zu haben, beim Innenlicht seines Wagens und warf sie dann ins immer gleiche Gully. Aber so etwas wird keine Gewohnheit, die Fetzchen wirbelten ihm in den Schlaf nach, und am Morgen erschrak er zuerst, als er den Vorplatz mit Kirschblütenblättern bedeckt sah.

Sie respektierte, als müßte sie für andere Zeiten vorsorgen, jetzt sogar Fluchtbedürfnisse und Kleinherzigkeiten, begann auch das Gewöhnliche an ihm zu pflegen oder zu verzehren, weil sie, wie es schien, auch das brauchte; und er hatte ja selbst einmal mit einem Menschen ein Verhältnis haben wollen. Allmählich kam sie ihm wie eine Mutter vor, besonders im Schlaf; in ihren zwei, höchstens zweieinhalb Stunden kam es ja doch einmal vor, daß sie an seiner Schulter oder auf seiner Brust einnickte. Dann hörte ihr Gesicht zu glänzen auf und wurde kummervoll wie das einer Mutter, aber nicht derjenigen, die er gehabt hatte. So etwas konnte ihn nochmals erregen. Er war froh, wenn ihn sein Fleisch gelegentlich überlistete; ganz ehrlich sein mochte er ja nicht, weil er es nicht konnte, sonst wäre von seiner Liebe nichts übriggeblieben, das verdiente sie nicht. Seine Sekretärin instruierte er: wenn sich eine Frau Soundso meldet, bin ich in einer Sitzung, von jetzt an. Einmal fügte er sogar hinzu: es ist immer dieselbe Person, und machte eine Bewegung gegen die Stirn. Niemand hatte ihn dazu gezwungen. Die Sekretärin, Doris hieß sie, kicherte und sagte: Sie sind mir einer. – Doris kam nicht in Frage. – Plötzlich war er wieder ein wenig stolz auf sich. So eine Liebe.

Du hast viele Sitzungen, sagte sie.

Quartalsabschluß, es geht nicht alles glatt, sagte er, du verstehst, wir exportieren, und das ganze Währungssystem ist aus den Fugen. Irgend etwas begleitete ihn heute aus dem Büro, das nicht zu ihnen gehörte; er strich ihr mit dem Finger über die Lippen.

Du, ich habe heute so Kopfweh, sagte sie, schon die dritte Tablette, es hilft alles nicht. Das werden wir gleich haben, sagte er und legte ihr die Hand aufs Knie. Bitte nicht, sagte sie, ich muß mich einfach hinlegen. Dabei hatten sie sich vier Wochen nicht mehr gesehen. Aber es war ja Liebe, sollte Liebe bleiben.

Er blieb sitzen, fühlte sich betrogen, so oft machte er ja keine Sprünge mehr, und heute wäre ein guter Abend gewesen, so etwas spürt man in den Kniekehlen. Aber bitte, dachte er. Bitte sehr.

Er hatte einen Menschen gefunden.

Gegen Ende sagte sie einmal: ich habe gerade in einem Buch etwas Schreckliches gelesen, von Goethe. Da wird von einer Frau gesagt, wenn sie liebte, war sie nicht liebenswürdig. Das muß schrecklich sein.

Nimms dir nicht zu Herzen, sagte er, der Goethe ist auch nicht alles. Sie sah ihn bestürzt an, aber kaum wegen Goethe, soviel merkte er auch. In Gottes Namen, sie mußte doch wissen, wie er es meinte. Wenn man einander jedes Wort vorrechnen wollte.

Später träumte er wieder, nämlich von einer Versetzung. Die Direktion für München wurde frei. Er erwachte mit nasser Stirn. Um Himmels willen, dachte er, ich habe hier mein Haus, ich kann doch die Kinder nicht verpflanzen, sie haben ihre kleinen Freunde, und meine Frau würde sich in München nie wohl fühlen. Dann erwachte er ganz und wußte: jetzt muß etwas geschehen.

Und es geschah, daß er krank wurde; nichts Gravierendes, nur ein zunehmend empfindlicher Blinddarm mit etwas Fieber. Also Operation. Er schrieb ihr nichts davon, hatte trotzdem immer Angst vor einem Besuch, oder noch schlimmer, einem Brief an die falsche Adresse; also schrieb er, sobald ihm die Wunde erlaubte etwas aufzusitzen, selbst einen Brief. Es ging ihm gut, nur sein Bleistift zitterte. Er schrieb, er sei gesundheitlich am Rande, habe Raubbau getrieben[5], auch seelisch. Er habe es sich und ihr lange zu verbergen gesucht, aber jetzt sei es am Tage, daß ihr Verhältnis alle Sicherungen durchzuschlagen drohe, er müsse die Notbremse ziehen, auch um ihretwillen, und sie bitten, ihn nicht wiederzusehen. Gedanken blieben ja frei, das sei sein Trost, jeden weiteren müsse er sich versagen.

Die Schwestern in diesem Spital waren lustig, ließen ihn den Schwesternmangel nie fühlen, brachten ihm auf einen Klingeldruck alles, was er begehrte, Tee und Blutverdünner. Schwester Monika, die lustigste, versprach ihm, den Brief von der Nachtwache mitzunehmen, dann komme er heute noch an. Aber sicher? fragte er. Ganz sicher, sagte sie, Monsieur. Sie war besser als Doris.

Seine Frau besuchte ihn fast täglich, auch abends, dafür lag er schließlich privat. Er genas jeden Tag deutlicher, das Reißen in der rechten Bauchhälfte ging allmählich in ein Kribbeln über, das ihn kratzlustig machte, aber gerade das durfte man nicht, es war streng verboten. Er hatte Angst vor ihrer Antwort, aber eigentlich nur davor, daß er den Brief zu ungelegener Zeit erhielt, er hatte ja immer Besuchszeit.

Er durfte die ersten kleinen Schritte im Korridor tun, erst auf eine Schwester gestützt, dann auf seine Frau.

Am zehnten Tag konnten die Fäden herausgenommen werden.

Es kam kein Brief mehr, auch nach Hause nicht, und er dachte mit so viel Erleichterung an sie, daß es sich manchmal wie Wärme anfühlte. Ein Mensch war sie schon gewesen, er war stolz, nicht auf sich, sondern auf sie, das war ihm geblieben und konnte ihm keiner nehmen.

39

Ernst Jandl

Geboren 1925 in Wien. Nach amerikanischer Kriegsgefangenschaft Studium der Germanistik und Anglistik. 1950 Promotion mit einer Arbeit über die Novellen Arthur Schnitzlers. Tätigkeit als Lehrer, 1971 Lehrauftrag an der Universität Texas. Literarische Veröffentlichungen seit 1952. Mitbegründer der Grazer Autorenversammlung. Lebt in Wien.
Gedichte, Schallplatten, Hörspiele, theoretische Texte.

▷ Aus der Fremde. Sprechoper (1980/85)

betten

steine
steine um sich hinzusetzen in den zelten, gegenseitig sich warnend vor längerem sitzen wegen der gefährdung durch kälte, also fast andauernd auf rundgang auf der mit kies bestreuten bahn, zu zweit und zu dritt in stundenlangem gespräch, in frankreich im märz die nacht über.

matratzen
häuser in einer stadt ohne menschen, alles noch so wie sie es verlassen hatten, und in ihren zimmern die die die matratzen organisierten, nämlich aus den betten holten und hinausschleppten und auf dem rücken aus der stadt, hinein in die unterstände [1] und sie übereinanderschichteten, die schlechten die zusammengepreßten zuunterst auf den schlamm, und dann immer bessere drauf, und die besten zuoberst wo sie trocken blieben bis auf die stellen auf die es durch die balkendecke tropfte.

mulden

mulden mit dem spaten aus dem gefrorenen boden gekratzt, darin die nacht auf dem rücken verbracht, wiederholt rum getrunken aus den feldflaschen, gegen morgen einschläge in knapper entfernung, beobachtung der aus der mühle in die entgegengesetzte richtung davonlaufenden offiziere, zurücklegung der distanz bis zur mühle in sprüngen, dort ein mit most gefülltes fass im keller. den bewaldeten hang herab sich näherndes dünnes knattern automatischer gewehre, abstimmung und einstimmige annahme des eindringlich vorgeschlagenen verzichts auf widerstand, befestigung eines weissen tuches an einer stange, ausfahren dieser vorrichtung durch ein kellerfenster nach ablegen aller waffen und munition, andauerndes lachen und singen, plötzlich das weinen eines einzelnen und dessen beendigung durch zureden der übrigen, andauernder genuss von schnaps, most und zurückgelassenen offizierszigarren. anhaltendes allgemeines lachen mit hochgehobenen händen und nicht zu weit geöffnetem mund um die zigarren nicht daraus zu verlieren.

stroh (1)

soviel jeder fassen konnte zwischen dem daumen und den übrigen fingern jeder hand, stroh zum bedecken seiner stelle auf dem lehmboden unter den langen und so niedrigen zelten dass man sie knieend betrat. aufgebracht über die wasserdünne karottensuppe, dazu durchfall und schwierigkeiten mit dem schlafen, auch durch das geräusch von kleinen nachts aufs holz der latrine schlagenden steinen aus der hand sehr junger franzosen als posten auf den wachttürmen.

stroh (2)

zwei in uniform einander gegenüber als begleitung ohne zu sprechen, und die anderen wenig und gedämpft, dann vom zug aus das reichsarbeitsdienstlager[2] schon sichtbar, die baracken, kieswege, rasenflächen und sich rasch und ohne ordnung hin und herbewegenden weissgekleideten gestalten, alle von gleicher kleinheit und damit beschäftigt auffallend grosse mit stroh gefüllte säcke auf dem rücken herumzutragen und sich mit ihnen in die baracken zu zwängen.

klappbetten

segeltuchbespannte klappbetten in england samt matratzen dek-ken und sechs mann pro zelt mit zentral postiertem eisernen ofen, das rohr am zeltmast empor durchs dach. gesättigt und gewärmt und mit genug tabak, mit karten auf den tisch geknallt und neue ringe aus weichmetall gehämmert, ersatz für bei gefangennahme abgenommene oder verborgen und auf der überfahrt gegen ziga-retten oder keks getauschte. nachts auf der latrine einer von den älteren an seinen handgelenken mit einer rasierklinge herumstüm-pernd[3], zuvor im malerzelt alles zurechtgemacht für orientierung im finstern, strick am zeltmast und kiste für den sprung. morgens von den alarmierten amerikanern beschaut, abgenommen und aus der umzäunung geschafft, und der strick, an stellen gefärbt infolge des vorangegangenen stümperns mit der klinge, auf dem tisch vor dem offizier der amerikanisch die verhandlung führt. dolmetsch, und es erst allmählich werdend, in einer pause neben einem ameri-kanischen unteroffizier zu diesem sagend, etwas wie dass es derar-tiges manchmal geben sollte, meinend, abweichungen von der täg-lichen routine.

40 ───────────────────────────

Thomas Brasch

Geboren 1945 in Westow (England). Sohn eines SED-Funktionärs. Studium der Journalistik in Leipzig. Nach der Exmatrikulation arbeitete er als Packer, Kellner und Straßenarbeiter. Haft wegen „staatsfeindlicher Hetze". 1976 Übersiedlung nach West-Berlin. Lyrik, Erzählungen, Stücke, Drehbücher.

▷ Vor den Vätern sterben die Söhne. Erzählungen (1977)
▷ Engel aus Eisen. Filmbuch (1981)

Wer redet schon gern von einem Untergang

1

Es ist der Geruch, sagte er, dieser faule süßliche Geruch.

Er lief weiter durch die Straßen, und sie liefen weiter neben ihm her.

Was willst du, Mann, sagten sie, daß du dein Schiff in unseren Hafen legst und dein Maul aufreißt.

Tatsächlich, es ist der Geruch, sagte er. Ich habe ihn schon seit dem Sturm in der Nase, und er kam aus eurer Stadt.

Du solltest nicht so über eine Stadt reden, in der deine Matrosen dein Schiff reparieren. Wir leben hier solange wir denken können, und es ist noch keiner gekommen, der geredet hat wie du.

Das kann ich mir denken. Wer redet schon gern von einem Untergang, ich wüßte auch Besseres.

Dann sei endlich ruhig. Sie gingen weiter neben ihm her.

Ich habe eine Menge Leute untergehen sehen, sagte er, und sie haben vorher gerochen, wie diese Stadt riecht. Sie sahen aus, wie eure Häuser aussehen, weiß und groß und glatt, aber sie waren schon aus.

Du hast die Welt gesehen, was, du kannst riechen, daß eine Stadt zerfällt.

Ja, sagte er und spürte das Klopfen hinter seinen Schläfen.

Halt endlich dein Maul, oder du kannst dein Schiff in einem anderen Hafen reparieren. Wir müssen uns deine Worte nicht anhören, wir können dir in den Hintern treten. Das könnt ihr, sagte er, aber es wird euch die Luft nicht besser machen.

Das wollen wir sehen, gleich wird es uns besser gehen, Mann, schrieen sie, stießen ihn in den Hafen und auf sein Schiff.

Abfahrt, lachten sie und kappten die Taue.

Idioten, rief er zurück, als sein Schiff auslief. Sie standen am Kai und drohten mit ihren Fäusten.

2

Es ist nur eine Fahne, sagten sie, aber es ist die Fahne, die die Väter unserer Väter getragen haben, als sie dieses Stück Land in Besitz nahmen und die über dem Haus wehte, das sie als erstes gebaut haben. Von jetzt an soll sie auf deinem Schiff wehen, denn du hast uns mit deiner Warnung gerettet.

Ich will sie nicht haben, sagte er.

Du bist zurückgekommen und siehst: Wir haben deine Worte verstanden. Wir haben die Risse in den Wänden gesehen, die morschen Dielen in unseren Zimmern, die rostigen Rohre unter unseren Fabriken.

Ich will eure Fahne nicht haben, sagte er.

Für dich ist es keine große Sache, wir wissen es: Du hast Kontinente gesehen, du bist über alle Meere gefahren, durch alle Stürme, aus allen Untergängen bist du herausgekrochen. Aber das ist der erste Untergang, aus dem wir herauskriechen.

Eure Sache, sagte er und drehte den Kopf weg.

Sie hielten ihm die Fahne entgegen. Er warf sie aufs Pflaster.

Ist dir diese Fahne nicht gut genug, schrieen sie, ist dir die Anerkennung einer Stadt nichts wert, die größere Schiffe auslaufen sah als dein Schiff, deren Name die Welt besser kennt als deinen Namen. Heb die Fahne auf, oder du liegst daneben.

Er hob die Fahne auf und gab sie in ihre Hände zurück.

Ach, geh uns vom Hals, fahr doch weiter, wohin willst du denn jetzt wieder, der feine Herr Besserwisser, frei wie ein Vogel, ohne Familie, auf den Knochen seiner Matrosen.

Besser als auf den eigenen, sagte er, drehte sich um und fuhr wieder ab.

3

Was hast du erwartet, sagten sie, als sie zu ihm in die Zelle traten.

Hast du erwartet, daß wir dich ein drittes Mal wegfahren lassen.

Laßt mich raus, sagte er, ihr habt kein Recht dazu.

Die Risse in den Wänden, die wir zugemauert haben, springen wieder auf, die Frauen frieren und die Kinder schreien, die Mauern sinken in die Erde, und du sinkst mit, wenn du uns nicht dagegen hilfst.

Du bist der Einzige, der uns helfen kann, denn du hast es gewußt, bevor es zu sehen war. Du hast es uns selbst gesagt, als du zum ersten Mal hier warst.

Das war nicht mehr als ein Witz, sagte er, was kann ich dafür, daß es ein schlechter Witz geworden ist.

Lachen können wir später, sagten sie, jetzt sag uns, wie wir uns retten können.

Ich bin ein Seefahrer: Ich kann nicht machen, daß der Regen von unten nach oben fällt.

Dann sieh zu, wie du fällst. Kein Schiff legt mehr an in unserem Hafen. Du hast von unserem Unglück erzählt in den anderen Städten. Jeder tut, was er kann, sagte er. Es ist eure Stadt, und jede Zeit geht einmal vorbei.

Laß dir deine nicht lang werden, sagten sie und schlossen die Tür.

Er legte den Kopf an die Wand und hörte das Blut in seinen Adern:

Für die Frauen, die ich verlassen habe, und die im Fenster standen mit bleichen Gesichtern. Für die Männer, die ich erschlagen habe und die auf der Straße lagen mit ausgebreiteten Armen.

Ich friere, sagte er, als die Matrosen den Spalt in der Wand aufsprengten und ihn durch den Gang führten, unter den Straßen hindurch bis in den Hafen.

Das war meine letzte Fahrt auf deinem Schiff, sagte einer.
Ich fahre weiter mit dir, sagte ein anderer.
Hißt die Segel. Er spuckte ins Wasser.

4
Jetzt tanzen sie auf ihren Trümmern. Seht hin, sagte er, als die Matrosen ihre Gesichter abwandten.
Was willst du noch von ihnen, sagten sie.
Nichts. Nur sehen, wie diese Stadt an ihr Ende kommt. Diese Stadt, in der ich geboren bin und die mich nicht wiedererkannt hat. Wie sie an ihr Ende kommt, die denen die drin sind, allen Saft aussäuft, daß nur noch Verpackungen durch die Straßen taumeln.
Jetzt hattest du deinen Spaß, sagten sie, jetzt können wir fahren.
Da, rief er, sie sehen uns an, aber sie sehen uns nicht. Wie ihre Augen glänzen, wie sie von einem Bein auf das andere springen, als würden morgen die Warenhäuser wieder geöffnet und die Fahnen wieder gehißt.
Komm endlich.
Bringt mir zu trinken. Das ist ein Bild: Der blutrote Himmel und ihre bleichen Gesichter, die glänzenden Maschinen zwischen den grauen Trümmern, die schwarzen Antennen gegen das blaue Meer.
Jaja, sagten sie und gingen an Bord.
Tun sie euch leid, sagte er, als sie neben ihm standen mit schweißnassen Gesichtern.
Du tust uns leid. Deine nächste Fahrt machst du allein. Einer wie du kommandiert uns schließlich gegen den Felsen.
Was wißt ihr denn. Was wißt ihr denn von dem Klopfen in meinen Adern, wenn ich das Meer sehe.
Wir haben unsere Arbeit, sagten sie, das Klopfen überlassen wir dir.

5
Er war dem Seefahrer auf die Schulter gesprungen, hatte ihm die Schenkel um den Brustkorb gepreßt, daß ihm alle Luft aus den Lungen gewichen war. Der Seefahrer hatte geflucht, gebettelt und

geschlagen, aber der Mann auf seinen Schultern hatte ihn vorwärtsgestoßen, über das Gebirge aus Steinen, Autos und Papier bis vor das offene Grab.

Es war still, und der Seefahrer sah in die Grube.

Du weißt, was geschieht, fragte der Mann.

Du bist der Letzte und du willst es mir zurückzahlen. Du wirst mich in diese Grube stoßen, und auf meinem Schiff hinausfahren. Du wirst kein Glück haben, denn ohne Matrosen wirst du nicht weit kommen.

Ich werde nicht hinausfahren.

Dann wirst du mich zwingen, hierzubleiben, sagte der Seefahrer, es kommt auf das gleiche heraus, bleiben oder sterben.

Was weiß denn einer, der nichts anderes kann als weggehen.

Bleiben oder sterben: Es kommt auf das gleiche heraus.

Du wirst weiterfahren, aber keine Stadt wird dich mehr an Land gehen lassen. Sie werden glauben, daß es ihnen ergeht wie uns, wenn du den Hafen betrittst, sagte der Mann und sprang von den Schultern des Seefahrers in die offene Grube.

Fahr, sagte der Mann, fahr wohin du willst. Aber eins hast du vergessen.

Der Seefahrer hob den Stein über den Mann.

Was habe ich vergessen.

Der Mann öffnete den Mund, aber der Stein glitt dem Seefahrer aus der Hand und schlug auf den Mann.

Er ging zurück zu seinem Schiff, sah auf die Stadt und gleich darauf über das Meer, aber er wartete jetzt vergeblich auf das Klopfen in seinen Adern.

41

Peter Rosei

Geboren 1946 in Wien. Studierte Jura und promovierte 1968. 1969–1971 Sekretär des Wiener Malers Ernst Fuchs. Seit 1972 freier Schriftsteller in Salzburg.
Essays, Hörspiele, Gedichte, Erzählungen, Romane.

▷ Der Fluß der Gedanken durch den Kopf. Prosa (1976)
▷ Wer war Edgar Allan? Roman (1977)

Warten

Und ein Tag ist auf den anderen gefolgt, und immer war ich allein. Die Trauer hat keine Worte. Der Schmerz ist nur ein stummes Herumlaufen in den Straßen, ein Schauen über den Fluß hin, wo auf den Schiffen schwarze Fahnen aufgesteckt sind und wehen. Oder man ist draußen gewesen auf dem offenen Land: Ein wenig Schnee hat die Schritte unsicher gemacht, der Kot der aufgeweichten Landstraßen hat die Schritte beschwert, und doch ist man gelaufen, weiter und weiter, angebunden an den Schmerz. Schweigsam haben einem die Bauern nachgeschaut, und die Dörfer sind dunkle Haufen gewesen aus Geschrei und Gestank, man hat sie gemieden. Einmal in ein Dorf verirrt, findet man nicht mehr heraus zwischen seinen Menschen und Tieren. In den Stallfenstern tauchen Laternen auf und Gesichter, ein Peitschenstiel liegt mitten auf dem Weg, alle Türen sind verschlossen und im Flur hört man die Kinder schreien. Draußen, in die Hügel ringsum, haben sie Löcher gebohrt, wie die Schwalben Löcher in die Lehmwände bohren, wie dunkle Löcher des Schmerzes, und Bauern stehen davor, und aus der Tiefe der Keller dringt der Geruch von Most und Wein. Du aber gehst zum Wald, es regnet, ein wenig Schnee mischt sich mit dem Regen und im Sturm sind die Teufel wie in deinem Herz.

Ich bin in die Felder hinausgewandert, zwischen Disteln habe ich ein Stück Brot verzehrt, Vögel waren ringsum, der Himmel hatte die Farbe von Schiefer. Es war kein Wind und doch habe ich über der Kimmung [1] eines Hügels weiße Papierdrachen aufsteigen sehen und ihre Leinen waren straff gespannt wie Violinsaiten. Also habe ich mich auf den Weg gemacht und bin über die Furchen der Äcker gehüpft wie ein Vogel. Die Farben, habe ich gedacht, Rot, Blau, Grün und Gold, jene Drachen aber waren weiß. Ich habe mich einer Stunde am Meer erinnert, wo die Wasser glatt waren und besänftigt. Damals sind weiße Segel im Mittag gestanden [2], wohin fahren sie, habe ich gedacht, wo ist ihr Ziel. Mehr als die Grenze habe ich nicht erfahren, die Segel sind untergetaucht in Himmel und Meer. Über dem Feld hat sich ein Wind erhoben. Der Wind wohnt in den vier Hütten an den vier Ecken der Erde. Hagelkörner sind niedergestürzt, und jener Hügel ist groß und dunkel vor mir gestanden wie eine Woge aus Gestein. Die Drachen aber waren verschwunden.

Ich habe den Kopf in Brunnentröge gesteckt, um den Schmerz zu vergessen. Ich habe den Kopf in Wildbäche getaucht, um den Schmerz wegzuschwemmen. Ich habe mein Ohr an die Erde gelegt, um den Schmerz in der Erde drinnen singen zu hören, den Schmerz der Erde. Im Wald habe ich einen Baum umfaßt und meine Finger in die Risse seiner Rinde gepreßt. Nah stehen im Wald die Bäume zusammen und doch ist jeder für sich allein. Nah sein und doch fern sein, das ist der Schmerz, die Trennung. Ein großer Vogel ist mir am Waldrand begegnet. Seine Federn waren braun. Sein Schnabel war gelb. In der Dämmerung haben wir einander verloren.

Wenn etwas mit einem anderen vereint ist, dann trennt es die Zeit. Die Zeit ist ein großes Messer. Ich habe beobachtet, wie die Schatten über einen großen Platz wandern. Ich habe beobachtet, wie Menschen über einen großen Platz gehen. Aus den Fenstern der Gebäude haben sich Frauen gebeugt. Auf den Dächern waren viele

Schornsteine. Die Sonne ist ocker, der Schatten ist umbrafarben. Die Menschen sind vom Schatten in die Sonne, von der Sonne in den Schatten gegangen. Es ist sehr still gewesen. Die Uhren sind vorgerückt. Es ist dunkel geworden. Nachts war niemand mehr unterwegs. Nachts steht die Zeit still. Nachts ist man nicht allein.

Die Regenpfeifer haben gesungen und es ist Regen gekommen. Wir haben gespürt, daß wir auseinanderfallen. Wir haben nichts tun können, wir sind auseinandergefallen. Wie die Blüte des Klatschmohns sind wir auseinandergefallen im Wind, wie der Stern der Distel sind wir auseinandergefallen im Regen. In verschiedene Ecken der Welt sind wir zerblasen worden. So sind wir verdorrt.

Die Liebe hat vier goldene Arme wie ein Leuchter. Der Schmerz hat acht schwarze Arme wie der Polyp. Am hellsten Mittag ist alles dunkel wie Tinte. Man hält sich zwischen Steinen versteckt im Gebirge der Trauer. Man hat die menschliche Sprache verloren. Man hat kein Gesicht, keinen Namen. Moose wachsen zwischen den Steinen und ein wenig Gestrüpp. Manchmal fliegt ein Vogel vorüber. Einmal, nachts, ist eine Schar von Wölfen vorbeigestürmt. Weit könnte der Blick ins Land gehen vom Gebirge, aber man ist müde, man läßt ihn nicht fort.

Der Wechsel von Tag und Nacht, der alles noch schmerzlicher werden läßt. Auch wenn du an der Stelle verharrst, die Zeit führt dich fort. Bald wirst du weit weg sein, ein kleines, hoffnungsloses Boot auf hoher See. Du streifst die Ruder mit den Fingern, du läßt sie los. Du ergreifst den grünen Griff des Steuers, du läßt ihn fahren. Alles läßt du sein. Schließlich streckst du dich auf dem Boden des Bootes aus, verschränkst die Arme unter dem Kopf und schaust in den Himmel. Dort erscheint die Sonne, dann der Mond und die Sterne. So vergeht die Zeit.

Gewiß, man sucht die Tröstung nicht. Man geht Bachläufe hinauf zwischen Weinbergen und verliert sich in den Wald. Die Bäume stecken ihre Äste in den Himmel, ihre Wurzeln in die Erde, man selbst steckt sich den Dorn immer wieder ins Herz. Oder man ist traurig mit den Weiden am Bach. Ihre Stämme sind rot, ihre Ruten sind gelb und ohne ein Blatt. Die Eidechsen haben die kalten

Mauern verlassen, es ist Herbst. Sie schlafen, vergraben im Laub. Der Müdigkeit hat man genug, nicht aber des Schlafs. So geht man um wie der Jude. Gegen Abend fällt gefrierender Regen. Man erinnert sich der Schirme verspäteter Spaziergänger, die schnell um Ecken verschwunden sind. Langsam laufen alle Farben aus gegen Schwarz.

Geh heim, denkt man, und geht doch nicht heim. Man schlägt keine bestimmte Richtung ein. Immer wieder geht man unbekannte Straßen hinab. Es hat geschneit. Eine Kirche hat ihre Besucher entlassen, ein Wirtshaus Betrunkene. Der Schnee hat sich auf die Brauen gelegt und auf die Dächer. Die Pappeln in der Allee sind ganz still gewesen. Auf der Brücke ist man niemandem begegnet. Möwen waren über dem Fluß. Kleine Schneeflocken, große Schneeflocken. Alle sind im dunklen Wasser des Flusses ertrunken. Ein Mann ist vor dem Bahnhofsgebäude gestanden. Er wartet auf das Schlagen der Uhr, hat man gedacht. Tatsächlich hat wenig später die Uhr geschlagen. Der Schnee ist in Wolken vom Himmel gefallen und alle Farben sind ausgelaufen gegen Weiß.

Durch den Gang über die Treppe zur Tür. Der Briefkasten war leer. Der Ofen hat noch gebrannt. Auf dem Tisch Briefpapier, tausend Bogen weißen, unbeschriebenen Briefpapiers. Was sollte man auch sagen? Daß der Gesang nicht mehr ist und das Lachen und der Schlaf? Auf dem Mantel löst sich der Schnee in Wasser auf. Nur der Schmerz löst sich nicht auf. Der Schmerz bleibt.

Man scheucht die Erinnerungen fort. Man kehrt zusammen. Man wischt den Staub auf. Man wäscht sich die Hände und das Gesicht. Man versteckt die Spiegel. Man geht weit fort, so weit fort, wie noch kein Mensch von etwas fortgegangen ist. Die Stufen der Tage sind aus weißem, die Stufen der Nacht sind aus schwarzem Stein. Immer ist man unterwegs. Doch die Straßen sind zu kurz, die Länder zu klein, die Berge zu nieder[3], das Meer zu seicht. Man schließt sich ein, stützt den Kopf in die Hände und wartet. Das Leben ist lang und das Warten auch.

42

Christoph Meckel

Geboren 1935 in Berlin, aufgewachsen in Freiburg i. Br. Graphik-studium in Freiburg und München. Reisen durch Europa, Afrika und Amerika. Gastdozenturen für deutsche Literatur an den Universitäten Texas und Oberlin/Ohio. Literarische und graphische Publikationen seit 1956.
Gedichte, Erzählungen, Hörspiele.

▷ Bockshorn. Roman (1973)
▷ Licht. Erzählung (1980)

Die Geschichte des Negers

Ich sage, ich war Jäger und jagte allein. Ich hatte eigene Wege in den Wäldern und teilte mit niemandem. Ich sage, ich ging oft von zu Hause weg ohne Nachricht zu hinterlassen, ich verschwand für ein paar Tage und Nächte und hörte: er sucht seine Schlange, er sucht seinen Affen. Ich sage weiter: in den Wäldern lebte ein Panther. Der Panther war älter als das Gedächtnis der Leute und konnte nicht erlegt werden. Es stand fest, daß Kugeln nicht in ihn eindrangen, ich sage, er lief durch alle Feuer und kroch unbemerkt aus jeder Falle. Ich sage: ein Panther. Es gab gute Jäger, die ihn gesehn hatten und andere, die glaubten, ihn gesehn zu haben und es gab sehr gute Jäger, die überzeugt waren, ihre Kugeln hätten ihn so schwer verletzt, daß er sich für immer verkrochen habe. Aber keiner brachte den Panther aus den Wäldern, oder auch nur ein Barthaar, einen Knochen. Ich so wenig wie jeder andere. Zwanzig Jahre hatte ich hingehn lassen und mir gesagt: es kann kein lebendes Wesen geben, das ein Jäger, der geduldig vorgeht, nicht eines Tages erlegen oder stark verletzen kann. Ich sage, ein Panther ist nicht unsterblich, und ich sage: es fehlt mir nicht an Geduld. Einmal bemerkte ich, daß ich älter wurde. Da wartete ich nicht länger und rüstete mich aus. Ich nahm Schlafsack, Gewehr, Munition, Messer, Streichholz, Salz und etwas Brot. Ich machte keinen Abschied. Ich sage: meine Leute werden eines Morgens bemerkt haben, daß ich mit meiner Ausrüstung verschwunden war. Ich ging jetzt die Wege, die ich früher ausgehauen hatte und benutzte die Wege anderer Jäger und drang leicht in die Wälder vor. Ich war stark und ermüdete nicht schnell und kam bald in Gegenden, wo das Gestrüpp auseinanderstand und das Dickicht offen war zwischen Sümpfen und Wasserläufen. Die Nächte verbrachte ich in den Windbrüchen und Lichtungen. Ich schoß Vögel und briet ihr Fleisch an den Abenden und schlief an kleinen Feuern, die gegen Morgen herunterbrannten. Ich sage, ich durchsuchte die Wälder viele Tage lang, ohne daß ich den Panther zu Gesicht bekam. Ich wurde ungeduldig, aber ich gab nicht auf. Ich war müde vom leichten Schlaf am Feuer, aber ich kümmerte mich nicht mehr um mich selbst, als erforderlich war, um bei Kräften zu bleiben. An einem Morgen, nach langer Geduld, sah ich den Panther nah vor mir im Unterholz, ein großes und altes Stück Tier mit hängendem Fleisch und zerfetztem Kopffell. Ich zielte sorgfältig, schoß mehrmals und erwartete, der Panther werde sich um sich selbst drehn und im Todessprung zusammenbrechen, aber der Panther war unverletzt und lief davon. Ich folgte ihm durch das Dickicht und der Panther hielt sich in immer gleicher Entfernung vor mir. Am Nachmittag dieses Tages befiel mich eine starke Müdigkeit und es fiel mir schwer, den Panther im Auge zu behalten. Als ich für einen Augenblick stehenblieb, um zu Kräften zu kommen, bemerkte ich, daß der Panther gleichfalls stehen blieb und in einiger Entfernung auf mich wartete. Das erstaunte mich und ich war überzeugt, den Panther in nächster Zeit zu erlegen. Aber bevor die Nacht kam, war meine Müdigkeit so schwer geworden, daß ich mich hinlegte und einschlief. Ich sage, die Müdigkeit war stärker als mein Wille, und so legte ich mich hin. Als der Panther feststellte, daß ich ihm nicht mehr folgte, kehrte er um, suchte mich und sah, daß ich schlief. Ich sage, er ging um mich herum, stieß mich an und legte sich schließlich neben mich. Während der ganzen Nacht lag der Panther neben mir im Unterholz und bewachte meinen Schlaf. Er verließ mich erst, als ich wach wurde, gegen Morgen zu. Ich merkte, daß der Schlaf mich erfrischt hatte, aber ich stand auf und war entschlossen, den Panther noch einmal zu suchen. Als ich mich umsah, bemerkte ich den Panther. Ich sage, der Panther stand in meiner Nähe und sah mich an. Er setzte sich in Bewegung (er schien jetzt immer schneller zu laufen) und ich feuerte viele Schüsse auf ihn ab, ohne Ergebnis. Ich sage, der Panther blieb unverletzt. Meine Müdigkeit war schon am Vormittag wieder da und wurde nach ein paar Stunden so stark, daß ich mich hinlegte und einschlief. Der Panther kehrte um, legte sich neben mich und wartete, bis ich ausgeschlafen hatte. Das wiederholte sich an vielen Tagen und Nächten und meine Erschöpfung nahm zu und eines Morgens konnte ich nicht mehr aufstehn. Ich lag mit offenen Augen auf einem Haufen Laub und verfluchte meine Erschöpfung und verfluchte den Panther, der neben mir lag und mich ansah. Mach ein Ende, sagte ich zu dem Panther, du siehst doch, ich komm nicht mehr hoch. Aber der Panther blieb neben mir liegen und sah mich an. Und ich sagte: worauf wartest du! Ich kriege dich nicht, ich habe nichts von dieser Erschöpfung gewußt. Der Panther rührte sich nicht. Er lag und wartete und sah mich an. Ich sage, er ging morgens und abends um mich herum, leckte meinen Schweiß weg und versuchte, mir aufzuhelfen. Aber ich konnte nicht mehr aufstehn. Was wäre denn, wenn ich dich einmal erlegt hätte, sagte ich. Der Panther gab keine Antwort und rührte sich nicht von mir weg. Nach drei Tagen war ich tot. Da sprang der Panther auf und zerriß mich. Er riß mich auseinander, verzweifelt und wütend, ich sage, er warf meine Knochen durch das Gestrüpp und brüllte. Er brüllte viele Tage und Nächte und meine Leute hörten sein trauerndes Gebrüll und wußten, daß ich tot war.

43

Hans Christoph Buch

Geboren 1944 in Wetzlar/Hessen. Aufgewachsen in Wetzlar, Wiesbaden, Bonn, Marseille. Studium der Germanistik und Slawistik in Bonn und Berlin. Promotion über „Beschreibungsliteratur". Reisen in die Sowjetunion, in die USA, nach Kanada, Mexiko, Brasilien und Haiti. 1977/78 Gastdozent für „Marxistische Ästhetik" an der University of San Diego/California. Lebt als freier Schriftsteller in Berlin und auf dem Land bei Gorleben.
Erzählungen, Roman, Aufsätze zur Literatur.

▷ Zumwalds Beschwerden. Eine schmutzige Geschichte (1980)
▷ Die Hochzeit von Port-au-Prince. Roman (1984)

Ein Pferd wird erschossen

Als ich den Tod herannahen fühlte, versammelten sich um mein Sterbebett meine Familienangehörigen, Freunde und Bekannten, alle, mit denen ich zu Lebzeiten auf die eine oder andere Weise in Berührung gekommen war. Sie kamen angereist zu Wasser und zu Lande, per Straße, Schiene oder durch die Luft; bestückt mit Regenschirmen und Aktentaschen, gefolgt von schreienden Kindern, quollen sie, am Arm ihrer Frauen, aus Charterflugzeugen und Überlandbussen. Das Sterbezimmer war zu klein, um all die Menschen zu fassen; ich mußte die Wände niederreißen lassen, um freien Durchblick zu schaffen für die Menge, die Kopf an Kopf, Schulter an Schulter Flur und Treppenhaus bevölkerte; vom Bett aus dirigierte ich mit Armbewegungen die Maurer, die eben die letzten Gesteinsbrocken aus dem Weg räumten, während Elektriker die Lautsprecheranlage installierten, mit deren Hilfe das Geschehen im Haus, in mehrere Sprachen übersetzt, nach draußen übertragen wurde, wo sich eine weit größere Besucherschar drängte. Im ersten Stock hatte man ein improvisiertes Pressezentrum eingerichtet, kurz *Press-Center* genannt, von dem aus geschickte Hostessen in Sekundenschnelle jede gewünschte Verbindung mit jedem beliebigen Punkt der Erde herstellen konnten.

Mein Bett stand auf einem erhöhten Podium, so daß es von überallher gleich gut sichtbar war. Scheinwerfer tauchten die angetretene Menge in ihr unbarmherziges Licht; obwohl draußen hoher Mittag war, wurde der breit hereinflutende Sonnenschein von den dicht an dicht stehenden Menschen verschluckt. In der Ferne sah man die Spitzen der Zeltstadt, die zur Unterbringung der Gäste rasch erstellt worden war, mit bunten Wimpeln beflaggt, umschwelt vom Dampf der pausenlos aus- und einfahrenden Züge. Das Ganze wurde stimmungsvoll untermalt von den bald rauschenden, bald schmetternden Klängen eines Kurorchesters.

In der ersten Reihe, hart unter dem Podium, standen meine Ehefrauen und Geliebten aus verschiedenen Epochen meines Lebens, die sich früher gegenseitig erbittert bekämpft hatten, jetzt aber, in Erwartung des Kommenden, still einander die Hände hielten. Hinter ihnen, in der zweiten Reihe, meine ehelichen und unehelichen Kinder, die ich zu verschiedenen Zeiten meines Lebens gezeugt hatte; ihre Gesichter verrieten, sei es in Form einer erkerhaft hervorspringenden Nase, eines energisch modellierten Kinns oder einer kühn geschwungenen Braue, den gemeinsamen Ursprung: der Leser wird sich aus den angeführten Merkmalen unschwer ein Bild meiner Physiognomie zusammensetzen können.

Es folgte, in der dritten Reihe, meine fernere Verwandtschaft, Neffen und Nichten, Großonkel und Großtanten, Basen, Vettern und Cousinen. Dahinter meine engsten Freunde und nächsten Mitarbeiter: Franz, mein alter Schulkamerad, neben meinem Testamentsvollstrecker und Nachlaßverwalter Dr. Ehrlich; Gottlieb, mein Stiefelknecht und Stallbursche aus einem weit zurückliegenden, längst vergessenen Krieg, neben meinem Privatsekretär Dr. Schmock, einem jungen Neokonservativen mit Beatlefrisur. Eine gesonderte Gruppe bildeten meine Schüler und Studenten von zahlreichen Universitäten und Akademien des In- und Auslandes, die über der Auslegung meiner Lehren in einander befehdende Fraktionen zersplittert waren und nur durch den Einsatz behelmter, mit Knüppeln bewaffneter Saalordner von Handgreiflichkeiten abgehalten werden konnten. Im Hintergrund des Saales gab es zahlreiche, zumeist mir unbekannte Gesichter: anonyme Teilhaber der von mir geführten Unternehmensgruppen, die hier zum ersten Mal ans Licht der Öffentlichkeit traten, neben jugendlichen Verehrern meiner Schriften, die gezückte Autogrammblöcke vor der Brust hielten. Dazwischen leuchtete hie und da das Gesicht eines Prominenten: die Königin von E., in einem schlichten Fuchspelz, am Arm ihres Gatten, des Prinzen von W.; ein weltbekannter Stummfilmstar, dessen Namen ich hier nicht nennen darf, in einem kostbaren Ozelot, die Augen hinter Sonnengläsern verborgen, um das Inkognito zu wahren; ein berühmter Reiseschriftsteller, in selbstgeschneiderter Khakiuniform, mit Tropenhelm und Elefantenbüchse; ein pensionierter Papst, der mich durchs Opernglas musterte, bewacht von als Leibwächter verkleideten Kardinälen; bankrotte Millionäre und gescheiterte Monarchen, arbeitslose Politiker und stellungslose Stars – aber ich will nicht mit meinen Freunden protzen. Dazwischen liefen geschäftig Sanitäter auf und ab, die die alle Augenblicke in Ohnmacht Fallenden auf Tragbahren abtransportierten, Zeitungsreporter umschwärmten die Menge wie aufdringliche Insekten, Blitzlichter zuckten, Fernsehkameras surrten, und von Zeit zu Zeit erbebte das Haus unter den Trompetenstößen eines rangierenden Zuges.

Liebe Freunde, rief ich in die sogleich sich ausbreitende Stille hinein, zunächst einmal möchte ich euch danken, daß ihr so zahlreich erschienen seid und die beschwerliche Anreise nicht gescheut habt. Ich habe euch kommen lassen, um euch eine wichtige Mitteilung zu machen. Vorher aber wird mein Hausarzt, Dr. Krankheit, ein paar einführende Worte sagen, ohne die alles Folgende unverständlich bleiben würde. Ich gab dem Beleuchter ein Zeichen, und während der Scheinwerfer mein Bett in regenbogenfarbiges Licht tauchte, bestieg der Doktor, assistiert von seinem Assistenten, das Podium. Tosender Beifall empfing ihn.

Der Gesundheitszustand meines Patienten, sagte Dr. Krankheit und machte eine höfliche Verbeugung zu meinem Bett hin, die ich durch leichtes Kopfnicken erwiderte, ist besorgniserregend. Ich kann die Ausführungen des Doktors hier nur verkürzt wiedergeben, indem ich die wichtigsten Punkte seiner Rede stichwortartig zusammenfasse: Philosophie, Psychologie, Neurologie; Neurose, Neutrum, Professor Neumünster; Experiment gelungen oder gescheitert; Patient lebt noch oder ist tot; Theorie, man kann auch Praxis sagen.

Donnernder Beifall erhob sich; dann mußte der Doktor, von einem Schwächeanfall übermannt, von seinem Assistenten vom Podium getragen werden. Liebe Freunde, rief ich, nachdem wieder Ruhe eingekehrt war, ihr seht, wie es um mich steht. Es ist keineswegs übertrieben, wenn ich behaupte, daß ich nur noch wenige Minuten zu leben habe. Aber ich will keine Grabrede halten und niemanden in Verlegenheit bringen. Ich will vielmehr versuchen, gestützt auf handschriftliche Aufzeichnungen aus meinem Privatarchiv, Bilanz zu ziehen, Rechenschaft abzulegen, soweit die mir doch verbleibende Zeit das zuläßt. Sollten Zweifel auftauchen an der Richtigkeit meiner Darstellung – niemand ist unfehlbar, nicht einmal ich –, so bitte ich Sie, mich auf der Stelle zu unterbrechen und alle Einwände, ohne Rücksicht auf den feierlichen Charakter dieser Stunde, unmißverständlich vorzubringen. Vorher aber möchte ich alle Versammelten einladen, ihre Gläser zu heben und mit mir anzustoßen auf diese Stunde, die sicherlich meine letzte ist. Ich selbst darf leider nur Wasser trinken, aber meinen Gästen wird Sekt gereicht.

Das Orchester spielte einen Tusch, alle hoben die Gläser, und während die Nachmittagssonne die Köpfe der Menge vergoldete, erfüllte vielstimmiges Gläserklirren den Saal, gefolgt vom fernen Tuten einer Lokomotive.

Ich glaube nicht, sagte ich, nachdem die Geräusche verklungen waren, daß ich mein Leben wie einen Fehler gelebt habe. Ich war gleichsam ein Pfadfinder. Ich war sehr jung, kaum zwanzig Jahre alt, und ich eroberte die kompliziertesten Wissensgebiete im Sturm. Aber ich war ein politischer Analphabet. Am Anfang einer neuen Ära der Wissenschaft arbeiten meistens Leute, die gar nicht wissen, wie schwierig die Probleme der Wirklichkeit sind. An dieser Stelle meines Vortrags wurde ich durch einen Zwischenruf unterbrochen. 1933, rief ein langhaariger junger Mann aus der Schar meiner Schüler und Studenten, 1933 – den Ordnern, die Anstalten machten, ihn aus dem Saal zu entfernen, gab ich Anweisung, ihn unbehelligt zu lassen –, 1933 haben Sie – der Rest seiner Rede ging in den Protestschreien der empörten Menge unter. Sie sind noch sehr jung, sagte ich, nachdem sich die Erregung unter den Zuhörern allmählich gelegt hatte, Sie sind noch sehr jung, und ich könnte Ihr Vater sein. Aber ich will trotzdem versuchen, Ihre Frage zu beantworten. Es gibt Augenblicke, fuhr ich nach einer kurzen Atempause fort, in denen der Mensch zwischen zwei Abgründen von gleicher Tiefe schwankt und nicht weiß, ob er die Welt oder sich selbst für ein Nichts erklären soll. Da zerbrechen alle Schlüssel, da werden Hamlet und sein Sohn Faust trivial, da sinken die Religionen, aber nicht weniger auch die Philosophien, zu bloßen anthropologischen Momenten des Daseins herab, da weckt alles, was im Unendlichen laut wird, im Individuum einen Gegensatz. Ich hoffe, Ihre Frage ist damit beantwortet. Dort hinten hatte sich noch jemand gemeldet, ja Sie, nein, nicht Sie, Sie dahinten, bitte schön! Die Probleme der Umwelt, sagte ein ehrwürdiger Greis mit schneeweißem Haar, in dem ich meine alten Naturkundelehrer Dr. Dahinten wiedererkannte, die Probleme der Umwelt rücken immer mehr ins Zentrum des allgemeinen Interesses. Wie beurteilen Sie die Überlebenschancen der Menschheit für die kommenden zehn Jahre?

Sie können gute Fragen stellen, rief ich, aber Sie haben auch eine schwierige Frage gestellt. Das Wetter ist naß und kalt, und die Ratten haben tiefe Löcher gegraben. Das Rattengift wirkt nicht mehr, und die Löcher zuzustopfen ist sinnlos, denn die Schädlinge fressen sich überall durch. In spätestens zehn Jahren werden die Ratten die Welt beherrschen, denn die radioaktive Strahlung, die für den

Menschen tödlich ist, schafft für die Ratten ideale Lebensbedingungen. Ich gab dem Beleuchter ein Zeichen, und der Scheinwerfer schwenkte in eine entfernte Ecke des Saales, wo sich, vom grellen Licht geblendet, eine riesige Ratte aufrichtete, die sich hier an giftigen Chemikalien und atomarem Abfall gütlich tat. Aber keine Sorge, rief ich, während der Scheinwerfer in seine Ausgangsstellung zurückschwenkte – aus der Menge waren Entsetzensschreie zu hören, und die Sanitäter hatten alle Hände voll zu tun, um die vor Schreck in Ohnmacht Gefallenen wegzuschaffen –, aber keine Sorge, es ist alles halb so schlimm. Die Umweltverschmutzung wird nach dem Aussterben der Menschheit ganz von selbst wieder abnehmen, wie namhafte Wissenschaftler in aller Welt beweisen, unter anderem mein verehrter Lehrer Dr. Dahinten. Die kommenden Jahre, fuhr ich fort, nachdem der Beifall für Dr. Dahinten verrauscht war, werden die schwierigsten, die die Menschheit je erlebt hat. Aber im Jahr 2000 haben wir das Schlimmste hinter uns. Und danach wird die Welt ganz anders aussehen – viel schöner!

Ein kleines Mädchen erklomm das Podium, machte einen Knicks und reichte mir einen Blumenstrauß. Neuer Applaus brandete auf, während ich das Mädchen auf den Arm hob und auf beide Backen küßte.

Vergeblich versuchte ich, weitere Ovationen abzuwehren: der Applaus steigerte sich von unterirdischem Beben zu einem frenetischen Orkan, der an den Grundfesten des Hauses zu rütteln schien. Erst jetzt bemerkte ich, daß das, was ich für Beifallskundgebungen gehalten hatte, in Wahrheit Mißfallensäußerungen waren: Eine kleine Gruppe zumeist jugendlicher Demonstranten versuchte durch rhythmisches Fußstampfen, untermischt mit den schrillen Pfiffen einer rangierenden Lokomotive, ihre Unzufriedenheit mit der im Saal herrschenden Ordnung zum Ausdruck zu bringen. Eine Handvoll Rädelsführer schickte sich an, gewaltsam das Podium zu erstürmen, um ihrem Mißfallen handgreiflich Nachdruck zu verleihen. Die Phalanx der Protestierer, nur mühsam zurückgehalten von dem kleinen Häuflein der Saalordner, die mit ineinander verhakten Armen eine Kette bildeten, drängte wie ein

Rammbock gegen das Podium und ließ die Pfosten meines Bettes erzittern. Sprechchöre schallten, deren Sinn im allgemeinen Trubel nicht zu verstehen war, Transparente schwankten im Handgemenge auf und nieder, auf denen nur wirre Buchstabenformationen zu erkennen waren, und es war nur noch eine Frage von Sekunden, ehe ich, mitsamt meinem Bett, wie ein Schiffbrüchiger in einem leckgeschlagenen Boot, den tobenden Wogen des Volkszorns ausgeliefert sein würde.

In diesem Augenblick trat eine Hundertschaft berittener Polizei auf den Plan, Scheiben klirrten, ein Schwall eiskalten Wassers ging auf mein Bett nieder, und ein Polizist zu Pferde, der, auf der Jagd nach einem flüchtenden Rädelsführer, ein Fenster durchbrochen hatte, setzte in elegantem Schwung über die Kissen hinweg. Einen Moment lang sah ich den gefleckten Bauch des Pferdes über mir, das Orchester spielte einen Tusch, dann klatschte Pferdemist neben dem Bett nieder, und der Reiter entschwand durch ein gegenüberliegendes Fenster, dessen Flügel krachend auf- und wieder zuschlugen.

Liebe Freunde, rief ich mit beschwörend erhobenen Armen – die Störer waren abgedrängt, das Orchester spielte einen Walzer, die Lokomotive schwieg jetzt –, es handelt sich hier um eine verschwindend kleine radikale Minderheit, die mit allen Mitteln, einschließlich dem der Gewalt, auf sich und ihre anarchistischen Ziele aufmerksam zu machen versucht. Ich hoffe, daß ich meine Rede jetzt ohne Zwischenfälle zu Ende bringen kann.

Dostojewski, fuhr ich fort, nachdem ich mich mit einem Schluck Wasser gestärkt hatte, Dostojewski hat einmal gesagt, eine gute Rede dürfe nicht länger als eine halbe Stunde dauern. In dieser Hinsicht haben Sie von mir nichts zu befürchten: ich habe nämlich nur noch zehn Minuten zu leben. Der Arzt, der mir den Puls hielt, bestätigte durch Kopfnicken die Richtigkeit dieser Angabe.

Als Tolstoj starb, rief ich in die andächtig schweigende Menge hinein, schrieb seine Hand noch. Haller[1], der große Haller, fühlte, auf dem Sterbebett liegend, seinen eigenen Puls, bis er aussetzte: *Il bat – il bat – il ne bat plus*[2]. Aber ich will Sie nicht mit historischen Exkursen langweilen. Manchmal frage ich mich, ob unser ganzes Leben nicht nur ein Traum ist (Lope de Vega). Ist jener Mensch, der in diesem Augenblick draußen auf der Straße vorbeigeht – ich deutete auf einen Behinderten, der vor dem Fenster im Rollstuhl vorbeifuhr –, nicht nur ein in menschliche Haut eingepackter Roboter (Descartes)? Und jene Katze – ich zeigte auf einen schwarzen Kater, der draußen auf dem Hof spielte –, ist sie nicht ebendieselbe, welche vor dreitausend Jahren, als dieser Teil der Welt noch von Sümpfen und Wäldern bedeckt war, an der nämlichen Stelle die gleichen Sprünge und Schliche vollführte (Schopenhauer)? Vor der Tatsache des Todes wird alles andere unwesentlich (Th. Bernhard[3]). Das Sterben ist eine blutige Angelegenheit, es erfordert ein Sichaufgeben ins Ernste hinein (V. Schklowski[4]). Das Totenhemd hat keine Taschen, von unserem irdischen Besitz nehmen wir nichts mit ins Jenseits (russ. Sprichwort). Aber ich sehe, rief ich nach einem Blick auf die Uhr, daß ich meine Redezeit schon überschritten habe. Dabei habe ich die entscheidenden Fragen noch kaum gestreift.

Als ich von meinem Manuskript aufblickte, sah ich, daß die Menge verschwunden war. Der Saal war leer bis auf einen verspäteten Musiker, der in der Ecke sein Instrument einpackte. Ich wollte ihm etwas zurufen, aber er nahm keinerlei Notiz von mir, klappte den Geigenkasten zu und knipste das Licht aus. In der Dämmerung draußen vor dem Fenster huschte ein Schatten vorüber; es war der Behinderte, der wenige Minuten zuvor an der gleichen Stelle im Rollstuhl vorbeigefahren war; bei meinem Anblick bekreuzigte er sich und fuhr davon. Einen Augenblick glaubte ich, auf seinem Rücken den schwarzen Kater wahrgenommen zu haben, der mich diabolisch durchs Fenster hindurch angrinste; dann wurde es dunkel um mich.

Das ist also das Ende! sagte ich halblaut vor mich hin, aber das ferne Tuten einer Lokomotive belehrte mich eines Besseren. Das Leuchtzifferblatt meiner Uhr zeigte an, daß ich noch zwei Minuten zu leben hatte. Ich lehnte mich seufzend in die Kissen zurück, um mich auf die Ewigkeit vorzubereiten, da bemerkte ich einen schwachen Lichtschein in der Tiefe des Saales. Es war der verspätete Musiker, der sich eine Zigarette anzündete. Sonst war alles still; nur das Knistern der Flamme war zu hören, die den Tabak in Sekundenschnelle zu Asche verwandelte. *Sic transit gloria mundi*[5]!

Ich richtete mich mit letzter Kraft im Bett auf. Wer sind Sie? sagte ich mit ersterbender Stimme, was wollen Sie von mir?

Mein Name tut nichts zur Sache. Ich habe an Ihrem Seminar über Kierkegaard teilgenommen, habe mich aber nicht einmal zu Wort gemeldet. Bei Licht würden Sie mich sicher wiedererkennen.

Sie lügen! Ich habe niemals ein solches Seminar abgehalten. Ich wette, Sie sind gar kein Student, sondern ein professioneller Killer. In Ihrem Geigenkasten bewahren Sie keine Geige auf, sondern eine Kalaschnikow[6]!

Draußen fällt ein Schuß. Der junge Mann geht zum Fenster. Im Dunkeln entspinnt sich zwischen Bett und Fenster der folgende Dialog.

Was ist passiert?

Ein Polizeipferd, das sich ein Bein gebrochen hat. Man gibt ihm den Gnadenschuß.

Was sehen Sie sonst noch?

Der Mond scheint. Ein Sanitätswagen fährt vor. Jemand wird auf einer Bahre abtransportiert.

Hat es Verletzte gegeben?

Ihr Hausarzt, Dr. Krankheit, hat einen Schlaganfall erlitten. Er sieht gar nicht gut aus.

Dr. Krankheits Gesundheitszustand macht mir schon lange Sorgen. Sonst noch etwas?

Die Polizisten verbrüdern sich mit den Demonstranten. Der Papst liegt in den Armen der Königin von E. Ihr Privatsekretär amüsiert sich mit Ihrer geschiedenen Frau. Der Reiseschriftsteller macht Jagd auf Kaninchen.

Was hat der Feuerschein zu bedeuten?

Ihr Nachlaß wird verbrannt. Die Aufsichtsräte vollführen einen Freudentanz.

Nehmen Sie Papier und Bleistift. Ich will die ganze Gesellschaft enterben!

Zu spät. Der Notar schreitet soeben zur Testamentseröffnung. Das Testament ist gefälscht. Ihr Vermögensberater, Dr. Ehrlich, hat sich selbst zum Alleinerben eingesetzt. Der Papst weint, weil er leer ausgeht.

In Wirklichkeit ist er gar kein Papst, sondern ein international gesuchter Hochstapler. Die Königin von E. ist ein Transvestit, und die Aufsichtsräte sind Schwindler.

Die Kritik Ihrer Studenten war also berechtigt!

Inhaltlich ja, der Form nach nein.

Auch in Ihrem Leben gibt es mehrere dunkle Punkte. Was war zum Beispiel 1933?

Ich muß beichten. Holen Sie einen Priester, aber schnell. Ich habe nur noch wenige Sekunden zu leben.

Einen Priester? In Ihrem Seminar haben Sie immer gesagt...

Auch Voltaire hat nach dem Priester gerufen, als er auf dem Sterbebett lag. Beeilen Sie sich!

Ich habe keine Zeit. Mein Zug fährt in ein paar Minuten. (In der Ferne tutet eine Lokomotive.)

Dann nehmen Sie mir selbst die Beichte ab.

Ich kann nicht. Sie müssen Ihre Schuld mit ins Grab nehmen.

Haben Sie Mitleid mit einem Sterbenden. In meiner Nachttischschublade liegt ein Revolver, töten Sie mich.

Ich kann kein Blut sehen.

Dann nehmen Sie Ihre bloßen Hände!

Tut mir leid. Ich bin Pazifist. Mir sind die Hände gebunden.

(Der junge Mann beugt sich über mich. Er legt den Kopf auf meine Brust.)

Was hören Sie?

Nichts. Nur das Ticken einer Uhr.

Wie spät ist es?

Fünf nach zwölf.

Auf meiner Uhr ist es noch immer fünf vor zwölf.

Ihre Uhr steht.

In über fünfzig Jahren ist sie nicht einmal stehengeblieben. Ich bin also schon vor zehn Minuten gestorben!

(Der junge Mann drückt mir die Augen zu. Er nimmt meinen Revolver aus der Nachttischschublade. Sogar meine goldene Uhr muß ich herausgeben. Irgendwo pfeift eine Lokomotive. Das ist meine letzte Erinnerung.)

44

Franz Böni

Geboren 1952 in Winterthur (Schweiz). Kaufmännische Ausbildung und ab 1973 freier Händler in Zug. Seit 1979 lebt Böni als freischaffender Schriftsteller in Hausen bei Zürich. Längere Aufenthalte in Spanien, der Toskana, in West-Berlin und Israel. Erzählungen, Romane.

▷ Der Knochensammler. Erzählungen (1980)
▷ Der Wanderarbeiter. Roman (1981)

Paßkehren[1]

Der Vater, im Dorf eine hochangesehene Respektsperson, beliebte, jeweils bis tief in die Nacht hinein in den Wirtsstuben zu sitzen und mit den Landwirten zu reden.
Von Beruf Webereiobermeister, fühlte er sich stark zu der Lebensart der Bauern hingezogen, zu ihrer Arbeit und Naturverbundenheit. Während er im „Sternen" meistens Landwirte aus der näheren Umgebung traf, waren es in der „Ilge" mehrheitlich solche von abgelegenen Bergweilern, welche höchstens einmal im Monat ins Dorf herunter kamen.
Von einem solchen überlangen Saufgelage kam der Vater in einer Oktobernacht ohne Schuhe zurück, legte sich grölend zu Bett, nicht ohne vorher lautstark verkündet zu haben, der Bauer Wolf aus Wolfhausen würde für sie ein Kaninchen als Festtagsbraten bereithalten. Die Töchter hatten alle im Haus zu tun, so blieb für diesen Weg lediglich der einzige Sohn, Alois, übrig, der also gezwungen war, Wolfhausen, das irgendwo über den nebelverhangenen Paßkehren liegen mußte, aufzusuchen.

Mißmutig schritt Alois am Nachmittag durch das unendlich lange Straßendorf, immer der gelben Backsteinmauer der Wolldeckenfabrik entlang, in deren offenen Fenstern verschwitzte Arbeiterinnen mit Kopftüchern vom Staub und Lärm der großen Webmaschinen kurze Erholung suchten. Am Dorfende stand das Wohlfahrtshaus[2] „Zum Hirschen", ein stolzer Riegelbau[3], wo in Hunderten von Kammern die Arbeiter, nachdem sie vierzig Jahre in der Textilfabrik geschuftet hatten, mit gedrückten Körpern ihren Lebensabend begingen. Am Hang befanden sich die Gebäude des Gehöftes Brachenhof des wilden Wolfensberger, welcher jungen Schulmädchen Reitstunden auf seinen Ackergäulen ermöglichte, um sich dabei an ihnen zu vergreifen.

Wolfhausen lag nun über den nebelverhangenen Paßkehren, an einem kegelförmigen Berg, die ersten Häuser mußten einmal niedergerissen und dann nur notdürftig wieder geflickt worden sein. Die meisten Häuser standen leer, so daß es Alois nicht schwerfiel, am Ende der zerfallenen Gassen, wo Gestalten mit verzerrten Gesichtern herumschlurften, den Hof des Bauern Wolf zu finden. In der Stube, in welcher nur ein Teppich und, in einer Ecke, ein Haufen zerbrochener Eierschalen lagen, fiel Alois vor den Augen des kahlköpfigen und hohlwangigen Bauern Wolf vor Erschöpfung zu Boden und schlief ein.

In der Morgendämmerung geweckt, wollte sich Alois zum Lichtschalter begeben, trat dabei auf einen unsichtbar am Stubenboden liegenden Menschen, daß ihm vor Schreck mehrere Sekunden der Atem wegblieb. Der unheimliche Wolf saß wie tot in einer Ecke, schien sich in Trance zu befinden, in sich hineinzuhorchen, während die Nebelschwaden wie mit Gespensterhänden an die Fensterscheiben tasteten. Über seinem Kopf vernahm er nun ein Scheppern wie von hundert Flaschen und sah die schweren Dreckschuhe eines Mannes, sicher des ehemaligen Knechtes Wolfs, der noch immer Flaschen eine unsichtbare Treppe hochtrug und wahrscheinlich mit dem unsichtbar schnaufenden Wesen von vorhin identisch war. Und als Alois sich eines vor vielen Jahren niedergegangenen Bergsturzes erinnerte und erkannte, daß Wolf wie auch sein Knecht gar nicht mehr lebten, sondern damals erstickt und umgekommen, bebte unter ihm die Erde wie damals, schüttelte sich das Haus, das sich nun in Bewegung setzte wie ein schwerer Lastwagen und die nebelverhangenen Paßkehren hinunterzurutschen begann...

45

Monika Maron

Geboren 1941 in Berlin. Nach dem Abitur ein Jahr als Fräserin, danach zwei Jahre als Regieassistentin beim Fernsehen tätig. Studium der Theaterwissenschaft und Kunstgeschichte, dann drei Jahre wissenschaftliche Aspirantin an der Schauspielschule in Berlin. Reporterin bei der „Wochenpost". Lebt seit 1976 freiberuflich in Berlin (DDR).
Erzählungen. Romane.

▷ Flugasche. Roman (1981)
▷ Das Mißverständnis. Erzählungen (1982)

Annaeva

I

An einem violetten Tag erwachte Annaeva wieder müde und lustlos, und sie beschloß, die Stadt, in der sie lebte, zu verlassen. Sie zog ihr schwärzestes Kleid an, packte alle vorhandenen Konserven in die leinene Umhängetasche und machte sich auf den Weg. Sie verabschiedete sich von ihrer Mutter, von ihrem Vater, von den Geschwistern, von ihren Freunden, die sie nicht mehr liebte, und von den Feinden, die sie nicht mehr haßte.
Der Abschied von den Feinden wurde ihr schwer, denn Annaeva kannte sie gut, und auch die Feinde kannten Annaeva gut. Man wußte, was man voneinander zu erwarten hatte. Bislang hatte man es überlebt.
Zu welchen Feinden willst du gehn, Annaeva, fragten die Feinde. Ich muß durch die Dürre, ich muß wissen, was danach kommt, antwortete Annaeva.

In der Dürre leben die schlimmsten Feinde, sagten die Feinde. Wenn du willst, geben wir dir einen unserer Spürhunde mit, der meldet dir jeden Feind.

Das ist sehr freundlich von euch, sagte Annaeva, aber ich will den Hund nicht. Woher weiß ich, daß ein Feind des Hundes auch mein Feind ist, oder daß er mich mit seinem Bellen nicht verrät an einen Feind.

Es ist schade, daß du nicht mehr unser Feind sein willst, Annaeva. Wir wünschen dir viel Unglück auf deinem Weg, sagten die Feinde und lachten leise.

Zu welchen Freunden gehst du, Annaeva, fragten die Freunde. Ich muß durch die Dürre, in der es keine Freunde gibt.

Willst du einen guten Rat von uns mitnehmen, fragten die Freunde. Ich laufe weg vor eurem guten Rat, wozu sollte ich ihn mit mir schleppen, sagte Annaeva.

Wir wünschen dir Glück, sagten die Freunde und weinten ein wenig.

Am ersten Tag durchquerte Annaeva die Stadt, lief durch die kleinen Straßen, die sie gemocht hatte, vorbei an den Cafés, in denen sie gesessen hatte. Sie kehrte nicht mehr ein. Sie war nicht wehmütig und nicht ängstlich. Vor den letzten Bäumen am Rande der Stadt blieb sie stehen und betrachtete sie so lange, bis sie jeden Zweig wußte und jedes Blatt, damit sie sich in der Dürre an sie erinnern könnte. Und die Kinder, die auf der Stadtmauer spielten, nahm sie in ihrem Gedächtnis mit auf den Weg, das Knallen ihrer Spielzeugpistolen, die sie auf Annaeva gerichtet hatten, und den Schrei ihres Anführers: Pengpeng, du bist tot, Annaeva. Dann ging sie mit geschlossenen Augen durch die kleine Luke in dem eisernen Tor, und als sie nach hundert Schritten die Augen wieder öffnete, war um sie herum die gelbe steinige Ebene und hinter ihr lag ihre verlassene Stadt wie eine stille Festung.

Ungläubig, weil sie es wirklich gewagt hatte, und erschrocken über die Ziellosigkeit der kahlen Landschaft, suchte Annaeva nach der Richtung, in die sie gehen wollte. Links vor ihr streckte sich ein schwarzer flacher Hügel. Das mußte die Halde sein, auf die man mit riesigen Lastwagen die weggeworfene Zeit der Selbstmörder fuhr. Schwere, zu einem Berg verwachsene Brocken aus Zeit, dunkles, rissiges Gestein, auf dem kein Moos sich niederlassen wollte. Auch Zeit noch Lebender war darunter, Halbtoter, von Alkohol und Tabletten Betäubter. Das waren die gedunsenen und blasigen Klumpen, die abseits lagen. Annaeva graute vor dem Weg, der sie an dem Hügel vorbeigeführt hätte. Sie sah nach rechts, fand bis zum Horizont keinen Punkt, an dem ihre Augen sich hätten festhalten können beim Laufen, kein Maß für Erreichtes, auch nichts Abschreckendes. Das gleiche, wenn sie nach vorn sah.

Es fand sich kein Ziel außer diesem: hinter der Dürre. Annaeva hängte sich die Leinentasche mit den Konserven über die andere Schulter, lockerte, um besser atmen zu können, ihren Gürtel und lief gerade in das steinige Feld.

Ich vergesse meine Mutter, ich vergesse meinen Vater, niemand hat mich geboren, ich bin der Erbe von nichts. Ich setze meine Füße und komme vorwärts, mein Ziel ist so weit wie der Horizont, ich muß meine Freunde nicht lieben, ich muß meine Feinde nicht hassen, unter mir ist die Erde, über mir ist der Himmel, dazwischen bin ich.

Die Nacht verbrachte sie in der Nähe der Stadt, im Windschatten eines hohen Steines. Bevor sie einschlief, dachte sie an die merkwürdigen Tiere, die in der Dürre leben sollten, Säbelzahnameisen und grüne Schleimspinnen, die noch niemand gesehen hatte, an deren Existenz aber jeder glaubte. Sie fand, die erste Nacht in der Einsamkeit war keine Zeit, sich zu ängstigen. Noch kroch keine Schleimspinne über ihre Haut und keine Säbelzahnameise zerschnitt ihr das Herz. Ihre Stadt lag als eingemauertes Lager, in der Dunkelheit schwer erkennbar, hinter ihr. Wäre sie noch in ihren Mauern, würde sie jetzt in ihrer Höhle liegen und lesen, oder sie würde die Bücher auch ängstlich meiden, wie oft in der letzten Zeit. Früher hatte sie sich in den Geschichten aufgehoben gefühlt, hatte Bestätigung erfahren durch die Verwandtschaft ihr fremder, artikulierter Leben. Jetzt, seit sie die Müdigkeit empfand, bewiesen sie ihr, daß sie überflüssig war. Nichts, das es nicht schon gegeben hätte, kein Schmerz, der nicht längst empfunden wurde, keine Freude, die nicht schon widerlegt war, jede Besonderheit war schon Allgemeingut. Sie selbst nichts als ein Plagiat der Bücher. In ihnen war ihr Leben längst beschrieben, vollendet, gefeilt und geschliffen; sie mußte es nicht mehr leben. Sie suchte Beweise ihrer lebendigen Existenz. Sie stritt sich mit ihren Freunden, um sich durch deren heftige, zuweilen sogar wütende Reaktionen ihr eigenes Vorhandensein bestätigen zu lassen. Sie wünschte sich, in solchem Streit einmal geschlagen zu werden. Schmerz war der sicherste Beweis für Existenz. Wenn es regnete, ging sie spazieren. Am liebsten war ihr Gewitterregen, der sie bis auf die Haut durchnäßte. Sie ging durch die dunklen, leergespülten, nur hin und wieder vom Blitz erhellten Straßen, ließ sich vom Donner wie von Hammerschlägen treffen, ließ den Wind tief in ihr Fleisch schneiden. Manchmal weinte sie vor Schreck und Angst, aber sie war sicher, daß sie lebte. Auch jetzt bin ich sicher, dachte sie und sah so lange starr in den Himmel über der Dürre, bis ihr schien, die Sterne kämen langsam auf sie zu. Ich bin mir meines Lebens sicher, sagte sie leise und erkannte den Doppelsinn der Worte: Warum war sie ihres Lebens erst sicher, wenn sie es in Gefahr gebracht hatte? Manchmal glaubte sie, es läge in ihrem Wesen ein Mangel, der sie hinderte, Glück oder Freude ebenso stark zu empfinden wie Schmerz. Aber war es nicht ein Mangel, den sie mit fast allen Menschen, die sie kannte, teilte, ein Mangel also in der menschlichen Natur oder in der Art zu leben, wie sie üblich war. Oder was hatte es mit dem Glück auf sich, daß es als Existenzbeweis nicht taugte. Einmal, wußte sie, hatte das Glück von ihr Besitz ergriffen wie später die Trauer, einmal nur. Und selbst für dieses eine Mal war sie nicht sicher, ob nicht in der Erinnerung das Maß für einmaliges Glück von dem anschließenden Schmerz bestimmt wurde, der dem Glücklichsein gefolgt war wie eine überdimensionale Nachgeburt dem Kind. Seitdem blieb jedes Glücksgefühl verbunden mit dem Wissen um seine Endlichkeit, schlimmer: mit dem panischen Warten auf sein Ende. Die Trauer blieb, der Verlust war nicht umkehrbar, das Leid gehörte ihr, unteilbar und unabhängig.

Am Morgen erwachte Annaeva steifgliedrig und durchgefroren, betrachtete noch einmal ihre Stadt, nicht ohne den vagen Gedanken an Umkehr, und entschied sich noch einmal gegen sie. Sie lief schnell, begierig voranzukommen, stellte ihr Gehirn ganz in den Dienst der Sinne, als deren empfindsames Aufzeichnungszentrum allein es funktionieren sollte. Jede Farbe, jede Temperaturveränderung, die trockenen Gerüche, die von der Erde aufstiegen, und die Stille, der Annaevas Ohren sich nur allmählich öffneten, alles wollte sie erinnern können, nichts durfte unbemerkt bleiben.

Ich bin noch blind für Blässe, taub für Stille, fühllos für den flüchtigen Wind. Aber ich werde, was schrill und laut und grob ist, vergessen. Gedachte Gedanken, gefühlte Gefühle, gelernte Begriffe will ich vergessen und will meinen Ohren trauen, meinen Augen und meiner Haut.

Nach drei Tagen waren Annaevas Sinne wund und schmerzten bei jeder unerwarteten Berührung. Ein plötzlicher Sonnenstrahl blendete die Augen, und eine Windböe traf das Fleisch, als hätte man die Haut von ihm gezogen. Die unverändert karge Landschaft zerfiel in zahllose Klüfte und Schatten, in denen sie winziges Getier entdeckte.

Sie dachte an die Warnung ihrer Feinde, in der Dürre lebten die schlimmsten Feinde. Millimetergroße Echsen, staubkorngroße rosa Würmer und kaum erkennbare durchsichtige Fliegen waren das einzig Lebende, das sie bisher gefunden hatte. Trotz der Schmerzen, die sie jeden Zentimeter ihres Körpers spüren ließen, und ohne zu ahnen, wie weit oder wie nah das Ende der Dürre war, lief sie in die einmal gewählte Richtung. Am Abend des dritten Tages kam ihr der Gedanke, ihr Unterfangen könnte vergeblich sein. Die Dürre ist endlos, dachte sie, endlos und ohne Leben. Kein Ziel und keine Gefahr, eines Tages kehre ich in meine Stadt zurück, müde und mager, oder ich verdurste auf dem Weg. Sie dachte an ihre Höhle in der Stadt, an die Bücher, das weiche Bett, das Telefon. Eine Stimme hören, selbst sprechen. Ihr Mund war verklebt vom Schweigen. Sie trennte mit den Fingern die Lippen voneinander. Erst drei Tage, sagte sie, ich wußte, daß es länger dauert. Drei Tage einsame Ödnis, was ist das gegen meine Gründe, die Stadt zu verlassen, gegen ein Leben in Riten und Floskeln, Lehrsätzen mit Gesetzesanspruch wider die Erfahrung. Erster Lehrsatz: du mußt deine Freunde lieben; zweiter Lehrsatz: du mußt deine Feinde hassen; dritter Lehrsatz: du mußt an die Lehrsätze glauben… So durch den ganzen langen Scheintod bis zum Tod. Und die kleine Freiheit, in den Cafés zu sitzen und über die Sätze zu spötteln.

In der Nacht träumte sie von Ferdinand, der impotent war und weinen mußte, wenn er eine Frau berührte. Ferdinand lag tot in der Dürre und Millionen durchsichtiger Fliegen schwebten über ihm wie ein gläserner Sargdeckel. Es sind nur noch fünf Tage, Annaeva, sagte Ferdinand, ich war zu müde. – Wie lange bist du gelaufen?, fragte Annaeva. – Lange, ich weiß nicht, wie lange. Es sind nur noch fünf Tage, lauf schnell, Annaeva, die Fliegen warten überall. Ferdinands Gesicht unter der flirrenden Fliegenwand löste sich langsam in kreisförmige Wellen auf. Ferdinand, stirb nicht, schrie Annaeva und erwachte von ihrem Schrei. Die Nacht war schwarz und totenstill, die Luft unbewegt und dünn. Annaeva saß atemlos, um ein einziges Geräusch zu hören oder einen Windhauch zu spüren. Nichts. Als sei die Welt nicht mehr vorhanden, blieb es schwarz und unheilvoll still. Annaeva tastete über Erde, Steine und Sand. Plötzlich spürte sie zwischen ihren Fingern etwas klebriges Weiches, das ihr gleich wieder entglitt. Sie schrie leise auf, und der Schrei zog als ein schrilles Kreischen über die Dürre. Entsetzen lähmte Annaeva. Eine schleimige Spur kroch ihr über beide Arme. Wehrlos und steif streckte sie die Arme von sich. Die Spinnen, dachte sie, da sind sie, ich sterbe, der Ekel, tropft wie Gift durch die Poren, tödlich, ich sterbe. Sie hoffte auf Ohnmacht, nicht fühlen, wünschte den Tod, nur nicht mehr fühlen. Endlich griff sie nach ihrem Arm, dorthin, wo sie die Spinne vermutete. Sie faßte auf ihre eisige Haut, nichts Fremdes. Sie wischte über den ganzen Arm, suchte die klebrige Spur, die Haut war glatt und trocken. Sie ließ los und fühlte deutlich, wie es sich auf ihrem Arm bewegte. Sie sprang auf, rannte durch die Dunkelheit, riß sich an Steinen, stürzte, lief weiter. Ich hab Angst, Angst, ich will nicht, die Fliegen, ich will nicht unter die Fliegen. Die leinene Umhängetasche mit den Konserven schlug ihr gegen die Hüfte, die Luft fuhr ihr wie ein Messer durch Bronchien und Lunge. Sie hetzte weiter, bis sie, ohnmächtig vor Angst und Erschöpfung, zusammenbrach. Kam wieder zu sich, als die Sonne schon hoch am Himmel stand, lag auf einer mageren Wiese, die von halbhohem Dornkleegestrüpp bewachsen war. Der Boden unter dem Gras war trocken und von feinen Rissen durchzogen wie wunde Haut. Annaeva betrachtete ihre Arme. Die Ellenbogen und Handknöchel waren blutig und von dünnem Schorf überzogen, aber dort, wo ihr gestern der glitschige Ekel über die Haut gekrochen war, fand sie keine Spur, nicht die zarteste Rötung oder einen anderen Hinweis auf die leibhaftige Existenz einer Schleimspinne.

Heute bin ich gestorben und habe mich überlebt. Ekel und Angst, meine siamesischen Geschwister, sind mir aus dem Leib gerissen. War ich ein Krüppel, oder bin ich jetzt einer?

Von Ferdinand hatte sie sich nicht verabschiedet. Ferdinand der Schöne mit der weißen Stirn, Ferdinand der Edle ohne Arg, Ferdinand der Schweiger voller Hochmut, Ferdinand, das Ekel aus geschnitztem Stolz, Ferdinand, der Sänger ohne Lieder, der Maler ohne Farben, der Dichter ohne Worte, Ferdinand der Impotente. Er hätte versucht, sie zurückzuhalten. Geh nicht, Annaeva, denk an die Spinnen und an die kalten Nächte, und wo wirst du ankommen, wenn du ankommst. Sollte er wie bisher in den Cafés sitzen und, umgeben von den Freunden, die stummen Lieder singen und die Tage zählen, die er nicht mehr zu leben hatte. Ich habe meinen Ekel verloren, auch den Ekel vor deiner Schwäche, Ferdinand, aber halte dich aus meinen Träumen. Annaeva wußte nicht, wie weit und in welche Himmelsrichtung sie in der vergangenen Nacht gelaufen war. Sie orientierte sich an der Sonne, lief weiter nordöstlich wie in den letzten drei Tagen auch. Die Luft über der Steppe war kühler und klarer, und die bräunlich-grün bewachsene Erde ließ die Hoffnung zu, irgendwo vor der Unendlichkeit könnte das Gras wieder hoch und dicht wachsen; selbst der Gedanke an eine Hütte oder an einen dichtbelaubten Baum schien nicht abwegig. Annaeva wußte nicht, ob ihr veränderter Gemütszustand auf ihre nächtlichen Erlebnisse oder auf die verwandelte Landschaft zurückzuführen war, aber sie fühlte sich, seit sie aufgestanden und die ersten Schritte gegangen war, unerwartet frisch und ihr Körper kam ihr seltsam leicht vor. Ihre Beine liefen, als hätten sie kein Gewicht zu tragen, die Bewegungen der Arme glichen einem Schweben, und den Kopf gerade zu halten, kostete Annaeva keine Mühe. Auch in ihrem Innern waren die Anspannung und der Druck der letzten Wochen einer kühlen Ruhe gewichen, die Freude ähnelte. Im Gehen pflückte sie die säuerlichen Früchte des Dornklees, die gut waren gegen den Durst. Zum erstenmal, seit sie die Stadt verlassen hatte, genoß sie ihren Weg. Wo dichteres Gras stand, ruhte sie aus, lag auf dem Rücken, schloß die Augen vor der Sonne, dachte einen Moment lang: ein bißchen bin ich schon angekommen, ich bin nicht mehr auf dem Weg weg von meiner Stadt, etwas habe ich schon gewonnen. Dann aber dachte sie, es sei wohl doch nur die Erleichterung, noch zu leben nach der nächtlichen Todesangst. Nichts gewonnen also, nur nichts verloren. Aber wer weiß, dachte sie, die Freude habe ich lange nicht mehr gekannt.

II

Nach zwanzig Tagen war der Körper fühlloses Fleisch, das Hirn krank von dem Satz: ans Ende der Dürre. Für jeden Schritt einmal: ans Ende der Dürre. Kein Gedanke an Umkehr; woher kam sie; wie lange lief sie; und keine Reue.
Nichts verloren
nichts gewonnen
so zerronnen.
Der Winter pfiff das Haus ein, und das Dach fiel auf die Wände, worunter sie alle begraben liegen. Und ich muß überleben in diesen zahllosen Schritten, die sich nicht tun wollen. Sohin, dahin, wohin. Wer denn. Ich. Sosein, dasein, nichtsein. Es hat sich das Tor geöffnet, und heraus trat die geschändete Jungfrau im schwarzen Gewand. Ach, so doch nicht. Fliege, weiße Friedenstaube. Ich ging, ich gehe, ich werde gehen und allein sein und Hunger haben und

Durst. Die Luft wird sich teilen in böse und in gute Luft. Die gute wird mich ersticken und die böse wird mich verbrennen. Ich werde über die eingestürzten Dächer laufen und mich totlachen, weil ich nicht sterbe. Wo sind die Dächer. Wer hat noch ein Dach über seinem toten Kopf.

Kopf unterm Arm
meiner erbarm
sich, wer noch will
ich bin jetzt still.

Woher kamen diese Sprüche. Sie hingen wie fremde Erinnerungen über der Landschaft. Wessen Erinnerungen. Wer war hier schon gegangen. Wo lagen seine sonnengebleichten Knochen. Oder war er angekommen dort, wohin sie gewollt hatte und wohin sie nun gehen mußte. Oder es waren ihre eigenen Gedanken, die, schon zur Erinnerung geronnen, fremd auf sie niederkamen.

Am Abend legte sie sich auf die Erde und suchte hinter den geschlossenen Lidern das Bild ihrer Zukunft. Sie sah in zwei Augen. Die Augen waren grau und klar mit großen Pupillen, umrahmt von dunklen Wimpern. Es waren ihre Augen. Annaeva verstand das Bild nicht, setzte sich auf, suchte den Himmel nach Wolkengebilden ab, fand ein galoppierendes Pferd auf drei Beinen, schloß die Augen wieder und wartete auf ein anderes Bild. In das Dunkel schwammen wieder die Augen und sahen reglos aber lebendig in Annaevas Augen, bis Annaeva nicht mehr wußte, welche Augen wirklich ihr gehörten. Das Bild drehte sich, und sie sah das linke Auge im Profil. Allmählich verblaßten die Pupille, die Iris und das Weiße im Auge, während die Konturen schärfer wurden und hinter dem Auge die gelbe, endlose Dürre erschien. Wo Himmel und Dürre aufeinandertrafen, lief durch das Bild ein wolkiger Streifen, der sich abwechselnd weiß und dunkelgrau färbte.

So ist das, dachte Annaeva oder sagte sie, es ist so, daß nur ich mich noch höre, fühle und sehe. Ich bin das Auge aus mir und das Auge auf mir, die Stimme in mir und die Stimme zu mir, ich bin der Wärter, ich bin das Tier.

Ich bin zwei.

Die eine setzt die Füße, die andre fragt: wozu. Die eine sagt: ans Ende der Dürre. Die andre sagt: es gibt kein Ende. Ich wollte weg aus meiner Stadt. Ich gehe ins Nirgends. Meine Augen wollten sehn. Ich sehe in meine Augen. Ich bin zwei, ich bin Niemand, ich hebe mich auf.

Nachts flog sie in ihre Stadt und suchte Ferdinand. Er saß im Café, umgeben von den Freunden, in den Händen die Gitarre ohne Saiten. Als er die Augen öffnete und die Gitarre beiseite stellte, klatschten die Freunde. Ferdinand stand auf. Annaeva ging zu ihm, aber er sah sie nicht. Sie umarmte ihn und er spürte sie nicht. Sie flog zu ihrer Mutter. Die Mutter stand am Küchentisch, schnitt eine Zwiebel und sang:

Ach, hätt ichs nicht geboren,
dann hätt ichs nicht verloren.
Ach, hätt ich nicht und hätt ich nicht
das Blümlein heißt Vergißmeinnicht.

Dabei weinte die Mutter. Als Annaeva sich an den Tisch setzte, sagte die Mutter: Kämm dich, Annaeva, und wasch dir die Hände und dann geh zurück in dein Grab. Du hattest eine schöne Beerdigung und solltest zufrieden sein. Wir haben extra den Sarg mit Samt genommen, damit du weich liegst. Er war nicht billig.

Die Mutter sang:
Die stille Leich im Tochtergrab
ist wohl das liebste, was ich hab.

Am Morgen stand Annaeva nicht auf. Sie hatte Zeit. Wo sie herkam, wurde sie nicht vermißt. Nirgends wurde sie erwartet. Was hieß das: sie wurde nirgends erwartet, wenn sie nach Nirgends ging. Sie wurde nicht erwartet oder: sie wurde erwartet in Nirgends. Niemand stand am Stadttor von Nirgends. Er ähnelte Ferdinand und schenkte ihr zur Begrüßung eine Handvoll Blumensamen. Damit sie nicht so schnell verwelken, sagte Niemand, und jetzt werde ich dir unser Haus zeigen. Es steht am schönsten Platz von Nirgends inmitten eines großen Gartens, in dem Niemands Kinder spielen werden. Niemand küßte sie und streichelte ihr Gesicht. Niemand sagte: wenn du krank bist, werde ich dich pflegen; wenn du stirbst, werde ich dich begraben. Und du sollst das gleiche für mich tun. Das sagte Niemand und brachte sie in das Haus am schönsten Platz von Nirgends. Annaeva sagte: wir wollen Abstand halten voneinander, damit wir unsere Gesichter nicht vergessen unter den vielen Grimassen des Überdrusses. Und Niemand freute sich, weil er darüber dachte wie sie.

Ich habe Zeit. Niemand wird lange warten auf seine versprochene Witwe. Ich kann liegen bleiben und auf meine Zukunft warten, die ich selbst bin; die zwei, die ich bin, streiten lassen, bis ich selbst Niemand bin, der auf mich wartet.

Und fressen mich die Raben
dann werd ich nicht begraben.

46

Franz Innerhofer

Geboren 1944 in Krimml bei Salzburg als unehelicher Sohn einer
Landarbeiterin. Mit sechs Jahren kommt er auf den Bauernhof sei-
nes Vaters. Dort lebt (und arbeitet) er von 1950 bis 1961; an-
schließend Schmiedelehre, Militärdienst. Ab 1966 besucht er das
Gymnasium für Berufstätige. Danach Studium der Germanistik
und Anglistik in Salzburg. Seit 1973 freier Schriftsteller; lebt zur
Zeit in Arni bei Zürich.
Romane, Erzählungen.

▷ Schöne Tage. Roman (1974)
▷ Die großen Wörter. Roman (1977)

W.

W. ist nicht gleich vom Vater weg in die Stadt gezogen, sondern
war, nachdem ihn sein Stiefbruder, ein junger aufstrebender Land-
unternehmer, der einer Arbeiterfamilie entstammte und zu dem er
voller Hoffnung vom Vater geflohen war, abgewiesen und ihm gesagt hatte, daß er ihn nicht in seinem Betrieb beschäftigen könne,
auf halbem Wege zwischen der eigentlichen Stadt und dem
Wohnort seines Vaters ratlos und verzweifelt bei seiner werktäti-
gen Mutter am Rand einer Kleinstadt gelandet. Er war da, er lebte,
aber der gesamte Mensch, der von Kind auf im Betrieb seines Vaters gearbeitet hatte, war durch die Züchtigungen und all die
kopflosen Reden, die er hatte über sich ergehen lassen müssen, nie-
dergewertet[1] und trug eine enge, unverstandene und gehaßte Welt
in sich. Die verlassene entsetzlich vertraut, die neue schrecklich
fremd. Alles, was er von Vater und Stiefmutter gelernt hatte, war

dieses blöde katholisch-alpenländische Ertragen von Härten und Hinnehmen von Schmähungen und Erniedrigungen. Eine jämmerlich bezahlte Arbeit in einer kleinen Landfabrik war bald gefunden. Abends und an Feiertagen konnte er bei der Mutter essen, schlafen auch, ebenso versorgte sie ihn mit frischer Wäsche. Da die Mutter nie in ihrem Leben zu etwas anderem Zeit gehabt hatte, als sich das Notwendigste für ihren Unterhalt zu verdienen, konnte sie ihm die Welt, in die sie ihn hineingeboren hatte, nicht erklären. Daß ihm nichts geschenkt werden würde, hatte er selber schon begriffen. Hoffnung und langjähriges Ziel seines Aufbruchs waren auch nicht sie, sondern der Stiefbruder und dessen Unternehmer gewesen. Sie waren ihm fremd, denn er hatte sie wie die meisten von einem Elternteil ausgebeuteten Kinder nur selten besuchen dürfen. So suchte er, was ihm als Kind entgangen, unter den Fremden und wurde schon bei der geringsten Freundlichkeit verlegen, verwechselte sofort die Interessen und glaubte, alle Menschen wären ihm auf einmal wohlgesinnt. Das Geld, das er für seine Arbeit bekam, reichte, um seinen Lebensunterhalt bestreiten zu können. Die Hälfte seines Lohnes zahlte er der Mutter für Quartier, Essen und sonstigen Haushaltsaufwand. Für die andere Hälfte hätte er sich ein warmes Wirtshausmittagessen, Vormittagsjause[2], Arbeitskleidung kaufen und sich nach und nach überhaupt neu einkleiden können. Das Wenige, das er von seinem unfreiwilligen Zuhause zum Anziehen mitgebracht hatte, war abgetragen und zu klein geworden. Um die Mutter nicht allzusehr zu erschrecken, log er, daß er genügend Taschengeld gespart habe und ohne Schwierigkeiten bis zum ersten Zahltag damit auskomme. In Wirklichkeit war ihm nur so viel geblieben, daß er sich nach der Arbeit zwei Bier kaufen konnte. Statt zu Mittag zu essen, ging er im Ort spazieren. Vormittags, während sich die anderen im Aufenthaltsraum stärkten, drückte er sich auf dem hinteren Fabriksgelände herum. Am Zahltag war er so aufgeregt, sein erstes selber verdientes Geld in Empfang nehmen zu sollen, daß ihm gar nicht auffiel, wie mißtrauisch und mürrisch viele andere dies bereits taten. Einige Stunden später hatte er das Geld beim Kartenspielen an Fuhrunternehmer verloren und wollte sich in den Fluß stürzen, wurde aber, als er glaubte, endlich mit sich und der Brücke allein zu sein, von einer Gruppe junger Männer, die, als sie näher kamen, ihn als ihren Arbeitskollegen erkannten, überrascht. Er lachte und sagte, er habe schon geglaubt, Polizisten kämen auf ihn zu. Er müsse jeden Tag zweimal über diese Brücke, aber noch nie habe er es geschafft, sich auf ihr in Ruhe das Wasser abzuschlagen. Sie kamen gerade aus einem Lokal und wollten ihn ins nächste mitnehmen. Mit Ausreden, die sie ihm nicht abnahmen, machte er sich von ihnen los und ließ sie im Glauben, daß er zu seiner Freundin wolle. Auf dem Weg nach Hause fiel noch einmal der ganze innere Redeschwall, der ihn schon nach dem Verlassen des Wirtshauses überfallen hatte, tüchtig über ihn her.

Dieser Redeschwall, dem er schon als Kind hatte entrinnen wollen. Es war aber zu finster in ihm, um sich von den Gedanken an sein Mißgeschick, dessen Schuld er sich zur Gänze selber zuschrieb, losreißen zu können. Auch die Landschaft, durch die er in seinen tiefen Verzweiflungen ging, war finster und hatte es nie zu etwas anderem als zu einer rohen und ausgelassenen Heiterkeit gebracht. Die bäuerliche Gemeinschaft, deren Gehöfte zu beiden Seiten des Tales bis zur unteren Waldgrenze hinaufreichten, war gebrochen und durch das ständige Abwandern in Verdruß und Schweigen gestürzt. Unten im Tal und an den Hängen hatten die Bewohner, die sich rasch dem Fremdenverkehr und der mit ihm aufkommenden und vielfach nur mit dem Fremdenverkehr zusammenhängenden Industrie zugewandt hatten, unter viel Verzicht neue Häuser in die Landschaft gebaut und taten es immer noch. Das Leben hatten sie dabei auf den Kopf gestellt.

Sie sprachen nicht über dieses Leben, sondern von der Arbeit, die sie verrichteten, von Dingen, von Leistungen und Ausdauer. Daß sich immer wieder welche von ihnen umbrachten und bei Selbstmordversuchen ertappt wurden, merkten sie zwar, lasen es in der Zeitung und sprachen davon, wo dieser Mensch zuletzt noch überall gesehen worden war, aber sie empfanden es nicht als Verlust, sondern gingen schnell dazu über, die Lücke, die ein solcher

Mensch im Arbeitsprozeß hinterlassen hatte, durch einen anderen zu füllen.

Die Leute, die in der Stadt das Radioprogramm für das Land planten und zusammenstellten, kannten das neue Land von der Durchreise und von Aufenthalten, pflegten aber noch immer eine alte, bäuerliche Landschaft, in der die Menschen mitfühlend und in Geborgenheit lebten. Wenn es diese Rundfunklandschaft gegeben hätte, wäre kein Landbewohner auf die Idee gekommen, aus ihr wegzugehen, geschweige denn in ihr zu bleiben und sich in ihr, ohne eine Auskunft zu hinterlassen, umzubringen.

Eine Weile schwankte W., ob er nicht umkehren und zur Brücke zurückgehen sollte. Er blieb immer wieder stehen. Wenn nicht überall Zäune wären, kam ihm vor, könnte er auf Gedeih und Verderb in irgendeine Richtung davongehen. In der Gleichgültigkeit, in der ein Mensch mit sich nichts mehr anzufangen weiß, torkelte er aber doch in die Richtung des Hauses, in dem seine Mutter wohnte. Er wartete in der Nähe und betrat es schließlich, als ihm schien, daß Warten auch keinen Sinn hätte. Die Mutter, die sich freute, daß er schon so bald gekommen war, setzte ihm das Nachtmahl vor und war neugierig, wie die Bezahlung ausgefallen war. Er konnte es ihr nicht erklären, warum er nicht den Mut gehabt hatte, die Vertraulichkeit abzuweisen, mit der ihn die Fuhrunternehmer, die ihn die Abende zuvor nur mit Blicken beachteten, auf einmal angesprochen hatten, und zu sagen, er spiele nicht Karten und schon gar nicht um so hohe Beträge. So gab es Tränen und Verdruß. Alles, was er tun konnte, um sich den Aufenthalt in der Wohnung erträglicher zu machen, um von der ausweglosen, erdrückenden Stimmung, in der seine und ihre Gedanken befangen waren, abzulenken, war Radiohören und Zeitunglesen. Um den Verdruß nicht zu vermehren, sagte er auch nicht, wie es um ihn stand, sondern schleppte sich über die Brücke in die Fabrik, arbeitete und ging mit knurrendem Magen den Kollegen in den Pausen aus dem Weg.

Er war aufgebrochen, um zu leben, aber die mühsame Arbeit in Gedanken und inneren Monologen, die W. sich im Betrieb und im Haus seines Vaters gemacht hatte, um das, was über seine Person

gesagt wurde, und das, was er von sich selber dachte, auseinander-
zuhalten, war nach einer halbstündigen Zugfahrt im Haus seines
Stiefbruders endgültig zusammengebrochen. Er kam ja nicht zu
Sussak, um ihn um Geld anzugehen, sondern brachte sich, sein Leben mit und wollte ihm einen Teil davon verkaufen. Er hatte sich
ganz auf Sussak eingestellt und nicht damit gerechnet, daß es ihn in
diese Kleinstadt, in der er schnell zum Gefangenen seines früheren
Jammers wurde, verschlagen könnte.

Früher hatte er Gegner, mit denen auseinanderzusetzen es sich
lohnte. Jetzt hatte er nur noch sich und seine Unzulänglichkeiten. Er
sah nur sich und ging nur gegen sich selber vor. Es fehlte ihm nicht
an Vorsätzen, sich zu ändern, aber die geringste Vertraulichkeit genügte, um von seinen heimlichen Versprechungen abzukommen.
Das wußten die anderen. War doch das gegenseitige Sich-vom-
Heimgehen-Abbringen und das Anhängen[3] von Räuschen die
hauptsächliche Unterhaltung in den Wirtshäusern.

W. wurde oft rückfällig.

Sein Überleben hing auch nicht von seinem Willen ab, sondern davon, ob immer gerade dann, wenn er sich über das Brückengeländer in den Fluß stürzen wollte, Leute auf die Brücke zukamen oder
im letzten Moment Autoscheinwerfer auftauchten, so daß er sich
später oft ganze Abende in Wirtshäusern kopfschüttelnd nur über
diese Zufälle wunderte, und einige Wirtinnen, die ihm kopfschüttelnd zuhörten, wunderten sich auch, vergaßen aber nicht, während er von seinem selbstmordbedrohten In-die-Stadt-Kommen
erzählte, ihm zwischendurch das Glas zu füllen, was er spätestens,
wenn er das Lokal betrunken verließ, auch merkte.

Kennengelernt hatte ich W. in der Folterknechtstube. Was mir sofort an ihm auffiel, war, daß er mit seiner Person gut umgehen
konnte. Was einer meiner früheren Bekannten, um mit seiner viel-
fältigen Existenz niemanden zu erschrecken, durch Ruhe und mit
Hilfe von Betrachtungen und allgemeingültigen Aussagen erreicht
hatte, gelang W. durch ständiges Wechseln des Erzählorts, vorausgesetzt, daß sein Begleiter ein interessierter Zuhörer war.

Wirtsleute der älteren Generation, die noch mit einem beschützenden Blick auf ihre Gäste geschaut hätten, seien darauf aufmerksam geworden, daß er, W., in Gefahr sei. Diese Wirtsleute hatten, nachdem er mit Selbstmordgedanken vom Kartenspieltisch aufgestanden und aus dem Wirtshaus gegangen war, gehört und gesehen, daß es den Fuhrunternehmern Spaß machte, einem Wehrlosen den Lohn abzuknöpfen[4]. Die Wirtsleute hatten ihn daraufhin mit Mühe davon abgebracht, weiter mit den Fuhrunternehmern Karten zu spielen. „Dann ist es auch so, daß der Mensch auf dem Land in seiner Freizeit schon lange nicht mehr in Ruhe, sondern mit Gewalt konsumieren muß." So habe es ihn schließlich unter die freiwilligen Rettungsfahrer verschlagen. Einfach um beschäftigt zu sein.

Der freiwillige Rettungsfahrer ist auf dem Land allein. Im tiefsten Winter muß er allein zu den höchstgelegenen Bauern hinauf. Und das oft in der Nacht. Das ist nicht nur schwierig, sondern kann auch schwere Folgen nach sich ziehen. In vielen Fällen kann man den Hof gar nicht erreichen. Ihr geringes Einkommen hindert die Leute, rechtzeitig Arzt und Rettung zu verständigen. Dann ist es nicht nur so, daß der Rettungsfahrer Schreckliches erlebt, sondern oft auch in schreckliche Situationen gerät. Die wenigsten wissen nämlich, daß er für den Tod eines einzuliefernden Patienten zur Verantwortung gezogen werden kann. „Es ist nicht lustig", sagte W., „einen Toten im Auto liegen zu haben und dann auch noch hinter dem diensthabenden Arzt herwinseln zu müssen." Ob ihm der Tote abgenommen werde oder nicht, hänge nämlich vom diensthabenden Arzt ab. Der ganze freiwillige Dienst hänge dann einfach vom Charakter des diensthabenden Arztes ab. Manche Ärzte hielten sich die freiwilligen Rettungsfahrer wie Hunde. Auf verlassenen Bergbauernhöfen sei es oft so gewesen, daß er schon bei der Ankunft gesehen habe, daß es zu spät sei. In einem Fall habe er schon nach fünf Minuten eine tote Bäuerin im Auto gehabt.

W. hätte mich natürlich sofort als Zuhörer mißbrauchen können, tat dies aber nicht, sondern baute sich vielmehr seinen Zuhörer sorgfältig auf, indem er zuerst nur über die Bar, an der ich einem verbitterten Nationalsozialisten den Rückstand der Literatur, insbesondere das völlige Mißachten und Verkennen der Welt der Institutionen, auseinandersetzen wollte, einige Bemerkungen über das Land machte, die mich sofort aufhorchen ließen. Über die Wirtin erfuhr ich dann, aus welcher Gegend er kam. W. erzählte über Widersprüche hinweg und brach seine Geschichte immer wieder ab.

Seine Rettungsgeschichten, die er so erzählte, daß mir vorkam, ich sei selber einer der freiwilligen Fahrer, zeigten ja nicht nur den existenzbedrohenden Charakter der ländlichen Gesundheitspolitik, sondern führten mir erneut in aller Deutlichkeit vor Augen, daß es bei den Bergbauern ganz einfach ums Überleben geht. Sobald ich anfing, W. mit Fragen zu bestürmen, weil ich vor lauter Wut über einen scheinbar unveränderbaren Gesellschaftszustand nicht länger zuhören wollte und konnte, stand er auf, brach seinen Bericht ab und entfernte sich. Er kam dann oft Tage nicht in die Folterknechtstube, wo ich auf ihn wartete.

Seine Geschichten fingen immer leicht an und tänzelten um Vater, Stiefbruder, die Frau des Stiefbruders, Stiefmutter, Kindheitsarbeitslager und Fuhrunternehmer, die alle auf einer weiteren Ebene zusammen mit vielen anderen seinen sentimentalen Zustand mit einem neuerlichen Terror bedrohten. Er sprach langsam und lachte zwischendurch. Unsicher wurde er eigentlich nur, wenn er auf die Zufälle zu sprechen kam, die er sich nicht erklären konnte. Die Brücke z.B., über deren Geländer er sich oft in den Fluß hinunterstürzen wollte.

Im Gegensatz zu anderen meiner Bekannten, die aus ihrem kleinbürgerlichen Kessel nicht herauskamen und verzweifelt nach einem sie erfüllenden Leben suchten, zog er ständig größere Kreise um die Orte seines Schreckens und wurde dabei immer einsamer und sicherer.

Sowohl in der Stadt als auch auf dem Land sei er fast dreißig Jahre lang beinahe umgekommen. Mit Vorsätzen habe er sich von einer Bedrohung in die andere gemartert. Die Angst, wegen eines tot eingelieferten Patienten ein Verfahren angehängt zu bekommen, habe ihn plötzlich wieder an den Kartenspieltisch getrieben. „Dann vom Kartenspieltisch mit leeren Taschen hinaus in die Nacht. Mit dem Gedanken, mich endlich umbringen zu müssen, zur Brücke, die wieder nicht frei ist. Und in der Frühe nach zufällig überstandenem Selbstmord in die Arbeit. Und immer spielen. Mit knurrendem Magen arbeiten und in den Pausen auf dem Fabriksgelände den Naturinteressierten spielen, um nicht, ohne etwas zu essen, unter den Kollegen im Aufenthaltsraum sitzen zu müssen, denn auf dem hinteren Fabriksgelände zu verhungern, wäre mir leichter gefallen, als den Kollegen gestehen zu müssen, daß ich kein Geld habe."

Dadurch, daß W. immer nur in kurzen Abschnitten erzählte und dabei so tat, als sei eigentlich nichts mit ihm geschehen, wurde seine Existenz für mich immer bedrohlicher und gefährdete, was ich mehr als ein Jahr lang über Arbeiter gedacht und geschrieben hatte. Ich wollte von ihm nicht hören, daß Kollegen unter der Belegschaft gewesen waren, die er in Wirtshäusern oft freigehalten[5] hatte. Die hätten auch gewußt, sagte W., warum er in den Pausen zum hinteren Fabriksgelände zurückgegangen sei. „Hunderte Male hätten sie mich mit einem einzigen Wurstbrot in die Knie zwingen können." Es hätte nur einer hinausgehen müssen und es ihm hinhalten, und er, W., sagte er lächelnd, wäre ihm das ganze Leben lang zu Dank verpflichtet gewesen. Aber in all den Wochen und Jahren, die er auf dem hinteren Fabriksgelände verbracht habe, sei keiner der Kollegen gekommen.

„Sussak, mein Stiefbruder, ist eine ausgekochte Aufsteigerbestie." Es sei schwer, sich an die Tatsache zu gewöhnen, daß manche Arbeiter zu den brutalsten, rücksichtslosesten Ausbeutern würden. Ein Gastwirt, der so viel besitze, daß er und seine Frau mit dem Besitz nichts mehr anzufangen wüßten, zähle ihm ganze Abende lang auf, was im Kommunismus alles besser sei. Aber die jungen Leute, die der Gastwirt im Kommunismus bestärkt wissen wolle, hielten nicht nach Verbesserungen ihres Lebens Ausschau, sondern spähten nur nach Möglichkeiten, wo sich ein Unternehmen aufziehen ließe.

Die kommunistische Zeitung werde nun schon in verschiedenen Haushalten gelesen. In dem Gasthof, in dem er jetzt arbeite, liege die kommunistische Zeitung oft schon einen halben Tag, in einer oder mehreren Zechstuben, bis die Wirtin dann wieder hinzukomme und sie wegwerfe.

Es sei mit ihm immer wieder hinuntergegangen.

Er sei immer gegangen, immer auf der Suche nach einem Ausweg. Zurück sei er nie gegangen, sondern nur hinunter. Zurück habe er nicht können, nach rückwärts könne sich auch niemand befreien.

Nicolas Born

Geboren 1937 in Duisburg. Lehre und Arbeit als Chemigraph.
Zahlreiche Reisen und Auslandsaufenthalte. Lebte bis zu seinem
Tode (1979) in Berlin und Dannenberg/Niedersachsen.
Gedichte, Romane, Erzählungen.

▷ Die Fälschung. Roman (1979)

Die Bremer Stadtmusikanten[1]

Er war alt und schusselig[2] geworden, der Esel. Du Idiot, schrie der
Müller. Er mußte dem Esel alles zweimal sagen, zuerst einmal, dann
Prügel, dann das zweite Mal. Der Esel fühlte sich als Mann, der sein
Gedächtnis verloren hat. Die Säcke auf seinem Rücken wurden
schwerer, je älter er wurde. So ist das mit den Säcken, meinte er, sie
werden immer schwerer. Säcke werden einfach immer schwerer.
Mein Fell ist ganz stumpf und schäbig, dachte der Esel bei sich. Und
der Müller war ein Lümmel. Mein Fell ist schäbig geworden wie bei
einem alten Stadtmusikanten.
Ja, der Esel hatte viel um die Ohren[3]. Die Eselsohren flatterten im
Wind der Windmühlenflügel. Die Knochen summten von den
Schlägen. Der Esel dachte bei sich: Soll ich hierbleiben, bis dieser
Lümmel von einem Müller mich mit dem Knüppel totschlägt? Oh,
das Ziehen im Kopf. Ich denke zuviel.
Als er lange genug daran gedacht hatte zu fliehen, floh er. Kein
Hund winselte, keine Katze klagte, kein Hahn krähte ihm nach.
Nun bin ich ganz allein auf der Welt, dachte er wieder bei sich, wo-
hin nur? Nun, warum nicht nach Bremen? Die Bremer, haben sie
nicht alles was das Herz begehrt, und lassen sie nicht hier und da

etwas abfallen, Abfall? Ich gehe hin und werde Stadtmusikant.

Gläsernes Klappern der Eselshufe. Kein Verkehr, nur manchmal ein eiliger Fußgänger mit einem langen Brot unterm Arm. Eine Frau sprach zu ihren Kindern: „Seht da, ein Esel!" Er ließ sich nichts anmerken auf dem Weg nach Bremen. Keine Augen für die Schönheiten auf der Straße. Er war alt und schusselig. Er sah an sich herunter und dachte, wieder bei sich: Na, Alter, wie schmeckt die Freiheit?

Aus dem Straßengraben hörte er Jaulen und Wehklagen, es war ein Hund. Völlig heruntergekommen bat er um Hilfe. Der Esel war mißtrauisch. „Woher soll ich wissen", fragte er, „ob du mich in jüngeren Jahren nicht gebissen hättest?"

„Potztausend[4], Gevatter[5]", klagte der Hund, „die Jugend ist dahin, und das Alter ist windig. Heut zeigen mir selbst die Hasen die Zähne, weil ich nur einen noch habe."

„Dann bist du ja ein ganz armes Schwein", sagte der Esel. „Sag an, was ist dir widerfahren?"

„Früher", begann der Hund seine Geschichte, „war ich ein stattlicher Hofhund. Mein Herr war zufrieden mit mir. Es heißt zwar, daß Hunde um so weniger beißen, je lauter sie bellen. Aber ich war Klasse. Ich bellte laut und biß auch laut. Das wurde mir schlecht gedankt im Alter. Ich habe Gnadenbrot beantragt. Gnadenbrot ist mir zweimal abgelehnt worden. Da hab ich mich aufgemacht nach Bremen."

„Den Rest der Geschichte kannst du dir sparen", sagte der Esel, „natürlich willst du dort Stadtmusikant werden."

„Woher weißt du das?" fragte der Hund.

„Auch ich", sprach der Esel, „bin einer inneren Stimme gefolgt und befinde mich auf dem Weg nach Bremen. Auch ich bin aus, äh, Altersgründen weggelaufen. Mein Chef war ein Knüppel von einem Lümmel und schlug mich immer mit seinem Müller." „Hoh-hoh", staunte der Hund und dachte bei sich, dieser Esel ist schon ziemlich alt und schusselig. Und der Esel dachte bei sich: Warum sagt dieser steinalte Hund immer *Abendrot,* wenn er *Gnadenbrot* meint?

„Wir müssen uns beeilen", sagte der Hund.

„Ich weiß", sagte der Esel, „die Katze wartet." Der Hund klopfte ihm anerkennend auf die Schulter.

Die Katze klagte auch. Krallen und Zähne stumpf, die Sache mit den Mäusen aus und vorbei. Keine Ehre wird der Katze im Alter zuteil. Die anderen kannten das.

„Pfui", sagte die Katze, „das hat man zu erwarten, wenn man an die tausend, was sage ich, rund tausend Mäuse gefangen hat."

Dann befreiten sie noch den Hahn aus seiner mehr als unangenehmen Lage. Das Stichwort ‚Bremen' schien ihn daran zu erinnern, daß er einmal ein Vogel war. Die letzten Tage hatte er in beklagenswertem Zustand verbracht, mit geschwollenem Kamm und einem Bein schon in der Suppe. Wenn schon, seine Haltung war ungebrochen, nur über sein Gesicht, ganz klein geworden im Alter, huschte ein gequältes Lächeln.

Die Katze hatte daran gedacht, ein Altersheim zu gründen, aber der Esel riet ab: „Ein Altersheim gründet man in jungen Jahren oder nie mehr." Einstimmig sangen sie eine menschlich anmutende Sonate.

So schritten sie munter fürbaß[6] in einen dunklen Wald hinein, wo sie übernachten wollten. Sie träumten einen Tierfilm voller Musik und leicht nervöser Quadrillen.

Da krähte der Hahn vom Baumwipfel herunter: „Land! Land!" Er war auch schon ziemlich schusselig. „Licht! Licht!" verbesserte er sich. Einige seiner Vorfahren waren zur See gefahren.

Sie erhoben sich und gingen auf das Licht zu. Es kam aus einem feinen, stämmigen Blockhaus. Durch das Fenster sahen sie eine Horde wilder Gestalten an einem Tisch sitzen, der voll war von gebratenem Schlachtvieh. Das waren zweifellos die Räuber, ein gefährlicher, rasierklingenscharfer Club. Einer von ihnen, ein verwegener Saufaus[7], stimmte gerade statt eines Tischgebets des längeren und weiteren ein Saufliedchen an. Wildschweinschinken, Fasan usw., Kaninchen, Täubchen, Schlehenkompott usw. Alles geklauter Kram aus ersten Häusern. Der Esel legte seine Vorderhufe auf die Fensterbank. Der Hund stellte sich auf seinen Nacken.

Die Katze nicht faul, ahnte auch, wie es weiterging, und obendrauf der Hahn, der wirklich ein zäher Brocken war.

Diese Musik ging den Räubern unter die Haut. Der Esel schrie wie ein Esel, der Hund bellte wie ein Hund, die Katze miaute wie eine Katze und der Hahn schäumte vor Lust und Zorn. So groß war das Entsetzen der hartgesottenen Räuber, daß sie Reißaus nahmen[8]. Das fiel ihnen nicht leicht, denn hier waren die Schätze aufgehäuft, die sie in aller Gemütlichkeit zusammengeraubt hatten.

Die vier alten Leutchen machten sich mit Heißhunger über die Sachen her. Nur der Hahn aß wie ein Spatz. Dann legten sie sich zur Ruh, der Esel auf den Mist, der Hund an die Tür, die Katze neben den Ofen, und der Hahn schlief stehend auf dem Dachfirst.

Die Räuber schickten einen Späher aus, der nachsehen sollte, ob die Luft wieder rein war. Der Abgeschickte fand alles ruhig, aber als er ein Streichholz anrieb, sprang ihm die Katze ins Gesicht. Als der Räuber erschrocken durch die Tür ins Freie wollte, biß ihn der Hund ins Bein und dachte bei sich: Das ist die Strafe dafür, daß du keine Hunde beschäftigst. Der Räuber floh am Misthaufen vorbei und erhielt einen trockenen Hieb vom Hinterfuß des Esels, der bei sich dachte: Nimm das, damit du die Bremer Stadtmusikanten kennenlernst. Vom Dach herunter schallte dem Räuber ein strenges Kikeriki nach. Es war der Hahn, der bei sich dachte: Ruhe gibst du keine, bevor du unsereinen nicht auf der Gabel hast. Der Räuber kehrte zerschunden zu den anderen zurück und sprach: „In dem Hause sitzt eine greuliche Hexe, die hat mich zerkratzt, und an der Tür steht ein Mann mit Messer, der hat mich ins Bein gestochen, und am Misthaufen steht eine schwarze Maschine, die hat mich geboxt, und auf dem Dach sitzt der Richter, der ruft: Bringt mir den Strolch!"

Da hatten die Räuber Nasen und Hosen voll, und vor Angst blieben sie Tage, Wochen, Jahre im Wald versteckt. Sie hofften noch immer, eines Tages in das Räuberhaus zurückzukehren, in dem die Musikanten in Saus und Braus lebten. Manchmal hallte der Wald wider von einer äußerst feinen, aber wilden Musik, und mit der Zeit wurden die Räuber zu Musikfreunden. Vom Zuhören neigten sich ihre Ohren, und bald fingen sie selber an zu musizieren. Es zierte sie nicht schlecht. Unter klingendem Spiel raubten sie fortan vornehme Reisende aus. Die Bremer Stadtmusikanten, die übrigens Bremen nie erreicht haben, bekamen immer einen netten Batzen von der Beute ab.

Kapitel IV

48

Gert Neumann

Geboren 1942 in Heilsberg/Ostpreußen. Erlernte die Berufe Traktorist und Schlosser; arbeitete in der Landwirtschaft. Studium am Literaturinstitut „Johannes R. Becher" in Leipzig. 1969 exmatrikuliert und aus der SED ausgeschlossen. Danach in Leipzig in verschiedenen Berufen tätig, u.a. als Bauschlosser, Theaterhandwerker, Haushandwerker in einem Kaufhaus; Mitarbeit in einer Einrichtung der evangelisch-lutherischen Kirche.
Prosatexte, Roman.

▷ Die Schuld der Worte. Prosa (1979)
▷ Elf Uhr. Roman (1981)

Die Namen

Wir lagen krank auf den kranken Ufern eines kranken Flusses und sahen die Wasser fast in unsere Augenhöhlen fließen und sannen: sannen unablässig über dieses Fließen welches wir so ungeheuer erkannten, daß, hätten wir nur einen Namen – und wäre der auch nur in der Nähe der nötigen Bedeutung gewesen – wir hätten über unsere Tränen verfügen können ...
Hier jedoch blieb unsere Sprache leer
und wir sahen die Wasser steigen und nannten dies so und wiesen mit der müden Hand auf unseren Steg, den wir in großer Hoffnung einmal für unser Boot ins Wasser gebaut hatten, und der jetzt fast nicht mehr sichtbar war und wir zweifelten lange ob vom Hochwasser zu sprechen sei, ob dieses Wort nicht zu schnell von uns benutzt würde weil es doch möglich sei daß die Wasser immer weiter stiegen bis sie letztlich uns von unseren Plätzen vertrieben (die

Gräser unter uns waren gelb und drängten geile Triebe wie aus
unseren Körpern hervor) und wir fliehen müßten
auf die Bäume vielleicht
auf die nahen Hügel
oder in die höher gelegenen Städte.
Dann allerdings erfuhren wir, daß der Fährmann diesen ganzen
Tag den doppelten Preis für die Überfahrt verlangte und wir sahen
den alten Mann schwer atmend die riesige Fähre von Eisen mit der
hölzernen Faust[1] – wie es an diesem Fluß richtig war – am zitternd
straffen Seil über den taumelnden Fluß ziehen und wir entschlossen uns vom Hochwasser zu sprechen und voller Sorge zu sein und
erkannten die Mühen des alten Mannes und sahen seine zerschlis-
senen Hosen und wunderten uns über den geringen Preis den er
dennoch für die Überfahrt verlangte und wir beschlossen endlich –
wie wir es nannten – zu fliehen und wir erhoben uns und seufzten
und drängten zur Fähre als gälte es wirklich etwas zu retten; ja wir
besorgten selbst unsere Überfahrt
und waren gefüllt mit Worten
mußten aber
mußten schweigen.

49

Wolfgang Koeppen

Geboren 1906 in Greifswald/Pommern. Nach dem Studium in
Hamburg, Greifswald, Berlin und Würzburg arbeitete er als Jour-
nalist, Dramaturg und Schauspieler, bis er 1931 Redakteur beim
Berliner „Börsen-Courier" wurde. Darauf folgten längere Reisen
nach Italien, Frankreich, Spanien, in die USA und die Sowjetunion.
Lebt als freier Schriftsteller in München.
Romane, Reiseberichte, Erzählungen, Biographien.

▷ Romanisches Café. Prosa (1972)
▷ Jugend. Prosa (1976)

Romanisches Café

Der Kaiser oder des Kaisers Baumeister oder des Kaisers Knecht
hatte zum Gedenken des alten Kaisers, von dem der junge Kaiser
das Reich und die Würde nahm, die romanische Kirche gebaut und
sich selber gehuldigt, indem er mit der zeitgemäßen romanischen
Kirche dem alten Kaiser huldigte und Kaiser Carolus Magnus und
Kaiser Barbarossa[1] und Lohengrin mit dem Schwan[2] und dem
Großen Kurfürsten[3] mit dem Exerzierstock und Fridericus Rex[4]
mit dem Krückstock und dem von Säckingen mit der Trompete[5]
und Martin Luther wegen der festen Burg, die unser Gott ist[6], und
Gustav Freytag[7] wegen der Ahnen, auf die wir stolz sind, und dem
Hofprediger Stöcker[8], der ein Fels war gegen die Auflösung der
rechten Zucht, und dann hatte einer gedacht von der Königlichen
Bauakademie oder von der Baufirma Heilmann & Littmann oder
auch von der Deutschen Bank oder der Herr von Bleichröder, daß
man zur romanischen Kirche ein romanisches Haus bauen solle

mit Rundbogen und schmucken Säulen und traulichen Erkern zum Hinausstrecken von Ritterfahnen und hübschen Balkonen für Herolde und für Burgfräulein, die den Turnieren auf dem Platz zuschauen mochten, dem Drachentöter, der des millionenköpfigen, millionenfüßigen Untiers nicht Herr wurde, das auf allen Straßen herankroch, vielleicht wollten sie auch noch dem Klang der Laute lauschen, dem privilegierten Minnelied oder der Siegeshymne, es wurde nur ein Zapfenstreich, doch auch Fahrende kamen mit allerlei Kunststücken, andere als man geladen und erwartet hatte, später, und es zogen Geschäftsleute in das romanische Haus und handelten mit Stahl oder mit Schläue, und ein Zahntechniker und ein Nervenarzt eröffneten ihre Praxen und heilten oder heilten nicht, und ein Oberst wohnte im Haus, der Kommandant der Garde, in zehn oder in zwölf oder in zwanzig Zimmern, durch hohe Tore verbunden, daß das Regiment der Gardes du Corps hätte hindurchschreiten können mit Adlerhelm und bewimpelten Lanzen, im Fahrstuhl von Otis[9] in die Beletage gehoben, und sie alle blickten zu den romanischen Fenstern hinaus oder konnten zu den säulchenumrahmten Fenstern hinausblicken, wenn sie es wollten, und sahen am Sonntag die Gemeinde in die Kirche gehen, unterm Zylinderhut oder unterm Kaiserin-Augusta-Victoria-Hut oder unter der Pickelhaube[10] des Reserveoffiziers, ein aktiver General schritt mit im Chor, unter weißem Flederwisch[11], das lutherische Gesangbuch an die goldenen Tressen[12] oder die silberne Schärpe gepreßt, ein Flügeladjutant[13], ein protestantischer Erzengel, vom Kadettenmeister gezähmt, und am Sabbat wanderten die anderen Herren, nur unterm Zylinderhut, doch hier und dort einer in stolzer Uniform oder stolz in der Uniform als Gardereservezahlmeister, vielleicht auch Leutnant vom Troß oder von der Armierungstruppe[14], den Weg etwas weiter hin, zum Bethaus hin, und auch da die Fürbitte für die Majestät, nicht weniger dankbar, nicht minder untertan, und die Garde zog aus im August und nicht nur die Garde, auch der Train[15] kam ins Feuer, und die Armierungssoldaten gingen ins Gras, sie zogen nicht wieder ein im November, nicht die Garde zu Pferd, nicht der Troß, die Schipper[16] hatten ihre Spaten bei den Toten gelassen, kein Triumphzug vor den romanischen Fenstern, und viele brauchten nun ihren Zylinderhut und die Uniform nie mehr, die Kirchgänger gingen mit Schlapphüten zur Kirche, nur die Sabbatgänger wahrten noch die Würde des steifen Hutes, und im Schatten der dem Gedächtnis des alten und schon vergessenen Kaisers geweihten Kirche und im Schatten des romanischen Hauses lag das *Romanische Café* mit seiner Sommerterrasse wie ein Schiff, verankert oder auf freier Fahrt, flott oder schon gestrandet, ein Leib aus Beton und die Maste aus Eisen, Ebbe und Flut des Geldes kam, Sturmflut der Not kam, die Armada der Automobile zog vorüber, ein Hurrikan zog auf und wuchs, Mond und Sterne der Kinoreklame gingen auf und unter, die Passagiere auf dem Schiff drängten in die spärliche Sonne, die Fahrenden, die gekommen und nicht geladen waren, und die Götter, zu denen sie beteten oder die sie verleugneten, die Götter hatten sich wohl schon abgewandt von ihnen, voll Entsetzen, oder die Götter waren nie da gewesen, so träumten die Gäste den neuen Traum, daß Gott tot sei, oder sie träumten den alten Traum, daß sein Name über alle Namen sei, und als ich mich zugesellte, das gelobte Land erreichte vom pommerschen Acker her, vierter Klasse, mit Milchkannen und Kartoffelsäcken, und vom Stettiner Bahnhof nach dem Stadtplan zu Fuß, auf dem Weg nach Eden, da schien mir der Tempel zu strahlen, wie mein Verlangen es mir verkündet hatte, ich lauschte den Dichtern und Philosophen, hörte den Malern und Schauspielern zu, begegnete den klugen Herren der großen und mächtigen Zeitungen, den zuversichtlichen Abgeordneten der großen und mächtigen Volksparteien, ich liebte die Anarchisten und die anarchischen Mädchen, die bei ihnen saßen, und die Träumer vom ewigen Frieden und die Schwärmer von Freiheit, Gleichheit und Brüderlichkeit, und ich lernte den Sohn eines Wunderrabbi aus Miropolje in Galizien kennen, der schwebte, ein schulbleicher hungriger Seraph, an der Terrasse vorbei, wo sie sich im Gespräch erhitzten und glaubten, Zukunft zu haben oder wenigstens Dauer der Gegenwart, und der Sohn des Wunderrabbis trug einen fettigstaubigen Samt- oder Pelzhut und sagte ein jiddisches oder hebräisches Wort, ich habe es vergessen und nicht vergessen, es klang wie hävter, und es bedeutete Sand oder Wind oder Sand im Wind, und er und ich, wir sahen die Terrasse und das Kaffeehaus wegwehen, verschwinden mit seiner Geistesfracht, sich in Nichts auflösen, als sei es nie gewesen, und es marschierten die Standarten auf, die Bewegung bewegte sich zur Kirche oder in die Kirche oder in die Kinos, es war kein Unterschied, die Bewegung wurde in der Kirche empfangen und gesegnet und im Kino gefeiert, das Bethaus wurde entflammt, ein erstes Licht, das aufging, bevor die Stadt in Lichtern strahlte, und die Gäste des Cafés zerstreuten sich in alle Welt oder wurden gefangen oder wurden getötet oder brachten sich um oder duckten sich und saßen noch im Café bei mäßiger Lektüre und schämten sich der geduldeten Presse und des großen Verrates, und wenn sie miteinander sprachen, flüsterten sie, und wenn sie gingen, bereuten sie, daß sie selbst nur geflüstert hatten, und nicht die Garde zog aus und nicht die Garde kam wieder, jedermann zog aus, Mann, Weib und Kind und kam nicht wieder, und ich floh in einer Nacht im November durch die Kanäle der Stadt, durch die dunklen Adern ihrer unterirdischen Kommunikation, über die stromlosen Schienen der Untergrundbahn, ich traf Hadesgespenster, die kleinen Herren der kleinen ohnmächtigen Zeitungen, geprügelte verfolgte Politiker, verstummte Dichter, gefesselte Künstler und Bekanntschaften, die sich den Stern der Schande[17] abgerissen hatten, die nicht ihre Schande war, wir waren in Schlafdecken gehüllt oder in Säcke, wir schützten das Gesicht mit feuchten Tüchern vor dem beißenden Rauch, wir waren im Purgatorium zwischen Wittenbergplatz und Zoologischer Garten, ein Verleger stolperte über Schotter und Schwellen und sagte, Sie werden das schreiben, und ich dachte, ich werde es schreiben, und wußte, daß ich starb, in dieser Zeit, in diesen Jahren, auch wenn ich nicht gehenkt würde oder erschlagen oder verbrannt, über uns loderte die Stadt, brauste der Feuersturm, ich stieg aus dem Schacht, der Turm der Kirche[18] war zerschmettert, und das romanische Haus mit dem Romanischen Café glühte, als leuchtete im Sieg die Oriflamme[19] eines geheimen Vaterlandes.

50

Fritz Rudolf Fries

Geboren 1935 in Bilbao (Spanien). 1942 Übersiedlung der Familie nach Deutschland. Studium der Romanistik in Leipzig. Ab 1958 freischaffender Übersetzer (Französisch, Spanisch); Dolmetschertätigkeit. 1960–1966 Assistent an der Akademie der Wissenschaften in Berlin. Lebt seit 1966 in Petershagen bei Berlin als freier Schriftsteller.
Romane, Erzählungen, Hörspiele.

▷ Das nackte Mädchen auf der Straße. Erzählungen (1980)
▷ Alexanders neue Welten. Roman (1982)

Brügge oder Der Versuch, einer Amerikanerin Rodenbach[1] zu erklären

für Chris

Brügge in Flandern, Brücke zum Meer, Anlegeplatz der Normannen, die Einheimischen sprechen es ungern französisch: Bruges, sondern Brüche, mit einem Kratzlaut in der Kehle. Die spanische Besatzung unter Herzog Alba machte Brujas daraus, das sind: Hexen, ein Hexenplan, das leuchtet ein, wenn man im grauen Licht auf den schmalen Grachten dein rotes Haar sieht, wie es unterm Jasmin brennt, der am Rosenholzquai über der brüchigen Mauer hängt. Rodenbach hat hier gewohnt und auch sein Held Hugo Viane[2], Spiegelbild des Dichters. Who did you say? Eine Frechheit, sich in dem engen Motorboot zu küssen, wo man Ell- an Ellenbogen mit der halben Welt sitzt und an den Einheimischen vorbeigefahren wird, die von oben ins bleiche Wasser schauen, auf das

Touristengeflügel, das gerupft wird. Rodenbach ist ein Bier, das uns der polyglotte Charon zur Stärkung empfiehlt nach der Rundfahrt. Nach Brügge kommt man, wenn man Rodenbach gelesen hat, um den Tod oder die Liebe zu finden. Das heilige Schweigen der Engel haben die Symbolisten um die Stadt gelegt, jene Maler- und Dichterschule am Ausgang des vorigen Jahrhunderts, für die Brügge Projektion des untergegangenen Vineta[3] war, Venedig und Sodom des Nordens, Station auf dem Wege nach Thule[4].

Robin, eine amerikanische Austauschstudentin, die nichts von Rodenbach gehört hat, lebt seit einem Jahr in Brügge. Sie spricht flämisch, da klappern die Konsonanten flink wie Holzpantinen – ein Vergleich, den ich zurücknehme, denn wir sind nicht im zurechtgemachten Holland, sondern in Belgien. Wie ist Belgien? Ich weiß es nicht. Hier haben sie noch immer eine spanische Königin und essen jeden Tag Pommes frites, sagen die Holländer. Robin, wenn sie flämisch spricht, kann von den anderen jungen Leuten in der Teestube nicht unterschieden werden. Robin ist das einzige Mädchen in der Teestube, in einem langen geblümten Kleid mit geraffter Taille, die Vorhänge in der Teestube sind aus dem Stoff, aus dem Robins Kleid gemacht ist. Die jungen Leute feiern ihr Examen, sie heben die großen Hände an die hellen Bärte, die ihren schmalen Gesichtern eine künstliche Verwegenheit geben. Georges Rodenbach trug einen gezwirbelten Schnurrbart, kleidete sich wie ein Dandy und hatte einen melancholischen Blick. Die jungen Leute trinken ein Bier der Marke Rodenbach, vielleicht ein Verwandter des Dichters, der es zu etwas gebracht hat. Aber auch Rodenbach ist eine Berühmtheit geworden mit seinem Buch über das tote Brügge, eine Liebesnovelle; ich habe sie in einer Buchhandlung am Rozenhoedkaaij gekauft, obwohl ein Exemplar in meinem Bücherschrank zu Hause steht. Ich betrachte das Exemplar wie eine Votivgabe der Stadt, fast hätte ich es geklaut. In der Teestube trinke ich einen alten Genever, das muß sein, und esse einen Eierkuchen mit Zucker; der Eierkuchen ist flach wie ein Bierfilz und klein wie eine Untertasse und wird mich vierzig belgische Franken kosten. Die beiden alten Damen, denen die Teestube gehört, beobachten mit

Wohlwollen, wie es mir schmeckt. Bei gutem Wetter gehört ihnen der halbe Eiermarkt samt Tischen und Stühlen vor ihrer Teestube, aber in diesen Tagen huldigt das Wetter der großen flämischen Kunst und gibt sich diffus und elegisch, und der Wind legt die Grachten, die hier Reis heißen, in dekorative Jugendstilwellen wie von Khnopff[5] oder Toorop[6]. Für die beiden Damen bin ich der erste jenseits der Spree wohnende Berliner, was sie mit langem Staunen zur Kenntnis genommen haben (ich unterhalte mich zu gern mit alten Damen in aller Welt, denen Teestuben gehören), und in ihrem flämischen Deutsch dehnen sie die geographische Vorsilbe klagend aus, ein o, das zu u diphthongiert und mir ein Geheimnis der belgischen Kunst offenbart, nämlich die klagende Übertreibung. Nun suchen sie weitere Gespräche mit mir, muntern mich auf, in die Speisekarte zu sehen, aber ich sehe nach Robin, wie sie mit ihrer runden Kinderhand das kurze Haar im Nacken rafft. Ein wenig länger das Haar, und meine Illusion wäre perfekt, welche die Illusion Hugo Vianes bei Rodenbach wiederholte, die Geliebte wiedergefunden zu haben. Oh, das fließende Blond in den Gedichten der Symbolisten, Fetischismus des Haars, dieser vegetativen Linie, die nie vergeht. Jede Stadt ist ein Seelenzustand, hatte Rodenbach notiert. Sollte ich, der ich eines Buches wegen hergekommen bin, durch den magischen Spiegel in dieses Buch hinein müssen? Rodenbach, sagt Robin und schützt ihren Ausschnitt mit der aufgespannten Hand, I never heard of him.

Wir fahren auf der Groenen Rei. Ganz links, sagt der Bootsführer in vier Sprachen, das Hospizhaus De Pelikaan – der Pelikan. Ein einstöckiges Häuschen mit drei Giebeln, es ist ein Altersheim, groß wie eine Backstube. Der Pelikan überm Eingang ist bekannt dafür, daß er seine Jungen in der Not mit eigenem Blut nährt. Auf dem Damm vor dem Haus wächst Moos aus jeder Fuge, hier kommt niemand her, niemand verläßt das Haus. Das Meer hat sich zurückgezogen von dieser Stadt und den letzten Einwohner mitgenommen.

Fenster ohne ein Gesicht, Häuserzeilen aus grauem und braunem Backstein an Kanälen, die im Grau zerfließen. Wasser, das in Nebelschwaden ans Meer zieht. Blinde Fenster wie von Manufakturen.

Eingemauerte winzige Gärten, ein efeuumranktes Zimmer mit riesiger Katze im Fenster. In den Straßen exotische Läden, Schaufenster voll von Buddhastatuen in allen Größen, der Gott der Stille in matter Bronze, Grünspan in den Falten des Gewandes, was sich auf den Preis auswirkt, Glöckchen und Bambusvorhänge. Auf der anderen Straßenseite der Laden mit den finnischen Möbeln und Gläsern. Vor diesen Auslagen rückt Brügge in eine tote Ferne. Wer kauft die Blumen, die in Eimern und Kübeln unter den Arkaden stehen und die in künstlichen Farben leuchten? Nachts wandeln die Toten der Stadt durch die Arkaden und suchen sich an Blumen aus, was zu ihnen paßt, diese Mohnkapseln für einen ungestörten Schlaf, dieser wie mit Lippenstift gemalte Klatschmohn für ein Stelldichein im Königin-Astrid-Park. Ist Brügge eine noch heute bewohnte Stadt? Wie viele Einwohner, frage ich Robin, hast du in einem Jahr gesehen? Alle meine Freunde, sagt sie und meint die jungen Herren mit den Zierbärten, aus denen sie den Schaum des Rodenbach-Biers wischen.

Die Symbolisten, die vor der Jahrhundertwende beschlossen, daß nicht nur von Paris die Erneuerung der Kunst ausgehen sollte, weckten die belgische Provinz aus ihrem Schlaf des Mittelalters. Sie waren junge Leute. Rodenbach starb mit dreiundvierzig Jahren an der Schwindsucht, einer durchaus literarischen Krankheit, die etwas vom Verlöschen einer ins Fenster gestellten Kerze hat. Einzelgänger, die überlebten, wie Huysmans [7], sagten sich von der Revolte ihrer Jugend los und tauchten in den kollektiven Weihrauch des Katholizismus. In Brügge noch heute eine Möglichkeit, sich in die offenen Portale der Kathedralen und Kirchen zu retten.

La fine fleur de la décadence, sage ich zu Robin, die in ihrer französischen Grammatik liest, hier kannst du sie pflücken. Merkwürdig genug, daß sie im Brügge der Hanse [8], der Tuchmacher und Fischhändler blüht, die sich einen Künstler wie Memling [9] leisten konnten; im Salz der Fische in ihrem Tempel auf dem Fischmarkt, zwischen den Seiten der Prospekte des Reisebüros in der Tiefe des Belfrieds am Markt.

Seit Rodenbach 1892 sein berühmtes Büchlein BRUGES-LA-MORTE veröffentlichte, sind die Schwäne auf den Reis vor dem Portal zum prinzlichen Beginenhof Ten Wijngaarde nicht nur Schwäne, sage ich zu Robin, damit sie aus ihrer Grammatik aufschaut, sondern die verzauberten bigotten Damen der Stadt, die sich heimlich nach der Schönheit der toten Geliebten Hugo Vianes verzehrt haben; zum Trost haben sie nun wenigstens einen Schwanenhals. Und seit Rodenbach, Macht und Wunder der Literatur, ist Brügge eine Pilgerstadt der Psychopathia sexualis. Schwäne und Nonnen sind die unsterblichen Zeugen dieser Krankheit zur Liebe.

Oh, stop that sophistication! sagt Robin und irritiert mit ihrem Lachen die fotografierenden Japaner. Bild für Bild tragen sie die Stadt ab. Wer die Schönheit angeschaut mit Augen: In Tokio oder Yokohama werden sie es ihren Familien und Geschäftsfreunden zeigen, und jemand wird sagen, aber Rothenburg ob der Tauber ist noch viel europäischer, und der Brügge-Reisende wird den Kopf wiegen und sich mühen, das Geheimnis Brügges aus dem Dia-Projektor zu schütteln. Er hat es gesehen.

Robin kennt die Stadt wie ihre Collegemappe. Da wir auf der Groenen Rei fahren, trägt sie ein grünes Kleid, an den Ohren grüne Clips, ihre Zähne sind wie junger Mais, ihr Haar wechselt die Farbe unter den Brücken. Sie hat grüne Augen. Aufrecht im Boot stehend, erinnert sie mich an Memlings Jungfrau Ursula[10], die ihre von den Hunnen bedrohten Mägdelein unterm Mantel birgt. Ich habe sie gestern im Museum kennengelernt. Robins Vorfahren, auch sie Fliehende, gehen in gerader Linie auf jene Töchter der amerikanischen Revolution zurück, die für Washington die Fahne nähten und die Verfassung in Schönschrift abschrieben. Ihre Mutter berichtet noch heute davon, in einem makellosen Englisch, denn sie ist Englischlehrerin. Groucho Marx[11] und Woody Allen[12], in ihrem New Yorker Slang, sind vermutlich die erklärten Feinde der Familie. Robins Vater sammelt Bilder und handelt damit. Zu schade, sage ich mir in Gedanken an meine Freunde in Bitterfeld und Umgebung, die mir die schönen Kostüme vorwerfen, die ich meinen Figuren schneidere, zu schade, nie gerate ich an eine Gänsemagd, nicht einmal hier in Brügge, wo das Mittelalter mit seinen Monstranzen und Kelchen, seinen Fahnen und Scheiterhaufen jeden Tag aufs neue beginnt. Vom Burgplatz schickt der Belfried[13] (ein Turm groß und eckig wie der Turm im Schachspiel) sein automatisches Klavier aus siebenundvierzig bronzenen Glocken über die Stadt, ein Walzenklavier, das der Tod über Brügge gestiftet hat, ein Knochenspiel des Jüngsten Gerichts, aber fröhlich, von Moll immerzu nach Dur klingelnd, aus der Beerdigung wird stündlich die Hochzeit, und man kann sich nicht satt hören in dieser stillen Stadt. Wenn ich nachts in meiner Hotelkammer zwischen Klo und Fahrstuhl liege, bedaure ich, daß mit der achten Abendstunde das Spiel abgestellt wird bis in die achte Morgenstunde.

Ich liebe die katholische Diesseitigkeit der Stadt, die Wiederkehr der abgehärmten Kreuzritter in der Heiligblutprozession, die Wochenmärkte mit ihren Auferstehungen des Fleisches. Nach dem calvinistischen Amsterdam, wo man mit dem letzten Gulden die Gunst der Kellner und die Gnade der Hoteliers verliert, ergo ein von Gott Verlassener wird, wär ich hier noch als Bettler umsorgt und bekäme meinen Milchkaffee aus der Hand der frommen Beginen, die wie Hugo Vianes Bedienerin alle Barbe heißen, jene alte, etwas mürrische, aber treue und fürsorgliche flämische Dienstmagd.

Better not try, warnt Robin, und wir verkleiden uns als Penner, abgerissen und von Sonne verbrannt, heimkehrende Kreuzfahrer. Sind nicht immer Türkenkriege? Im Fischrestaurant De Visscherie, wo man auf blauen Tischdecken um eine Rose in der Kristallvase tafelt, weist man uns die Tür. Ein Seitenblick hat der Dame des Hauses unsere löchrigen Taschen gezeigt. Nach einer Stunde kommen wir wieder, Robin in ihrem grünen Kleid, eine Spur Rouge auf den rosigen Wangen; ich im gepflegten Räuberzivil[14] der urlaubmachenden Bankbeamten und Postangestellten von Lüttich bis Sydney. Man weist uns einen intimen Platz zu, die befrackten Kellner flüstern uns die Namen der Fische ins Ohr, Parolen einer maritimen Verschwörung. Brügge, goldgefaßte Austernschale zum nostalgischen Gebrauch? Auf dem kurzen Weg vom Fischmarkt vor den Fenstern des Etablissements hat der Fisch sich im Preis verdreifacht.

Woran ist sie denn gestorben, deine von Rodenbach geliebte Frau, fragt Robin, als ob es darauf ankäme. Streptomyzin[15], etwas früher entdeckt, hätte vermutlich ganze Literaturen unmöglich gemacht. Wir sitzen in der Liebfrauen-Kirche. Von der Empore perlt als ewiger Rosenkranz Mozarts KLAVIERKONZERT IN ES-DUR, NR. 22, KÖCHELVERZEICHNIS[16] 482. Zwei Spanier spazieren kopfschüttelnd durchs Mittelschiff, als sagten sie, so viel unverkäuflicher Plunder, da haben wir in Toledo bessere Reliquien, schönere Sprungknochen und Zehen ansonsten verlorengegangener Heiliger, geschmackvoller ausgelegt als diese flämischen Herzen an der Wand, die der Heiligen Jungfrau geweiht sind und um Gesundheit bitten, für eheliches Glück, Zusammenführung der getrennten Liebenden. Rodenbachs Liebesnovelle, in Brügge erinnert sie an den Marienkult der Minnesänger, die süße, aber entrückte, anbetungswürdige Frau. Jedoch ich ziehe mein Buch aus der Tasche und lese Robin vor:

EINE FLEISCHIGE NEUGIER MISCHTE SICH EIN.

WER NENNT DIE LEIDENSCHAFT DER UMARMUNGEN EINES LANGE GETRENNTEN LIEBESPAARES? ABER HIER WAR DER TOD NUR EINE TRENNUNG GEWESEN, DENN DASSELBE WEIB WAR JA WIEDERGEFUNDEN.

Now tell me all about it, verlangt Robin.

Hugo Viane, ein Mann Ende Dreißig, verliert die geliebte Frau, der Tod nimmt sie ihm. Er zieht nach Brügge, weil er nur hier seiner Trauer leben kann, in dieser bleichen Stadt der Stille. Eines Tages begegnet ihm ein Mädchen, das gleicht der Toten aufs Haar: Er stellt ihr nach, findet sie, er glaubt an das Wunder einer Wiedergeburt der toten Geliebten. Doch: Jane, die Inkarnation, hat den Dämon in sich, wo Andacht war, bringt sie die Unruhe ihres Tuns, sie ist Ballettänzerin, ein unmöglicher Beruf im statischen Brügge, eine züngelnde Vertikale in der Harmonie gottseliger Linien.

Daß die neue Liebe scheitert, sag ich, liegt es nicht am Kult, den Hugo Viane mit der Toten treibt, diese Fixierung an die Vergangenheit, die es ihm nicht erlaubt, die proletarische Gegenwärtigkeit dieser Cancan[17]-Tänzerin zu sehen? Diese romantische Sünde der Symbolisten, die Frau als einen fernen Mythos zu begreifen, nicht als Idee und tägliches Brot wie jener andere belgische Künstler, Masereel[18].

Robin kennt auch Masereel nicht. Meine Überlegungen sind ihr fremd. So sag ich, damit sie was auf ihr College mitnehmen kann, Rodenbachs Buch sei, und ich zitiere das heimatliche Meyer-Lexikon[19], diese Fundgrube einfacher Wahrheiten, BRUGES-LA-MORTE sei eine *Beschreibung der Monotonie des Provinzlebens*.

Robin betrachtend, ihre unschuldige Schönheit, zitiere ich für mich die Zeilen der jung verstorbenen Renée Vivien[20], aus dem Kreis um Rodenbach. AM GRUNDE UNENDLICHER WONNEN / SPÜR ICH DEN STARKEN GESCHMACK DES TODES … Unter den Augen des Kirchendieners, der das Kirchenschiff für die Sechsuhrmesse ausrüstet, lege ich den Arm um Robins schmale Schulter. Ach, laß uns tauchen in den tiefen Schoß der Liebe: Aber das war in einem anderen Land, and besides the wench is dead. Ich werde ein Herz beim Küster kaufen und es in die Galerie der Wunschherzen hängen, über der Nische mit der Heiligen Jungfrau.

Und wie geht das aus? fragt Robin und entzieht sich der Umarmung, um sich den Schuh zu binden.

Jane, sage ich, entweiht eines Tages die blonde Haarflechte der Toten, die Hugo Viane in einem Schrein verwahrt – Reliquie des Symbolismus, das schöne fließende Haar. Und Hugo Viane erdrosselt sie mit ebendieser Flechte. SIE STIESS NOCH EINEN LEICHTEN SCHREI AUS … Hinter uns glätten sich die bleichen Wasser der Kanäle. Robin weiß nicht, ob sie das Ende komisch finden soll, und ich stelle mir vor, wie meine Nacherzählung der kunstvoll gebauten Novelle Rodenbachs in ihrem Kopf neu entsteht als Folge von Comic strips oder Fernsehbildern. Jane in Großaufnahme, mit brechendem Blick, Hugos triumphierende Verzweiflung. UND DURCH DAS SCHWEIGEN DRANG DER GLOCKENKLANG, oder soll man es besser in der Originalsprache zitieren? ET, DANS LE SILENCE, ARRIVA UN BRUIT DE CLOCHES … Im Tode, und dies kann man nur in Brügge verstehen, werden beide Frauen für Hugo Viane zu einer, deren Schönheit er beklagen kann.

Was kommt dann? Robins Kinderfrage kann niemand beantworten. Rodenbachs Meisterwerk, eine neue Schule des Gefühls stiftend, ist zugleich ein Abschied auf immer.

Später gehen wir ins Groeningmuseum mit den alten und den neuen Bildern. Zu einer Arbeit von Rauschenberg[21] oder Lichtenstein[22] gehören zwei kleine lebende Vögel in einem Käfig, der zu den Museumszeiten angestrahlt wird. Robin steht einen Augenblick hilflos vor dieser unausweichlichen Gegenwart.

Georges Rodenbach starb sechs Jahre nach Erscheinen von BRUGES-LA-MORTE.

Nach neun Uhr abends täuschen die alten Buchen am Dijver die Einsamkeit des Waldes vor. Am Burgplatz trinken wir zum Abschied einen Gin & Tonic. Ein hohes Klappern von der Bonifatiusbrücke kündigt die letzten Pferdedroschken an. In der einzigen deutschsprachigen Zeitung, die man in Brügge kaufen kann, lese ich über den Verlauf eines Prozesses. Aus den Arkaden mit den verpackten Blumen taucht Robins Freund Philip auf, den ich hier unterschlagen habe. Sein Vater ist ein hohes Tier bei der NATO in Brüssel.

51

Hans Joachim Schädlich

Geboren 1935 in Reichenbach im Vogtland. Studium der Germanistik in Berlin und Leipzig; Dissertation über Phonologie. Arbeitete zuerst an der Akademie der Wissenschaften in Berlin. Anschließend war er als freier Übersetzer tätig. 1976 unterzeichnete Schädlich die Biermann-Petition. Sein Ausreiseantrag wurde Ende 1977 genehmigt. Lebt seitdem in West-Berlin.
Erzählungen, Roman.

▷ Versuchte Nähe. Prosa (1977)
▷ Irgend etwas irgendwie. Zehn Texte (1984)

Halme, Zweige, Fluß

Jedwede Überlegung, sein Äußeres betreffend, mußte ihm fernliegen, der Natur gemäß. Also auch ein Gedanke, ob es gerechtfertigt gewesen wäre, seinen Blick unterschiedlich zu benennen unter unterschiedlichen Umständen, den gleichen Blick. So, wenn er unterstellt hätte, oder hätte unterstellen können, auf seinen Blick wäre geachtet worden von allen Seiten, oder, es wäre sein Blick aufgetroffen auf Gleichmut. Ob er, im ersten Fall, der Dunkelheit und Drohung des Blicks verbergenden Ausdruck erdacht hätte, im zweiten Fall aber, zuerst ratlos, bloß geredet hätte von dem Blick, wie er ist.

Er kannte sein Äußeres gar nicht. Abgesehen von seltenen Blicken in eine Pfütze, in der er sich bloß sah wie einen der anderen, die er täglich sah.

Er ging, wach mit den ersten, über die Wiese, achtete nicht auf Halme, die er niedertrat, nicht auf Tiere, die herblickten, oder sangen, angeblich. Regen war ihm gleichgültig, wie Sonne, jedenfalls als Bild. Ob es aber kalt war oder warm, war erheblich. Am Fluß blieb er lange, bis in den Mittag, zumindest an einem Tag wie diesem. Er saß oder lag, meistens lag er. Waren Zweige über ihm, und die Zweige im Wind, verlegte er sich auf die Regung der Zweige, bis, nach reichlicher Zeit, die Stunden lang war, er sich wiegte im Zweig.

Der Sorge um Wortwahl war er enthoben. War aber Wasser nicht vorhanden, Nahrung nicht vorhanden, suchte er, lief, lief, gab die Suche nicht auf. Das Wasser soff er, Nahrung fraß er, soff, fraß, aber verwahrte den Rest nicht.

Die anderen, auf die er traf, teilte er aus seiner Entfernung in Freundliche und Feindliche. Die Gleichgültigen galten ihm den Freundlichen gleich. Erwägung war es in Wahrheit nicht; ohne Bedeutung waren auch Mienenspiel und Gestik. Bloß Spürsinn führte ihn, nicht immer verläßlich.

Den Feindlichen wich er aus. Selten suchten sie ihn dennoch. In frühen Jahren war er auf Kämpfe eingegangen und hatte öfter gewonnen, aber verletzt. In späten Jahren stellte er sich bloß auf, in Hoffnung, seine Gegner möchten ablassen. Ließen sie nicht ab, vermied er größere Verletzung nur durch Geschicklichkeit.

Den Freundlichen ging er nach. Daß es nicht oft geschah, hätte er sich vorwerfen können, wäre Selbstvorwurf möglich gewesen einem wie ihm. Die Freundlichen und er saßen beisammen zu verschiedener Tageszeit, ehestens im Abendlicht. Ihre Stimmen drangen weit, ihre Spiele zerfetzten den Boden.

Die Zeit verging ihm unmerklich, seine Zeit. Ob sie leicht war, am Fluß unterm Zweig, oder schwer, auf schleppender Suche nach Nahrung, wußte er nicht. Obgleich er stöhnte unter Wunden, oder gellte in rasendem Spiel. Daß es ihm also, vielleicht wie dem Arglosen, am Begriff mangelte von seinem Tag, von seiner Nacht. Neugier, welche irgend Kindlichkeit gleicht, so von Dummheit sich unterscheidet, gesellte sich ihm zu an dem Abend, der wiederkehrte und wiederkehrte: Mitten im Spiel, am Rand des Feldes, verharrt er vor dem Anblick von Fremden, die nahegekommen sind. Er glotzt, sein Spürsinn ist stumpf. Andere verharren, andere fliehen. Die Fremden bewegen sich vorwärts, kommen näher. Kampf oder Spiel. Das Netz, das der Fremde wirft, ist über ihm, ehe er Kampf erkennt, so daß er in dem Netz, das niedergefallen ist auf ihn, bloß gegen das Netz kämpft. Je stärker er sich verwickelt, der Fremde zieht es leichter zu. Außer ihm andere werden in Netze geschlagen. Die Fremden reden ihm zu, stecken Nahrung ihm zu, die er nicht kennt. Erst weist er sie ab. Auf einem Wagen wird er fortgebracht mit den anderen.

Der Wagen hält am nächsten Morgen. Auf freiem Platz wird einer aus dem Netz gelassen. Ein anderer am Vormittag in anderer Gegend, ein dritter in dritter am Mittag. Er ist der letzte. Weil er im Netz bleiben will auf dem Wagen, holen die Fremden ihn heraus. Die Landschaft, in der er bleiben muß, ist der Landschaft, aus der er kommt, nur ähnlich: Halme unter den Füßen, Bäume wie Bäume. In der Entfernung ein Fluß.

Wieder Neugier, die selbstvergessen zu sein scheint, treibt ihn im Kreis. Es bleibt ihm, da der Kreis ausgeschritten ist, der Blick auf die Halme vor seinen Füßen.

Er beugt sich nieder, riecht an den Halmen, will *die* Halme sehen, die gerochen haben wie die, die er riecht. Büschel von Halmen reißt er aus, zermahlt sie, speit sie fort, reißt Büschel von Halmen aus, wirft sie über sich, wirft sich ins Gras, schreit. Springt auf, rennt über die Fläche, aber sieht das Gras nicht, das er sieht. Fällt nieder in vollem Lauf, dreht sich, wühlt den Boden auf bis in die Erde. Liegt, stößt Töne hervor im Rhythmus des Atems, den er ausstößt. Schläft ein.

Wacht auf von Hunger, sieht Licht, schließt die Augen, weil er Licht sieht. Preßt die Ohren zu, weil er Wind hört und Geräusch von Halmen, öffnet die Augen, sieht Zweige eines Baums, schließt die Augen. Sieht andere Zweige eines anderen Baums, den er kennt. Hört, die Ohren zugepreßt, den Wind, der die Zweige bewegt, die er, die Augen geschlossen, sieht. In der Bewegung der Zweige ist er fort von dem Platz, an dem er ist. Fällt in Schlaf.

Er wacht auf in der Dunkelheit. Durst und Hunger spürt er nicht.

Geht dem Geruch des Flusses nach. Der Fluß ist breiter, die Strömung stark. Am Flußufer läuft er Stunde um Stunde entlang. Er steht am Fluß, starrt über das Wasser, seinen Schreien folgt das Echo. Wasser, das er trinken könnte am Fluß, trinkt er nicht. Bis zum Morgen steht er am Fluß. Vor dem Morgenlicht schließt er die Augen, sinkt nieder.

Im Schlaf hört er die anderen, die am Fluß gesessen haben mit ihm, ruft zurück, sein Ruf weckt ihn, er ruft nach den anderen.

In Schwäche, weil er Nahrung nicht zu sich nimmt, nimmt er Nahrung nicht zu sich. Er liegt am Fluß, liegt. Regen fällt nieder, aber er sieht Sonne, als Bild. Daß es kalt ist, fühlt er nicht.

Am siebenten Tag, da er Töne noch hervorstößt, die Augen nicht öffnet, nicht sich erheben kann, hört er die Fremden. Sie finden ihn, heben ihn auf, legen ihn auf ihren Wagen. Die Fahrt nimmt er wahr als Erinnerung an die Fahrt auf ihrem Wagen. Wasser, das sie gegen seine Zähne gießen, fließt ab an den Seiten.

Die Fahrt ist kürzer. Die Fremden nehmen ihn von dem Wagen. Besorgt legen sie ihn auf eine Matte in einem Raum, der umschlossen ist auf drei Seiten von Wänden, aber auf der vierten Seite ist der Raum offen, von Stäben abgesehen, welche die Öffnung unterteilen.

Er sieht Tiere, die herblicken, oder hört Tiere, die singen, und öffnet die Augen. Er sieht die Stäbe. Es steht ein Gefäß vor ihm, aus welchem er, da er sich nicht erheben muß, trinkt. Die Nahrung neben dem Gefäß nimmt er nicht. Sonst aber: Kein Halm, kein Zweig, kein Fluß.

Am dritten Tag nimmt er die Nahrung zu dem Wasser. Außer Nahrung und Wasser sieht er die Stäbe und sieht die Fremden. Er erhebt sich nicht, ist immer stumm.

Die Fremden reden zu ihm, er hört sie ohne Regung. Sie bringen andere, die sie in Netze geschlagen haben, vor seinen Raum. Die anderen, beweglich, zeigen die Gesten, die ihm vertraut sind. Aber er bewegt sich nicht. Regen, Sonne verschwinden. Er frißt, Geräusch von fressendem Vieh, säuft, saufenden Viehs Geräusch, unbewegbar, bilderlos. Mitten im Raum, am Rand des Schlafs, verharrt er vor dem Anblick von Fremden, die nahegekommen sind. Seinen Blick, der auf Gleichmut träfe, jetzt, da vergeblich auf seinen Blick gewartet worden war, verbirgt er hinter den Lidern. Das Schild vor den Stäben, daß er komme von dortunddorther, gilt für seinen Körper. Er wartet auf nichts.

52

Thomas Bernhard

Geboren 1931 in Heerlen (Holland). Aufgewachsen in Wien und Seekirchen am Wallersee, später in Traunstein/Oberbayern und Salzburg. Lehre bei einem Lebensmittelhändler. 1952 bis 1957 Musik- und Schauspielstudium in Salzburg (Abschlußarbeit über Artaud und Brecht). Ab 1957 freier Schriftsteller. Längere Auslandsaufenthalte in Polen und England. Seit 1965 lebt Bernhard auf einem Bauernhof in Ohlsdorf/Oberösterreich.
Romane, Erzählungen, Stücke.

▷ Das Kalkwerk. Roman (1970)
▷ Der Wetterfleck. Erzählungen (1976)

Das Verbrechen eines Innsbrucker Kaufmannssohns

Schon nach kurzer Bekanntschaft seiner Person hatte ich höchst aufschlußreiche Einblicke in seine Entwicklung, in seine Kindheit vor allem: Geräusche, Gerüche in seinem ihm nun schon jahrelang fernen Elternhaus beschrieb er mir immer wieder, die Unheimlichkeit eines düsteren Kaufmannshauses; die Mutter und die Gemischtwarenstille und die im Finstern der hohen Gewölbe gefangenen Vögel; das Auftreten seines Vaters, der in dem Kaufmannshaus in der Anichstraße dauernd die Befehle eines rücksichtslosen Realitäten- und Menschenbeherrschers gab. Georg sprach immer von Lügen und Verleumdungen seiner Schwestern, mit was für teuflischen Schlichen oft Geschwister gegen Geschwister vorgehen können; eine verbrecherische Vernichtungssucht haben Schwestern gegen Brüder, Brüder gegen Schwestern, Brüder gegen

Brüder, Schwestern gegen Schwestern. Sein Elternhaus war niemals ein Haus der Kinder gewesen, wie es die meisten anderen Häuser, Elternhäuser, vornehmlich in den besseren Gegenden, besseren Luftverhältnissen sind, sondern ein furchtbares, noch dazu feuchtes und riesiges Erwachsenenhaus, in welchem niemals Kinder, sondern immer gleich grauenhafte Rechner auf die Welt gekommen sind, Großmaulsäuglinge mit dem Riecher für das Geschäft und für Unterdrückung der Nächstenliebe.

Georg war eine Ausnahme. Er war der Mittelpunkt aber seiner Unbrauchbarkeit, der Schande wegen, die er für die ganze dauernd an ihm erschrockene und verbitterte Familie immer und immer dort, wo sie es zu verwischen trachtete, darstellte, ein entsetzlich verkrümmter und verkrüppelter Mittelpunkt, den sie unter allen Umständen aus dem Haus haben wollte. Er war so und auf die infamste Weise von der Natur verunstaltet, daß sie ihn immer verstecken mußten. Nachdem sie von der ärztlichen Kunst und von der medizinischen Wissenschaft überhaupt bis in die Tiefe ihrer fäkalischen und viktualischen[1] Verabscheuungswürdigkeit hinein enttäuscht worden waren, erflehten sie sich in perfider Gemeinsamkeit eine Todeserkrankung für Georg, welche ihn möglichst schnell aus der Welt schaffen sollte; sie waren zu allem bereit gewesen, wenn er nur stürbe; aber er starb nicht, und er ist, obwohl sie alle zusammen alles getan haben, um ihn tödlich erkranken zu lassen, nicht ein einziges Mal (weder in Innsbruck, wo er ein paar hundert Meter neben mir, durch den Innfluß von mir getrennt – keiner hatte vom andern gewußt –, aufgewachsen war, noch später, während unserer Wiener Studien in unserem im dritten Stock eines Zirkusgassenhauses gelegenen Zimmer) *tod*krank geworden; er war unter ihnen nur immer größer und größer und immer häßlicher und hinfälliger, immer unbrauchbarer und hilfsbedürftiger geworden, aber ohne die Mitleidenschaft seiner Organe, die besser funktionierten als ihre eigenen … Die Entwicklung Georgs verbitterte sie, vor allem, weil sie schon in dem Augenblick, in dem er von seiner brüllenden Mutter auf einen Eckstein des Waschküchenbodens geworfen worden war, den Entschluß gefaßt hatten, sich für die entsetzliche Überraschung der Geburt eines zuerst riesigen, feuchten und fetten, dann aber, wenn auch immer größeren, so doch immer zarteren und gesünderen unansehnlichen „Krüppelsohnes" (so rief ihn sein Vater) auf ihre Weise zu rächen, sich zu entschädigen für ein zum Himmel schreiendes Unrecht; einer Verschwörung gleich, hatten sie beschlossen, sich seiner, Georgs, noch bevor er, wie sie grübelten, ihnen einen möglicherweise tödlichen Schaden durch seine bloße Existenz zufügen konnte, und ohne mit dem Gesetz in Konflikt zu kommen, zu entledigen; jahrelang glaubten sie, der Zeitpunkt, da sie ihn ausgestanden haben werden, sei nah, sie hatten sich aber getäuscht, durch sich selbst täuschen lassen, seine Gesundheit, seine Krankheitslosigkeit, was Georgs Lungen, sein Herz, alle anderen wichtigen Organe betrifft, waren stärker als ihr Wille und ihre Klugheit.

Zum einen Teil entsetzt, zum andern größenwahnsinnig, konstatierten sie mit seinem rapiden Größer- und Gesünder- und Zarter- und Intelligenter- und Häßlicherwerden, daß er, das glaubten sie in der Wirklichkeit, nicht aus ihrer jahrhundertealten Kaufmannssubstanz hinausgekommen und unter ihnen hocken geblieben war; sie hätten wohl nach mehreren Totgeburten einen der Ihren verdient gehabt, einen geraden, keinen krummen Balken von Kaufmannsgeblüt, der sie alle zusammen vom ersten Augenblick an schon stützen sollte, später dann tragen, noch höher heben, alle zusammen, Eltern und Schwestern noch höher *hinauf*heben, als sie schon oben waren; und bekommen haben sie, von woher, war ihnen unheimlich, weil letzten Endes doch vom Vater aus der Mutter heraus, ein Geschöpf, das, von ihnen aus gesehen, so ein nutzloses, immer noch tiefer und tiefer denkendes Tier gewesen ist, das Anspruch auch noch auf Kleidung und auf Vergnügen erhob und das man, anstatt daß es einen stützt, stützen mußte, anstatt daß es einen nährt, nähren mußte und das man hätte verhätscheln sollen und nicht verhätschelte; im Gegenteil, Georg war und blieb ihnen ein aus lauter Nutzlosigkeit ständig im Weg und im Magen liegender Fleischklumpen, der auch noch Gedichte schrieb. Alles an ihm war anders; sie empfanden ihn als die größte Schande ihrer sonst nur aus Wirklichkeit und nicht im geringsten aus Einbildung zusammengesetzten Familie. Er sprach in dem Wiener Zirkusgassenzimmer, das wir, nachdem wir uns in einem Gasthaus in der Leopoldstadt getroffen und zusammengetan hatten, gemietet hatten, oft und oft von seinem „Kinderkerker zu Innsbruck", und er zuckte, wenn er das für ihn immer schwierige Hauptwort „Ochsenziemerhieb[2]" glaubte sagen zu müssen, vor seinem Zuhörer, vor mir, der ich jahrelang, acht Semester lang, sein einziger Zuhörer gewesen bin. Ihm viel zu große, ihm viel zu riesige Keller- und Vorhaus- und Stockgewölbe, ihm viel zu hohe Steinstufen, zu schwere Falltüren, zu weite Röcke und Hosen und Hemden (seines Vaters abgetragene Röcke und Hosen und Hemden), zu schrille Vaterpfiffe, Mutterschreie, das Kichern der Schwestern, Sprünge von Ratten, Hundsgekläff, Kälte und Hunger, borniere Einsamkeit, ihm viel zu schwere Schultaschen, Brotlaibe, Kukuruzsäcke[3], Mehlsäcke, Zuckersäcke, Kartoffelsäcke, Schaufeln und stählerne Radelböcke[4], unverständliche Anordnungen, Aufgaben, Drohungen und Befehle, Strafen und Züchtigungen, Hiebe und Schläge bildeten seine Kindheit. Er war, nachdem er schon jahrelang von zu Hause fort gewesen war, noch immer gepeinigt von den von ihm in den Keller hinunter und wieder aus dem Keller heraufgeschleppten (und von ihm unter was für Schmerzen geschleppten) geselchten[5] Schweinshälften. Nach Jahren noch und in siebenhundert Kilometer Entfernung, in Wien, überquerte er, wenn es finster war, immer noch ängstlich und mit eingezogenem Kopf den elterlichen Innsbrucker Kaufmannshof, stieg er, von Fieber geschüttelt, in den elterlichen Innsbrucker Kaufmannskeller. Wenn er sich, tagtäglich in das elterliche Kaufmannsrechnen hineingeohrfeigt, verrechnete, wurde er (noch nicht sechsjährig das erste Mal) vom Vater oder von der Mutter oder von einer seiner Schwestern in das Kellergewölbe hinuntergesperrt und dann eine Zeitlang immer nur noch „Verbrecher" gerufen; zuerst hatte ihn nur sein Vater einen Verbrecher gerufen, später aber stimmten, wie er sich erinnerte, auch seine Schwestern, dann gar seine Mutter in den „Verbrecher"-Ruf ein. Völlig „erziehungsunfähig" habe sie, die er jetzt, nach Jahren, weil er durch viele Gebirge von ihr getrennt war, in seiner Wiener Studienzeit in einem milderen Licht zu sehen sich einbildete, sich immer gänzlich, was Georg betraf, dem stärkeren Teil der Familie, also dem Vater und den Schwestern gefügt. Vater und Mutter hatten ihn mit einer entsetzlichen Regelmäßigkeit wöchentlich mehrere Male mit dem Ochsenziemer geschlagen.

In den Innsbrucker Kaufmannshäusern heulten in seiner Kindheit, wie in den Innsbrucker Metzgerhäusern die Schweine, die Söhne. Bei ihm war wohl alles am schlimmsten gewesen. Seine Geburt, so versicherten sie ihm bei jeder Gelegenheit, habe ihren Ruin herbeigeführt. Vom Vater war er ständig als „verfassungswidrig" bezeichnet worden, mit dem Wort „verfassungswidrig" stach sein Vater immerfort auf ihn ein. Die Schwestern nützten ihn für ihre Intrigen aus, mit ihrer Verstandesschärfung mit einer immer noch größeren Perfektion. Er war aller Opfer. Wenn ich in seine Kindheit und in sein Innsbruck hineinschaute, schaute ich in meine Kindheit und in mein Innsbruck hinein, mit wieviel Erschrecken gleichzeitig in das meinige, das nicht von derselben Fürchterlichkeit, aber von einer noch viel größeren Infamie beherrscht gewesen war, denn meine Eltern handelten nicht aus der tierischen, wie die Seinigen, sondern aus der radikal philosophischen, aus der vom Kopfe und von nichts als vom Kopfe und von den Köpfen ausgehenden Gewalt.

Eine uns tiefer, als von Natur aus statthaft, traurig machende Verbitterung stieß jeden Tag in aller Frühe unsere qualvollen untüchtigen Köpfe zu einem einzigen heillosen dumpfen Vermutungszustand zusammen: alles in uns und an uns und um uns deutete darauf hin, daß wir verloren waren, ich genauso wie er, was wir anschauen und was wir durchdenken mußten, was wir gehen und stehen und schlafen und träumen mußten, um was immer es sich handelte. Georg war oft tagelang in der entferntesten von ihm so bezeichneten Höheren Phantasie, und er ging, wie ich fortwährend beobachten mußte, gleichzeitig immer in seinen Verzweiflungen hin und her, was auch mich verfinsterte, die Gesetze und ihre Errichter und die tagtäglichen rüden Vernichter aller Gesetze, beide gingen wir von einem bestimmten Zeitpunkt an auf einmal gemeinsam und wie für immer gemeinsam und durch das ganze große krankhafte Schema der Farben, in welchem sich die Natur in einem jeden von uns als der schmerzhafteste aller Menschenschmerzen ausdrücken mußte. Wir hausten jahrelang, wenn auch auf der Oberfläche der Hauptstadt, so doch in einem von uns für uns geschaffenen System von nur für uns sichtbaren, uns schützenden Kanälen; in diesen Kanälen aber atmeten wir auch ununterbrochen eine tödliche Luft ein; wir gingen und wir krochen fast immer nur in diesen Kanälen unserer Jugendverzweiflung und Jugendphilosophie und Jugendwissenschaft auf uns zu ... diese Kanäle führten uns aus unserem Zirkusgassenzimmer, in welchem wir meistens betroffen von der Urteilskraft und von dem ungeheueren Überfluß der Geschichte, von uns selber betroffen auf unseren Sesseln am Tisch saßen, über unseren Büchern, fürchterlichen Verhunzungen[6], Verhimmelungen[7] und Verspottungen unserer und der ganzen geologischen Genealogie, in den alten uralten Körper der Stadt hinein und aus diesem wieder hinaus in unser Zimmer zurück ...

Acht entsetzliche Semester haben wir, Georg und ich, auf diese von mir nur angedeutete Weise in dem Zirkusgassenzimmer zusammen verbracht, zusammen verbringen müssen; keinerlei Unterbrechung war uns gestattet gewesen; wir waren die ganzen acht Semester, in welchen ich mir die Jurisprudenz verekelt hatte, Georg sich nicht weniger seine Pharmazie, nicht fähig gewesen, uns aus unserer gebückten Haltung, aus unser beider Verkrüppelung (auch ich war bereits verkrüppelt gewesen), weil wir uns ja, wie angedeutet, in allem und jedem immer in unsern Kanälen und also gebückt bewegen mußten, aus dieser Notwendigkeit in eine wenn auch noch so wenig höhere zu erheben; wir hatten die ganzen acht Semester nicht ein einziges Mal die Kraft gehabt, aufzustehen und davonzugehen ... Wir hatten ja nicht einmal die Kraft, weil keine Lust dazu gehabt, unser Zirkusgassenzimmerfenster aufzumachen und frische Luft hineinzulassen ... geschweige denn hatten wir auch nur eine einzige der *unsichtbaren Kräfte* gehabt ... Unser Gemüt war, wie unser Geist, so fest verschlossen gewesen, daß wir nach menschlichem Ermessen einmal, wir waren nicht mehr gar zu weit davon, in uns ersticken mußten, wenn nicht etwas, das nicht von uns, auch nicht *aus einem von uns* kommen konnte, ein solcher metaphysikalischer[8] Eingriff von außen in uns oder von innen in uns, eine Änderung unseres Zustandes aus zwei gleichen Zuständen, Georgs und meines, herbeiführte ... Unter einem ungeheuer komplizierten Verfahren gegen uns schrumpften in der für uns immer noch mehr atonischen[9] Atmosphäre der Hauptstadt auch unsere Seelen zusammen. Wie so viele unseres Alters waren wir, rückhaltlos, in der Vorstellung tief vergraben und tief verscharrt gewesen, die besagt, daß es nirgends, weder innen noch außen, eine Möglichkeit für frische Luft und was sie hervorrufen, *auslösen* oder *auslöschen* kann, gibt, und tatsächlich gab es damals in dem Zirkusgassenzimmer für uns keine frische Luft; acht Semester lang keine frische Luft.

Wir hatten jeder für sich einen vor vielen, was ihn betrifft, vor unzähligen Generationen im Gebirge entstandenen Namen, der, einmal links, einmal rechts des Inn, immer größer geworden war, jetzt aber, als ein Zerstörer von uns, am Ende von elterlichen Verfluchungen und Rechenkunststücken in die schamlos, wie wir mit ansehen mußten, wehleidig verkümmernde Hauptstadt hereinversetzt worden war. Jeder von uns war in seinem vielsagenden Namen eingeschlossen und konnte nicht mehr heraus. Keiner kannte den Kerker des anderen, die Schuld, das Verbrechen des anderen, aber jeder *vermutete*, daß der Kerker des anderen und die Schuld und das Verbrechen des anderen die eigenen waren. Unser Mißtrauen füreinander und gegeneinander hatte sich im Laufe der Zeit in dem Maße verstärkt, in welchem wir mehr und mehr zusammengehörten, uns nicht mehr verlassen wollten. Dabei haßten wir uns, und wir waren auch die entgegengesetztesten Geschöpfe, die man sich denken kann; alles des einen schien vom anderen, ja *aus dem anderen*, wir beide glichen uns aber doch in nichts und in keiner Sache, in gar keiner Empfindung, in nichts. Und doch hätte jeder von uns der andere sein können, alles des einen hätte vom anderen kommen können ... ich sagte mir oft, daß ich Georg sein *könnte*, alles, was Georg war, das bedeutete aber, daß nichts von Georg *aus* mir war ... Wie andere Studenten sich, wenn sie in die Hauptstadt geschickt sind, mit viel Schwung an deren Zerstreuungsmöglichkeiten erfreuen und erfrischen, blieb uns doch rätselhaft, uns beide begeisterte nichts, wir fanden an nichts Gefallen, der Geist der Hauptstadt war doch ein toter, ihre Vergnügungsapparatur uns zu primitiv.

Wir operierten von Anfang an, er wie ich, mit dem Scharfsinn, alles unterwarfen wir unserer in fast allen Fällen tödlichen Kritik; schließlich mißglückten unsere Ausbruchversuche, alles bedrückte uns, wir erkrankten, wir errichteten unser Kanalsystem. Wir hatten uns schon in den ersten Wochen aus dem schweigenden Größenwahn Wiens zurückgezogen, aus der Stadt, in der nun keine Geschichte, keine Kunst, keine Wissenschaft mehr war, in der nichts mehr war. Aber schon vor meiner Ankunft in Wien, noch in der Eisenbahn, war ich (wie auch er), waren wir beide unabhängig voneinander, von einem uns nach und nach traurig machenden Fieber, einer Krankheit angegriffen gewesen, ich von einer in meinem Unterbewußtsein genauso wie im vollen Bewußtsein sich folgerichtig von allem Außen in mich herein vollziehenden *Verstörung zur Todesreizbarkeit* und, in einem der vielen finsteren unserer Schnellzugabteile, die mit hoher Geschwindigkeit durch das Land gezogen werden, sitzend, in Wahrnehmung meiner selbst und in Wahrnehmung dessen, was mit mir auf immer zusammenhing, von dem ersten Selbstmordgedanken, Selbstmordgedankenansatz nach langer Zeit überrascht. Mit was für einer grauen und gegen mich ungemein strengen Trübsinnigkeit hatte ich auf einmal zwischen den Melker[10] Hügeln vorliebnehmen müssen! Auf dieser Fahrt, die ich gegen meinen Willen zu fahren gezwungen gewesen war, hatte ich mir des öfteren meinen Tod gewünscht, diesen raschen, plötzlichen, schmerzlosen, von dem nur ein Bild der Ruhe zurückbleibt; vornehmlich in den gefährlichen Kurven, wie dort knapp an der Donau bei Ybbs. Die Anreise junger Menschen aus der Provinz in die Hauptstadt, um ein gefürchtetes Studium anzufangen, um ein

Studium, das die meisten nicht wollen, geht fast immer unter den entsetzlichen Umständen in Gehirn und Verstand und Gefühl des Betroffenen und Betrogenen und auf solche Weise Gefolterten vor sich. Das Selbstmorddenken der sich in der Dämmerung im Zug einer Höheren oder Hochschule oder Universität in der Hauptstadt furchtsam und in allen Fällen immer weniger kühn als vermutet Nähernden ist das Selbstverständlichste. Wie viele und nicht wenige, die ich gekannt habe und mit welchen ich aufgewachsen bin und die mir genannt worden sind, haben sich schon kurz nach der Verabschiedung von den Eltern auf dem heimatlichen Bahnhof aus dem fahrenden Zug gestürzt ... Was mich und was Georg betrifft, so haben wir uns gegenseitig niemals unsere Selbstmordperspektiven enthüllt, wir wußten nur voneinander, daß wir in ihnen zu Hause waren. Wir waren wie in unserem Zimmer und in unserem Kanalsystem, in unseren Selbstmordgedanken wie in einem höheren Spiel, einem der höheren Mathematik vergleichbaren, eingeschlossen. In diesem Höheren Selbstmordspiel ließen wir uns oft wochenlang völlig in Ruhe. Wir studierten und dachten an Selbstmord; wir lasen und dachten an Selbstmord; wir verkrochen uns und schliefen und träumten und dachten an Selbstmord. Wir fühlten uns in unserem Selbstmorddenken alleingelassen, ungestört, niemand kümmerte sich um uns. Es stand uns jederzeit frei, uns umzubringen, wir brachten uns aber nicht um. So fremd wir uns immer gewesen waren, es gab keine der vielen Hunderttausende von geruchlosen Menschengeheimnissen zwischen uns, nur das Naturgeheimnis *an sich*, von welchem wir wußten. Wie Strophen eines unendlichen gleichmäßig schwarzen Liedes waren uns Tage und Nächte.

Einerseits hatten die Seinigen schon von Anfang an gewußt, daß er für den väterlichen Kaufmannsberuf und also für die Übernahme des Geschäftes in der Anichstraße, das einen wie sie erforderte, nicht in Frage kam, andererseits hatten sie aber lange die Hoffnung nicht aufgegeben, es könnte aus Georg, dem Krüppel, doch noch über Nacht, möglicherweise von einem Ochsenziemerhieb auf den anderen, das werden, was sie von Anfang an in ihm haben wollten:

der Nachfolger des jetzt schon in den Sechzigern stehenden Gemischtwarenhändlers!

Schließlich aber hatten sie sich, wie auf Verabredung, hinter seinem, Georgs, Rücken, schon über Nacht, für immer, für seine ältere Schwester entschieden, und sie stopften von diesem Augenblick an, wie sie nur konnten, alles, was sie nur konnten, ihre ganzen Kaufmannskräfte und ihr ganzes Kaufmannswissen in die auf dikken Beinen den ganzen Tag wie ein schweres Vieh durch das Kaufmannshaus gehende Person hinein, in die dicke, blutunterlaufene, rustikale Irma; Sommer wie Winter in Puffärmeln, wuchs sie, die erst zwanzig und mit einem Metzgergehilfen aus Natters verlobt war, sich zu einer an den Waden ständig Eiter lassenden Säule des Kaufmannsgeschäfts aus. Im gleichen Augenblick, in welchem sie die Schwester zur Nachfolgerin ihres Vaters bestimmt hatten (wohl auch im Hinblick auf ihren Verlobten!), gestatteten sie Georg ein Studium. Sie hatten Angst gehabt, ihr Gesicht zu verlieren. Sie erlaubten ihm aber nicht, wie er es sich gewünscht hatte, in Innsbruck, wo er neben der Kaufmannslehre auch das Gymnasium besucht und mit gutem Erfolg absolviert hatte, oder im nahen München die Pharmazie zu studieren, sondern nur in dem von ihm und von ihnen allen immer schon gehaßten, weit im Osten liegenden Wien. Sie wollten ihn möglichst weit von sich weg haben, weg *wissen*, und die Hauptstadt lag wirklich am Ende der Welt, jeder junge Mensch heute weiß, was eine Verbannung dorthin bedeutet! Es hatte nichts genützt, daß er ihnen klarzumachen versucht hatte, daß Wien, die Hauptstadt, schon seit Jahrzehnten die rückständigste aller europäischen Universitätsstädte war; es gab nichts, das in Wien zu studieren zu empfehlen gewesen wäre; er mußte nach Wien, und er mußte, wollte er nicht um den niedrigsten aller mir bekannten Wechsel[11] kommen, in Wien, der fürchterlichsten aller alten Städte Europas, bleiben. Eine *wie* alte und leblose Stadt, ein *wie* großer, von ganz Europa und von der ganzen Welt allein- und liegengelassener Friedhof ist Wien, dachten wir, was für ein riesiger Friedhof zerbröckelnder und vermodernder Kuriositäten!

Als ob er ich gewesen wäre, war mir immer in der letzten Zeit

unseres Zusammenseins, besonders eindringlich gegen Jahres-
ende, wenn er vor dem Einschlafen all das andeutete, von welchem
wir gar nichts wußten ... Seine Unmöglichkeit, sich auch nur ein
einziges Mal in seinem Leben verständlich zu machen, war auch
die meinige ... Seine Kindheit, die ihm als eine unendliche, nicht
tausendjährige, wie die des Dichters von *Moby Dick*[12] erschienen
war: der ununterbrochene vergebliche Versuch, das Vertrauen seiner Eltern und der anderen Menschen seiner Umgebung, wenigstens der unmittelbarsten, zu gewinnen. Er hatte niemals einen
wirklichen Freund gehabt, aber wer weiß, was das ist, nur Menschen, die ihn verspotteten, insgeheim fürchteten, er war immer
einer, der eines anderen oder mehrerer anderer Harmonie auf seine
Weise, durch seine Verkrüppelung, störte, fortwährend störte er ...
Wo er hinkam, wo er sich auch aufhalten mochte, er war ein häßlicher Farbflecken auf dem schönen beruhigenden Hintergrund ...
Die Menschen waren (für ihn) nur dazu da, ihm Fallen zu stellen,
gleich was oder wer sie waren, was sie darstellten, sich darzustellen
getrauten, alles stellte ihm Fallen, es gab nichts, das ihm nicht eine
Falle stellte, auch die Religion; schließlich war er auf einmal durch
sein eigenes Gefühl verfinstert ... Sein Aufwachen war wohl auch
ein solches in den Wahnsinn der Ausweglosigkeit hinein gewesen ... Er hatte mir auf einmal, der ich mich schon sicher gefühlt
hatte, die Tür in meine Kinderzeit aufgerissen, mit der Brutalität der
Kranken, Unterdrückten, Verzweifelten ... Jeden Morgen wachte er
in der festverschlossenen Zelle eines neuen uralten Tages auf.
Während mir vor die düstere Szenerie meiner Kinderzeit immer
wieder Gestalten, die durchaus als lustig, ja gar als übermütig
erkennbar sind, liefen, geschah meinem Freund so etwas nie; es
seien ihm immer furchteinflößende Geschehnisse sichtbar gewesen, wenn er in die Vergangenheit schaute, und was da gespielt
worden sei und noch gespielt werde, sei noch furchteinflößender; er
wolle deshalb, sagte er immer wieder, so wenig oft wie möglich in
die Vergangenheit, die wie die Gegenwart und die Zukunft sei, die
Gegenwart und Zukunft *sei*, schauen, überhaupt nicht schauen;
aber das ging nicht; eine riesige eiskalte Bühne war seine Kindheit,

war seine Jugend, war sein ganzes Leben gewesen, nur dazu da, um ihn zu erschrecken, und die Hauptrollen auf dieser Bühne spielten immer nur seine Eltern und seine Schwestern; sie erfanden immer wieder etwas Neues, das ihn verstören mußte. Manchmal weinte er, und wenn ich ihn fragte, warum, dann antwortete er: weil er den Vorhang der Bühne nicht zuziehen könne; er sei zu kraftlos dazu; immer weniger oft könne er den Vorhang der Bühne zuziehen, er fürchte sich davor, ihn eines Tages überhaupt nicht mehr zuziehen zu können; wo er hingehe, wo er sich befinde, in welchem Zustand immer, er müsse sein Schauspiel anschauen; die fürchterlichsten Szenen spielten immer wieder in seinem Innsbrucker Elternhaus, in dem Kaufmannshaus; Vater und Mutter als Triebkräfte seiner tödlichen Szenerie, er sehe und höre sie immer. Oft sagte er aus dem Schlaf heraus die Wörter „Vater" und „Mutter" und die Wörter „Ochsenziemer" und „Keller" oder ein von seinen Verfolgern schließlich zu Tode gejagtes „Nichtnicht!", das mit seinen vielen Züchtigungen zusammenhing. In der Frühe war sein Körper, sein bis in die der Natur verbotenen Keuschheit hinein verfeinerter, wenn auch verkrüppelter Körper (er hatte die Haut von todkranken Mädchen), naß, ein Fieber, das sich nicht messen ließ, schwächte ihn schon, bevor er noch aufgestanden war. Wir frühstückten meistens nicht, weil uns vor Essen und Trinken ekelte. Vor den Vorlesungen ekelte uns. Vor den Büchern ekelte uns. Die Welt war uns eine aus perverser tierischer und perverser philosophischer Pest und aus widerwärtiger Operette. Den letzten Februar war Georg gleichmäßig traurig und in seiner Traurigkeit immer allein gewesen. Er, der um ein Jahr Jüngere, mußte am Abend unter den uns beiden bekannten Voraussetzungen, unterstützt von Handbewegungen, Bewegungen seines Kopfes, unter allen von ihm gefürchteten Namen von verstorbenen oder von noch lebenden Geschöpfen und Gegenständen erschrocken sein. Die an ihn adressierten Briefe, wenige, enthielten wie die an mich nur Aufforderungen zur Besserung, nichts an Gutmütigkeit. Einmal hatte er das Wort „taktlos" ausgesprochen, er hatte gemeint, die Welt sei wenigstens taktlos. Wie anders hätten wir beide sein müssen, die-

sem Friedhof, der die Hauptstadt gewesen ist, der die Hauptstadt *ist*,
den Rücken zu kehren. Wir waren zu schwach dazu. In der Hauptstadt ist jeder zu schwach dazu, sie zu verlassen. Als Letztes hatte er
„Ein aussterbender Friedhof ist diese Stadt!" gesagt; nach dieser
Äußerung, die mich nicht nachdenklich gemacht hat, zuerst, wie
alle die andern von ihm in letzter Zeit, die sämtlich den gleichen
Stellenwert hatten, war ich, es war der Vierzehnte, abends, halb elf,
zu Bett gegangen. Als ich wach wurde, kurz vor zwei durch ein Geräusch, denn Georg hatte sich völlig ruhig verhalten, wohl aus dem
einen Grund schon, mich unter keinen Umständen aufzuwecken
(und jetzt weiß ich, wie qualvoll das für ihn gewesen sein muß),
habe ich die entsetzliche Entdeckung gemacht, die Georgs Eltern
jetzt als Verbrechen ihres Sohnes gegen sich selbst und als Verbrechen an seiner Familie bezeichnen. Schon um zehn des nächsten
Vormittags war Georgs Vater aus Innsbruck in Wien angekommen und hatte von mir Aufklärung über den Vorfall verlangt. Als
ich aus der Klinik, in welche Georg gebracht worden war, zurückgekommen war, befand sich Georgs Vater schon in unserem Zimmer, und ich wußte, auch wenn es wegen des schlechten Wetters
noch finster gewesen war, es wurde an diesem Tag auch nicht mehr
anders, daß der Mann, der da Georgs Sachen zusammenpackte,
sein Vater war. Obwohl auch aus Innsbruck, hatte ich ihn noch niemals vorher gesehen. Wie sich aber meine Augen an die Finsternis
gewöhnt hatten und auch die Finsternis auszunützen verstanden,
und diese Schärfe meiner Augen werde ich niemals vergessen, sah
ich, daß dieser Mensch, der einen schwarzen Überrock mit einem
ausgeschlagenen Schafspelz [13] anhatte, daß dieser Mensch, der den
Eindruck erweckte, in Eile zu sein und alles von Georg auf einen
Haufen zusammenwarf, um es fortzuschaffen, daß dieser Mensch
und daß alles, was mit diesem Manne in Zusammenhang stand, an
dem Unglück Georgs, an der Katastrophe die Schuld trug.

53

Ulrich Plenzdorf

Geboren 1934 in Berlin. Studium des Marxismus-Leninismus am Franz-Mehring-Institut Leipzig, Bühnenarbeiter, Soldat der Nationalen Volksarmee. Studium an der Filmhochschule Babelsberg. Arbeitet als Szenarist und Filmdramaturg.
Romane, Erzählungen, Drehbücher, Stück.

▷ Die neuen Leiden des jungen W. Prosafassung (1973)
▷ Legende vom Glück ohne Ende. Roman (1979)

kein runter kein fern

sie sagn, daß es nicht stimmt, daß MICK kommt (und die Schdons[1]) rocho[2] aber ICH weiß daß es stimmt rochorepocho[2] ICH hab MICK geschriebn und er kommt rochorepochopipoar[2] ICH könnte alln sagn, daß MICK kommt, weil ICH ihm geschriebn hab aber ICH machs nicht ICH sags keim ICH geh hin ICH kenn die stelle man kommt ganz dicht ran an die mauer und DRÜBEN ist das SPRINGERHAUS[3] wenn man nah rangeht, springt es über die mauer SPRINGERHAUS RINGERHAUS FINGERHAUS SINGERHAUS MICK hat sich die stelle gut ausgesucht wenn er da aufm dach steht, kann ihn ganz berlin sehn und die andern Jonn und Bill und die und hörn mit ihre[4] ANLAGE die wern sich ärgern aber es ist ihre schuld, wenn sie MICK nicht rüberlasn ICH hab ihm geschriebn aber sie habn ihn nicht rübergelasn aber MICK kommt trotzdem so nah ran wies geht auf MICK ist verlaß sie sagn, die DRÜBEN sind unser feind wer so singt, kann nicht unser feind sein wie Mick und Jonn und Bill und die aber MICK ist doch der stärkste EIKENNGETTNOSETTISFEKSCHIN[5]! ICH geh hin da-

darauf kann sich MICK verlassn ich geh hin Mfred[6] muß inner
kaserne bleibn und DER hat dienst ICH seh mir die parade an
KEIN FERN und dann zapfenstreich KEIN RUNTER und dann
das feuerwerk und dann MICKparade ist immer schau die ganzen
panzer und das ICH seh mit die parade an KEIN FERN dann
zapfenstreich KEIN RUNTER dann feuerwerk KEIN RUNTER
dann MICK KEIN RUNTER arschkackpiss ICH fahr bis schlew-
skistraße vorne raus zapfenstreich stratzenweich samariter grün
frankfurter rot strausberger grau schlewski grün vorne raus stra-
penzeich stratzenweich mit klingendem spiel und festem tritt an
der spitze der junge major mit seim stab der junge haupttampour-
major fritz scholz, der unter der haupttribüne den takt angegeben
hat mit sein offnes symp warte mal symp gesicht und seim durchschnitt von einskommadrei[7] einer der bestn er wird an leunas[8]
komputern und für den friedlichn sozialistischen deutschen staat
arbeitn denn er hat ein festes ziel vor den augn dann feuerwerk
dann MICK ICH weiß wo die stelle ist ubahn bis spittlmarkt ICH
lauf bis alex[9] dann linje a kloster grau märk mus weiß spittlmarkt
vorne raus SPRINGERHAUS MICK und Jonn und Bill und die
aufm dach EIKENNGETTNOSETTISFEKSCHIN rochorepochopipoar!

*Schweigen. Sonne. Rote Fahnen. Die Glockenschläge der neunten Stunde klin-
gen über der breiten Straße auf. Und da beginnt mit hellem Marschrhythmus
unter strahlend blauem Himmel der Marsch auf unserer Straße durch die
zwanzig guten und kräftigen Jahre Jahre unserer Republik, unseres Arbeiter-
und Bauernstaates, die großartige Gratulationscour unserer Hauptstadt zum
zwanzigsten Geburtstag der DDR auf dem traditionellen Marx-Engels-Platz
in Berlin. Auf der Ehrentribüne die, die uns diese Straße immer gut und klug
vorangegangen sind, die Repräsentanten der Partei und Regierung unseres
Staates, an ihrer Spitze Walter Ul[10] jetzt komm sie aber bloß fußtruppen panzer noch nicht NVA[11] mit ausgezeichneter Kampftechnik, die
unsere gute Straße hart an der Grenze des imperialistischen Lagers sicher
flankiert, bildet den Auftakt der Kampfdemonstration. Die Fußtruppen der
Land- und Luftstreitkräfte sowie der Volksmarine, in je drei Marschblöcken,
ausgerichtet wie straffe Perlenschnüre, paradieren mit hellem Marschtritt*

unter winkenden Blumengrüßen der Ehrengäste an der Haupttribüne vorbei.
Mfred wird sich in arsch beißn, daß er da nicht bei ist er ist bloß
BULLE BULLN marschiern nicht – Aber Junge, dein Bruder ist kein
Bulle, er ist Polizist wie viele andere – MAMA – Wenn er nochmal
Bulle zu seinem, dann weiß ich nicht was ich! Den Bullen kriegst du
noch wieder! – Mfred der B! B marschiern nicht B Mfred rocho ist
rochorepocho B rochorepochopipoar! wenn ICH dran bin mit
armee und dem, geh ICH als panzermann, wenn sie mich nehm
das ist die einzige scheiße, wenn man GESTÖRT[12] ist sie nehm ein
nicht zur armee aber wenn man sich freiwillig meldet, müssn sie ein
nehm *Dann werden die Motorgeräusche stärker, voller: Silberglänzende*
Panzerabwehrraketen auf Schützenpanzerwagen, Geschoßwerfer, Panzerab-
wehrkanonen, die schlanken Rohre schützend zum Himmel gerichtet, sind die
nächsten, die unter dem Winken und Rufen der Tausende begeisterter Be-
trachter unsere Straße heraufrollen. Die Bedienungen dieser Technik erreich-
ten bei allen Gefechtsschießen Höchstnoten. Dann zittert die Luft. Schwere
modernste Kettenfahrzeuge rasseln heran und dröhnen: Panzerverbände, dar-
unter erstmalig gezeigte gewaltige Brückenlegepanzer und Raketentruppen,
deren Spezialfahrzeuge teilweise mit drei Raketen bestückt sind, donnern in
exakter Formation über den Asphalt ICH kenn ein den habn sie auch ge-
nomm wenn man die prüfung besteht, ob man normal ist wenn
man weiß, was die hauptstädte sind von polen tschechen ungaren
sowjetunion und die warschau prag budapest und moskau als
panzermann würdich Mfred laut sagn, du bist ein B und er könnte
nichts machn panzermann ist mehr als B B bleibt B aber panzermann ist panzermann ich möchte panzer sein silberner panzer
dann würdich alle B niederwalzn und DEN auch vielleicht nicht
alle B aber Mfred ganz sicher aber vielleicht Mfred auch nicht ICH
würde meine schlankn rohre auf ihn richtn und sagn, sag daß du
ein B bist, auch wenn er dann schon studiert aber B bleibt B und
wenn ers sagt, muß er noch gegn mich boxn zwei rundn er muß
immer gegn mein panzer boxn und ICH würde bloß dastehn und
stillhaltn bis ihm seine knochn blutn und IHN würdich vielleicht
auch nicht umwalzn ICH würde meine schlankn rohre auf IHN
richtn und sagn, hol sofort MAMA zurück und sag, daß sie nicht

haltlos ist und daß sie die schönste Frau ist und daßich ein tasche-
messer habn darf zwei drei tausendmilljonen, wennich will und
daßich mit links schreibn darf und daßich kein kronischer BETT-
NÄSSER bin und nicht GESTÖRT und keine haltung und faul
und daßich tischler werdn kann und dann fragich IHN, ob ER sich
ändern will und wenn ER jasagt, sagich, das muß ER erst beweisn
ER muß zum ballspiel[13] damit aufhörn, seine stinkendn zigarettn
zu rauchen, daß eim zum kotzen wird, wenn man in sein zimmer
kommt dadamit muß ER anfangn und dann muß ER aufhörn, sich
beim essn die sockn auszuziehn und zwischn den zen zu puln[14] zen
schreibt man mit ha und dann seine stulle anfassn und ER muß mir
WESTKAUGUMMIS kaufn und ER muß aufhörn damit, daß in
der wohnung nichts aus WESTN sein darf und daß der WESTN
uns aufrolln[15] will MICK will kein aufrolln und Bill und die und
Jonn und ER muß jedn tag dreimal laut sagn, in WESTN kann man
hinfahrn, wo man will, in WESTN kann man kaufn, was man will,
in WESTN sind sie frei MAMA IST IN WEST – Eure Mutter hat
die Republkik verraten, wir sind jetzt ganz auf uns, wir drei. Jetzt zusammen halten. Haushalt gemeinsam. Manfred wird sich weiter
um seinen Bruder wie schon, und *er* wird weiterhin gut lernen und
noch besser wie in der letzten. Jetzt gerade und mir keinen Ärger in
der Schule, klar?! Er geht zur Hilfsschule. Wer sagt? Frag *ihn* doch. –
Mfred der B und VERRÄTER – *Er geht zur HILFSSCHULE? Wer hat
das veranlaßt? Mama.* – VERRÄTER – *Seit wann?! Seit wann ist er auf
dieser* Schule?! Seit der dritten. Seit er sitzengeblieben ist.
Warum weiß ich das nicht? Wa-rum – ich – das – nicht – weiß?!
Mama hat es verboten. – VERRÄTER – Ich will das Wort Mama
oder Mutter für *diese* Frau nicht mehr! – MAMA – *Diese* Frau hat *ihn*
also hinter meinem Rücken in *diese* Schule! Deswegen also seine
guten Leist in der letzten! *Da* kommt er mit! Das werden wir ja! Das
hat *er* sich so! Sich vor normalen Leistungen drück! Hinter meinem
Rück! *Diese* Frau und dann sich ab! Das mach ich rück! Wo ist *diese*
Schule? Wie heißt der Direk? Brade? – vater Brade schafft keiner,
nicht mal die 4c und die schaffn jedn lehrer – Als hilfsschulbe-
dürftig im Sinne des Paragrafen neunzehn des Gesetzes über das

einheitliche warte mal über das ein das sozialistische Bildungs-
system und der fünften Durchführungsbestimmung zu diesem
Gesetz sind alle schulbildungsfähigen schwachsinnigen Kinder.
Mein Sohn ist nicht schwachsinn – der lauscher an der wand hört
seine eigne schand – im Irrtum. Bei Ihrem Sohn sind alle Merkmale
einer ausgeprägten intellektuellen Schädigung. Mein Sohn ist nicht
geschädigt! Einfach faul, von früh auf, keine Haltung. Ihr Sohn ist
nicht faul, und er hat sogar eine relativ gute Merkfähigkeit für ein
schwachsinn. Schwachsinn ist doch nur eine Folge kapita warte
mal also kapita wo soll im Sozialismus der Nährboden für
Schwachsinn! Wo ist im Sozialismus der Nährboden für Krebs?
Krebs ist Krank. Schwachsinn ist auch eine Krank. Lediglich die
Ursachen für Krebs sind. Die Ursachen für Schwachsinn sind auch
noch nicht, mein lieber Mann. Kein korrekter Vorgang hinter
meinem Rück als Vat. Das ist nicht selten aus Furcht und wir sind
nicht ver die Unterschriften beider Eltern. Bei mir braucht keiner
Angst, das ist eine Intrige *dieser* Frau, politisch, aus Haß gegn, sie
wußte um meine Tätig, ich bin beim, und dann hat *diese* Frau die
Republik im Wissen, daß mir die weitere Tätigkeit beim nicht, verlange ich die sofortige Rückschulung. In der päda Praxis konnten
solche Rückschulungen bisher nur in äußerst seltenen so etwa bei
groben Fehlern in der Aufnahmedia [16] warte mal dia, liegt bei ihrem
Sohn keinesfalls vor, mein lieber Mann. Wie ich bereits sagte, arbeiten die Hilfsschulen mit speziellen Lehrplänen. Ein zu uns über
Kind kann daher die ohnehin vorhandenen Rückstände nicht nur
nicht – hilfser bleibt hilfser [17] – sondern die Leistungsunterschiede
zur Oberschule vergrößern sich rasch und schließen eine spätere
Rück – hilfser bleibt hilfser rochorepochopipoar – Das ist alles der
Einfluß *dieser* – MAMA hat auch nie kapiert, warum bei 35 minus e
ist gleich siebzehn, 2 gleich 18 ist, oder sie hat es kapiert, weil siebzehn und e 18 ist aber sie weiß auch nicht, wie man darauf kommt,
warum man e auf die andre seite bringn muß auf welche andre seite
überhaupt und warum e auch d sein kann e kann doch nicht d sein
und was dabei variabl kain und abl sind variabl abl und kain sind
sind sind arschkackpiss alle wußtn das, bloß ICH nicht sitzenblei-

ber schweinetreiber sitzenbleiber fünfenschreiber [18] – ausgerechnet
er nicht, das kann doch bloß daran, daß er zu faul. Einfach zu! Nie
hat es das! Sieh dir meinen Vater an. Unter dem Kapitalismus nicht
mal als Arbeiterjunge. Die Familie ernährn und wie hat er sich
hoch. In den Nächten mit eisernem und morgens um vier. Von mir
will ich ganz. Aber nimm seinen Bruder. Leistungen sehr wenn
auch noch. Keine Klagen, weil vom ersten Tag an. – Mfred der B ich
bin hilfser aber Mfred ist B es muß ja auch hilfser gebn aber B muß
es nicht gebn ICH hatte schon immern jagdchein [19] – Jagdchein
schreibt man mit sch. Er soll nicht immer die Endungen ver-
schlucken, deswegen schreibt er auch falsch. Geht das nicht in seinen Kopf? Sprich mir nach: *reden, singen, laufen.* Das schreibt er jetzt
zehnmal – arschkackpiss repochopipoar MICKMAMA – Der
junge kann doch nichts dafür, wenn er nicht alles begreift –
MAMA – Du hast für alles eine Entschuldigung, was den Jungen.
Ich hab auch nicht alles begriffen und bin trotzdem ein halbwegs
anständiger Mensch geworden. Du immer mit deinem halbwegs,
heute sind die Anforderungen, dir würde es auch nichts schaden,
wenn du, manches muß man eben einfach, sich hinsetzen und
pauken, das Einmaleins kann man nicht begreifen, das muß man
bis es einem in Fleisch und Blut. *Er* ist Arbeiterjunge und *er* kann.
Daß ich hier richtig verstanden werde. Ich will hier keinen Gegensatz zwischen Arbeitern und Söhnen von Frisören – frösen von
sisören frönen von sisören frisen von sösören sösen von frisönen –
Schließlich sind wir alle eine große Gemeinschaft und wenn *er* so
weiter, landet *er* noch in der HILFSSCHULE. Ein Fleischmann und
in der HILFS. Wir heißen Fleischmann und nicht Fleichmann. *Seinen*
eigenen Namen wird *er* doch noch! Wie es in deiner Familie, weiß
ich natürlich. Bitte laß meine Familie aus dem Spiel – MAMA – Ich
werde dafür daß *er*, sagen wir in zwei Jahren, auf Durchschnitt zwokommafünf und Manfred wird ihm dabei helfen, noch besser als.
Schließlich seid ihr Brüder. In Ordnung Manfred?! Ich wünsche
eine deutliche Ant! Da wird eben gesessen und gearbei und nicht
mehr runter und kein fern und jeden um sechzehn Uhr wird bei mir
und angetanzt die Schularbeiten der ganzen und die Leistungen

durchgesprochen, solange bis es, und dann werden wir ja *Schon dröhnen am Firmament über der Straße unserer Arbeiter- und Bauerngeschichte Böllerschüsse* [20]*. Seidene Banner der Arbeiterklasse und unserer Republik schweben durch die Sonnenstrahlen herab. Und ringsum hinter dem Platz, auf dem die Marschmusik des abmarschierenden Spielmannszuges und des Musikcorps der NVA verklungen war, hört man ein Summen, Singen, Rufen – die breite und bunte Front der Berliner Bevölkerung zieht zur Gratulationscour auf der Straße heran. Die Straße ist voller* Manfred wird das beaufsichtigen, Einwände? – ZWOKOMMAFÜNF KEIN RUNTER KEIN FERNkalernkalorumkapitalismuskonzentrationsmängl sind ein tüpiches zeichn – und in zwei Jahren wird mich kein Lehrer mehr in die Schule und ich wie dumm dastehen, und mein Sohn ist versetzungsgefährdet, und die Schule bereits schon lange signalisiert und Information gegeben, und ich weiß nichts. Jeder Brief wird mir in Zukunft und jede Arbeit *vorgelegt* – vorgelege [21] das sind, wenn man vorgelege dien sie erhöhn sie sind eine zusatzeinrichtung zur erhöhung der drehzahl der welle zum ballspiel bei drechselbänkn bei der verarbeitung sehr spröder holzartn zum ballspiel kiefer die würde ja splittern es empfiehlt sich, bei kiefer kernholz zu nehm, wenn überhaupt zum drecksln eher von den einheimichen hölzern buche esche also kurzfasrige hölzer dabei geht es auch mit kiefer wenn man aufpaßt kiefer ist gut – daß die Schule meine DIENSTSTELLE informiert, daß der Sohn des Nossen Fleich [22] schlechte Leist, erziehungsschwierig außer Werken, ich weiß. Wegen seinem Holzfimme – filzhommel folzhimmel – keine Illusi warte mal Illu. Ich habe nicht und mein Vater hat nicht in den schweren Jahren, damit unsere Kinder Tischler! Damit ich hier richtig verstanden, das richtet sich nicht gegen Tischler. Es muß und es soll auch Tischler. Aber sollen die mal Tischler, die solange immer Doktor. Wobei ich nichts gegen Doktoren. Doktoren muß es. Sie sind sogar die Verbündeten, aber wir orientieren sowieso daß im Zuge der technischen – sisiwo – wenig intelligenzintensive Tätig zum Beispiel Tischler durch weitgehnde Mechani beziehungsweise Substi neuer Werkstoffe wie zum Beispiel Plaste [23] – schlaste klaschte klaste pflaste klaschte von plaste kriegt man krebs plastekrebs – und da soll *er* Tischler werden? *Sein* TASCHENMESSER gibt *er* sofort ab und das ganze Holz kommt aus dem Kell[24]. Plaste hat Zukunft, und das hört auch auf, daß er nicht von Plaste essen. Wir alle essen von Plaste, und es bekommt. Nimm Manfred! Ißt er etwa nicht? Und außerdem ist es hyg. Er wird sich daran gewöhnen, an Rechtsschreiben hat er sich auch und sehr gut. Und noch ein Punkt: das BETTNÄSSEN. Das hört nun auch auf. Zehn Jahre und nicht wissen, wann man auf Vlo[25]. Meine Meinung hierzu, daß wir ihm das Linksschreiben abgewöhnt und *er* jetzt aus Protest ins Bett. *Er* soll sich zusammennehmen, oder ihr geht zum Arzt. Es gibt gegen alle ein *ihre Freiheit ringenden Völkern. Die DDR ist richtig programmiert. Sie hat in aller Welt Freunde und ein Hohes Ansehen. Unsere Straße war nie eine glatte Chaussee. Schwer war der Anfang, voller Mühen und Entbehrungen. Aber sie ist gepflastert und mit dem entschlossenen Willen von Millionen Zeugnis der Befreiungstat der Sowjetunion ein T vierunddreißig[26] mit der russischen Aufschrift: Tod dem Faschismus. Dann ganz groß fotoko* würdich auch bei mir vorne drauf schreibn, wenn ich panzer wer und dann würdich meine schlankn rohrn auf IHN richtn und befehln, rufn sie sofort aus, tod dem faschismus das würde ER bestimmt machn und dann würdich sagn, sagn sie, daß sie ein faschist sind das würde ER nicht machn und dann würdich mit meine schlankn rohre auf IHN losfahrn und dann würde ER wegrenn aber ICH würde IHM nachfahrn und wenn er in ein haus rennt oder in seine DIENSTSTELLE, würdich davor in Stellung gehn und sagn, gebt IHN raus oder ICH schieße das ganze haus in klump und sie würdn IHN rausgebn, weil sie sich ihr schönes haus nicht für ein faschistn kaputtmachn lassn würdn und dann würdich IHN vor mir hertreibn bis vor Mfreds kaserne und würde sagn, gebt Mfred den B raus und sie würdn vielleicht auf mich schießn aber ihre kugln komm durch mein silbernen panzer nicht durch und sie müßtn Mfred rausgebn rocho und dann zwingich IHN, mit Mfred zwei rundn zu boxn, bis ER auf die bretter geht[27] rochorepocho und immer, wenn Mfred nicht richtig zuhaut, weil er IHM nichts tun will, lang ich ihm eine mit meine zwei schlankn rohre, daß er umfällt rochorepochopipoar ER hat nur kraft aber Mfred ist im verein er weiß wo er hinhaun muß, daß es gemein ist bloß im verein darf er nicht aufn magn und die ohrn immer auf die ohrn – Jedenfalls, da hat deine Mutter recht, Manfred, daß du *ihn* haust, das muß! Das ist nicht! Dazu hat hier nur einer das, klar? Wenn *er* anfängt. Stimmt das? Wie ein Idiot geht er plötzlich auf mich los. Stimmt das? – wenn Mfred mich nicht rausläßt wennich aufs clo muß – Das mit Mfred macht *er* auch bloß um mich zu ärgern. Warum spricht *er* seinen Bruder nicht mit seinem Namen? Der Idiot und dann wundert er sich. – hier sagt ja niemand mein nam – Aber das ist doch nicht wahr. Junge. – MAMA ja du aber die nie – Was heißt denn hier die? Ich soll nie? Also? Das macht er immer so, der Idiot, sagt keinen Ton! Laß den Idiot! – MAMA – Und das mit dem Clo sagt *er* auch nur, um sein Bettnässen auf mich zu schiebn, zehn Jahre und nicht *wissen*, wann *er* aufs Clo muß, das ist doch nicht normal. Jetzt sag mal *wirklich*, läßt Manfred dich nicht aufs Clo, wenn du mußt? – MAMA MAMA MAMA wenn er da ist, darf ich nur aufs clo, wenn er bestimmt er stellt sich einfach vor die tür – Der spinnt! Aber wenn *wir* da sind, kann sich Manfred doch nicht. Ich sag ja, der spinnt. Nachher bin ich noch Schuld, daß er eine Fünf nach der andern schreibt. – wenn ihr da seid und ICH geh aufs clo, ohne ihn zu fragn, haut er mich später – *Der* spinnt. Der fängt an. Er geht wie ein Idiot auf mich los. Du sollst den Idiot lassen, ich hab das schon mal gesagt! – MAMA – Daß du gegen mich bist, weiß ich. Deine Mutter ist nicht gegen dich, Manfred. Aber was *er* hier vorbringt, ist natürlich. Und von Manfred als dem Älteren und Reiferen hätte ich erwartet, daß er nicht. Jedenfalls wollte ich so nicht verstanden werden, daß Manfred *ihn* so beauf. Und in Zukunft will ich da keine Klagen mehr. Und was das Hauen anlangt, folgender Vorschlag. Ich stifte *ihm* auch ein paar Boxhandschuhe und damit kann *er* in Zukunft auf Manfred losgehen und dabei lernt *er* gleich etwas von der Technik. Das kann nicht schaden. Sag Manfred! – Mfred – Gut, eine Runde. Sag Manfred! – Mfred – Gut, zwei Runden. Sag Manfred! – Mfred – Gut, drei Runden. – immer auf die ohrn Eikenngettnosettisfekschin MICKMAMA springerhaus vorne raus MICK und Jonn und Bill und die mit ihre ANLAGE auf dem ICH muß glotzen *Straße gehört der Jugend. Ein über tausendköpfiger Fanfarenzug von Jung- und Thälmannpionieren* [28], *die Besten ihrer Freundschaften, führt die nächsten Marschblöcke an. Mädchen und Jungen mit blütenweißen Blusen schwenken mit* ich glotz mir das hier zuende an ob da auch hilfser bei sind von uns keine samariter grau strausberger grün schlewski grün ich fahr durch scheiß zapfenstreich schilling gelb alex um auf a märk mus weiß kloster grau spittelmarkt vorne raus springerhaus MICK MICK ist größer als die andern man sieht ihn sofort auch ist MICK blond seine haare gehn ihm bis auf die hüftn sie sind auch wellig wenn wind ist, stehn sie ab wie bei MAMA er hat auch so kleine hände sie riechen süß nach WEST-KREM und sie sind warm mit den klein gerilltn huckln [29], wenn sie mich anfaßt und die nägl glänzn und sind lang und vorn rund sie soll aufpassn, daß sie nicht kaputtgehn beim gitarrespieln er soll lieber ein plättchen nehm, sonst kann er mich nicht mehr aufm rückn krauln wenn die anfälle komm das ist schön holz ist schön messer sind schön schlafn ist schön trinkn – *Er darf einfach nicht mehr soviel trinken, dann wird er auch nicht mehr ins Bett nässen* – ist schön träum ist schön blütenweiße blusn sind schön weiße blusn sind schön blusn sind schön die denkn ICH kann nicht mehr träum, weil sie MAMAS BLUSE habn, Mfred und DER – *Ist dieses Kleidungsstück bekannt? Aha. Um was für ein handelt es sich? Sehr richtig, eine Bluse. Eine Mädchenbluse. Welchem Mädchen gehört beziehungsweise hat sie? Er weiß es nicht. Manfred, wo hast du diese Bluse? In seinem Bett unter der Matratze. Was hat es also mit dieser Bluse? Nichts, sie liegt in seinem, aber er hat nichts. Sieh mich an! Was hat es mit dieser Bluse?! Er legt sie immer unters Kopfkissen. Und dann? Er schweigt. Nun gut, fünf Tage kein und kein und dann werden wir ja! Ich glaube, die Bluse gehört Mama dieser Frau.* – Mfred der B und VERRÄTER – *Ach sie gehört! Das ist ja abnorm. Das ist ja perv! Wie kommst du zu dieser Bluse von dieser Frau? Geklaut wird er sie haben, damals noch.* – VERRÄTER – *Stimmt das? Gut, weitere fünf Tage kein und kein und außerdem kein. Was ist noch von dieser Frau? Rede! Wir durchsuchen dich sowieso* – sisiwo wisiso sosowie sisowie MAMAS TASCHEN-

TUCH das findn die nie das schluck ICH runter rocho ICH
brauches bloß anzufassn dann kommt MAMA rochorepocho sie
kommt und holt mich nach WESTN rochorepochopipoar sie
kommt vom Springerhaus über die MAUER und ihre haare gehn
ihr bis auf die hüftn die gitarre hat er bei sich keiner kann ihr was er
ist stark ein schlag auf der gitarre und alle falln um und sie nimmt
mich bei der hand mit den klein gerilltn huckln und sie sagt ent-
schuldige bitte, daß ich erst jetzt komme ich mußte mir erst ein haus
und ein auto kaufn es hat zwei zimmer für dich eins zu schlafn und
eins da steht eine hoblbank und soviel holz wie du willst aber zuerst
fahrn wir nach italien oder wohin und dann hopsich mit ihr über
die MAUER keiner macht was sie habn angst, weil MICK so groß
ist oder sie sehn uns nicht es ist nacht sie will mich rübertragn aber
ICH sag ihr, gib mir bloß ein finger ich spring alleine wie früher
springerhaus fingerhaus und er macht es und ich spring und Jonn
und Bill und die fangn an zu spieln EIKENNGETTNOSETTIS-
FEKSCHIN rochorepochopipoar und ICH mach für jedn eine
gitarre für MICK die beste ICH bin hilfser und blöd und alles und
hilfser brauchn sie in WESTN auch nicht aber gitarrn machn kann
ich aus dem bestn holz aus linde ICH hab jetzt ein zimmer und holz
und eine hoblbank und ICH bin der GRÖSSTE GITARRN-
MACHER in WESTN aber nicht für stars für alle die sich keine
kaufn könn aber spieln wolln ICH nehm auch kein geld nur von
stars außer von MICK und Jonn und Bill und die schdons das ist es,
was die armen so erbittert und die reichn auf die barrikade treibt
unsern bestn freund aus. Sprechchöre rufen mit kräftiger Stimme: Mit der
Jugend jung geblieben wennich in WESTN bin, darf Mfred nicht mehr
B bleiben mit bruder in WESTN wie damals bei IHM, als MAMA
da durfte ER auch nicht mehr da mußte ER die DIENSTSTELLE
wechseln deswegn haßt er MAMA es ist bloß wegn vater Brade
dem schreibich, daß es nicht wegn ihm ist wenn alle so wern, werich
noch da und frau Roth und herr Kuhn und unsre ganze schule und
alle hilfser außer eberhardchen es ist wegn MAMA *leuchtet das Blau*
der FDJ[30] *die Straße herauf. Tausendzweihundert Musiker ziehen an der*
Spitze der drei Marschblöcke mit zwanzigtausend FDJotlern heran. Die eng

geschlossenen Reihen der Marschformation vermitteln ein anschauliches Bild von der Kraft der Jugend, von unserem Tatendrang. Rhythmisches Klatschen von den Tribünen begleitet sie. Da verhält der Zug vor der Ehrentribüne. Die Hymne der Republik steigt von den vielen Tausend gesungen, in den Himmel. Die mächtigen neuen Bauten ringsherum werfen das Echo zurück. Dann zieht auch die letzte, die machtvolle Marschformation der FDJ auf der sonnenhellen Straße hinaus – hinaus ins dritte Jahrzehnt unserer die gehn in Richtung Springerhaus nachher fängt MICK schon an ICH muß los die wern mich sehn zu hell arschkackpiss auchegal hauptsache ICH bin bis neun wieder da wenn DER vom dienst kommt, schlägt er mich tot soll ER doch auchegal ICH geh zu MICK wenn nicht, das ist verrat ICH kenn die stelle ICH nehm die u[31] oder tram? ICH nehm die u smariter grün oder die tram heißt japanich baum tram tram bäume und wald? tramteramteramteramtramtram MAMA ICH kann japanich französich mong cher mongmon mong frer gastrong[32] schpukt mir warte mal schpukt mir schpukt mir also schpukt immer in die bulljong englisch scheißampel mit ihr ewiges rot ICH nehm die u die u die diudiudidudibu *Fahrgäste ohne gültigen Fahrausweis zahlen außer dem Fahrpreis laut Tarif* 5 MDN[33] nachlösegebühr. Modehaus Dorett. Bei Augenqual nur Zapletal[34]. Schöner unsere Hauptstadt – Mach mit. DDR 20 DDR 20 DDR 20 DDR 20 DDR 20. Weiße Schiffe Frohe Stunden. DDR 20 DDR 20 DDR 20. Ich bin zwanzig. Unsere Besten. Besteigen und Verlassen fahrender Züge lebensgefährlich. Bitte benutzen Sie auch die hinteren zuch kommt der zuch kommt schön neu der zuch[35] fährt nach alex über strausberger weiß ich doch bin nicht vons dorf *Nicht öffnen während der Fahrt! Lebensgefahr!* Du ißt mich nicht, du trinkst mich nicht du tust mich nicht in kaffe rein du bist mich doch nicht krank MAMA vorm schlafngehn zwei tablettn mit etwas flüssichkeit wenn vom arzt nicht anders – Mein Gott, Junge, warum hast du das bloß getan? – MAMA nicht wegn dir es ist aber besser so – Lebensgefahr! Schwester halten sie. Wieviel tablettn waren. Wie kommt das Kind überhaupt? Haben sie das Testament, er hat ein testament, er wollte – liebe MAMA es ist besser so meine sachn sind alle für dich du kannst nun auch weg – Aber, Junge, ich will doch nicht weg von dir, ich laß dich doch nicht allein. Stimmt es, daß *er* eine Klassenarbeit bei Frau Schunzilord? – Mfred der B und VERTRETER – Deine Arbeit ist wieder, Fleischmann. Alle andern. Ich weiß nicht mehr was ich. Fünfenschreiber. Der Idiot spinnt doch mal wieder. Der hat garantiert den Film gestern mit dem Selbstmord gesehn. Du bist jetzt mal ruhig! Dir haben wir es doch. Du solltest doch. Hab ich nicht gesagt, kein fern?! Was hat *er* gestern? Keine Ahnung, soll ich vielleicht. Ruhe! Raus! Schon immer gesagt, daß der Einfluß des WESTFERN [36] *Notbremse! Handgriff bei Gefahr ziehen* Leistungen des einzelnen nun mal das Maß für alles in unserer Gesellschaft. Wenn ich auch zugebe, daß manchmal mit allzugroßer Härte erzwungen, statt mich rein zeitlich mehr um *ihn.* Aber meine Aufgaben als. Trotzdem der Meinung, daß hier ein Fall von extremer Drückebergerei. Indizien wie KLASSENARBEIT sprechen. Nicht zulassen. Will aber jedenfalls bis auf Wider dahingehend modi, daß runter möglich, wenn Manfred. Kein fern bleibt bestehen, sein Taschenmesser kann *er* wieder, wenn *er* sagt von wem *Bitte benutzen Sie auch die hinteren Wagen, sie sind* von Eberhardchen Ich hab jetzt vielleicht tausend mark schuldn bei ihm oder warte mal dritte Klecker [37] dann vier jahre hilfs am tag eine mark für das messer das sind das sind wenn der mich sieht zwanzig stück hat er verpumpt [38] das sind am tag zwanzig mark – Gut Fleischmann! – das jahr hat dreihundert warte mal also zwölf monate der monat hat war das schon schlewski? samariter grün strausberger blau schlewski grau also das sind dabei war sein vater heilich die bibl oder die heiliche schrift – Mein vater hat nur heilige Schriften. Sag bloß, du hast noch nichts von der bibl, ehj? – und adam erkannte sein weib eva und sie gebor [39] IHM zwei söhne kain und abl sind variabl abl und kain wieso kannte er sein weib nicht? warte mal kain und abl und sie wurdn bauern und da gingn sie zu IHM und brachtn IHM von den früchtn des feldes also korn und rübn und junge schafe abl war schäfer und kain bauer und das sagte ER, was abl hat, gefällt mir die jung schafe aber was kain hat nicht warum nicht? ICH wußte gleich, daß ER was gegn abl hat abl war auch der kleinere bruder von beidn und da war kain ergrimmt und ER sagte, warum bist du

ergrimmt kain sagte, weil es ungerecht ist und ER sagte, was ungerecht ist, bestimme ich klar? und da war kain noch mehr ergrimmt
und das wußte ER und da schlug kain abl tot, der gar keine schuld
hatte und da fragte ER, wo ist abl und kain sagte, keine ahnung soll
ich vielleich vielleicht warte mal soll ich vielleicht meines Bruders
hüter sein? aber ER wußte es schon daß abl tot war von kain und
verluchte[40] kain und schickte ihn in die wüste und kein geld und
nichts und da sagte kain, die schlagn mich tot und da sagte ER, das
stimmt und ER machte ein zeichn an kain wahrcheinlich tinte und
da durfte keiner kain totmachn, weil ER nämlich garnichts gegen
kain hatte die steckten unter einer decke sondern gegen abl und
kain konnte wegziehn und heiratn und alles und abl war tot was
daran heilich sein *Alexanderplatz* raus umsteign oder ICH lauf den
rest esbahn[41]rathaus geradeaus springerhaus auf dem dach MICK
EIKENNGETTNOSETTISFEKSCHIN rochorepochopipoar oder
ich fahr? *Benutzen Sie bitte auch die hinteren Wagen, sie sind schwächer besetzt.* DDR 20 oder ich lauf *DDR* 20 wennich mit links an der treppe,
laufich links ist wo der daum rechts ist MAMA *DDR 20* ICH lauf
ist auch besser, wenn die bahn steckn oder ich fahr? ICH lauf ICH
hab gesagt ICH lauf also lauf ich lauf jäger lauf jäger lauf jäger lauf
mein lieber jäger *DDR 20* ist ranzich dreißich ist warte mal ist vier-
zich ist würzich fünfzich ist fünfzich warte mal *DDR* 20 DDR 20
DDR 20 DDR 20 DDR 20 masse licht masse leute masse fahn –
Eins, zwei, drei, wenn die Partei uns ruft sind wir – hier kommich nicht
durch doch fahrn – *haben früh erfahren der Arbeit Frohngewalt in düstern
Kinderjahren und wurden früh schon alt* – masse ausländer hau du ju du
im gummischuh slihp ju werri well in jur bettgestell[42]? o werri
matsch wat ju sei is kwatsch[43] MAMA ICH kann englisch *Wir sind
auf dem richtigen Weg! Folgt dem Beispiel unserer Besten! Stärkt die Republik
mit Höchstleistungen in Wissen* rathaus bitte melden ICH kann sie
nicht sehn hallo – Druschba[44] – Freundschaft Druschba – Freundschaft – Drusch – masse leute wenn die alle zu MEIK masse licht
rathaus ICH kann sie nicht sehn ICH bin geblen esbahn! esbahn ist
gut esbahn mussich durch esbahn fressbahn – auch der Rhein wieder frei. Brechen den Feinden die Klauen, thälmann ist immer dabei

– ernst thälmann ist der war der die faschistn habn ernst thälmann sie habn in buchnwald ernst thälmann spricht zu den bauern der sich warte mal der sich auf stock stützt thälmann grüßt freundlich thälmann holt ihn ein und grüßt freundlich thälmann unterhält sich gern mit einfachn menschn was ich über ernst thälmann *DDR 20 DDR 20 DDR 20 DDR 20 DIE DDR IST RICHTIG PRO-GRAMMIERT. PLAN* der berliner … Geschlossene Veranstaltung. Der Musterschüler. Nathan der[45] … Trabrennbahn Karlshorst DDR – Sozialismus DDR – Sozialismus. Eins, zwei, drei, vier Klasse – die könn brülln *Sieger der Geschichte* B sind auch hier Mfred B sperrn ab laß sie was ich über den neuen fernsehturm der neue fernsehnturm in der haupstadt der ddr berlin sagan mein kind sorau[46] der wind wien berlin wieviel städte das sind vier MAMA masse leute masse licht das sehn sie auch in WESTN in WESTN habn sie kein so hohn fernsehnturm wie der fernsehnturm in der haupstatt der ddr ist mit seinen mit seinen warte mal zweitausenddreihundertvierunddreißig metern der größte in rathaus bitte komm ich seh sie jetzt danke rathaus *Erfolg haben ist Pflicht! Die sozialistische Menschengemeinschaft ist unser größter Erfolg! Schöner unsere Hauptstadt – Mach mit DDR* 20 masse fahn masse lärm *grüßen wir den Vorsitzenden des … haben Platz genommen die Mitglieder des … hurra hurra hurra und die Kandidaten des … und den Sekretär des … wir begrüßen den Stellvertreter des Vorsitzenden des … hurra hurra hurra und den Stellvertreter des Vorsitzenden … weiterhin den Vizepräsidenten des … drei, vier, Klasse! Wenn die Partei uns ruft … und andere hervorragende Persönlichkeiten … den außerordentlichen Botschafter … und die Delegationen ausländischer Jugendorganisationen unter ihnen mit besonderer Herzlichkeit … Liebe Freunde und Genossen! Liebe Berliner! PGH*[47] *Hans Sachs* schöne schuhe *Bowling* bowling ist, wenn also bowling ist warte mal das ist ein verfahren zur arschkack schon dunkl ist ja schon dunkl scheiß masse licht schon dunkl wars der mont schien helle als ein auto blitzeschnelle langsam um die ecke drinnen saßn B was machn die hier fahrn auto laß sie ICH muß renn schon dunkl MICK ICH komm! drinnen saßn drinnen saßn warte mal stehend leute schweigend ins gespräch MAMA als ein totgeschossner hase[48] überm über also er lief geradeaus springerhaus B masse B – Hau ab hier, Kumpel! – wieso ICH – Hau ab, ist besser. Die lochn uns ein! – wieso MICK – MICK ist nicht, keiner da. – MICK kommt – Siehst dun? War alles Spinne. Die drübn habn uns beschissn! MICK kommt du spinnst der haut ab schön lange haare hat er bis auf die hüfte wenn wind ist, stehn sie ab da sind welche masse leute B auch B sperrn ab lösn auf drängeln ab Mfred was machn die mit den leutn was machn die leute Nosse Unterleutnant! der leutnant von leuten befahl sein leutn nicht eher zu MAMA die wolln uns nicht zu MICK – Die habn uns beschissn, Kleiner! MICK hat mir ich will zu – Wie alt bistn du? Hau ab hier! Das ist ernst! – was machn die B drängeln ab ICH WILL NICHT WOHIN SOLLN WIR – Spree oder was? Die machen ernst. Aufhörn! Power to the people[49]. Ist doch Scheiße. Gehn Sie weit. Wohin denn? Laßt uns raus! I like MICK! Halt doch die Klap, Kump. Die haben was gegen uns. Ich auch gegn die. Ruhe. Fressen halten! Sie können uns hier nicht! Gehn Sie weit! Mir ist. Geh zu Mama, Bauch waschen. – die habn die habn ja knüppl die habn ja knüppl draußn was wolln die – Dreimal darfste raten! Die wolln uns! Ruhe bewahren! Nicht provozieren! Gehn Sie weiter! Wohin denn? Lassen Sie uns! Hat kein Zweck, die. Wir solln in die Ruine! Die wolln uns in die Ruine. Nicht in die Kirche schiebn lassen! Damit Sie uns! Aufhörn! Amen! Friede sei mit euch! – kirschners kleener karle konnte keene kirschen kaun MAMA die wolln uns und in die machn ernst die drängln uns in die kirche ICH kenn die die hat kein dach mehr die haun uns die haun uns in die kirche die haun auf die köpfe aufhörn die dürfn nicht MAMAMICK – Hautse[50], hautse immer auf die Schnauze! Ruhe! Haltet die Fressen. Was haben wir denn? Nicht wehren! Säue! Genossen, wir! Halten Sie den Mund! MAMA wir sind drin! ICH war noch nie inner kirche darf keiner kein was tun wir sind heilich lieber gott die haun auch mädchen die haun alle die haun die dürfn doch nicht – Nicht wehren! Hinlegen! Legt euch hin! Hände übern Kopf! Wehren! Wehrt euch! Singen! Wacht auf verdammte dieser[51] … Deutschland Deutschland über[52] … Power to the people … – die singn oh du lieber augustin alles ist[53] MAMA DIE HAUN MICK – Wir

müssen brülln! Alle brülln, dann hörn sie uns draußen! Brüllt! –
arschkackpissrepochopipoaaaaar Mfred! da ist Mfred der B! er
haut inner kirche darf keiner kein Mfred! manfred! MANFRED!
HIER! ICH! ICH BIN HIER DEIN BRUDER! Nicht haun mehr ICH
BIN HIER! MANFRED! HERKOMM! Hier nicht haun MAN du
sau

54

Frank-Wolf Matthies

Geboren 1951 in Berlin (DDR). Arbeitete als Kunstschlosserlehrling, Bankhilfskraft, Hilfsschuster, Grabenzieher und beim Fernsprechamt. Untersuchungshaft wegen „staatsfeindlicher Hetze". Wehrersatzdienst als Bausoldat. Lebte seit 1977 als freier Schriftsteller in Berlin (DDR). 1981 Ausreise nach West-Berlin.
Lyrik, Prosatexte.

▷ Unbewohnter Raum mit Möbeln. Zwei Erzählungen (1980)
▷ Tagebuch Fortunes. Prosa (1985)

Die Mauer

Daß ich nicht fliehe   niemand sich nähere   über gebotene distanz   richtet sich auf   mir meine mauer   Die bitteren schüsse treffen ins herz nur   mich   nach der flucht
manchmal   öffnet sich wortbreit ein spalt   Einlaß gewähren kann dir schon ein blick   deiner augen   Nachrichten erreichen mich noch   statements bleiben zeitweilig zurück   Mit jedem tag verringert sich die chance   zu entkommen   Gleichmäßig schützt sie mich   von innen nach außen   fest gefügt mit tag-&-nachtträumen   aus hoffnung & resignation   Die Mauer ist organisch: jeder durchbruch sendet die heftigen signale einer wunde   weißer schorf schließt jedes loch   Narben weisen sie aus Das hoffen auf hoffnung, flüstern verstohlen die spitzel
   Gültige verfassung bleibt die eigene   Die fahnen wehen auf halbmast   Daß ich nicht fliehe   niemand sich nähere über gebotene Distanz   richte auf ich mir meine mauer: der stacheldraht der Worte bewahrt noch immer   mich   vor mir selbst :die bitteren schüsse treffen ins herz   nur nach flucht

55

Friederike Mayröcker

Geboren 1924 in Wien. Seit 1946 Englisch-Lehrerin in Wien, dann beurlaubt. Seit 1954 Freundschaft und Zusammenarbeit mit Ernst Jandl. Zahlreiche Reisen (USA, Holland, Luxemburg, Polen, England, Schweiz, Sowjetunion). Lebt als freie Schriftstellerin in Wien. Außerordentliches Mitglied der Akademie der Künste, Berlin.
Experimentelle Prosa, Lyrik und Hörspiele.

▷ je ein umwölkter gipfel. Erzählung (1973)
▷ Fast ein Frühling des Markus M. Prosa (1976)
▷ Ausgewählte Gedichte 1944–1978. (1979)

Ironside oder, österreichische Reise

die Landsleute nämlich, sagte er.
Ach wie herzzerreißend! um es ertragen zu können muszte ich mich in die Gefühle eines Gleichgewichtskünstlers versetzen.
Wie herzzerreiszend ist so ein letztes Zusammensein im engsten Kreis, sagte er, fluszgrün, schreibchenweise[1].
So dasz mir die Tränen als ich einstieg, und umherblickte, eine österreichische Reise.
Die reisenden Köpfe in gleichgültig stumpfer Melancholie befangen als fühlten sie das Behaftetsein mit einem Makel, oder eine Krankheit, oder Behinderung. Als ich einstieg, sagte er, die Ratlosigkeit aller über die Tatsache am Leben zu sein. Und wie eigentlich, und wohin, und in der Entfremdung mit sich selbst, und nachts: sind dies noch die eigenen Arme und Beine; Bangnis.
Wir sind verschiedene Scharen, sagte er. Aus der Höhe und in verflossenen Tagen, wir übersommern.

In der Hängematte verflochten, verwalkt[2], die Brüste gewölbt, mittags und eingehakt in die Mauerkrone, und im Ascheneimer die abgetöteten Zigaretten. Es steht dafür, sagte sie, immer so von einem Baum zum andern und zwischen den Bäumen wie damals in den verflossenen Tagen. Im Garten, in der Tiefe des Waldes, im Fluszgrün, im Fliederfrieden.

Eingehakt, wir übersommern, sagte er, und wie anstrengend dieser Traum war. Beritten, eingehakt. Voll Angst ich könnte es nach dem Erwachen vergessen haben: dasz ich mich erinnern wollte daran die Briefe zur Post zu bringen; die vielen Briefe die nun schon seit Tagen.

So kriegte ich nur stückweise Schlaf. Teilnahmevoll anstrengend, sagte er. Weil ich während des blitzweisen Träumens immer wieder in die Mitte des Bewusztseins schob was sich sogleich wieder zu zerstreuen suchte.

Fluktuierend, auszerhals[3], sagte sie, deine Taten und Gedanken im Zustand der Auflösung. Nur deine Anpassung hält noch stand, deine Pflichtausübungen, sagte sie, und zärtlich erzogen, die Brust geröffnet gereinigt.

Aus der Vogelschau, aber da ist noch diese eiserne Verläszlichkeit, die Verläszlichkeit meines Körpers. Mit ausgewogenem Pathos, sagte er, vielleicht meinst du es so.

Dein Schreibsal : dein Labsal, sagte sie, oder Oleanders Hang zum Wasser.

Ja, sagte er, wenn ich irgendwo im Hause nach etwas suche das ich verlegt habe, befällt mich regelmäszig der Drang zu schleunigster Entleerung. Wenn ich zu schmal gebettet schlafe oder in ungewohnter Umgebung, vermerkt es mein Körper; indem er kerzengerade liegend schläft anstatt wie zu Hause sich nach allen Richtungen und oftmals zu wenden. Dem Weckerrasseln kommt er, einige Sekunden früher erwachend, zuvor.

Die Frauenköpfe, die Sprüche, sagte sie. Ein rares Gesicht. Dabei ist es so und so zugegangen.

Nämlich, sagte er, ich kriegte den Lachzwang, als sie beim Einkaufsbummel mich von einem Verkaufsstand zum andern trieben, und hin und her stieszen und rissen, ohne dasz ich etwas näher betrachten konnte. Schwankend vor Lachen, und ich konnte nicht aufhören damit. Bis ans Schlüsselbein, sagte sie lachend.

Auf meinem Schlüsselbund, sagte er, ist ein Schlüssel, für den kein Schlosz da ist, und wenn ich nach längerer Abwesenheit hierher zurückkehre und alle Schlüssel bis auf diesen einen betätigt habe, erscheint mir sein Vorhandensein ebenso rätselhaft wie unheimlich. Trotzdem bringe ich es nicht über mich, ihn vom Schlüsselring zu ziehen, beiseite zu legen. Über die Trittsteine, sagte er, schwankend. Auch lasse ich vieles aus Verlegenheit geschehen, sagte er. Wenn ich in den Zustand komme, ich werde von einem Zustand in den anderen versetzt. Im Stiegenhaus [4], das Knarren der Holztreppe ist furchterregend. Dabei ist es so und so zugegangen, sagte sie. Als wären es gelbe Kamele, voll von Schuppen ein loser Sandhaufen. Und starren ins Grüne, sagte sie, stelzen auf dem Vorplatz im Kies.

56

Wolfgang Hilbig

Geboren 1941 in Meuselwitz bei Leipzig. Lehre als Bohrwerks-
dreher, danach Werkzeugmacher, Heizer, Erdbauarbeiter. Ver-
schiedentliche Teilnahme an „Zirkeln Schreibender Arbeiter" und
Lyrikseminaren für die DDR-Arbeiterfestspiele (mehrmalige
Suspendierung). Seit 1970 wieder in Meuselwitz, fast ununterbrochen als Heizer tätig. Lebt seit 1981 als freier Schriftsteller in Berlin (DDR).
Gedichte, Erzählungen.

▷ Unterm Neomond. Erzählungen (1982)
▷ Der Brief. Drei Erzählungen (1985)

Der Leser

Der Leser, gäbe es ihn, wäre folgendes Wesen: ein Mensch, von
hinten anzusehen, der gebeugt am Tisch sitzt, unter starker Lampe,
reglos zumeist, mit oder ohne Brille, mit oder ohne Augen, sichtbar
oder unsichtbar der Kopf. Ein liniiertes Heft vor sich auf dem Tisch,
füllt er mit schnellen Schriftzügen, behende die Seiten umblätternd,
Zeile um Zeile, bis er, endlich am Ende, die Stirn auf das vollgeschriebene Heft sinken läßt; ein tiefer Seufzer, der sagt, daß nichts
es ermöglichen kann, das einmal Geschriebene wieder zu löschen.
– Längst sank mit aller blauen Schwere die Nacht, es ist Sommer,
ein später Sommer in einem späten Jahrhundert, durchs halboffene
Fenster sind Falter hereingeflogen, die sich mit vernehmlichem
Klirren gegen das Glas der Glühbirne werfen. – Indessen sitzt der
Leser über dem aufgeschlagenen Buch, wer weiß ob er liest, nie hat
er eine Seite umgeschlagen, er ist vielleicht eingeschlafen, oder er ist

der sitzengebliebene Schatten dessen der aufstand vom Stuhl, durch seine Farbe schimmert das Schwarzweiß der Seiten. Wäre er der Leser, er säße gebrochen am Tisch, mit von der Tischplatte gefallenen Händen, mit zarten sinkenden Schultern, das Haar fiele ihm über die Brillengläser. Doch es wäre, als flüsterte aus jedem Wort des schwarzen hieroglyphischen Heers, das die Seiten bedeckt, eine Stimme, eindringlich, um den Leser zu wecken. – Wer, wenn nicht er, sofern er lebte, wünschte das Ende der Nacht herbei; es ist als verlöre die Lampe an Kraft, als kröche durch die Drähte ihrer Leitung das Dunkel heran. – Und der Leser sitzt über dem Buch und seine Hand blättert, blättert die Seiten um. Ruhig zuerst, zwischen je zwei Seiten eine Zeit geduldig wartend, dann ungeduldiger, schneller blätternd, schneller Seite um Seite, schlägt er um, mit bleichem Gesicht voller Zorn und Angst, mit geballten Fäusten wie rasend ganze Bündel von Seiten umschlagend, mit den Schultern, mit gesenktem Kopf, aufheulend fast, schiebt und stößt und drückt er die zu Wänden wachsenden weißen Seiten beiseite, aber kein Wort, keine einzige Letter findet er auf den leeren Blättern. – Gäbe es den Leser, nur mit den Augen, nein mit Feuer und Schwert, nur mit dem Mund spie er all seine Wörter ins leere Buch. Unverlöschlich bliebe sogar der den endlichen Abschluß der Arbeit krönende Seufzer der Freiheit.

57

Fritz Rudolf Fries

Geboren 1935 in Bilbao (Spanien). 1942 Übersiedlung der Familie nach Deutschland. Studium der Romanistik in Leipzig. Ab 1958 freischaffender Übersetzer (Französisch, Spanisch); Dolmetschertätigkeit. 1960–1966 Assistent an der Akademie der Wissenschaften in Berlin. Lebt seit 1966 in Petershagen bei Berlin als freier Schriftsteller.
Romane, Erzählungen, Hörspiele.

▷ Das nackte Mädchen auf der Straße. Erzählungen (1980)
▷ Alexanders neue Welten. Roman (1982)

Frauentags[1] Anfang oder Das Ende von Arlecq[2] und Paasch[2]

Die Jahre gaben ihre Jahreszeiten her, versuchsweise. Wie in jedem Jahr waren es Angebote, Ahnungen besserer Zeiten. Dieser Frühling ging schwach in den März, es war die bekannte Magerkeit der Bäume, in die Sonne ihren Wind blies, daß sie höhnische Spitzen zeigten, als zögerten sie, das alte Spiel zu wiederholen. Kam dann der Frühling, konnte auch eine andere Jahreszeit gemeint sein; Brüche taten sich auf im Kopf, das Leben war ein Traum, den ein Unbekannter geträumt hatte. Arlecq hatte beschlossen, dem Fortschritt der Jahreszeiten zu mißtrauen; auf dem Lande waren ihm allemal nur die Winter willkommen, sie entfernten das lästige Stadtvolk, das mit Hämmern, Kindern und Sägen aufs Land zog und das mitbrachte, was es doch zurücklassen wollte, das Getriebe, die Vermählung von Eisen mit Eisen, das Stimmengewirr. Der Sommer war ihnen Vorwand zum Selbstbetrug. Dann legten sie

Bäume um, schnitten die Büsche herunter, spannten Draht, schlugen Eisen in die weiche Erde, zäunten sich ein, mauerten um sich, strichen das Gras grüner und hielten Ausschau, den Hammer in der Hand, nach dem Tun der Nachbarn. Wie es vor Tausenden von Jahren angefangen hatte, hier am Ort, aus dem man die Saurier vertrieben und das Farnkraut kultiviert hatte, so blieb es. Der Winter brachte die Illusion von Dauer, die sich nur in der Stille entwickelt. Arlecq mit den Jahren wollte von diesen Äußerlichkeiten nicht länger abhängig sein. Er hatte sein Haus in diesem Ort, das Haus besaßen, die es bewohnten. Im März zeigte sich der Verfall stärker als in den anderen Monaten, die Löcher im Dach, der Kohleschmutz aus vorigen Jahren, die Spuren von Fahrzeugen, die durch den Garten gefahren waren, weil ein Nachbar Zement oder Kies bestellt hatte. Im März waren die Aussichten gut, das alles würde für eine Weile zuwachsen, unsichtbar werden; doch schon schmissen die Nachbarn ihren Müll übern Zaun, was einer Anzeige gleichkam: hier mißachtet einer den Slogan des Bürgermeisters – macht schöner unsere Städte und Gemeinden! Arlecq ergänzte Natur durch Kunst, das stand in den Büchern, die er schrieb oder sammelte; der Unterschied wurde mit den Jahren belanglos, auch wenn man darüber gläsern wurde, und zerbrechlich, wie jener Lizentiat aus einer anderen Landschaft und Literatur. Das Haus, ein Bau aus der Jahrhundertwende, hatte seinem Erbauer das Vermögen, also die Arbeit, also das Leben gekostet. Von den Alteingesessenen im Ort erfuhr Arlecq, daß man es die Pleitevilla nannte. Das schien ihm passend zum anhaltenden Ruin seiner Bewohner. Diese strahlenden Sonnenaufgänge am Frühstückstisch, die Ehefrau und die gewaschenen Kinder, wie sie sich über ihre Tassen beugen, und noch vor dem Schlafengehen wußte jeder von jedem so viel, daß nur Haß blieb und Verachtung; die schickte man für Stunden in die Fernsehkanäle, damit sie zu Problemen anderer Leute wurden. In der Nacht vergaß man dann, was man gesagt hatte in jenen Ländern, die man im Schlaf betrat. Und es blieben die Tiere, mit denen man umgehen konnte, wenn nicht in paradiesischer Unschuld, so doch im Austausch einfachster Bedürfnisse, sie höhlten einem die Hand, die sie fütterte, zum schützenden Dach, darunter sie die Köpfe bargen. Einmal, so erfuhr Arlecq von den Leuten im Ort, in früherer Zeit nämlich, sei ein Mord in dem Haus geschehen, über Kriege und Nachkriege vergessen, es mußte wenige Wochen nach Einweihung des Hauses geschehen sein, um die Jahrhundertwende, eine Vorstellung, die in Arlecq etwas wie die Leidenschaft des Mathematikers weckte. Darüber vergaß er für eine Weile seine Sammlerpassion. Denn so weit er reichen konnte, kaufte er die Restbestände des Jugendstils auf, diese das Blattwerk imitierenden Beschläge[3], Lilienstengel und Tropfenfall ewigen Mädchenleids unter Trauerweiden auf Drucken der Wiener Gesellschaft für vervielfältigte Kunst. Er hatte Jahre darauf verwandt, bis er überzeugt war, die Zimmer des Hauses hätten in ihren frühen Stunden so ausgesehen, wie er sie nun eingerichtet. Er hatte Möbel und Gobelins beisammen, Schränke und Kommoden, Spiegel und Klavierleuchter. Was ihm fehlte, war ein stilechtes Besteck. Eine Annonce versprach es. Diese hätte er beinah wieder vergessen über der Vorstellung, der Mord damals müsse aus Lust an der Perfektion geschehen sein, eben die Leidenschaft des Mathematikers, den die Lösung einer Aufgabe in einen Schwebezustand versetzt. Es war der Schlußstein in dem nun brüchigen Haus, jener Mord, blütenreiche Vignette[4] in einem von Vogeler[5] oder Toorop[6] illustrierten Gedichtband von Rodenbach[7]. Es war, ahnte Arlecq, der Wahnsinn der Freude, in den man sich beim Anblick vollkommner Schönheit rettet. Die Tat würde im Zimmer mit der großen Flügeltür und dem breiten Fenster geschehen sein, unter der kannelierten[8] Decke, im Spiegelbild kauernder Nacktheit, auf resedagrünem Laken, vor dem Fenster ein Flockenvorhang[9], April oder Dezember, im Schatten der Blutbuche[10], und mit der letzten Klage der Ermordeten wären die Dinge im Haus für immer an ihren Platz gerückt und hätten ihren Preis verloren. Ein Gedanke, den er ins Tagebuch schrieb und unterstrich.

Am Abend rief er die Privatnummer an, erkundigte sich nach dem angebotenen Besteck. Versprach den doppelten Preis. Fuhr am nächsten Tag nach Berlin, prüfte, es war ein von feinen Linien

umzogenes Silberbesteck, fremd in seiner Größe, Messer wie Jagd-
dolche, Gabeln wie Trophäen im Rücken des Festtagsbratens. Jedes
einzelne Stück wog schwer in der Hand. Arlecq bezahlte den versprochenen Preis, fand noch eine Vase eines Gallé-Schülers[11], die
dem Besitzer nichts bedeutete, zahlte auch dafür und versprach ein
signiertes Exemplar eines seiner inzwischen unauffindbaren
Jugendwerke zu schicken. Er hatte seit Jahren nichts mehr ver-
öffentlicht.

Zuhause prüfte er das eingravierte Monogramm. Er war nicht
überrascht, das gleiche Monogramm zu finden, das er eingeritzt
auf einer Kachel des Hauses gefunden hatte. –

Wenn er später bereute, so war es der eigentlich unvorbereitete
Augenblick des Mords an seiner Frau. Hatte er denn nicht unterm
Zwang der Wiederholung gestanden, sollten nicht die Stilisierung,
das gewollte Frühlingsopfer (zur Musik von Strawinski) zeigen,
daß er das Mädchen geliebt hatte, ihre frühere Unschuld wieder-
herstellen wollte, indem er das alles verdunkelnde Blattwerk der
späteren Jahre abschnitt, die Verkrampfung löste, die sie beide in
dieser Ehe hielt. Er stach nicht mit einem der gekauften Silber-
messer zu, es war auch keine Schneenacht, nichts blühte am
schwarzen Fenster, nur die geknüpfte Gardine bewegte sich, er
würgte sie mit den Händen, bis sie steif war, es war Stille im Haus,
die Kinder schliefen, der Wind lag in den kahlen Bäumen. Sie hatte
sich kaum gewehrt, als geschah ihr dies im Traum.

Arlecq betrachtete sie eine Weile. Eine Schlafende, die mit der Stille
und der Schönheit des Zimmers korrespondierte. Ihre tägliche
Widerrede war ausgewischt. Es war ihr Zimmer, er hatte es in letzter Zeit selten betreten, sie hatte ihm auch an diesem Abend die Tür
gewiesen. In der Dunkelheit sah man die Unordnung nicht sogleich, die sie am Tag herstellte, das zerrissene Papier auf dem
Boden, so als schriebe sie ewig und ewig den gleichen Brief; die aufgeschlagenen Bücher und Notenhefte, als sei sie unentwegt dabei,
etwas finden zu wollen; die klaffenden Wäschestücke, manche wie
in Wunden getaucht und die nun ihren Geruch bewahren würden.
Arlecq stand auf, deckte sie zu und ging in ein anderes Zimmer.

Auch die Vögel und Katzen schliefen. Er schaltete das Radio ein, vergaß dabei den Ton aufzudrehn. Die Skalenbeleuchtung mit dem Aufdruck der Städte aus aller Welt war beruhigend. Er rauchte. Einen Augenblick hatte er Angst, das Telefon könnte läuten. Gegen Morgen packte er ein paar Kleidungsstücke in eine Tasche, griff wahllos nach einem Buch, suchte Zigaretten und verließ das Haus. Er ließ den schweren Wagen an, der nur zögernd kam, dann rollte er im Rückwärtsgang auf die Straße. Wie gut, würde jemand das Haus versiegeln, daß man es in hundert Jahren als Museum eröffnen könnte. Er schob eine Kassette ein. Die Autobahn war leer. Er fuhr nach Süden. Über den Schornsteinen von Rüdersdorf strich heller Rauch in einen grauen Himmel. Der Wagen, einmal warmgelaufen, gehorchte jedem Wunsch. Es regnete. Bäume standen links und rechts und erfüllten die Absicht derer, die sie hingepflanzt – Dickicht vorzutäuschen, Natur, durch die lief ein Streifen Zement. Das war die Vernunft. Den 20. Jänner ging Lenz durchs Gebirge[12]. Wahllos das richtige Buch gegriffen, dachte er. Da fiel ihm ein, wen er aufsuchen würde, da unten im Süden, in der alten Stadt. Draußen war es naßkalt, er ließ mehr Wärme zu sich, die von den Füßen aufstieg, ans Gesicht blies. Die Scheibenwischer verwandelten den Regen in ein schlieriges[13] Rinnsal. Es würde ein ganz anderer März sein als in all den Jahren. Hinter Michendorf hatte er das Haus vergessen. Sein Freund Paasch, wie viele Jahre hatte er ihn nicht gesehn. Mußte man nicht fürchten, er sei ein Fremder geworden.

Arlecq wendete und fuhr über den Grünstreifen zurück: er hielt vor der Intershopbaracke[14] und klopfte die Verkäuferin heraus. Die öffnete ungekämmt das vergitterte Fenster, sie taxierte ihn als Ausländer und machte deshalb eine Ausnahme. Er kaufte einen Scheck[15] ab. Paasch, so wußte er, war ein Gewohnheitstrinker geworden. Ein Zahnarzt in einer Baumwollspinnerei, der würde sich die exotischen Marken nicht leisten können. Arlecq freute sich im voraus, wie er, die Flaschen in dem Beutel, bei Paasch klingelt und dieser bei seinem Anblick den Kahlbaum[16] in die Gosse gießt oder was sie jetzt verkaufen in seinem Konsum[17]. Man wußte zu wenig von diesem Land, außer daß es Privilegien vergab. Er schob der Verkäuferin, die noch nicht Zeit gehabt hatte, in den Spiegel zu schaun, eine Dose Kaffee in Richtung ihres Ausschnitts.

Weil nämlich Frauentag ist heute, sagte die Verkäuferin, bin ich die einzige. Hätte er sie um ein Frühstück gebeten, sie hätten den Frauentag im Bett gefeiert. Ach, sagte Arlecq und hätte die Dose fast zurückgenommen. Er wollte sich seine Art Großzügigkeit mit Frauen umzugehen nicht vom Kalender diktieren lassen. Aber die Verkäuferin hatte schon zugegriffen, indes sie ein Lächeln versuchte und mit der freien Hand ihre Frisur zurechtschob. Paasch da unten im Süden würde mit seinen Baumwollspinnerinnen am Tisch sitzen, man mußte sich beeilen, ihn zu befreien, ehe sie auch ihn mit ihrem Ariadnefaden umsponnen haben würden, diese geschichtsträchtigen Schwestern ungeschriebener Epen. Oder versuchten sie zur Abwechslung nur, ihrem Brigadezahnarzt den Finger in den Mund zu schieben. Schon in seiner Jugend hatte Paasch den einen und den anderen Goldzahn gehabt.

Im Wagen nahm er den blauen Lederband, zögerte, wollte ihn aus dem Fenster werfen; dann ging er noch einmal in die Baracke. Diesmal öffnete die Verkäuferin sogleich, obschon sie im Unterrock war. Zum Frauentag, sagte Arlecq und warf ihr das Buch zu. Sie drückte es an den Bauch, der zur Kontemplation einlud, zu Erkundungen an langen Winterabenden. Möglich, daß sie ihm etwas nachrief. Arlecq trat mit Gewalt aufs Gaspedal, daß die Reifen kreischten, wie die Verbrecher im Fernsehen, dachte er: being a murderer myself: er war aus dem Schlimmsten heraus, er dachte sich schon in Zitaten.

Die Katzen würden die Milch finden, die er ihnen eingegossen. Die Kinder, zur Selbständigkeit erzogen, würden das schlafende Haus verlassen haben und die Leiche erst am Mittag entdecken. Am Mittag war er längst in der anderen Stadt. Auf den Wagen wollte er nicht verzichten, warum sollte die Freiheit des Fliehenden unbequem sein. Die verdreckten Nummernschilder könnte man auswechseln. Es war nicht gut, eine gewisse Logik aufzugeben. Mühelos überholte er die anderen Wagen, ohne ein Blinkzeichen zu geben. Der Gejagte übernimmt den Rausch des Jägers und ist glücklich darüber. Paasch freilich war immer ein großer Wanderer gewesen. Sie würden den Wagen stehenlassen und über den Bienitz wandern, jener nasse Hügel vor der Stadt, über den die Amerikaner einmarschiert waren vor fünfunddreißig Jahren. Einen toten Neger hatten sie im Gebüsch zurückgelassen, wie um ein Zeichen zu setzen. Arlecq schob eine andere Kassette in den Schlitz. Zum Glück war es die passende Musik für seine Erinnerungen. So kam er immer näher ans Hermsdorfer Kreuz und bog von Westen in die Stadt ein. Die wuchs ihm entgegen aus Baum und Strauch, dann waren es Türme und Schlote, die Fabriken der Vorstadt, alles beisammen wie auf einer guten Schwarzweißfotografie. Kopfsteinpflaster und scheunenartige Gebäude. Er wartete vor Ampeln, fuhr an, überholte Traktoren und Lastwagen, sah nach den Gesichtern von Radfahrern. Genoß den Anblick dieser Beschäftigten, mühsam gegen den Wind Tretenden. Als Paasch damals ein Mädchen geschwängert hatte, das er dann heiratete, feierten sie die mit einmal eingetretene Zukunft einen Nachmittag lang. Er erinnerte Paasch als einen langsamen Menschen, der die altväterliche Gediegenheit liebte und sich nur schwer an Veränderungen gewöhnte. Womöglich hatte er ihm lange zureden müssen zu dieser Heirat. Als Zahnarzt prüfte Paasch lange jeden Zahn im Mund seines Patienten, ehe er sich entschloß einzugreifen. Nach dem Examen kaufte sich Paasch ein schwarzes Radio mit Goldleiste, er fand es passend zu seinem schwarzen Regenschirm mit der entengelben Krücke. Lange suchte er nach einem entsprechenden Tonbandgerät. Man verwies ihn auf den neuen Fünfjahrplan [18]. Arlecq half ihm, die Musik für den neuen Zustand zu finden, lange bevor es ihn traf. Später konnte man glauben, es sei alles nur eine Frage der passenden Behausung gewesen, die Zukunft, die Pläne; man konnte in einem Untermieterzimmer, in dem es praktisch keine Möbel gab, nicht eine Frau, auch wenn es eine stille, sich fügende war, und einen Säugling unterbringen. Und der Wasserturm vor dem Fenster, den Arlecq und Paasch lange Zeit wie einen mythischen Ernährer betrachtet hatten, wurde abgerissen.

Arlecq ließ sich Zeit und fuhr durch die Vorstadt. Da erschrak er. Man hatte den Fassaden den Frühling ihrer Gründerzeit wiedergegeben; wo in seinem Gedächtnis immer nur das ausgewaschene Grau gewesen war, der Wintertag mit den Einschußspuren der letzten Kriegstage, prangte nun Ocker und Stierblut[19], Rankenwerk hob sich grün bis ans Dach, ausgemalt die Jahreszahlen der Bauherren, 1910. Da fing alles von vorn an, hier hatte er noch nicht gelebt. Er sah einem kleinen Mädchen nach, das wurde in zwanzig Jahren seine Mutter. Er bog ab in Seitenstraßen, in die Fluchtwege seltsamer Namen, Ellern, Lehde, Prießnitz. Wo Gärten gewesen, standen Schornsteine, Anlagen für Fernheizungen, eine Schule aus sauberen Quadraten gefügt äugte herüber, und die Häuser, die überlebt hatten, gaben den Blick nicht zurück. Von der Wohnung seiner Kindheit war der Balkon abgerissen. Er sah es, aber es ging ihn nichts an.

Von Seitenstraße zu Seitenstraße querte er die Vorstadt, achtlos für die Vorfahrtsregeln. Das Haus am Kanal wusch noch immer mit der Persilreklame von 1930; vielleicht daß ein Sammler die Fassade abtragen ließ und sie neu aufbaute in seinem Garten.

Er hatte falsch geparkt, der Pförtner machte ihn aufmerksam. Arlecq ging nicht darauf ein und verlangte Herrn Dr. Paasch zu sprechen. Paasch hatte seinen Doktor mit einer Untersuchung über den Hunger in der Dritten Welt und die Auswirkung auf das Milchgebiß machen wollen. Er hatte lange das in der Deutschen Bücherei verfügbare Material gelesen und war dann in tiefe Depressionen gefallen. Die Dissertation über den Hunger war nie geschrieben worden. Arlecq mußte ihn damals jeden Tag zum Essen einladen, denn Paasch hatte aufgehört sich zu ernähren, lief herum, ein Fakir mit einem Schirm unterm Arm. Der Pförtner nickte und schrieb einen Passierschein aus.

Das Werkgelände war eine Stadt mit eigenen Gesetzen für eine bestimmte Anzahl Bewohner. Arlecq las die Losungen zum Frauentag. Die ausgezeichneten Kolleginnen waren fotografiert worden und blickten mit überlebensgroßen Augen auf die Werkstraße. Waren es nicht Gesichter perfekter Komödiantinnen, mit ihren

Rätselaugen Vermutungen auslösend, mit dem berühmten tiefen Blick lockten sie an und deckten auf, was der Betrachter vielleicht verbergen wollte. Die Verstellung einer fotografierten Frau bringt nichts zutage als eben nur eine weitere Verstellung. Molluskenhafte Fallen, dachte Arlecq, so tief man auch hineingriff. Er ließ sich Zeit vor jedem Augenpaar, er hätte gern einen jener verqueren[20] Sätze gefunden, mit denen Paasch alles auf einen Nenner brachte. Was ihm einfiel, war: diese Frauen und Mädchen *lebten*.

Sie saßen nicht am Tisch mit Paasch, die Spinnerinnen. Paasch saß allein in seinem eigenen Wartezimmer und las die Zeitung. Er trug seinen weißen Kittel, der Rand seiner kleinen Brille war golden eingefaßt. Arlecq fiel das Foto des Dr. Döblin[21] ein, der ein Schriftsteller und Kassenarzt im Berliner Osten gewesen war, in einer anderen Zeit. Gut, daß er die Tüte mit den Flaschen nicht im Auto gelassen hatte, das machte das Wiedersehen weniger fraglich. Mensch, du bist ja meschugge[22], sagte Paasch sein altes Wort und faltete die Zeitung zusammen. Arlecq ordnete die Flaschen eine nach der anderen auf den Tisch des Wartezimmers. Es schimmerte durch die grünen und braunen Hälse. Sie gingen die erste Flasche an, die keinen Korkenzieher brauchte. Paasch kam mit Zahnputzgläsern aus dem Ordinationszimmer. Das erste Glas Alkohol des Tages, sagte er, nimmt den Müden auf wie ein aufgeschlagenes Bett den Kranken. Wie eh und je begleitete Paasch das Trinken mit hausgemachten oder angelesenen Sprüchen. Da hatte er sich nicht verändert, seine Gedanken so auszusprechen, daß sie die eines andern sein konnten und dennoch unerkennbar blieben. Ja, Herr Pfarrer, sagte Arlecq, sehen Sie, die Langeweile[23]! Verdammt sein Gedächtnis, wozu hatte er das Buch verschenkt, wenn er es auswendig wußte. Wie Gott in Frankreich[24], sagte Paasch und las das Etikett auf der Flasche. Napoleon[25] vor der Völkerschlacht. Auf deine Frauen, sagte Arlecq, und Paasch goß die Neige in seinem Glas auf den blanken Fußboden. Wir packen es weg, sagte Paasch wie in Sorge. Gehört alles dir, sagte Arlecq und wollte die Flaschen in den Plastesack[26] tun. Paasch holte seine schwarze Aktentasche und schichtete die Flaschen hinein. Er war der alte Pedant geblieben.

Sitzung, erklärte er, und falls du lange nicht mehr die Zeitung gelesen hast: Frauentag. Weiß ich, sagte Arlecq und sah die Kinder mit Zeichnungen aus der Schule kommen. Ich bin eingeladen, sagte Paasch, wenn du mitkommen willst, bitte. Arlecq fragte nach jenem Wanderer im Rembrandt-Hut, der Gott von Leipzig[27], Melmoth der Fleischergasse, Wanderprediger auf der Friedrich-Ludwig-Jahn-Allee. Lebt noch, sagte Paasch und schien belustigt über Arlecqs Illusion, mit Fragen die Zeit zurückdrehen zu können. Lebt, wiederholte Paasch.

Die Frauen saßen an weißgekleideter Tafel. Paasch-Odysseus, Arlecq-Telemach, aber es konnte auch umgekehrt sein, nahmen mit der stolzen Verlegenheit von Heimkehrern Platz. Sie wurden beklatscht, Paasch stellte seinen Freund vor und nannte ihn den inzwischen bekannten Schriftsteller. Die Frauen sahen noch einmal hin, der Parteisekretär rührte in seinem Kaffee, als könnte er Arlecqs Berühmtheit aus dem Kaffeesatz hochrühren. Wohl nur einer von der Presse, der über den Tag schreiben will. Die Frauen tuschelten und tranken sich zu, aber sie machten das alles unter sich, als gönnten sie den drei Männern am Tisch nicht die Genugtuung, den Tag nicht vergessen zu haben. Es ist kaum anzunehmen, dachte Arlecq, daß Frauen sich selber einen solchen Tag eingerichtet haben würden, ein Tag im Jahr wär ihnen zu wenig. Das Frauenjahr, sagte Paasch und trank dem Parteisekretär zu, schlau wie die Schlangen, listig wie die Tauben. Frauentags Alibi, sagte Arlecq, ein Fest ohne Ende. Der Parteisekretär versuchte dem Gespräch zu folgen. Die spinnenden Urmütter, sagte Paasch, der Rest ist Schweigen. Der Parteisekretär klopfte mit einem Bleistift an seine Tasse. Aber er hatte seine Rede schon gehalten. Vielleicht war es ihm zu laut am Tisch, und er wollte sich nicht wiederholen lassen, was der Brigadezahnarzt und sein Freund gesagt hatten. Geh an der Frau vorbei, sagte Paasch. Da kamen die Frauen und Mädchen jede zu Paasch und wollten mit ihm anstoßen. Arlecq hatte die Blicke, die er hinter Glas gesehen, nun fließend und wie ertappt vor sich, die Münder geschminkt und feucht, und es roch nach gedrehten Haaren, nach Schweiß und süßem Parfüm, die Hände kamen sich entgegen, die

Gläser klickten, Schnaps wurde vergossen, Arlecq trank mehr Kaffee, um auf Paasch achtgeben zu können, der Glas um Glas leerte und eine Hand zu küssen versuchte. Man muß die guten alten Sitten integrieren, sagte Paasch zum Parteisekretär. Der lachte und freute sich an der Beliebtheit des Zahnarztes. Die kommen mit allem zu unserm Doktor, sagte der Parteisekretär zu Arlecq. Auch wenn es ausgeblieben ist? fragte Arlecq. Ich wär untröstlich, mein armes Kind, hatte Büchner an seine Braut geschrieben, auf den Monat genau vor hundertsechsundvierzig Jahren, wüßte ich nicht, was dich heilte. Immer, sagte der Parteisekretär, der nicht verstanden hatte. Mein armes Kind, sagte Arlecq zu der jüngsten und letzten. Was bin ich? sagte das Mädchen. Paasch übersetzte: Ob du mit ihm nach Paris willst? Das Mädchen kicherte und sagte, für Schweinereien bin ich nicht zuständig. Dann stieß auch sie mit Paasch an, wobei sie ihre Augen auf Arlecq hatte, und dann saß man wieder wie zuvor. Sie rennen wie von selber ins Messer, sagte Paasch in sein Glas. Aber nur bis zu einem gewissen Alter, entgegnete Arlecq. Und dann solltest du sie besser nach Nationalitäten unterscheiden. Nimm die größere Leidenschaft der slawischen Frauen, das kannst du in jedem Russenfilm lernen. Das sieht nur so aus, sagte Paasch, in der Weite der Landschaft entwickeln sich die Leidenschaften als Entzugserscheinungen. Es gibt andere Filme inzwischen, sagte Arlecq. Kenne ich, sagte Paasch. Ein Frauenbataillon, mir unerklärlich, wie sie mit ihren kurzen Röcken den Krieg gewonnen haben. Und immer zwischen Schlamm und Ziehharmonika. Man muß einmal darauf hinweisen, sagte der Parteisekretär. Slawische Leidenschaft, sagte Paasch und sang den alten Schlager, Meine Rosa Rosa ist aus Böhmen. Die Spinnerinnen applaudierten, doch Paasch sprang hoch, Prag, sagte er, laß uns nach Prag abhaun.

Wieso bist du eigentlich hier, sagte Paasch, als sie im Wagen saßen. Hier wo ich nicht bin, sagte Arlecq.

Weg hier, sagte Paasch, ich kann heute nicht nach Hause. Ich auch nicht, sagte Arlecq, und sie verließen die Stadt über die westliche Autobahn.

Prag war vergessen, aber eine Möglichkeit. Die Stadt verlassen hieß wie immer die größere Ferne suchen. Arlecq wendete und fuhr nach Norden. Mir recht, sagte Paasch. Er kaute die koffeinhaltigen Bonbons, die Arlecq im Auto hatte, stolz auf sein schweres Gefährt, daß es in Zeiten der Not dem Fliehenden ein Gehäuse wurde, eines, in dem Musik flutete und Zucker den Adrenalinspiegel hochhielt. Sie bogen an der nächsten Tankstelle auf die Landstraße, die Arlecq sicherer war, in ihren Kurven und Windungen, kein geradezu in den Himmel führendes Band, das am anderen Ende vielleicht schon von der fahndenden Polizei gehalten wurde.

Paasch fand eine Büchse Bier in einem zweiten Plastesack. West[28], sagte er, alles West, mein Lieber, wie machst du das. Unsereiner dagegen, sagte er und putzte die Brille. Trink einen Schluck, sagte Arlecq. Der vollgetankte Wagen fuhr wie ein Schiff auf ruhiger See. Jesus von Nazareth konnte auf dem Wasser gehen, alles eine Frage des Glaubens. Leise verließ am Kreuzweg der Schatten den Fremdling, die Pappeln vor Wittenberg hatten im Fluchtpunkt versteckte Öffnungen, die sich hinter ihnen schlossen, das schwindende Licht stand über den Mäandern der Elbe, unter verkrüppelten Apfelbäumchen die Klage der Weiber im silbernen Flor. Vasco da Gama[29], nannte Paasch einen Helden seiner Kindheit und Jugend: bis nach Calicut würden sie nicht kommen. Man hört viel Mär[30] von deinen Reisen, Bruder, fragte Paasch den Jüngeren. Es ist von Seufzern erfüllt der Abendwind, sagte Arlecq. Komm mir nicht mit Zitaten, sagte Paasch, den das Trinken in die zweite Phase versetzt hatte, in der er immer nüchterner wurde. Place Rouge und wo sonst des Bürgers Herz via Adlershof hinstrebt. Place Pigalle, korrigierte Arlecq, ach, den Frauen dort wird weißgott mehr als unseren souffliert, trotzdem bleibt es für sie eine Geldfrage, zahlst du, bleiben sie unten. Und nichts geht über die Liebenswürdigkeit einer gutbezahlten holländischen Nutte vom Damrak, beispielsweise, die bindet dir noch die Schuhe zu. Paasch zog einen Schuh aus und roch daran. Hier machen sie dir ihr Soufflé, sagte Arlecq, nach eigenem Rezept, und wehe, du frißt es nicht. Nachdem wir ihnen (will ich mal sagen: echote Paasch) die ökonomische Revolution gemacht haben, trauen sie sich nun die moralische zu, und die geht gegen uns. Seit wann bist du in der Partei, fragte Paasch. Nein, ich meine nur, sagte Arlecq und erfreute sich an der Wittenberger Silhouette, ich will sagen, der Staat geht nicht so weit, wie du fürchtest. Er läßt die Frau an die Maschine, aber nicht an die Gesetze. Na gut, sagte Paasch und zog seinen Schuh an, leben wir nicht alle mit und gegen die Frau? Er zog den Verschluß von der zweiten Dose Bier, daß es übern Rand schäumte. Mein Beitrag zum Thema, Genossen, sagte Paasch, ist vorläufig beendet. I knew a wonderful princess[31], sang Arlecq und Paasch fiel ein, und es war ganz wie in den alten Zeiten, als Frauen ihnen noch so etwas waren wie Lucia Bosé in ‚Rom, elf Uhr'[32]. Arlecq fuhr schneller, als es die Straßenordnung erlaubte, und bald zeigten sich die ersten märkischen Kiefern. Niemand wandelt ungestraft unter Kiefern, sagte Paasch.

Sie beschlossen einen Jugendfreund zu besuchen, Falk[33]. Der war Junggeselle geblieben. Einen solchen Mann muß ich sehen, sagte Paasch. In Berlin gerieten sie in den Stadtverkehr des Spätnachmittags. Ein Auto mehr würde hier niemand verdächtigen. Arlecq wollte die Nummernschilder abschrauben, austauschen. Falk wohnte in einer stillen Nebenstraße. Er öffnete, mäßig erstaunt, die beiden zu sehen, das Leben ging weiter, aber die Gesichter aus früherer Zeit wurden nur langsam älter. Falk war nicht dicker geworden, und sein Kopf war kahlgeschoren wie aus der Zeit, da er versucht hatte, die Läufe eines Dexter Gordon[34] auf der Gitarre nachzuspielen. Er lebte in einem verfallenen Haus, die Wohnung bestand aus Zimmer, Küche und Klo. Paasch schlug hörbar laut sein Wasser ab in dem winzigen Verschlag. Auch Falk war ein Sammler geworden, er jagte jungen unbekannten Malern ihr Bestes ab, steigerte in Auktionen und kaufte Figürchen aus chinesischem Speckstein und Materialbilder aus Schrott und alten Weckerteilen. Trafen sich zwei Sammler, wie Falk und Arlecq, klagten sie über die Zeiten, da ihnen soviel entging, was über die Grenzen verkauft wurde, als sollte das Bürgertum in dem edlen Plunder ersticken, den es hervorgebracht und mit dem es eingedeckt[35] wurde, als könnte eine derart zurückgedrehte Geschichte es verschlin-

gen samt den Madonnen, die schon Martin Luther als käuflich ver-
lästert hatte. In Falks einzigem Zimmer hingen die Neomanieristen,
die Neoimpressionisten, die späten Tachisten, die nie sterbenden
deutschen Expressionisten, die Neuen Sachlichen. Paasch sah verwundert auf die Gebäude und Anlagen seiner Baumwollspinnerei,
wie von Kinderhand mit dem Lineal nachgezogen, und er betrachtete den Wasserturm, der in der illusionären Verkürzung der Kunst
aus dem Friedhof stieg. Es war eine Galerie, in der es nach Spät-
nachmittag eines Wochentags roch, nach Müdigkeit und Küche.
Arlecq ging noch einmal auf die Straße und sah sich nach parken-
den Autos um. Er nahm zwei Schraubenzieher aus dem Koffer-
raum seines Autos und steckte sie in die Jackentasche.
Paasch saß unter den Bildern Falks, und es glich der Heimkehr eines
Königs. Der Gastgeber stellte zwei Barockleuchter auf den Tisch,
wickelte die Wurst aus einer Zeitung, trug Flaschen und Konserven
herein und legte das angeschnittene Brot vor Paasch auf einen Teller. Paasch hatte übertriebene Vorstellungen von den kulinarischen
Genüssen in der Hauptstadt gehabt. Suzi Wan! las Paasch auf den
Gewürzen, die Falk aus der Küche hereintrug, und die Suzi war
kein leerer Wahn, sagte Arlecq, um Paasch eine Freude zu machen,
aber dieser schüttelte den Kopf. Falk sprach von Kunstauktionen,
Katalogen, Ausstellungen. Paasch bekam den Eindruck, die Hauptstadt sei ein tollgewordener Kunstmarkt, ihre Bewohner wie in
fieberhafter Reise von Bildertraum zu Bildertraum, Leuchter und
Jugendstilbestecke in den Händen, und sie erwachten auch nicht
über den Preisen, die Falk nannte wie stilistische Besonderheiten.
Paasch dagegen besaß zwei Bilder, wie er erzählte, eines in seiner
Praxis, eines zuhause, Karikaturen aus dem Eulenspiegel[36], Illustra-
tionen zu verdrehten Sprichwörtern, die zu raten ihnen Paasch als
Rätsel aufgab. Doch Falk und Arlecq schwiegen, mit der Vorstellung von Paaschs kahler Wohnung beschäftigt, und Paasch räumte seine Wohnung immer mehr aus, Teppiche weg und beinah
jedes Möbelstück, sagte er, weg und verkauft und im Leihhaus.
Denn wo nichts ist, kann nichts verderben, sagte Paasch einen seiner Sprüche. Eine Art Abstraktion also, räumte Falk ein und sah

Paaschs Wohnung wieder im freundlicheren Licht: Einem Mann wie Beuys[37] könntest du das alles für eine halbe Million verkaufen. Die Leere als Kunstwerk. Paasch legte seine Gabel auf den Tisch. Oder Christo[38], sagte Arlecq, der kommt und packt dir alles ein. Warum hast du mich verlassen, echote Paasch. Falls du noch einen Flügel hast, fuhr Arlecq fort, der packt dir das ein, am besten während du spielst. Paasch fand die Vorstellung, mitverpackt zu werden, verlockend, aber sein Klavier war im Leihhaus. Und wer sammelt euch Sammler, fragte Paasch, verpackt oder roh?

Wir Sammler sind die Kunst, sagte Falk mit der Großspurigkeit von früher. Falks disparate Formeln schienen immer eine Art mathematisches Rückgrat zu haben, das er aus den Berechnungen nahm, mit denen er am Tage seine Fundamente ermittelte, mitsamt den Vibrationen von Untergrundbahnen und Hohlräumen der Kanalisation.

Arlecq ließ sie bei ihren Gesprächen, ging auf die Straße, suchte ein Auto im Schatten eines Baumes und machte sich daran, die Nummernschilder abzuschrauben und mit denen seines Wagens zu vertauschen. Er konnte sich nicht erklären, warum er das tat.

Noch am Tisch debattierten Falk und Paasch über die Frage, ob Falks Sammlungen mit der Zeit in ihrem Wert ab- oder zunehmen würden.

Eine müßige Frage, sagte Falk, denn was heißt ‚mit der Zeit'? Mit der Zeit, erwiderte Paasch, würde man die Sammler enteignen – entstanden doch so der Gesellschaft Hohepriester eines privaten Geschmacks; oder das Gefühl für den Wert ihrer Sammlungen würde ganz schrumpfen, bis sie ihr Zeug von selber abstießen und der Staat es wieder, wertsteigernd, in Umlauf brachte.

Falk sah auf seine Kostbarkeiten und zweifelte. Sammeln ist eine Steigerung des Lebensgefühls, sagte er.

Denn wo nichts ist, wird gesammelt, sagte Paasch und gähnte. Falk wollte sich nicht länger auf eine Diskussion mit einem Banausen einlassen und bot ein paar Decken und Kissen für die Nacht. Denn es ist die Nacht die Wohnung des Liebenden. Sie wuschen sich die Hände in der Küche. Überm Küchentisch hatte Falk das Bild eines hermaphroditisch wirkenden Mädchens, einen blutenden Riß im Schoß. Es war die Zeichnung eines hochgehandelten[39] Geistesgestörten. Paasch stützte den Ellenbogen auf den Tisch und betrachtete es eingehend. Der Zeichner hatte mit feinstem Strich die hervorquellenden Augäpfel herausgearbeitet.

Erinnerst du dich an die Gladow-Bande[40]? fragte Paasch am Morgen. Falk hatte die Wohnung verlassen und ihnen einen Zettel zurückgelassen. Arlecq nickte, verlangte aber keine Erklärung zu dieser Frage. Sie gossen zwei Tassen Kaffee hinunter. Paasch teilte zwei Pillen aus, wie er sie jeden Morgen nahm, bevor er den Spinnerinnen sein Ordinationszimmer aufschloß. Dann fuhren sie ins Stadtinnere.

Da sie in die Friedrichstraße bogen, wollte Paasch das Pergamonmuseum besuchen. Absurd, sagte Arlecq, aber dann schien ihm das Museum ebensogut zu sein wie eine Flucht ins Ausland. Und sie waren tatsächlich unter lauter Ausländern im Museum. Paasch äffte ihre Sprache nach, mit kindlicher Freude. Er hatte darauf bestanden, ein Kassettengerät zu leihen, eine allwissende Stimme, die einem flüsterte, was Cleopatra König Dareios ins Ohr gesagt hatte, oder umgekehrt. Es ist das Ohr die Wohnung des Liebenden. Paasch trug das Gerät und hielt es Arlecq ans Ohr, aber da sie kreuz und quer liefen, paßten Erklärung und Ding bald nicht mehr zueinander. Arlecq vertauschte die Kassette mit einer aus seiner Jackentasche, und siehe, es spazierten die assyrischen Löwen zur alten Sklavenmusik durchs Tor, Paasch und Arlecq kamen trocknen Fußes übers Rote Meer, während die Könige aus ihren Gräbern stiegen und ihnen nachschauten. Vor dem Pergamonaltar schienen ihnen diese fremdbärtigen Besucher, knappbehosten Mädchen das niemals gestorbene Volk der Agora. Paasch entfernte sich von Mal zu Mal, um alles zu lesen, was die kleinen Tafeln am Fuße geborstener Säulen festhielten. Arlecq betrachtete von einer Marmorstufe aus, wie das Volk über die Agora schritt, Arme und Beine sich in Hochmut, Geilheit, Anbetung bewegten. Nur wenige Jahrhunderte trennten den einen Saal vom andern, aber hier schien alles Unbarmherzigkeit zu sein, was eben noch floréaler Traum gewesen war, Oasen unter Wüstenfarben. Hier war keine Flucht mehr möglich: diese verstümmelten Gliedmaßen bewahrten ihre alte Anmaßung von Gewalt und Unterdrückung. Der als Vernunft maskierte Tod wartete unter den Kapitellen, man konnte sich ihm nicht entziehen, es waren zweitausend Jahre europäischer Anmaßung, die hier begonnen hatten. Zugleich aber galt auch das Gegenteil, im Idealmaß der Proportion meißelte das graue Licht seine Strenge aus dem Stein. Anders als mit aufgeklärter Diktatur waren diese Massen da unten auf der Agora nicht aus ihrer vegetalen[41] Versunkenheit zu befreien. Zu befreien? Wozu und zu wessen Vorteil? Arlecq wollte zurück nach Assyrien.

Paasch nahm den Recorder, hielt ihn ans Ohr: Marsyas[42], der Geschundene, sagte er. Dann war Stille und man hörte die langsamen Schritte der Besucher auf dem glatten Stein.

Arbeitet deine Frau? fragte Paasch.

Sie ist tot, sagte Arlecq. Ich habe sie gestern umgebracht. Oder auch vorgestern, ich weiß nicht.

Später, auf dem Vorhof, unter ihnen das gestaute Wasser, gab Arlecq die Frage zurück. Nicht jetzt, sagte Paasch. Laß uns vor den Speerträgern des Königs Dareios fliehn.

Sitzen wir also im gleichen Boot? fragte Arlecq.

Ist nicht das Gestade des Meeres dem Fliehenden freundlich? sagte Paasch und zeigte nach Norden.

Im Rückspiegel die Linden, das Brandenburger Tor, antike Säulen im Schnitt zweier Welten. Schwere Wolkenbänke bis Oranienburg. Dann lichtes Grau, grelles Weiß über den Wäldern. Arlecq ließ den Wagen kommen, wie er wollte. Paasch drehte den Recorder auf, daß die Bässe durchschlugen aus den Lautsprechern im Heck. Noch einmal tankten sie, mißtrauisch das Gesicht des Mannes betrachtend, der sie bediente. Niemand studierte das Nummernschild, niemand ging zum Telefon, während ein zweiter Wärter ihnen besonders lange die Frontscheibe blankputzen würde. Paasch schraubte eine Flasche auf, der Scotch schmeckte nach warmer Lauge. Wieder stieg das Tacho auf 180, Paasch beobachtete, wie das rote Band über die 185 leckte, dann zurückfiel. Gegen

Mittag legten sie eine Pause ein, aßen einen Schokoladenriegel und tranken eine Büchse Bier, schlugen ihr Wasser im Wald ab. Wie um eine Gesprächspause zu füllen, erzählte Paasch, was er am Morgen vor dem Pergamonmuseum nur angedeutet hatte. Daß es die Beichte eines Trinkers war, wunderte Arlecq nicht. So ließ sich die ausgeräumte Wohnung erklären, es war alles ins Leihhaus gewandert, verkauft worden, bis die Wohnung im Osten der Stadt, einer traditionellen Arbeitergegend, so aussah wie zur Zeit der großen Wirtschaftskrisen. Zehn Flaschen Bier, sagte Paasch, für einen Stuhl. Paaschs Frau, eine Sprechstundenhilfe, hatte versucht, von ihrem Gehalt nachzukaufen, was Paasch verkaufte. Sie verlor das Rennen, sagte Paasch, sie bekam Depressionen, sie wußte nicht mehr, wohin mit sich selbst, keine Sofaecke mit Kissen, sagte Paasch, keine Vorhänge, ihr Gesicht darin zu verstecken. Und seit Jahren kaum noch ein Wort. Die Kinder lernten in Internaten, besuchten Fachschulen.

So war es dann belanglos, daß Paasch ein Seitenthema anschlug, eine Eifersuchtsgeschichte, die nach schlecht erfundener Entschuldigung klang, Arlecq winkte ab. Sie warfen die Bierbüchsen ins Gebüsch und sahen auf die unvorstellbar schnell fahrenden Autos. Exitus[43], sagte Paasch, Tabletten und Alkohol, und vielleicht Spuren von Gewaltanwendung.

Mildernde Umstände wegen Trunkenheit, schlug Arlecq vor und winkte mit einem Scheck. Auch er nahm jetzt einen Schluck zuviel, es war nun gleich, wegen Trunkenheit am Steuer gestoppt zu werden. Man verdarb der Polizei so ein wenig die Prioritäten. Aber sie waren beide über die Jahre geübte Trinker, sie hätten, jeder in seinem Fach, lange Seminargespräche bestehen können, aus dem Alkohol wuchsen ihnen Kräfte. Brüder im Schnaps und im Tode, sagte Paasch.

Warum nicht auf einem Heringskutter in Rostock unter falschen Namen anheuern, schlug Arlecq vor. Wo ein Meer ist, ist auch ein Weg[44].

Niemand ist vor Erreichung der Küste selig zu preisen, sagte Paasch.

Sie ließen die Nachrichten aus dem Radio kommen, aber ihre Namen wurden nicht genannt. Die Welt, wie immer, war aus den Fugen. Doch war das, im Augenblick, nicht ihr Problem. Sie überholten ein Polizeiauto, Paasch winkte und feixte[45]. Die Grünen saßen zu viert in ihrem Wolga und starrten geradeaus.

Die vier im Jeep, sagte Paasch, die jungfräulichen Anfänge. Die Ehe als Apokalypse der Jungfrauen, sagte Arlecq. Man müßte einmal darüber nachdenken, wie es angefangen hatte. Jemand würde einmal die Geschichte der toten Ehefrauen schreiben müssen, den ungeklärten Rest, der bei der Gerichtsverhandlung nicht zur Sprache kommen würde. Ihr im Sterben offener Mund würde zu schreien anfangen, Vertreterinnen einer ausgebeuteten Klasse. Später würden die Kinder in den Schullesebüchern ihre Biografien auswendig lernen.

An diesem Punkt der Reise sahen die Bäume wieder aus wie Bäume und die Wolken wie Wolken.

Gegen Abend kamen sie ans Ende der Welt. Das waren die Kreidefelsen von Rügen. Ein blasser Mond ging über der See auf. Unter anderem Namen, anderem Dasein, anderen Sternen hätten sie die Leere des Herzens nutzen können. Weder Angst noch Verlangen, weder Frauenrecht noch Männerrecht. Einmal in der Nacht erwachte Arlecq über seinem Gelächter. Aber es war Paasch, der gelacht hatte. Arlecq stieg aus dem Wagen und übergab sich im Gebüsch. Gegen Morgen hätte die Fähre sie nach Gedser bringen können. Sie hätten dänischen Kaffee und warme Brötchen gehabt. Gegen Morgen holte die Militärstreife sie aus dem Schlaf.

58

Urs Widmer

Geboren 1938 in Basel. Studium der Germanistik, Romanistik und Geschichte in Basel, Montpellier und Paris. 1966 Promotion mit einer Arbeit über die deutsche Nachkriegsprosa („1945 oder die ‚Neue Sprache‛"). Verlagslektor im Walter Verlag und im Suhrkamp Verlag. Lebt seit 1967 als Universitätsdozent, Literaturkritiker und Schriftsteller in Frankfurt/M.
Erzählungen, Romane, Essays, Hörspiele, Stücke.

▷ Vom Fenster meines Hauses aus. Prosa (1977)
▷ Das enge Land. Roman (1981)

Hand und Fuß – ein Buch

Vorwort   Die Freundschaft der Männer gehet für und für, und wessen Hand den ersten Stein auf sie werfet, dem wird sie abfaulen im Handumdrehn. So ist das, und weil das so ist, möchte ich dieses Buch, das von der Freundschaft zwischen meinem Freund Max und mir handelt, mit einer Geschichte beginnen, die ich aus erster Hand habe, einer wahren Geschichte.

Erstes Kapitel   Früher waren Geschichten wahrer als das Leben, heute ist das Leben irrer als sie. Einmal, vor ein paar Jahren, war ich auf ein Schäferstündchen[1] aus, nicht mit Max, sondern mit der Frau von Max, mit Eva, ich summte also in Evas Ohr, ich küsse Ihre Hand, Madame, aber als ich, mit gespitztem Mündchen, Evas Hand küssen wollte, schob Eva ihren Mund hin, ich meine, ihren Hund hin, und ich bekam einen Mund voll Hund, der ein Schäfer war.

Zweites Kapitel Wahrscheinlich war ein Schäfer, verliebt in einem lichten Hain sitzend, auch der Traum Adas, einer blutjungen Frau – sie war erschütternd in ihrer zärtlichen Lauterkeit –, die eines Nachts bemerkte, daß ich, den sie als ersten liebte und dem sie sich als erstem hinzugeben gewillt war, eine eiskalte Hand hatte. Mitleidig rubbelte[2] sie mein graues Fleisch, bis es mir zu viel wurde und ich meine Zähne in ihren Hals schlug, ich handsgemeiner[3] Mensch, ich meine, Unmensch.

Drittes Kapitel Am nächsten Morgen sagte ich ziemlich kleinlaut zu Max, meine Unmenschlichkeit ist doch sonst aber ziemlich klein, oder? Wir saßen – Ada war mit dem ersten Zug abgereist – in einem Gasthaus in Hendaye und aßen Schweinsfüße und tranken Bier vom Faß, und Max sah mich nachdenklich an und sagte lange nichts und dann plötzlich, du, kennst du den, einmal hat der Maler Füßli den Komponisten Händel getroffen. Nein, sagte ich, eine scharfe action, erzähl. Na, Händel, rief Füßli, sagte Max, und wies auf einen Haufen vollgeschriebene Notenblätter, ich meine, Füßli wies auf die Notenblätter, also Max sagte, Füßli sagte zu Händel, alles Handarbeit? Händel, sagte Max dann, deutete sofort auf ein Bild, daß Füßli unter dem Arm trug, und sagte, gewiß, aber das da hast du wohl eher mit den Füßen gemalt? Gott, es regnete draußen und handfestere Geschichten fielen uns nicht ein und es dauerte noch Stunden, bis das Schiff nach New York auslief, und solch begnadete Geister wie Händel und Füßli kommen in unserm Jahrhundert nicht mehr vor.

Viertes Kapitel Verschlampt und angetrunken, nicht mehr vornehm sahen wir aus, als wir Stunden später das Schiff, die *Ira* betraten. Übers Meer nach Merika fuhren wir vor allem wegen unserm Interesse an Richard Nixons Händen, die, wie wir in den folgenden Wochen herausfanden, eine schlangenlange Liebes-, eine endlose Lebens- und eine unendliche Glückslinie aufweisen. O.k. Aber was hat Richard Nixon aus dem Versprechen seiner Hände gemacht? Hat er gesagt, wie unser Herr, meine Rede sei

Hand Hand Fuß Fuß? Nein, hat er nicht. Er fürchtete sich vor den Abdrücken der Kuppen seiner Hände, auch uns faßte er nur mit Samthandschuhen an, dieser Handsfott[4], ich meine, dieser Lampenhund[5]. Es gelang Max dennoch, seine Fingerlinien haarfein nachzuzeichnen, und mir, sie präzise zu beschreiben. Max malte dann auch noch ein Brustbild von ihm, aber eine Brust verrät viel weniger als eine Hand. Das gilt auch für Frauen.

Fünftes Kapitel   Übrigens ist es langsam an der Zeit, daß wir uns vorstellen, nicht wahr, Max? Also, das ist Max, er ist der Maler, und ich bin ich. Ich bin die rechte Hand und Max die linke, und keine weiß, was die andere tut. Ich sage zu Max, tu etwas Gutes, und er tut es. Er sagt zu mir, schreib etwas Schlichtes, und ich reim es, ich meine, ich dicht es.

Sechstes Kapitel   Max und ich – dichtes Schneetreiben hatte inzwischen vor dem Atelierfenster eingesetzt – waren dann schon ziemlich weit mit unserm Buch vorangekommen, es waren mindestens vier Minuten seit dem Beginn unserer Arbeit vergangen und wir sahen langsam Hand, ich meine, Land, da stand plötzlich Uwe, einer von mehreren Uwes, die seit Jahr und Tag bei uns das Mal- und Dichthandwerk erlernen wollen, wütend auf und schrie, also was ihr da macht, Genossen, ehrlich, ich find das echt beschissen, es hat weder Hand noch Fuß. Dann stand er bebend mitten in unserm Atelier, eine Säule der Wahrhaftigkeit. Max und ich sahen uns an. Wortlos legten wir Pinsel und Feder beiseite, standen auf, gingen zu unserm Freund hin, und Max gab ihm einen Tritt und ich ihm eine Ohrfeige.

Siebentes Kapitel   Leider tat mir meine Ohrfeige selber weh an der Hand, und ich sah mit tränenden Augen Max an, diesen Max, der schon wieder seelenruhig an der rosa Hand eines Akts einer Frau, meiner Frau, Mays, herumpinselte, die ihn, von der Leinwand herab, verliebt ansah. Einmal muß es offen ausgesprochen sein, seit Jahren ist Max bei allen Frauen Hand im Korb[6], ich meine, hat er

seine Hände in ihren Körben, der Gockel[7], der einfach nicht zugeben kann, daß es blinde Hühner sein müssen, die seine Eichel finden[8], denn ein sehendes, nicht wahr, käme es in unser Atelier, das
würde doch eher, ja was würde es eigentlich, würde es nicht auf *mich*
zutreten, das zärtliche schöne Huhn, und sprechen, schöner Hahn
aus fernen Landen, ich nehme mein Herz in beide Hände und bitte
um ein Ei von Ihnen?

Achtes Kapitel   Ei, von Ihnen, wie Sie so dasitzen, Hand in Hand,
Wange an Wange, Knie an Knie, von Ihnen kann ich erwarten, daß
Sie mir, ehe ich fortfahre in der Beschreibung der Hühner und Eier
von Max und mir, eine Abschweifung über das Handwerk erlauben, *right, friends?* Das Handwerk habe einen goldenen Boden,
hört man, und das kann schon sein, *baby.* Das Fußwerk aber hat
eher einen ledernen oder gummigen[9], *see what I mean?* Ein Beispiel.
Als gerade vorhin, als uns alle so ein Frösteln überrieselte, draußen
schneit es noch immer, hier im Atelier die Heizung nicht mehr geheizt hatte und ein Handwerker gekommen war und mit seinen
Nagelschuhen unsern Goldboden zerkratzt und dann auch noch
gesagt hatte, als wir ihm ein Bier anboten, *hey man,* haben Sie kein
Pils? – da legten wir dann halt Hand an ihn, ich meine, legte sich
unser Hund auf ihn, und meilenweit hörte man sein panisches
Jaulen, alles klar?

Neuntes Kapitel   Aber im Gegenteil, gar nichts ist klar, sagte Max
wie aus der Pistole geschossen. Er stand fassungslos vor dem Bild
Mays im wieder handwarm geheizten Atelier und sagte, du, seit
mehreren Minuten, seitdem wir an unserm Buch arbeiten, versucht
jemand bei uns einzubrechen, irgendeiner von denen, die da überall
herumsitzen, der mit dem Seehundschnauz oder die mit den
Korkenzieherlocken vielleicht, jemand will dir das Manuskript
wegnehmen oder mir die Bilder, vorhin hätte ich ihn fast gefaßt, ich
meine, beinah erwischt, ich packte ihn an einem Fuß, hier ist der
Schuh. Ich sah mir den Schuh an, eher ein Herrenschuh, ein handgearbeitetes Luxusmodell mit einer Wildledersohle, wie sie Könige

und Wirtschaftskriminelle tragen. Etwas mußte geschehen. Also quartierten wir unsern Hund in einem Faß ein und versteckten uns dahinter, und als Sekunden später der Einbrecher wieder auftauchte, rief Max Faß, und der Hund kam aus dem Faß und hetzte den Einbrecher im Atelier herum, bis ich schrie, Fuß, Hund, und der Hund Fuß faßte und wieder im Faß verschwand. Der Einbrecher stand keuchend da – rechts trug er einen Maßschuh, links war er barfuß –, er war ein dickleibiger Herr in einem T-Shirt und einer Blaumannhose[10], unser Verleger. Halloo Klaus, so spät noch unterwegs? Zu seiner Entschuldigung brachte Klaus vor, er habe unser Buch unter der Hand einem Sammler von Sauereien verkauft und das Honorar, das zwischen andern Verlegern und Künstlern üblich geworden sei, sparen wollen. Wir kennten ihn ja. Und überhaupt sei der Text, soweit er ihn bis jetzt gehört habe, zu lang, die Handlung sei nicht faßbar und das Gezeichnete unter allem Hund. Max und ich sahen uns an und nickten. Seine Darstellung hatte Hand und Fuß. Wir umarmten uns also alle, pfiffen dem Hund und gingen in den Keller, ein Faß anstechen[11], diesmal eines voll des sauersten Weines.

Zehntes Kapitel Nachdem der Verleger wieder zu seinen Rotationspressen zurückgegangen war, redeten Max und ich voll des sauersten Weins darüber, daß alle jene Herren, die immer so dynamische Anzüge tragen und wie Endlostonbänder reden, ich will offen lassen, welche Herren *genau* wir meinten, nicht nur Säue sind, Säue mit Diplomen und Nummernkonten, sondern auch ein Pack, das lügt und lügt, tagein, tagaus. Wo eine Hand den andern Hund wäscht, ich meine, ein Hund die andre Hand leckt. Nie haben wir die Gelegenheit oder den Mut, ihnen unsre Wut ins Gesicht zu schreien. Wir machen unsre Arbeit mit unsern eigenen Händen, sie aber lassen arbeiten, nicht von solchen wie wir sie sind, aber von ähnlichen.

Elftes Kapitel Von Frauen, von ähnlichen Frauen wie von unsern, wie von Eva und May, wurden früher einem ungetreuen Mann die

Hände abgehackt, die durften das. Unvorstellbar, wie wir alle hier aussehen würden, wenn das noch üblich wäre. Einmal, vor Jahrzehnten, betrat eine Frau, die mich liebte, Pia, mitten in der Nacht das Gemach, in dem ich ruhte, und warf sich über mich und sagte, warum bist du so spröde, Geliebter, sieh, wir sind beide jung und die Sinne schreien. Ich sprang durchs Fenster und rannte durch einen Park und warf mich in einen Weiher, in dem ich zischend abkühlte. Als ich zurückkam, war Pia verschwunden, ich rief nach ihr, ich meine, schrie nach ihr, ich rang meine Hände, stundenlang küßte ich den Abdruck, den sie auf meinen Leintüchern hinterlassen hatte.

Zwölftes Kapitel   Hinterlassen hatte mich Pia in einem Bett in einem Zimmer in einem Hotel in einem Dorf in Südfrankreich, wo die Sonne ununterbrochen vom Himmel brannte. Ich war besinnungslos in eine andere Frau verliebt, Léa, die mich auch liebte, ich meine, die schlief einmal mit mir, dann aber nicht mehr, und ich verstand nicht, warum nicht. Ich dachte, ich sei nicht mehr liebenswert. Ich wütete, wie ein Berserker[13], polterte an ihrer Tür und dachte zu hören, wenn ich nichts hörte, wie sie, die Hand über dem Mund eines neuen Geliebten, den Atem anhielt. Ich wartete in dunklen Toreingängen und beobachtete, wie lange das Licht in ihrer Kammer brannte. Ich stampfte durch distelbewachsene Gebirge und beschimpfte danach Léa in Gaststätten und ließ ihr die Luft aus dem Velosolex[13], bis sie sagte, begreif doch endlich, du bist einfach nicht liebenswert, und das Drama einen logischen Verlauf genommen hatte, damals in Südfrankreich.

Dreizehntes Kapitel   In Südfrankreich zu jener Zeit hätte ich mich tatsächlich geradewegs ich meine handkehrum[14] in die unreflektierte Gewalttat stürzen mögen. Einen Handlanger des Großkapitals niederboxen oder eine Waffenfabrik sprengen. O ist das schon lange her. Max fing mich noch rechtzeitig ab und lenkte meine Energie auf, ja worauf eigentlich, er lenkte jedenfalls, und wir fuhren Hand in Hand Ski, daß hinter uns die Föhrenwälder zu Schneisen zerfielen.

Vierzehntes Kapitel   Die Schneisen wuchsen hinter uns gleich wieder zu, und zwar wiederum dank Max, dank den grünen Daumen[15] von Max, denn wo er diese in einen Dreck steckt, wächst eine Föhre oder ein Mammutbaum. Ja, so ist Max. Er geht mit seinen Gummistiefeln zwischen seinen Pflanzen hin und her und spricht mit ihnen. Niemand versteht, was er zu ihnen sagt, manchmal nur sieht man, wie er seine Daumen zwischen Zeige- und Mittelfinger hindurchschiebt und sie ansieht. Früher war Max auch Autostopper, aber seine Daumen machten die Automobilisten mißtrauisch, und Max lernte zu bleiben wo er war. Seither reist er nicht mehr, nur noch wenn ich ihn dazu zwinge. Aber ich bleibe auch lieber und lieber, auch ohne grüne Daumen, mich kriegt keiner mehr aus unserm Atelier heraus. Ich bleibe hier bis ich schwarz werde. Einmal allerdings geriet mir einer meiner Daumen in die Handpresse von Max und war blau, ich meine, blaue Blumen loderten durch mein Gehirn, als Max mir dann die Hand drückte.

Letztes Kapitel   Dann kommen wir also zum Schluß. Ein Wort nur noch zu einem Freund, ich meine, zu einem gemeinsamen Freund, Ede, der nämlich hat nur noch sieben Finger, die andern drei hat er sich abgesprengt. Weil diese Geschichte wahr ist und weil das Sprengen heute keine gute Presse hat, wollen wir schweigen über den Verbleib der übrigen drei Finger. Sie flogen wie Meteore über den Abendhimmel, drei Finger der Anarchie, frei von einem Körper, dem zu entkommen sie nie zu hoffen gewagt hatten. Heute, wenn wir Ede treffen, hebt er stets seine Heldenhand und ruft, Fröllein, fünf Bier, und er oder Max oder ich kriegen dann trotzdem keines.

Nachwort   Trotzdem, keines genauen Lebensplanes bewußt, sind wir langsam geworden was wir sind, ich und Max, ich meine, Max und ich. Er meine Hand, ich seine Hand, unsre Frauen unsre Frauen, seine Kinder meine Patenkinder, meine Bücher seine Mittel, wenn er nicht einschlafen kann. Ich halte ihm meine linke Wange hin, und er haut seine rechte Hand drauf, und umgekehrt, und damit die

Bibel nicht doch recht hat, verprügeln wir uns danach hemmungslos. Dann flickt Max wieder mein Auto, denn ich habe zwei linke Hände, und ich fülle seine Steuererklärung aus, denn er ist ehrlich. So gehet die Freundschaft der Männer für und für, und wessen Hand den ersten Stein auf uns werfet, dem wird sie abfaulen im Handumdrehen.

Anhang

Zugänge – Ein Kommentar

Brechts Klage „Was sind das für Zeiten, wo/Ein Gespräch über
Bäume fast ein Verbrechen ist/Weil es ein Schweigen über so viele
Untaten einschließt!"[1], stellt dem Schreiben in „finsteren Zeiten"
eine schlechte Diagnose: Die politische Verantwortung und die
dichterische Moral verlangen, daß auf das ,Baumgespräch' zugunsten der Aktualität verzichtet wird. Aber gibt es überhaupt Zeiten,
die so ,hell' sind, daß sie es den Schriftstellern erlauben würden,
ruhigen Gewissens von den gesellschaftlichen Problemen abzuse-
hen, um sich dem Schönen, dem ,Überflüssigen' zuzuwenden? In
einer Nachschrift zu seiner Erzählung *Eine Geschichte zur falschen Zeit*
nimmt Peter Bichsel dieses Problem des stets Unangemessenen auf:
„Die Geschichte ist zur falschen Zeit erzählt – Betriebsschliessungen, Arbeitslose, Krise –, eine Geschichte aber, für die es keine richtige Zeit gibt. Oh, Merkur, Schutzherr der Diebe (das hab ich von
Ezra Pound), gib mir eine Zeit für diese Geschichte, gib mir eine
Zeit, in der es nicht unanständig wäre, davon zu erzählen." Auf
den ersten Blick wirken weite Teile der jüngsten deutschsprachigen
Prosa ,unanständig', weil Politik und Zeitgeschehen ausgeklam-
mert bleiben oder nur am Rande berührt werden.

Vorgeschichte

Nicht zufällig hat man der Literatur der 70er und 80er Jahre immer
wieder einen Rückzug in die Innerlichkeit bescheinigt und ihre Ei-
gentümlichkeit mit Begriffen wie ,Neue Subjektivität' oder ,Neue
Sensibilität' zu fassen gesucht. In der Tat ist, besonders in der westdeutschen Literatur, der Unterschied zum literarischen Gestus der
60er Jahre auffallend. Damals kam die noch junge Bundesrepublik,
die an das Ende der Wiederaufbauphase gelangt war, zu selbstkriti-
scher Besinnung: Unzufrieden mit der Wohlstandsideologie, alar-
miert durch wirtschaftliche Krisen, verstört über die mangelnde
oder fehlende Vergangenheitsbewältigung und moralisch erschüt-

tert durch den Vietnamkrieg sowie die Situation in der Dritten Welt sahen Intellektuelle und Künstler ihre Aufgabe zunehmend darin, Arbeit der politischen Bewußtseinsveränderung zu leisten. Die Literatur wurde zu diesem Zweck ‚funktionalisiert' und als Mittel des politischen Kampfes eingesetzt. Besonders deutlich wurde diese Instrumentalisierung im Bereich der Lyrik und des Dramas, wo mit der Agitprop-Lyrik einerseits und dem Dokumentar- und Straßentheater andererseits versucht wurde, durch Formen politisch-operativer Kunst direkt auf die Gesellschaft Einfluß zu nehmen. In der Prosa verfolgte man dieses Ziel durch eine Literatur des politischen und moralischen Protests, vorrangig aber mit Hilfe von Reportagen und Protokollen, einer faktographischen oder agitatorischen Literatur der Anweisung zu gesellschaftlichem Handeln.

1968 proklamierte man den „Tod der Literatur"; selbst die politische Literatur wurde als „Alibi im Überbau"[2], als Entlastung oder Ersatz für die nicht vorhandene politische Kultur verworfen. Die gesellschaftliche Unzufriedenheit kulminierte in den Studentenunruhen, der Kampf gegen die Trennung von Kunst und Politik, gegen das passive Genießen des ‚Kunstschönen' und des politisch Oktroyierten kam in einer aktiven ‚Debattenästhetik' zum Ausdruck, die Eigeninitiative und schöpferische Phantasie in ihre Rechte setzen wollte. „Die Revolution: schaffen wir solche Verhältnisse, daß jeder Anteil am Werk Picassos nehmen kann. Die Kulturrevolution: schaffen wir solche Verhältnisse, daß jeder ein Picasso und Picasso jeder werden kann."[3] Der Traum vom vollen Leben war indes schnell ausgeträumt; dem euphorischen Aufschwung folgte die ernüchternde Erkenntnis, daß die entscheidenden Mechanismen der Gesellschaft im Grunde unangetastet blieben, daß sich hier lediglich eine intellektuelle Elite artikuliert hatte, die ohne eigentliche Wurzeln in der breiten Öffentlichkeit war oder sich zumindest nicht hinreichend verständlich machen konnte. Nach dem „Kurzen Sommer der Anarchie" (Hans Magnus Enzensberger) kam der lange Winter der tradierten Ordnungen: der Student studiert wieder, der Arbeiter arbeitet weiter, der Dichter dichtet wieder. Entmutigung faßte Fuß, Skepsis breitete sich aus, ob intellektuelles Engagement überhaupt Gesellschaft verändern könne; man zog sich von der solidarischen Front zurück und richtete sich – von den Utopien Abschied nehmend – in der Isolation zum glanzlosen Überwintern ein.

Sicherlich war die politische und literarische Chronologie in den übrigen deutschsprachigen Ländern eine andere: In Österreich und der Schweiz kam die Studentenbewegung nur als verspäteter und schwächerer Nachhall zum Tragen, und in der DDR waren gerade am Ende der 60er Jahre die politischen Verhältnisse einigermaßen festgefahren. Wenn sich damit für diese Länder das Jahr 1968 viel weniger als Einschnitt anbietet als in der Bundesrepublik, so kann doch auch für sie an der Wende von den 60er zu den 70er Jahren eine literarische Umorientierung festgestellt werden. Um dies grob zu skizzieren: In der österreichischen Literatur, von der im übrigen starke Impulse innovatorischer Art ausgingen, machte in den 50er Jahren die neue Avantgarde der ‚Wiener Gruppe' von sich reden; ihre experimentellen und sprachkritischen Methoden wurden später von den im Grazer ‚Forum Stadtpark' zusammengeschlossenen Autoren aufgenommen und im Sinne einer politischen Entlarvung der Grammatik, die „den Zusammenhang von gesellschaftlicher Sprachform, Denkform und Handlungsform"[4] anvisiert, weiterentwickelt. Das wachsende Mißtrauen zum Staat und der Widerstand gegen das erneute Hervortreten von ‚ehemaligen' Gesinnungen zeigten sich u.a. auch in einer Prosa des parteilichen Realismus, im Anti-Heimatroman, der zum bevorzugten Ort der Auseinandersetzung mit Konservatismus, Neofaschismus und Provinzialismus wurde, und – im Bereich des Dramas – in der Wiederbelebung des kritischen Volksstücks und der späten Brechtrezeption. In der Schweiz hatte sowohl die sprachbezogene Literatur als auch diejenige mit eindeutig politischen Inhalten eine stärker aufklärerisch-erzieherische Komponente; sie zielte auf begrenzte und konkrete Reformen, nahm mehr Rücksicht auf den Leser als Kommunikationspartner und stellte Absolutheitsansprüche zugunsten des Machbaren zurück[5].

In der DDR lösten sich die Autoren in den 60er Jahren aus der Bevormundung durch die Autoritäten, um künstlerisch selbstbewußt und mit Nachdruck die Verwirklichung der bisher immer nur versprochenen sozialistischen Gesellschaft zu fordern. Der von den kulturpolitischen Instanzen zugestandene Spielraum war jedoch äußerst eng, so daß sich die Literatur erst in den 70er Jahren, als die Grenzen weiter gezogen wurden, erfolgreicher emanzipieren konnte und sich von nun an (weitgehend politisch desillusioniert) um ideologische und literaturtheoretische Vorgaben kaum noch kümmerte.

Der Begriff der „subjektiven Authentizität" (Christa Wolf) wurde zu einem zentralen Stichwort für die neue Literatur, und dies bezeichnenderweise nicht nur für die der DDR, sondern auch für die der Bundesrepublik, der Schweiz und Österreichs. Auch wenn sich im heterogenen Bild der Literatur der 70er und 80er Jahre nur mit einigen Schwierigkeiten feste Umrisse ausmachen lassen, zumal die früheren, oft konkurrierenden Strömungen nicht versandet sind, läßt sich doch – länderübergreifend – die Subjektivität als eine markante Kontur einzeichnen.

Die literarische ‚Tendenzwende'

Die Dichter dichten wieder. Natürlich gab es in den letzten anderthalb Jahrzehnten weiterhin engagiertes Schreiben, aber die Phase der politischen und auch der linguistischen Abstraktionen scheint allgemein an ihr Ende gelangt zu sein, während die Kategorie der ‚Betroffenheit' an Boden gewonnen hat. Ob die Flucht in die reine Innerlichkeit angetreten wird oder ob man die Verbindung von persönlicher und gesellschaftlicher Erfahrung, von Privatheit und Öffentlichkeit anstrebt, das eigentlich Bestimmende wurde nun die Tendenz zur „Selbstvergewisserung", „Selbstreflexion" und „Selbsterfahrung"[6], die Gewichts- oder Akzentverlagerung von der Außenwelt zur Innenwelt – so oder ähnlich werden die Romane der ‚Neuen Subjektivität' in den Literaturgeschichten charakterisiert. Man konstatiert das „Interesse der Autoren an der eigenen

Lebensgeschichte, an persönlichen Krisen und Krankheitsabläufen, die genaue Beschreibung sinnlicher Wahrnehmungen, die Mitteilung elementarer und verfeinerter Empfindungen"[7]. Die Introspektion wird – je nach Werk und Standort des Interpreten – als narzißhafter Rückzug auf das eigene Ich oder aber als ‚Vorzug' beschrieben, wenn man das „Subjekt als Umschlagstelle des Objektiven"[8] wertet.

Was für die Romane zutrifft, gilt auch für die Erzählungen dieser Jahre, denn auch sie vermitteln den Eindruck einer literarischen ‚Tendenzwende'; nur stellt sich diese hier entschieden anders dar, als eben skizziert. Davon wird später noch zu sprechen sein. Die vorliegende Anthologie, die deutschsprachige Erzählungen seit '68 versammelt, versteht sich in erster Linie als Dokumentation dieser neuen Kurzprosa. Einige Texte der späten 60er Jahre dienen als Kontrastfolie oder markieren den Übergang, so daß dem Leser Orientierungspunkte angeboten werden, die ihm die Herkunft und damit Eigenart des Neuen anschaulicher machen.

Wolf Wondratscheks *Deutschunterricht* etwa liest sich wie ein Katalog der für die 60er Jahre charakteristischen Themen. Von der Bloßstellung des herrschenden Chauvinismus über die Entlarvung der Wohlstandsgesellschaft reicht die Kritik bis zur Anprangerung der Handhabung von Gesetz und Ordnung. Während hier emotionslos und deskriptiv-unbeteiligt Zustände registriert werden, d.h. Gesellschaftsanalyse durch die Formulierung von Beispielen erfolgt, verfahren Günter Kunert in *Alltägliche Geschichte einer Berliner Straße* und Peter Härtling in *Die Fragenden* noch moralisch appellativ; dies erklärt sich nicht zuletzt aus dem besonderen Thema der Auseinandersetzung mit Krieg und Nationalsozialismus. Diese beiden Texte, die in sich geschlossene Geschichten präsentieren, bringen mit ihrem moralischen Impetus und ihrem pathetischen Gestus eine ‚Kritik alter Schule' zum Ausdruck, bei der dem Einzelnen Verantwortung zugewiesen und Geschichtsmächtigkeit zugetraut wird.

Überhaupt läßt sich beobachten, daß Gesellschaftsbild und Erzählweise kongruent sind: Nur so lange, wie dem Individuum (auch von sich selbst) die Kraft zum gesellschaftsverändernden Eingreifen zugestanden wird, sind anscheinend abgerundete Erzählungen mit einem ‚richtigen' Anfang und Schluß möglich. Bei Ernst Jandl etwa, in *betten*, oder in Wolfgang Koeppens *Romanisches Café* wird dasselbe Thema des Kriegs bzw. bei Koeppen allgemeiner der ‚deutschen Misere' aufgrund einer Konzeption, nach der das Subjekt aus der Geschichte eliminiert ist, ganz anders verhandelt: Der aus einem einzigen Satz bestehende Text Koeppens, der schon formal das Unaufhaltsame, den Selbstlauf der Geschichte zum Ausdruck bringt, spart ebenso den Erlebenden aus wie das karge Prosastück Jandls; Jandl bietet nur noch ein Textgerüst an, welches verschiedene Möglichkeiten der probeweisen Rekonstruktion offenläßt.

Inhalte und Sehweisen

Die übergroße Zahl der Texte, zumal der in jüngster Zeit entstandenen, bricht indes entschieden mit den Inhalten, die für die Nachkriegsliteratur bis hin zum Jahr 1968 charakteristisch waren. Diese Abkehr von Krieg und Schuld, Vergangenheit und Restauration, weltweiten Kämpfen und Niederlagen resultiert aus der radikalen Skepsis gegenüber dem Nutzen und der Wirksamkeit solch politischen Schreibens. Selbst dort, wo die großen Themen jener Zeit aufgegriffen werden, wie in Hans Christoph Buchs *Ein Pferd wird erschossen*, geschieht dies nur noch zitathaft; sie werden zur Beliebigkeit degradiert und damit jenem Vorgang der Sinnentleerung unterstellt, der sich überall durchzusetzen scheint.

Krisenkritik

Worüber man nun bevorzugt schreibt, ist die moderne Konsumgesellschaft mit ihren Leistungszwängen, die Isolierung, Fremdheit und Kontaktarmut in der heutigen Medienwelt. Dies alles wird nun nicht im Stil kritischer oder gar klassenkämpferischer Gesellschaftsanalyse vorgetragen, sondern kommentarlos als Tatbestand, als faktischer Befund ‚inventarisiert'. Selbst die *Krisenkritik* von Ludwig Fels läßt sich ebensogut als Kritik der Krise wie als Krise der Kritik lesen. Denn das scheinbar Analytische mündet ins Skurrile. Die Ratschläge, die „zur Bekämpfung und Unkenntlichmachung der gefährlichen Not" gegeben werden, wie z.B. die Empfehlung, „die Produktion von Gürtellöchern einheitlich genormten Orientierungsrichtlinien zu unterwerfen", machen deutlich, daß die bis dahin gültigen Lösungen überhaupt nicht mehr zur Diskussion stehen.

Anpassung

Die Idee des Fortschritts hat sich so desavouiert („Man möchte die Richtung wechseln, umarmt seine Beine"), daß man nur noch die Merkmale dieser *Kunstwelt* (so der Titel des zweiten Textes von Fels) als künstlicher Welt aufzeichnen kann. Ihre Statik, die allgemeine Richtungslosigkeit und folglich Zukunftslosigkeit bestimmen die Struktur vieler Texte. In Hannelies Taschaus *Ich bin anständig, weil ihr sagt, daß ich anständig bin* liegt der Maßstab für Anständigkeit allein in der Anpassung an den Kreislauf von Leistung, Konsum und Freizeitritualen und nicht in einem ethischen Wertekodex. Fiti, ein allseits beliebter Spaßvogel, ein braver junger Mann, ein netter, auf Häuslichkeit und Besitzstand geeichter Sohn, ein ehrgeiziger Arbeiter, schießt auf nächtliche Spaziergänger, weil sie durch das Läuten der Kirchglocke seinen verdienten Schlaf stören. Zwar läuft die polizeiliche und juristische Untersuchungsmaschinerie an, aber das Wohlwollen der kleinstädtischen Gesellschaft ist ihm sicher; er selbst wird von keinerlei Gewissensbissen geplagt.

Leistungszwänge

Thomas Bernhard zeigt demgegenüber die völlige Chancenlosigkeit desjenigen, der für den herrschenden Merkantilismus nicht tüchtig ist; darin besteht *Das Verbrechen eines Innsbrucker Kaufmannssohns*. Dieser wird zum Lebensuntüchtigen, den von vornherein die ‚Krankheit zum Tode' kennzeichnet. Den Selbstmord, in den Bernhards Protagonist Georg getrieben wird, verweigern sich indes die meisten Texte als (wenn auch negative) Lösung. Während Georg noch die Maxime, daß man es zu etwas bringen muß, verinnerlicht, hat diese für die anderen Helden ihre Verbindlichkeit verloren. Für Fanz Innerhofers *W.*, der ebenfalls Opfer der Produktionsgesellschaft ist, hat sogar der Begriff des Scheiterns seine Gültigkeit eingebüßt. Zwar denkt er häufig an Selbstmord, um dem Kreislauf der Erniedrigung und Ausbeutung ein Ende zu setzen, aber die Entscheidung über sein Leben wie über seinen Tod ist ihm genommen: „Sein Überleben hing ... nicht von seinem Willen ab, sondern davon, ob immer gerade dann, wenn er sich über das Brückengeländer in den Fluß stürzen wollte, Leute auf die Brücke zukamen ...“

Aussteiger

Zur Idee der Produktion, die Reibungslosigkeit des Ablaufs verlangt, gehört die Aussonderung der von der Arbeit Verschlissenen, der physisch oder psychisch Verbrauchten (dies zeigt auch Christa Moogs *Saison*). Deswegen gewinnt bei Nicolas Born das Grimmsche Märchen von den *Bremer Stadtmusikanten* neue Aktualität, wobei in dem neuen Text die Notgemeinschaft der Alten und Deklassierten stärker akzentuiert ist als in der Vorlage. Die fröhliche Anarchie dieser Erzählung ist allerdings eine höchst subtile: Es wird zwar ein Gegenmodell zur schlechten Realität entworfen, aber dieses wird durch die Betonung des Märchencharakters gleichzeitig zerstört. Daß die Auflehnung gegen die Last der Leistungsgesellschaft normalerweise von sofortigen Sanktionen begleitet ist, verdeutlicht Thomas Braschs lakonischer Text *Mit sozialistischem Gruß*. Die arbeitsfreie Zeit, die der Kollege Ramtur beantragt hat, um sich mit seiner Frau zu unterhalten über „a) meine Frau b) mich c) unsere Ehe d) Kunst und Fernsehen e) Haushalt, Reparaturen, Neuanschaffungen f) unsere Kinder (Zustand und Perspektive) g) das Leben, Qualifizierung, Weiterbildung“, wird ihm nicht einmal im Gefängnis ‚bewilligt‘, sondern durch neue Arbeitszwänge ersetzt.

Alltäglicher Sadismus

Solche Versuche des ‚Aussteigens‘ sind allerdings selten. Wesentlich häufiger wird in den Texten die Sinnlosigkeit der Arbeit und des Alltags vor Augen geführt. So ins grausig-groteske Bild gesetzt in Angelika Mechtels *Hochhausgeschichte I*: Dieselben Puppen, die eine im zweiten Stock des Hochhauses lebende Fabrikarbeiterin im Akkord montiert, und zwar mit einer Stimme versieht und damit im mechanischen Arbeitsvorgang ,vermenschlicht', werden von dem wohlanständigen Kaffeekränzchen der Damen im fünften Stock unter Leitung von Frau Keller zerlegt. Der kultivierte Kannibalismus (die Puppen werden mit Messer und Gabel seziert) kehrt in plastischer Metaphorik die versteckte Grausamkeit unter der Decke des Anstands, den alltäglichen Sadismus, die Gewalt und Brutalität der geordneten Verhältnisse hervor.

Grausamkeiten, grotesk

Dies ist ein häufig angewandtes Verfahren: Die Argumentation verbleibt innerhalb der dargestellten Situation, ohne daß ein Standpunkt außerhalb gesucht würde, legt aber deren Struktur im Extrem frei; sei es, daß die immanente Logik auf die Spitze getrieben wird, sei es, daß, wie in der *Hochhausgeschichte*, eine Übersteigerung ins Absurde oder Groteske vorgenommen wird. Als eine Konsequenz solcher Radikalisierung läßt sich Jutta Schuttings *Sprachführer* nennen, in dem die Vorführung eines Theaters der Grausamkeiten, einer Szenerie schwarzen oder bitterbösen Humors nicht durch die Umsetzung ins Bildhafte oder Episodische, sondern mittels (scheinbar) linguistischer Sachlichkeit und Systematik geleistet wird. Die absurden Beispielsätze und Varianten, die nach Sachgruppen geordnet („In einer fremden Stadt", „Im Restaurant" usw.) angeboten werden, dienen nicht, wie der irreführende Titel anzeigt, der Verständigung, sondern dokumentieren im Gegenteil die Beliebigkeit des zu Sagenden. Gleichzeitig werden durch die Durchbrechung von Normalität und Wahrscheinlichkeit – „Die Flecken müssen gründlich entfernt werden (dürfen nie dagewesen sein). Bitte stopfen Sie das Loch an (in) meiner linken Brust" – touristisches Verhalten sowie die Vorstellung, Reisen diene dazu, Land und Leute kennenzulernen oder seinen Bildungshorizont zu erweitern, überspitzt und ins Aberwitzige gezogen.

Medienwelt

Der Verzicht auf Kommunikation ist ein erzwungener. Er resultiert aus dem Mangel an wirklich be-sprechenswerten Inhalten. Im Widerspruch zu den Medien, die uns immer neue und stärkere Sensationen präsentieren, zeigen die Texte ein Vakuum an Sensationen, die Einebnung des Besonderen durch Reizüberflutung. Das als das jeweils Größte, Wichtigste oder Erschütterndste publikumswirksam aufbereitete Ereignis hält einer Erfahrung des Alltags nicht stand, in dem eben nichts Nennenswertes mehr geschieht. Dieses wird jedoch mit derselben Gleichgültigkeit und Passivität registriert wie etwa das im Fernsehen vorgeführte Geschehen. Es flimmern zwar einzelne Bilder vorbei, aber der Beobachter ist nicht mehr in der Lage, die partikularisierten Wahrnehmungen zusammenzubringen. Paradigmatisch für diese Haltung sind Franz Hohlers Texte *Wie ich lebe* und *Erlebnis*. Da werden in *Wie ich lebe* banale Beobachtungen aneinandergereiht, die sämtlich an sich nichtssagend sind, aber gerade deswegen (und durch die wiederholte Erwähnung von Tod oder Totem) das Ausgeschlossensein vom 'wirklichen' Leben signalisieren. Das Goethe-Zitat am Schluß, das völlig unvermittelt auf diese Aufzählung folgt, 'paßt' gerade in seiner Wahllosigkeit vollständig zum Unzusammenhängenden der einzelnen Textelemente.

Sinnentleerung

Solche Entleerung eines ehemals vorhandenen Sinns demonstriert auch Urs Widmer in *Hand und Fuß – ein Buch*. Der Bezug auf *das* Buch, die Bibel, fungiert nur als Folie, auf deren Hintergrund sukzessiv die Idee des Handelns und Erzählens mit „Hand und Fuß" demontiert wird. Zwar erweckt die Kapitelstruktur einschließlich Vorwort und Nachwort den Anschein von Stringenz und Geschlossenheit, doch wird dadurch nur um so krasser herausgestellt, wie zufällig die 'Ereignisse' sind und wie beliebig deren Auswahl und Abfolge ist. Die anfänglich aufgebaute Erwartung einer sinnträchtigen Erzählung von Künstlertum, Liebe und Freundschaft wird schrittweise zerstört. Das Einzige, was schließlich den Text voranbringt und die Kapitel verbindet, ist das spielerische Springen von Wort zu Wort, von Redewendung zu Redewendung im Rahmen des Wortfelds von ‚Hand' und ‚Fuß'.

Anti-Biographien

Dem Fehlen biographischer Einmaligkeit, das mit dem Verlust historischer und räumlicher Konkretheit einhergeht, entspricht der Mangel an vorbildlichen Lebensläufen in anderen Erzählungen. Peter Bichsels ‚Held' in *Eine Geschichte zur falschen Zeit* z.B. ist zwar durchaus exemplarisch („er beschäftigt sich nicht mit Leben"; „all das hat ihn nicht erreicht"; er hat „nicht geforscht oder entdeckt oder entwickelt oder beobachtet"), aber nicht beispielhaft. Manche der Protagonisten brechen zwar auf, „um zu leben", so Franz Innerhofer, aber ein Ankommen ist nirgendwo gegeben: „Er sei immer gegangen", heißt es von *W.*, „immer auf der Suche nach einem Ausweg. Zurück sei er nie gegangen, sondern nur hinunter. Zurück habe er nicht können, nach rückwärts könne sich auch niemand befreien." Selbst *Annaeva*, die Titelfigur aus Monika Marons Erzählung, die die enge Stadtfestung der ummauerten Erstarrung verläßt, um an der Halde vorbei, auf der die weggeworfene, nicht gelebte Zeit liegt, den Weg durch die Dürre zu gehen, erlebt weder Sieg noch Niederlage. Der heroische Ausbruch führt ins Nirgends, sie selbst wird zu Niemand, die Identität spaltet sich auf bis zur Ich-Auflösung, die auch eine Aufhebung des Daseins bedeutet: „Ich kann liegen bleiben und auf meine Zukunft warten, die ich selbst bin; die zwei, die ich bin, streiten lassen, bis ich selbst Niemand bin, der auf mich wartet."

Ereignislosigkeit

Warten wird bei Peter Rosei zum Begriff für das lebend Totsein, das Totleben schlechthin; das Verb wird gewissermaßen ausschließlich intransitiv gebraucht, da es nichts mehr gibt, worauf gewartet wird, sondern „warten" identisch ist mit leben ohne Ziel und Erfüllung: „Man schließt sich ein, stützt den Kopf in die Hände und wartet. Das Leben ist lang und das Warten auch." Weder bringen Ortswechsel die geringste Veränderung, denn ständig unterwegs sein und warten fallen synonym zusammen, noch gibt es eine Entwicklung in der Zeit. Ihr Fließen und Stocken geben die nach gewöhnlichen Erzählgepflogenheiten unmotivierten Tempuswechsel an. Das einzig ‚Greifbare' in dieser leeren Ortlosigkeit, die aus heterogenen Landschaftsfragmenten zusammengestückt ist, sind Abstrakta: Trauer und Schmerz, die ebenfalls verabsolutiert sind, da über deren Genese aus einem möglicherweise individuellen Erlebnis nichts berichtet wird; „Die Liebe hat vier goldene Arme wie ein Leuchter. Der Schmerz hat acht schwarze Arme wie der Polyp."

Entpersönlichung – Verkunstung

Die Entpersönlichung von Tun und Handeln nimmt in Fritz Rudolf Fries' Erzählung *Frauentags Anfang oder Das Ende von Arlecq und Paasch* die Form eines ‚acte gratuit' an: Der Mord, den Arlecq (und wohl auch Paasch) an seiner Ehefrau begeht, bekommt – allen Kriminalgeschichten zum Trotz – weder eine ordentliche Motivation noch würde ein Detektiv hier mit der Frage nach dem ‚Wozu?' weiterkommen. Das Leben hat sein existentielles Gewicht verloren und ist nur noch eines nach den Regeln der Kunst, was durch die Sammelwut von Arlecq und auch Falk („wo nichts ist, wird gesammelt") und den Zwang zur umfassenden Stilisierung angezeigt wird. So empfindet Arlecq den Mord nicht als sittliche Verfehlung, sondern allenfalls als ästhetisch fehlerhaft, da er eigentlich unvorbereitet geschieht und nicht, wie beabsichtigt, stilgerecht zelebriert wird. Leben ist dem Bereich der Unmittelbarkeit entrissen und gerät zur Leihgabe aus der Kunst; Arlecq und Paasch sind Kunstfiguren, deren Namen nicht nur auf die Tradition der Commedia dell'arte verweisen, sondern die darüber hinaus auch aus einem früheren Roman von Fries ‚stammen'. Für diese Kunstfiguren als Figuren aus der Kunst wird das Zitat zum Lebenselement („er dachte sich schon in Zitaten"); das Leben geht nahtlos in Kunst über: „Wir Sammler sind die Kunst".

Daß die ‚Verkunstung' des eigenen Daseins letztlich nur schöner Schein ist, jedenfalls in der zitathaften Spiegelung befangen bleibt, zeigt auch Fries' Text *Brügge oder Der Versuch, einer Amerikanerin Rodenbach zu erklären*. Zwar möchte der Ich-Erzähler Georges Rodenbachs Roman „Bruges-la-morte" erinnernd verlebendigen und gleichzeitig die alte Liebesgeschichte mit der amerikanischen Studentin Robin nachleben, aber das Modell ist nicht mehr zu erfüllen, weil das Experiment ‚Nachleben' einer ‚alten' Ästhetik angehört, die mit der neuen Kunst, für die die Namen Rauschenberg und Lichtenstein stehen, nicht zu versöhnen ist. Damit verbunden ist die Unmöglichkeit, Rodenbach ‚nachzuschreiben'. Die versuchte Stilisierung nach der literarischen Vorlage – im Handeln und im Erzählen – erweist sich schließlich als nicht haltbar. Die Amerikanerin, die die Jugend und die Neue Welt vertritt, läßt sich in und durch diese alten Formen nicht einfangen und vereitelt damit das aktualisierende Nachvollziehen von „Bruges-la-morte".

Paradoxer Selbstlauf

Eine ‚Formalisierung' ganz anderer Art führen jene Texte vor, die den Verlust des Inhalts zugunsten der Form oder den paradoxen Selbstlauf von einmal in Gang gesetzten Ereignissen zum Thema haben. Dies ist ein in den Erzählungen häufig variierter Mechanismus. Sei es, daß sich eine Handlung verselbständigt, wie in Ror Wolfs Geschichte eines Mannes, in der sich der ursprüngliche Zweck, eine Sammlung anzulegen, in der sinnlosen Aufbewahrung von staubfreien Kästen verliert („in weiter Ferne von jedem Leben"), die für die Sammlung vorgesehen sind. Sei es, daß, wie in Jürgen Beckers *Geschäftsbesuch*, ein eigentlich beiläufiger Vorgang, hier das Vorzeigen eines Tagespassierscheins beim Pförtner, so formalisiert wird, daß er sich als Ritus über die praktische Funktion stülpt. Sei es, daß, wie in Jurek Beckers *Die Strafe*, ein alltägliches Verkehrsdelikt in die angstvolle und gleichzeitig sehnsüchtige Erwartung eines überdimensionierten Strafmaßes mündet. Sei es, daß, wie in Hermann Kinders *Glückliche Entfernung*, der Kausalnexus von Anlaß und Folge gesprengt (der irrtümliche Kauf von saurer statt süßer Sahne löst die Ehekrise aus) und der Zusammenhang von Ursache und Wirkung aufgehoben wird: Die luststeigernde Trennung führt zur endgültigen „glücklichen Entfernung".

Lieblosigkeit

Auch die Liebe und die freundschaftlichen Beziehungen geraten zur Hohlform, mit der ein ums andere Mal gezeigt wird, daß partnerschaftliches Verhalten ausgesprochener Selbstbezogenheit gewichen ist, daß Nähe in nicht überbrückbarer Distanz verneint wird und daß Worte den anderen überhaupt nicht erreichen. Hermann Kinder veranschaulicht dies im Paradox: Die Liebesbezeugungen und -beteuerungen, für die ein antiquiert-kitschiges Vokabular bemüht wird („um sich … vom Glück des Füreinanderbestimmtseins gänzlich durchströmen lassen zu können"; „vom sanften Feuer ihrer Zuneigung durchglüht") gelten weniger dem anwesenden Partner, sondern werden mit seiner zunehmenden Entfernung gesteigert. Ganz ähnlich verfährt Kinder in *Gelungen,* wo die lieb-lose Instrumentalisierung des anderen zum Tatwerkzeug – D wählt und benutzt den Liebhaber, um den seit jeher geplanten Selbstmord als Mord geschehen zu lassen – erst zum Schluß, im tödlichen Gewaltakt, in Liebe umschlägt.

Weniger kraß, weil konkreter, setzt Adolf Muschg in *Ein ungetreuer Prokurist* das Paradigma Liebe ins Paradoxe um. Der Prokurist, der im gleichförmigen Alltag endlich einmal Mensch sein will, sucht sich neben der geordneten Ehe eine Geliebte. Das versäumte Leben holt er jedoch nicht nach; von einem Genuß des Abenteuers kann keine Rede sein, denn die beständige Angst, entdeckt zu werden, beweist gerade seine nie wirklich durchbrochene Unfreiheit. Voller Zärtlichkeit träumt er vom Tod der Geliebten, da nur tote Gegenstände ungefährlich sind, und erleichtert empfindet er schließlich den Abschied von ihr als wohlverdient.

Fremdheit

Was in den genannten Texten durch die Kontrafaktur traditioneller Vorstellungen und die Enttäuschung der Lesererwartung veranschaulicht wird, nämlich Einsamkeit in der Beziehung, Dialogunfähigkeit, Unmöglichkeit des Erlebens und Fehlen authentischer Gefühle, demonstrieren Wolf Wondratschek in *Aspirin* und Frank-Wolf Matthies in *Die Beschreibung der Frau* durch die Inszenierung der Grammatik [9]. In der Reduktion syntaktischer Vielfalt auf den einen Typus stets gleich gebauter Aussagesätze kommt in *Aspirin* grammatisch uniform dargestellte Ereignislosigkeit zum Ausdruck. Das asyndetische Prinzip steht für den Mangel an Koordination der Inhalte wie die Parataxe auf die Gleichrangigkeit der Aussagen, in diesem Fall ihre wertlose Beliebigkeit, verweist. Das stereotype „sie", das als Subjekt die Sätze einleitet, bezeichnet bald das Mädchen allein (3. Person Singular), bald das Pärchen zusammen (3. Person Plural). In dieser Identifizierung kommt dem Mädchen seine Eigenständigkeit abhanden; es fällt dem ‚pluralisierenden' Partner zum Opfer. Gleichzeitig fehlt das wirkliche Gegenüber: Ein ‚er' tritt nicht auf. Die bewußtlose Anpassung an gängige Handlungsmuster, Verhaltensklischees und landläufige Empfindungsmodelle wird erst im letzten Satz (auch syntaktisch!) durchbrochen: „Zum Glück gibt es Tabletten."

Während dieser Schlußsatz ein Aussteigen aus der Satz- und Situationsbefangenheit zumindest noch in Aussicht stellt, wird die Satzsuche bei Matthies zu keinem Ende mehr gebracht. Grammatisch in Szene gesetzt wird hier *Die Beschreibung der Frau,* die sich jedoch letztlich selbst aufhebt, da das eigentliche Gesetz der sprachlichen Umkreisungen nicht die Frau, sondern die Sprache ist. Die Generierung der Sätze, die bisweilen an maschinelle Texterstellung erinnert, zeigt in der Konsequenz nur Normiertheit, Standardisierung und das Fehlen jeglicher Individualität. Der Satz „die frau ist ein individuum – die frau hat auch eine individualität" wird u.a. dadurch widerlegt, daß sie nicht einmal einen Namen trägt oder zugewiesen bekommt. Dadurch, daß die Frau zugleich Objekt („ich werde die frau beschreiben") und Subjekt („ich werde d i e frau beschreiben: dies ist eine technik. diese technik wird mir dazu dienen, etwas über mich auszusagen") der Beschreibung ist – bereits der Titel des Textes läßt diese zweifache Lesart zu –, werden die Phä-

nomene verdoppelt: Es handelt sich um Fremdheit und Selbstentfremdung, um fehlende Erkenntnis und mangelnde Selbsterkennt-
nis („die frau schaut zum spiegel & sieht – den spiegel"), so daß im
Grunde alle Identität, die der Beschriebenen, der/des Beschreiben-
den und der Beschreibung, aufgehoben wird.

Selbstentfremdung

Äußerste Selbstentfremdung auch im Ich-Bericht *Paulas* von Elfriede Jelinek. Hier wird nicht nach Sätzen gesucht, aber der wort-
gewaltige Monolog Paulas über sich und ihre Ehe hat jeglichen
authentischen Wert eingebüßt, denn er besteht ausschließlich aus
vorgeprägter, geborgter Sprache. Mit Sätzen, die nicht ihre eigenen
sind, sondern aus der Werbung, aus Frauenzeitschriften, aus dem
Fernsehen stammen, mit Sätzen, die von der Konsum- und
Erwerbsgesellschaft geprägt sind oder dem Bereich einer abstrak-
ten öffentlichen Moral angehören, mit Floskeln, Klischees und Bin-
senweisheiten verfehlt Paula zwangsläufig die Ich-Aussage und
Ich-Findung. Das Reden von einem neuen Anfang wird durch eben
dieses Reden selbst von Beginn an widerlegt. Sie verharrt also in
Verhaltensklischees, was dadurch um so grauenvoller wirkt, als die
Brutalität der Verhältnisse (Schläge, Ehekrieg, Armut, Prostitution
etc.) als völlig selbstverständlich und ‚normal' präsentiert werden.
Retten kann sich vor der Selbstentfremdung anscheinend nur, wer
bei aller Schwäche über ein so starkes Ich verfügt, daß ein Double
abgespalten, clownhafte Masken angelegt werden können, um
sich vor der Zudringlichkeit und Entblößung zu schützen – so läßt
sich Elisabeth Plessens *Sie oder ich unterwegs* lesen.

Lust-Verlust

Erstaunlich ist, daß die sogenannte ‚sexuelle Revolution' und die
Frauenbewegung an den männlichen und weiblichen Protago-
nisten der Erzählungen scheinbar spurlos vorbeigegangen ist. Kein
Glücken von Emanzipation, ja kaum einmal der Ansatz dazu.
Immer wieder wird die Perpetuierung herkömmlicher Rollenver-
teilung vorgeführt (man vergleiche auch Gabriele Wohmanns

Schönes goldenes Haar und Angelika Mechtels *Netter Nachmittag*).
Auch die Ablösung der Institution Ehe durch andere Formen des
Zusammenlebens mündet in Einsamkeit, Isolation und Unterord-
nung. Vergeblich sucht man die ‚richtige' Liebesgeschichte, aber
auch Erzählungen, die von Erotik oder befreiter Sexualität handeln
würden. Die Leidenschaft ist durch um sich greifende Lustlosigkeit
oder aber die Lust an ihr abgelöst. Daß diese Regel zur Zeit keine
Ausnahme zuläßt, bestätigt auch Günter Herburgers Erzählung
Ein Vormittag, deren beide Protagonisten Gerhard und Karl das tra-
dierte Verhältnis zwischen Mann und Frau bis ins Detail reprodu-
zieren, ohne daß durch die Homosexualität eine besondere, das
tägliche Einerlei übersteigende Qualität entstünde. Wenn überhaupt, dann erwächst Lust nur noch aus Gewalt: Der Sadismus
von Frau Keller aus Mechtels *Hochhausgeschichte I* belegt dies ebenso
wie die in Liebe gipfelnde Mordtat in Kinders *Gelungen*; das extreme
Erlebnis des Getötetwerdens setzt hier erst alle anderen Empfindungen frei.

Erziehungsversagen

So oft auch in den Texten von – allerdings in der Regel gestörten –
partnerschaftlichen Beziehungen die Rede ist, so selten kommen in
ihnen Kinder vor. Ihre Abwesenheit ist symptomatisch, signalisiert
sie doch das Fehlen jener Freude und Hoffnung, die man allgemein
auf Kinder setzt. Diese ‚Kinderlosigkeit' zementiert die Unmöglichkeit von Erneuerung, Veränderung und sinnvollem Leben. Nur
zwei der achtundfünfzig vorgestellten Erzählungen, nämlich
Gabriele Wohmanns *Grün ist schöner* und Ulrich Plenzdorfs *kein
runter kein fern*, machen hier eine gewisse Ausnahme, indem sie ein
Kind bzw. einen Jugendlichen in den Mittelpunkt stellen. Aber
auch in diesen Texten wird nicht etwa ein Bild sorgloser Kindheit
entworfen. Wohmanns modernes Märchen läßt sich, so harmlos es
sich auf den ersten Blick gibt, als hintergründige Kritik mütterlicher
Erziehung lesen. Das Kind verinnerlicht die Redeweise der Mutter
vom kleinen grünen Frosch und gerät dadurch in eine selbstge-
wählte Außenseiterposition („Ich bin ganz zurückhaltend, alle wol-

len mit mir baden gehn, … aber ich bin ganz vornehm und ganz grün"), durch die es sich vom sozialen Miteinander ausschließt. Gewaltsam davon ausgeschlossen wird hingegen Plenzdorfs Jugendlicher. Er wird als Hilfsschüler, Fünfenschreiber, Bettnässer, kurzum: als sozial gestörter Versager von den Erwachsenen ins Abseits gedrängt. Weder gab ihm die Familie die geringste Chance – er ist der Mutter, die in den Westen gegangen ist, dem autoritären Vater, der sich nun um ihn kümmern muß, und dem Bruder, der es als Polizist zu etwas gebracht hat, nur lästig – noch wurde er von den offiziellen Erziehungsinstanzen wirklich betreut. Alleingelassen flüchtet er in eine reduzierte Wunschwelt mit den beiden Idolen MICK (gemeint ist Mick Jagger von den Rolling Stones) und MAMA. In seinem Psychogramm werden Wahrnehmungen, Schulkenntnisse, Phantasien, Phrasen, Parolen, Sprüche und Befehle zu Satz- und Gedankenfetzen in depravierter Sprache aufgelöst und zu einem ‚Redebrei' zermahlen. Negiert wird damit auch das Selbstverständnis der DDR, die sich in dem eingeblendeten Kommentar zu ihrem zwanzigjährigen Bestehen selbst feiert. Die Vertreter des Staates, darunter auch der Bruder des Erzählers, zerschlagen am Ende den Sehnsuchtstraum: „I can't get no satisfaction".

Feindseligkeit

Ähnlich wie dieser Text dokumentieren auch die anderen Erzählungen über Außenseiter und über Ausländer das Freisetzen negativer Emotionen. ‚Harmlos' noch in Jürg Federspiels *Schweizer, einem Mißgeschick zuschauend,* wo sich ‚nur' Schadenfreude der Passanten artikuliert, die sich am Schauspiel des sein Hab und Gut ungeschickt befördernden Mannes ergötzen. Argumentativ zugespitzt dann in Klaus Stillers Text *Ausländer,* in dem mit einem intellektuellen Taschenspielertrick die gewohnte Trennung in Einheimische und Ausländer auf den Kopf gestellt wird. Im Bildnegativ schließlich in Nicolas Borns *Ein Neger im Lokal*: Die Freundlichkeit der Bewohner des kleinen Städtchens dem Neger gegenüber und seine oberflächlich reibungslose Aufnahme in die Gemeinschaft laufen der Erwartung des Lesers so schroff zuwider, daß er veranlaßt wird, den Umkehrschluß zu vollziehen, oder anders gesprochen: das Bildnegativ selber zur Fotografie zu entwickeln. Dann erst wird die reale Nicht-Integration des Negers sichtbar, sein nie aufgehobener Sonderstatus sowie das Bedürfnis der Bürger, sich einen domestizierten Außenseiter zur Pflege des sozialen Gewissens zu halten.

Außenseiter

Der Ausländer oder Außenseiter erhält Integrationsfunktion für die anderen; man solidarisiert sich gegen den Schwachen und findet auf Kosten dessen zusammen, der ausgeschlossen ist. Dennoch wird ein Leben außerhalb der Normen nicht geduldet, sondern negativ sanktioniert, verfolgt oder vernichtet. So wird der Protagonist in Hans Joachim Schädlichs *Halme, Zweige, Fluß* von der Gesellschaft buchstäblich verroht. Seine naturhafte Existenz wird zerstört, er wird von Fremden in Netze geschlagen und eingesperrt. Gleichviel, ob man die Geschichte so liest, daß hier ein Mensch zu einem Tier reduziert wird, oder ob man sie so versteht, daß ein freies, wild lebendes Tier zu einem im Käfig des Zoos ausgestellten Objekt degradiert wird: Es bleibt als Fazit, daß derjenige, der aus der Gesellschaft herausfällt, unerbittlich von ihr gejagt, gebeugt und zugrundegerichtet wird: „Regen, Sonne verschwinden. Er frißt, Geräusch von fressendem Vieh, säuft, saufenden Viehs Geräusch, unbewegbar, bilderlos ... Das Schild vor den Stäben, daß er komme von dortunddorther, gilt für seinen Körper. Er wartet auf nichts." Hilfloses Ausgesetztsein als das Los des Anormalen zeigt auch Schädlichs *Nirgend ein Ort*. Für das einmal ausgesuchte Opfer gibt es kein Entkommen vor der Aggression der durch Mehrheit und ‚Normalität' legitimierten Täter. Es gibt keinen Platz für diesen Wehrlosen in der Gesellschaft, jeder Ort wird ihm zum Nicht-Ort. Allein der Zeitpunkt der Vollstreckung des Kollektivurteils ist variabel. Ironischerweise gewährt ihm der Krieg eine Ruhepause, während die Friedenszeiten für ihn tödlich sind, ohne daß die Henker zur Rechenschaft gezogen würden.

Entmündigung

Die Häufigkeit, mit der Außenseitertum, Fremdheit, beschädigtes Leben und depravierte Existenz geschildert werden (noch einmal sei auch auf die Erzählungen von Thomas Bernhard und Franz Innerhofer verwiesen), ist nicht auf ein voyeuristisches oder sozialtherapeutisches Interesse an Randgruppen zurückzuführen, sondern Resultat diagnostischer Zeiterfahrung. Daß nicht der spektakuläre Einzelfall gemeint ist, sondern anhand des Beispiels modellhaft Weltzustand bezeichnet wird, veranschaulicht besonders Helga M. Novak in *Palisaden oder Aufenthalt in einem irren Haus*. Bereits der Titel signalisiert, daß man es nicht einfach mit ‚Verrückten‘ in einem Irrenhaus zu tun hat. Der reglementierte Tagesablauf in diesem irren Haus bietet vielmehr das Konzentrat alltäglicher Erfahrung: Der Erfahrung von Entindividuation, Gleichschaltung, Entmündigung, sinnloser Beschäftigung; der Erfahrung, daß bürgerliche Werte und Moralvorstellungen veräußerlicht aufrechterhalten.werden und somit nur noch der Unterstützung von Ordnung, aber nicht humaner Praxis dienen. Das sogenannte ‚Kulturgut‘ und die normativen Sprüche alltäglicher Lebensphilosophie sind inhaltlich heruntergekommen (sie werden hier wie in anderen Texten als abgeleierte Floskeln zitiert), und man mißbraucht sie, bedeutungsleer, zu repressiven Zwecken. Ob innerhalb oder außerhalb der Palisaden – das Leben mündet in Warten.

Statik

So wenig, wie die Protagonisten den Stillstand des Wartens durchbrechen können, geschweige denn, daß sie handelnden Widerstand oder anarchisches Aufbegehren zu leisten vermöchten, so wenig überschreiten die Texte die Ebene der registrierenden Bestandsaufnahme. Das heißt beileibe nicht, daß die Erzählungen affirmativ wären, das Bestehende gutheißen würden, aber der Protest ist meist ein stummer und muß vom Leser freigelegt werden. In den Texten selbst wird kaum explizite Kritik formuliert, kein Aufruf zur Veränderung erfolgt, der didaktische Zeigefinger wird nicht erhoben, nicht einmal moralische Entrüstung wird laut. Dies gilt auch für die offenkundig politischeren Texte: Wenn Hans Joachim Schädlich in seiner Erzählung *In abgelegener Provinz* die Kluft zwischen Volk und Herrscher und den Konflikt zwischen den Schriftstellern und der Macht aufzeigt; wenn Volker Braun deutlich macht, daß die res publica in der DDR nach wie vor eine res hierarchica ist und ein *Staatstheater* inszeniert wird, um schönen Schein über den primitiven Charakter der Wirklichkeit zu legen; wenn er *Harmlose Kritik* am Heroenkult und dem taktischen Lavieren übt, dem ständigen Verlassen des vorgeblich schnurgeraden Kurses zugunsten immer neuer ‚gültiger' Wahrheiten, und wenn er in *Der Halbstarke* vor Augen führt, wie die sozialistische Gesellschafts*ordnung* den gegen die Normen Verstoßenden zum Asozialen stempelt, – dann werden hier zwar Machtstrukturen thematisiert und Mechanismen der Herrschaft bloßgelegt. Aber im Vergleich etwa zu Brecht ist in die Scharniere der Dialektik Sand gekommen. Die negativen Bilder lassen nicht mehr ohne weiteres einen positiven Umkehrschluß zu, sie sind nicht mehr transparent auf eine Lösung hin, die revolutionäre Utopie hat abgedankt. Nirgends ist ein Aufbrechen der statischen Situation auch nur in Sicht. Allenfalls der Untergang, in dem – kommentiert oder herbeiprophezeit von den Reden des Seefahrers – die alte Stadt bei Thomas Brasch endet (*Wer redet schon gern von einem Untergang*), bietet sich als ‚Alternative' an.

Erzählperspektiven

Erzählte Haltung

Durchgängig präsentiert sich in den Erzählungen die Welt als unerschütterbar und unveränderlich. Das Empfinden ihrer Erstarrung ist offenbar nicht an ein bestimmtes Gesellschaftssystem gebunden, sondern im Sinne ‚negativer Konvergenz' systemüberschreitend; keine Ideologie macht, wie es scheint, dagegen immun. Dies mag erklären, warum nicht mehr in politischen Programmen ein

Heil gesucht wird, sondern den Figuren ein solches Denken völlig fremd ist, wie überhaupt Visionen eines anderen, besseren Lebens nicht zur Diskussion stehen. Die Figuren sind in ihrer Situation gefangen, ohne die Souveränität zu besitzen, deren Undurchsichtigkeit zu durchschauen und ihr durch gesellschaftliches Handeln beizukommen. Sie bewegen sich in einem eng gesteckten Kreis, der ihnen weder theoretisch-analytisch bewußt wird noch praktisch von ihnen zu verlassen ist. Stumm und isoliert leben sie vor sich hin, unfähig zum Dialog und nicht einmal in der Lage, sich über das Gegebene auszusprechen oder dieses sprachlich zu erfassen. Der Mensch nicht als Schauplatz der Geschichte, sondern als Schauplatz der Leere. Kein geglücktes Leben wird vorgeführt, kein wie auch immer gearteter Reichtum der Empfindungen. Begriffe wie ,Individuum', ,Persönlichkeit', ,historische Einmaligkeit' sind obsolet, wenn der gezeigte Einzelne gesichts- und geschichtslos ist und keine Biographie oder psychologische Entwicklung mehr vorweisen kann. Dem korrespondiert, daß die Konkretheit des Milieus aufgehoben ist, daß die Orte unbestimmt, weil unwesentlich sind. Die Texte setzen ihre eigene Zeit oder tendieren zu ,Zeitlosigkeit'.

Erzählhaltung

Die völlige Teilnahmslosigkeit, die man auf der Figurenebene registrieren kann, ist durchweg auch Merkmal der Erzählhaltung. Überhaupt ist hier eine bemerkenswerte Kongruenz festzustellen, die einen besonderen Verstärkereffekt besitzt: Das Fehlen von Begründungs- und Argumentationszusammenhängen etwa oder das nach außen hin emotionslos-kalte Beobachten kennzeichnen sowohl das Geschilderte wie die Schilderung. Der Verständnislosigkeit der Figuren für ihre konkrete Situation entspricht durchweg die Guckkastenperspektive, die von den Erzählern gern gewählt wird: Sie stehen dem Geschick ihrer Protagonisten scheinbar so unbeteiligt gegenüber wie der Fernsehzuschauer dem Geschehen auf dem Bildschirm. Indem man sich darauf beschränkt, die vorbeiflimmernden Bilder achtlos aufzunehmen, verzichtet man sowohl auf eine ausformulierte Analyse des Gezeigten als auch auf dessen Einordnung in größere Zusammenhänge und seine ausdrückliche Wertung. Das Arbeiten mit quasi filmischen Sequenzen ist ebenso aus der kritischen Konkurrenz zu den Medien zu erklären wie die Erstarrung der laufenden Bilder zu einem statischen Gebilde, die besonders die stärker essayistischen und die ‚linguistisch‘ verfahrenden Texte auszeichnet. Aber auch die ‚fließenden‘ Texte geraten oft ins stockende Verharren oder weisen gerade im episodischen Nacheinander eine grundsätzliche Bewegungslosigkeit vor. Daß man offensichtlich bewußt und konsequent der im Fernsehen praktizierten Sensationsvermarktung gegensteuert, ist eine bemerkenswerte und wohl auch neue literarische Erscheinung. Das Lärmende und Hektische der Medien wird durch die Kraft der Stille und der Ruhe erwidert.

Neue Subjektivität

Diese harte und anonyme Prosa der Kälte und Unpersönlichkeit scheint somit nichts von dem zu halten, was die gängigen für die Gegenwartsliteratur geprägten Stichworte wie ‚Neue Subjektivität‘, ‚Neue Innerlichkeit‘ oder ‚Neue Sensibilität‘ versprechen; denn es findet kein Schwelgen in Gefühlen statt, wie man erwarten könnte, es werden keineswegs psychisch feinste Regungen bloßgelegt, der Seelenhaushalt wird nicht im Detail seziert. So unangemessen die genannten Stichworte deswegen auf den ersten Blick erscheinen, so treffend sind sie paradoxerweise, wenn man sie anders als nach alltagssprachlichem Verständnis liest. Denn gerade weil auf Totalität und geschlossene Interpretation von Welt verzichtet wird, bleibt nur noch der subjektive Ausschnitt. Und da Wirklichkeit als feste Größe nicht mehr existiert oder zumindest nicht mehr ohne weiteres greifbar ist, bleibt nur noch der Bezug auf innerlich erfahrene bzw. erlittene Wirklichkeiten. Und sensibel ist diese Literatur in der seismographischen Erfassung des negativen Befunds. Die konstatierte Teilnahmslosigkeit, Leere und Schwärze der Texte, die mit der Verweigerung gewaltsamer Harmonisierung und erzwungener Versöhnung einhergeht, macht gerade ihre Humanität aus, denn durch die bloße Dokumentation von Sinnleere wird deren

Gegenbild offengehalten und das Bedürfnis nach dem Anderen, Besseren behutsam mitformuliert.

Als Ausdruck nihilistischer Verneinung darf diese neueste Literatur also bei weitem nicht ausgelegt werden: Die gerade im Verzicht auf klare Wertung sich manifestierende Nähe der Erzähler zu ihren Figuren mutet mit ihrer Zurückhaltung und in ihrer Nachsicht fast zärtlich an. Und dadurch, daß der Leser nicht durch gesteuerte Urteile oder gar Verurteilungen gelenkt wird, sondern ihm völlige Freiheit bei der Auseinandersetzung mit den Texten eingeräumt wird, hat das humane Anliegen der Erzählungen die Chance, tatsächlich wirksam zu werden. Zwischen Autor und Leser besteht ein Vertrauensverhältnis, das die Idee der Manipulation und Verführung ausschließt. Der Leser ist mündig; erst dadurch ist gewährleistet, daß sich das trotz allem hoffnungsträchtige Potential der Texte entfalten kann.

Erzählverfahren und -techniken

Die verengte Position des Erzählers, seine Ratlosigkeit gegenüber einer fragmentarisierten und partikularisierten Welt, mußten zwangsläufig zu einer Aufkündigung der traditionellen Erzählmuster führen. Wie könnte erzählend Ordnung in eine Welt gebracht werden, die keine Ordnung mehr erkennen läßt? Wie sollte man vom Erzähler verlangen, daß er Sinn stiftet, wenn es für ihn keinen (herkömmlichen) Sinn, keinen Sinn im tradierten Verständnis mehr gibt? Verräterisch wäre es, solche Leere zuzudecken oder künstlerisch zu übertünchen. Dem aufrichtigen Schreiben bleibt nicht viel Bewegungsfreiheit; es bieten sich infolgedessen vor allem Erzählweisen an, die das Defizitäre der Gegenwartswelt bewußt machen. Gewählt werden dafür vor allem zwei Verfahren: Entweder das Aufsprengen des Realen zum Phantastischen, Surrealen, Absurden hin oder die Präsentation von Versuchssätzen, montierten Textstücken, der Collage von Episoden, die nicht mehr durch innere Notwendigkeit oder den roten Faden des Erzählens zusammengehalten werden.

Der Sprung ins Surreale

Zum ersten Verfahren: Die Autoren haben es nicht mehr auf den Wirklichkeits- oder Wahrscheinlichkeitscharakter des Dargestellten abgesehen, sondern negieren diesen im Gegenteil systematisch. So wird z.B. in Christoph Meckels *Die Geschichte des Negers* scheinbar eine mythische oder symbolhafte Ursituation aufgebaut, nämlich die des Jagens und Gejagtwerdens, und auf den ersten Blick auch parabelhaft entwickelt; aber das beständig wiederkehrende „ich sage" und die Unwahrscheinlichkeit der Geschichte, die sozusagen post mortem erzählt wird, zerstören die Illusion und heben das Fiktionale hervor.

Grenzüberschreitung

In diesen Zusammenhang gehören auch die verschiedenen in den Texten angewandten Grenzüberschreitungsstrategien. Da wird in Franz Bönis *Paßkehren* (bereits der Titel deutet hier auf Grenzüberschreitung) ein erinnertes Ereignis Gegenwart; gleichzeitig kippt die Geschichte von einer scheinbar realistischen in eine surreale, denn in dem Moment, wo Alois den Sachverhalt erkennt, rutscht ihm (und uns) der Boden buchstäblich unter den Füßen weg. Da werden von Hans Christoph Buch in *Ein Pferd wird erschossen* alle Maße verschoben. Nicht nur, daß das feierliche Abschiednehmen vom Sterbenden in der Szenerie und durch die Zahl der Anwesenden grotesk überdimensioniert ist, daß Schein und Sein völlig auseinanderklaffen, ja daß in den Reden und Ansprachen Sinnentleerung bis zum gänzlichen non-sense erfolgt, was der in keinem Verhältnis zum Inhalt stehende Titel verdeutlicht; die radikalste Grenzverschiebung ist die des Todes, dessen Zeitpunkt willkürlich festgelegt und einzig vom Mechanismus einer Uhr abhängig gemacht wird. Alle Orientierungen und festen Konturen lösen sich so auf.

Dieses letzte Beispiel zeigt, daß durch derlei Grenzverschiebungen und -überschreitungen, durch Relativierung, Unter- und Überdimensionierung der Begriff ‚Wirklichkeit' bis ins Extreme fragwürdig wird. Auch die Bereiche, die in unserer traditionellen Alltagserfahrung streng voneinander getrennt sind, gehen dann ununterscheidbar ineinander über. Da mit der logischen Handlung sowohl die Folgerichtigkeit als auch die Chronologie der Ereignisse verlorengegangen ist, weisen viele der Texte Gleichzeitigkeit des Ungleichzeitigen und Äquivalenz des Ungleichwertigen vor. Die Zeitgrenzen werden ebenso fließend wie etwa die zwischen Realem und Irrealem oder zwischen Leben und Kunst.

Experiment und Montage

Ein gänzliches Abgehen vom Sukzessiven zugunsten des Additiven kennzeichnet die zweite oben erwähnte Verfahrensweise. Nach einer Art Baukastenprinzip gehen jene Autoren vor, die einzelne Episoden (z.B. Franz Hohler in *Wie ich lebe*) oder unverbundene Kapitel (Urs Widmer in *Hand und Fuß – ein Buch*) aneinanderreihen oder die, als handle es sich um eine Versuchsanordnung, verschiedene Reaktionen bei gleichbleibenden Testbedingungen (etwa Angelika Mechtel in *Netter Nachmittag*) erproben. Experimente mit Versuchssätzen, bei denen der Akzent eher auf dem Herstellen der Wirklichkeit des Textes als auf der Wiedergabe einer außertextlichen Wirklichkeit liegt, führt z.B. Frank-Wolf Matthies in *Die Beschreibung der Frau* vor, während Jutta Schutting in *Sprachführer* nicht nur syntagmatisch, sondern auch paradigmatisch verfährt. Die radikale Reduktion auf einige wenige Basiswörter praktiziert schließlich Ernst Jandl in *ein gewitter,* wo durch die monotone Wiederholung und serielle Reihung der Grundvokabeln akustisch-sinnlich das Erlebnis Gewitter hergestellt wird.

Entfabelung

Der gemeinsame Nenner der beiden sich oftmals auch überlappenden Verfahrensweisen ist, daß die spannende Geschichte, bei deren Lektüre man durch den Gang der Handlung mitgerissen wird, kaum mehr besteht. Zwar wird auch in den jüngeren Texten bisweilen noch eine Geschichte erzählt, aber diese weist dann in der Regel so viele Leerstellen auf, daß ihre begrifflich-diskursive Aufschlüsselung äußerst erschwert ist. In der Mehrzahl aber: Texte ohne Anfang und Ende; Texte ohne stringente Handlungsführung; Texte, die die Interpretation nicht vorgeben oder eindeutig steuern; Texte, in denen die Bedeutungsschwere des einzelnen Satzes oder Vorgangs zugunsten von Beliebigkeit und Austauschbarkeit abgeschwächt ist. Zugenommen hat auf jeden Fall die Dichte des Ausgesparten. Der Leser ist nicht nur aufgefordert, im Lesen die Textlücken zu schließen, sondern hat oftmals sogar die Aufgabe, die ‚Hohlform' des Textes zu füllen. Er ist also zu einer neuen Art der Identifikation eingeladen; nicht zur Einfühlung in die Helden – die ‚blutleeren' und ‚fleischlosen' Protagonisten ohne Geschichte und Psychologie lassen es nicht zu, daß man mit ihnen lebt und leidet –, sondern zur Solidarität mit dem Schriftsteller: Der Leser muß das Abstrakte als komprimierte Realitätserfahrung intellektuell und existentiell erschließen. „Gäbe es den Leser, nur mit den Augen, nein mit Feuer und Schwert, nur mit dem Mund spie er all seine Wörter ins leere Buch. Unverlöschlich bliebe sogar der den endlichen Abschluß der Arbeit krönende Seufzer der Freiheit" – fast wie ein Kommentar der Situation, in die die heutige Literatur den Leser in unserem „späte(n) Jahrhundert" versetzt, wirken diese Zeilen aus Wolfgang Hilbigs *Der Leser.*

Autortext und Lesertext

Ein aufsehenerregendes Beispiel dafür, wie der Leser den Text erst ‚realisieren' muß, bietet Frank-Wolf Matthies' *Die Mauer,* wo sich das Objekt der Darstellung praktisch als Form verselbständigt: Es wird nicht *über* die Mauer geschrieben, sondern die Mauer wird geschrieben. Optisch bietet der Text das Bild einer Wand aus versetzten Backsteinen, während sich die im Text sich errichtende Mauer dem Erzählen in den Weg stellt. Nicht weniger spektakulär ist Nicolas Borns Spiel mit den Grenzen zwischen Text und Gegentext. Während, wie oben beschrieben, in *Ein Neger im Lokal* die Dinge noch verhältnismäßig einfach gelagert sind und der Leser die Erzählung ‚nur' gegen den Strich lesen muß, ist die Sachlage in *Die Bremer Stadtmusikanten* wesentlich vertrackter: Hier geht es nicht mehr bloß darum, eine andere Lesart zu erstellen, sondern zwei Texte, nämlich Grimms Vorlage und Borns Version, müssen zusammengelesen werden, wobei sich automatisch als zweite Brechung und dritte Ebene das Antimärchen dazwischenschiebt, das der Leser eigentlich erwarten würde.

Ein so weitgehendes Zurücktreten des Erzählens, daß keine Charaktere und – vordergründig – keine fiktionale Wirklichkeit mehr vorgestellt werden, sondern der Text sich selbst vorstellt, erleben wir in Werner Koflers *Ein Bericht für eine Jury*. An die Stelle des Erzählens tritt das Erzählen über Erzählen und Erzähltes. Auch wenn dieser „Bericht" mit der Literatur und dem Literaturbetrieb der 70er und 80er Jahre abrechnet, verfährt er dennoch nicht literaturkritisch oder literaturtheoretisch. Sein Charakter ist vielmehr ein poetologischer: Der scheinbar sachliche Bericht für die Jury entsteht allmählich zu der der Jury vorgelegten Erzählung, auch wenn beständig auf diese als außerhalb des Berichts existierendes selbständiges Gebilde verwiesen wird. Im Akt des Verweisens kommt nicht Verschiedenheit, sondern Identität zum Ausdruck („Und Momente großer Symbolik: wie ich mit den Wörtern ‚VERTRETER' und ‚VERRÄTER' kritisch experimentierend umgehe, sie, auf Seite vier zum Beispiel, vertauschte, Verräter statt Vertreter, das verdient Anerkennung" – wohlbemerkt, wir befinden uns auch auf Seite vier des Berichts). Diesen Mechanismus gilt es zu durchschauen: „Mit beherrschter Sprache beherrsche ich die Kunst der kunstvollen Kunstlosigkeit; ein Kunststück …"

Der Text als Metatext

Ein Extrembeispiel dafür, wie stark ein Text von seiner Interpretation, der metasprachlichen Erläuterung abhängig sein kann, bietet Friederike Mayröckers *Ironside oder, österreichische Reise*. Hier zerstört sich der Text als Bedeutungsträger tendenziell selbst; es sind nur noch Restspuren von Zusammenhängen, Fetzen von Gedankengefügen vorzufinden, alles ist „fluktuierend, … Taten und Gedanken im Zustand der Auflösung". „Schreibchenweise" sagt der Text eventuell folgendes aus: ‚die Ratlosigkeit aller über die Tatsache am Leben zu sein. Und wie eigentlich und wohin, und in der Entfremdung mit sich selbst, und nachts: sind dies noch die eigenen Arme und Beine; Bangnis." Er sagt dies möglicherweise aus, spricht aber nicht weiter davon. Wovon konkret die Rede ist, ist wenig greifbar, viele Elemente bleiben dunkel, die Bezüge sind unklar. Die Herstellung von Zusammenhängen und die (Re-)konstruktion expliziter Faßlichkeit kann, wenn überhaupt, nur der Leser leisten. Das ‚Gedichtete' zersetzt sich, hinterläßt aber, indem es porös wird, das Material für eine neue verdichtende Textkonstitution. Pointiert formuliert könnte man sagen, daß dieses Textgebilde ohne die anderen Erzählungen nicht verständlich wäre. Denn es zieht nicht nur die Konsequenz aus der reduzierten Wirklichkeit (Kommunikationslosigkeit, Sinnleere, Mangel an Deutung usw.), sondern auch aus der reduzierten Literatur über diese reduzierte Wirklichkeit. Somit ist es selbst quasi metaliterarisch und stellt in jedem Fall eine Möglichkeit von absoluter Prosa dar.

Anti-ERZÄHL-Kunst

Die Texte machen deutlich: Die üblichen Begriffe zur kategorialen Einordnung von Kurzprosa werden hier sämtlich hinfällig. Es paßt weder die Bezeichnung Novelle[10], für die charakteristisch ist, daß eine einzelne unerhörte Begebenheit mit der Zuspitzung auf den Konflikt gedrängt und in sich abgeschlossen (ohne Einmischung des Erzählers) berichtet wird, noch lassen sich die Texte als Kurzgeschichten klassifizieren, denn diese zeichnet die zielstrebige, bewußte Komposition auf eine unausweichliche Lösung oder unvermutete Pointe hin aus. Selbst der weit neutralere Begriff der Erzählung „als Darstellung des Verlaufs von wirklichen oder erdachten Geschehnissen" wird nicht der Besonderheit aller Texte gerecht, die legitim eigentlich nur unter dem Terminus Kurzprosa „als Form der Ungeborgenheit"[11] zusammenzufassen sind.

Absurde ‚Dramaturgie'

Bezüglich des Geschehnisverlaufs erfolgt eine ähnliche Reduktion, wie sie sich im absurden Drama im Bereich der Handlung vollzog.

Überhaupt lassen sich die Merkmale des absurden Theaters (Spielraum für die „absurde Logik einer sinnentleerten Welt", das Sinnlose oder Sinnwidrige als Grundlage, „der Verzicht auf einen vorantreibenden Dialog zugunsten eines banalen und ziellosen Redens der Figuren, deren Thesen sich im Kreise bewegen und austauschbar geworden sind, schließlich die Entmenschlichung der Figuren zu sinnlos handelnden Marionetten ohne psychologische Konsequenz" [12]) mehr oder weniger direkt auf diese zeitgenössische Prosa übertragen. Möglicherweise liegt hierin die Ursache für die besondere Abstraktheit der Texte und die immer wieder zu beobachtende Diskrepanz zwischen Titel und Text. Das Absurde ist in ihnen allerdings nicht mehr ein ‚Inhalt', wie dies im absurden Drama der Fall war, sondern es wird – unheroisch, entzaubert und ohne Bekenntnischarakter – eingesetzt, um den Leerlauf und die Gleichgültigkeit dessen, was geschieht, vor Augen zu führen. Das ziellose Warten hat das „Warten auf Godot" (Beckett) abgelöst.

Sprachbewußtheit

Ein weiterer nicht zu unterschätzender Faktor, der sich bei der Lektüre geradezu aufdrängt, ist die Affinität dieser Prosa zur modernen Lyrik. Diese besteht nicht nur darin, daß vom Leser erhebliche Arbeit verlangt wird, sondern beruht auch auf der Hermetik der Texte einerseits, d.h. ihrer Tendenz, autonome Assoziations- und Verweisungsgefüge zu errichten, wie in ihrem sprachkritischen Gestus andererseits. Zum Tragen kommt ein fundamentaler Zweifel an der einfachen Benennbarkeit der Umwelt, die sich dem rationalen Zugriff entzieht und der durch ‚Realismus' nicht beizukommen ist. In Gert Neumanns Text *Die Namen* liest sich dies so: „Wir lagen krank auf den kranken Ufern eines kranken Flusses und sahen die Wasser fast in unsere Augenhöhlen fließen und sannen: sannen unablässig über dieses Fließen welches wir so ungeheuer erkannten, daß, hätten wir nur einen Namen – und wäre der auch nur in der Nähe der nötigen Bedeutung gewesen – wir hätten über unsere Tränen verfügen können … Hier jedoch blieb unsere Sprache leer".

Die Konzentration auf das Material Sprache gehört ebenfalls in diesen Zusammenhang der Absage an herkömmliche Weltdeutung und Sinnstiftung. Ganz ähnlich wie in der Lyrik steckt Wittgensteins Diktum „Die Grenzen meiner Sprache *bedeuten* die Grenzen meiner Welt" auch das Terrain ab, in dem sich die Prosa bewegt. Beiden gemeinsam ist auch das Mißtrauen gegen verschlissene Sprache, was sich in den Prosatexten u.a. immer wieder darin zeigt, daß literarisches Bildungsgut, Redewendungen, Alltagsfloskeln zitathaft einmontiert sind. Man könnte nun erwarten, daß infolgedessen der originale Ausdruck, eine komplizierte Metaphorik oder ein unkonventioneller Satzbau gesucht würden. Tatsächlich sperren sich die Texte, obwohl zum Teil hoch artistisch (und hermetisch), kaum aufgrund sprachlicher Schwierigkeiten gegen das Verstehen. Möglicherweise hängt dies mit dem allenthalben konstatierten Sinndefizit zusammen, das eben auch die Sprache einbegreift und ‚schönes Schreiben' nicht mehr zuläßt.

Kurzes versus langes Schreiben

Aber auch ‚langes Schreiben', dies gilt es zu betonen, wird dadurch blockiert. Zumindest scheint es einen zwingenden Zusammenhang zwischen dem Entschluß zu kurzer Prosa und den Schwierigkeiten, Handlung zu konstituieren, sowie dem Mangel an erzählenswertem Stoff zu geben. Romane lassen sich aufgrund der skizzierten Voraussetzungen und mit den genannten Inhalten und Sprechweisen kaum schreiben. Oder anders herum: Wer Romane schreibt, und dies betrifft auch die Autoren der ‚Neuen Subjektivität', braucht einen längeren Atem, benötigt tragfähige Geschichte oder Geschichten, bedarf bei aller denkbaren ‚Entfabelung', Zersplitterung und Auffächerung des Dargestellten eines fast heldenhaften erzählerischen Durchhaltevermögens. Die gegenwärtige Prosa kann also, je nachdem ob man sich den langen oder den kurzen Formen zuwendet, ein recht unterschiedliches Gesicht zeigen.

Die Anthologie als ‚Text'

Länderspezifisches

Das Bild, das die Texte der Anthologie bieten, hat viele Facetten, ist aber dennoch, von Ausnahmen abgesehen, von großer Einheitlichkeit. Die länderspezifischen Merkmale sind zwar keineswegs eine ‚quantité négligeable', aber sie lassen sich nicht ohne weiteres katalogisieren. Sicher ist, daß die Unterschiede in der jeweiligen politischen und gesellschaftlichen Geschichte sowie der kulturellen Tradition nicht ohne Einfluß sind auf den gegenwärtigen ‚Zustand' der Literatur(en). Angesichts der verschiedenen Gesellschaftsformen, des je anders gelagerten Verhältnisses zur Vergangenheit, des heutigen Selbstverständnisses und des kulturellen Eigenprofils ist dies offenkundig. Sicher ist ferner, daß die Rezeption der Texte in ihrem Herkunftsland eine andere sein muß als im – wenn auch gleichsprachigen Ausland. In der Bundesrepublik wird beispielsweise eine Erzählung aus der Schweiz wahrscheinlich eben nicht als ‚schweizerische' gelesen, sondern als ‚deutsche'. Besonders im Fall der DDR-Literatur kann dies zu Mißverständnissen führen, denn man löscht möglicherweise zahlreiche Konnotationen, wenn man übersieht, wie sie auf die Gegebenheiten in der DDR reagiert.

Länderübergreifendes

Wenn die politische und kulturelle Selbständigkeit der einzelnen deutschsprachigen Länder auch gewiß eine Rolle spielt, so problematisch ist es doch, die unterschiedlichen literarischen Spielarten genau benennen zu wollen. Der Markt, Publikation, Vertrieb und Rezeption, hat seine eigenen Gesetze. So hatte z.B. die österreichische Literatur lange Zeit mehr Interessenten und Veröffentlichungsmöglichkeiten in der Bundesrepublik als im eigenen Land, und von der DDR-Literatur sind große Teile auf diesem Weg ‚ausgelagert' worden. Hinzu kommen die vielen und häufigen Länderwechsel der Autoren. Mit all diesen Grenzüberschreitungen sind auch die literarischen Grenzen fließend geworden, und es fällt heute schwerer denn je zu entscheiden, wieviel deutsche Literaturen es denn nun eigentlich gibt. Was die geographische Zuordnung angeht, können hier nur einige vorsichtige Fragen formuliert werden: Sind die landschaftlichen Eigenarten und mundartlichen Einsprengsel in der österreichischen und schweizerischen Literatur Ausdruck eines spezifischen Regionalbewußtseins? Ist das Fehlen eines greifbaren Lokalkolorits in der westdeutschen Literatur im Gegensatz zur Literatur der beiden Alpenländer Kennzeichen eines ortlosen Internationalismus und eines fortgeschrittenen Identitätsverlusts? Sind der vertrackte, schwarze Humor und die ironische Skepsis, die die österreichischen Texte durchziehen, ein Erbteil aus der avantgardistisch-,anarchischen' Tradition? Gibt es eine besondere Wahlverwandtschaft zwischen der Literatur der DDR und der Österreichs im Bezug auf die literarische Moderne?

Blütenlese

In jedem Fall ist das Gemeinsame stärker als das Trennende und dies keineswegs nur, weil in der gleichen Sprache geschrieben wird, sondern weil das Denken, die Sensibilität und das Kunstbewußtsein übereinstimmen. Bei allen Unterschieden in der Färbung fügen sich – frappierend genug – die einzelnen Erzählungen in absichtsloser Harmonie zu einem großen Gesamttext zusammen: Die Blumen als Bukett.

Anmerkungen

[1] Bertolt Brecht, An die Nachgeborenen, in: ders., Gesammelte Werke in 20 Bänden (= werkausgabe edition suhrkamp), Bd. 9, Frankfurt a.M. 1967, S. 723.

[2] Hans Magnus Enzensberger, Gemeinplätze, die Neueste Literatur betreffend, in: Kursbuch 15 (1968), S. 189.

[3] Peter Schneider, Die Phantasie im Spätkapitalismus und die Kulturrevolution, in: Kursbuch 16 (1969), S. 4.

[4] Walter Weiss, Zwischenbilanz – österreichische Beiträge zur Gegenwartsliteratur, in: Helikon, Sondernummer: Literatur und Literaturgeschichte in Österreich. Hrsg. von Ilona T. Erdélyi, Budapest-Wien 1979, S. 209.

[5] Zu den Eigenheiten der deutschsprachigen Literatur der Schweiz im Unterschied zur österreichischen vgl. besonders: Sigrid Schmid-Bortenschlager, A – CH: Literatur(en) in Österreich und in der Schweiz (K)ein Vergleich, in: Für und wider eine österreichische Literatur. Hrsg. von Kurt Bartsch, Dietmar Goltschnigg, Gerhard Melzer, Königstein/Ts. 1982, S. 116–129.

[6] Deutsche Literaturgeschichte: Von den Anfängen bis zur Gegenwart. Von Wolfgang Beutin [u.a.], Stuttgart 1979, S. 493.

[7] Geschichte der deutschen Literatur. Hrsg. von Joachim Bark, Dietrich Steinbach, Hildegard Wittenberg, Bd. 6: Von 1945 bis zur Gegenwart. Von Hans-Peter Franke [u.a.], Stuttgart 1984, S. 147.

[8] Peter Beicken, „Neue Subjektivität": Zur Prosa der siebziger Jahre, in: Deutsche Literatur in der Bundesrepublik seit 1965. Hrsg. von Paul Michael Lützeler und Egon Schwarz, Königstein/Ts. 1980, S. 168.

[9] Vgl. Kurt Batt, Die Exekution des Erzählers. Westdeutsche Romane zwischen 1968 und 1972, Frankfurt a.M. 1974, S. 57.

[10] Die folgenden Kurzdefinitionen von Novelle, Kurzgeschichte und Erzählung nach: Gero von Wilpert, Sachwörterbuch der Literatur, 5. verb. u. erw. Aufl. Stuttgart 1969.

[11] Heidrun Graf-Blauhut, Sprache: Traum und Wirklichkeit. Österreichische Kurzprosa des 20. Jahrhunderts, Wien 1983, S. 5.

[12] Stichwort „Absurdes Drama", in: v. Wilpert, Sachwörterbuch, a.a.O.

Anmerkungen und Worterklärungen

1 Wolf Wondratschek, *Deutschunterricht*

[1] Die deutsche Nationalhymne – „Deutschlandlied" (1841) von August
Heinrich Hoffmann von Fallersleben; die erste Strophe lautet:
Deutschland, Deutschland über alles,
Über alles in der Welt,
Wenn es stets zu Schutz und Trutze
Brüderlich zusammenhält,
Von der Maas bis an die Memel,
Von der Etsch bis an den Belt.
Deutschland, Deutschland über alles,
Über alles in der Welt!
Nur die dritte Strophe wird als Hymne der Bundesrepublik Deutsch-
land gesungen.

[2] CDU – Christlich-Demokratische Union.

[3] Otto Hahn (1879–1968); deutscher Chemiker. Er entdeckte die Spal-
tung von Urankernen bei Neutronenbestrahlung und erhielt 1945 den
Nobelpreis für Chemie.

[4] Die Notstandsgesetze – gemeint ist das am 24. 6. 1968 verabschiedete
17. Gesetz zur Ergänzung des Grundgesetzes, das Regelungen für den
äußeren Notstand (Verteidigungs- und Spannungsfall) und den inneren Notstand (innere Unruhen und Naturkatastrophen) enthält. Anlaß
waren in erster Linie die Studentenunruhen.

[5] Die Holzwege – Anspielung auf den idiomatischen Ausdruck: auf
dem Holzweg sein/sich auf dem Holzweg befinden.

2 Peter Härtling, *Die Fragenden*

[1] Der Magistrat – in einigen Städten Bezeichnung der Stadtverwaltung.

[2] Die Wachmannschaft – die Aufseher, das Wachpersonal.

4 Jürg Federspiel, *Schweizer, einem Mißgeschick zuschauend*

[1] Die Traminsel – Straßenbahnhaltestelle inmitten der Fahrbahn.

[2] Der Steinesel – Esel, der als Lasttier im Mühlenbetrieb gebraucht wird.

5 Volker Braun, *Harmlose Kritik*

[1] Fechteln – von „fechten" nach dem Muster diminutiver Verben (vgl.
tanzen – tänzeln; husten – hüsteln); Effekt der Abschwächung.

6 Jurek Becker, *Die Strafe*

[1] Die Zulassung – der Kraftfahrzeugschein.

7 Angelika Mechtel, *Hochhausgeschichte I*

[1] Der Assessor – Dienstbezeichnung für Richter und Beamte (auf Probe) in Laufbahnen des höheren Dienstes vor der endgültigen Anstellung.

[2] Der neue Staat – gemeint ist die Bundesrepublik Deutschland.

[3] Von der Krim zurückgekehrt – Anspielung auf die Heimkehr aus der Kriegsgefangenschaft in der Sowjetunion.

[4] Der Rechtsreferendar – Jurist, der sich im Vorbereitungsdienst für die höhere Beamtenlaufbahn zwischen dem ersten und zweiten Staatsexamen befindet.

[5] Das Staatsexamen – von staatlichen Prüfungsausschüssen abgenommene Prüfung, die das Hochschulstudium abschließt; häufig wird eine zweite Staatsprüfung nach zwei- bis dreijähriger praktischer Ausbildung (Referendariat) abgelegt.

[6] Die Couchgarnitur – Gruppe von Polstermöbeln, die aus einem Sofa und zwei Sesseln besteht.

[7] Das humanistische Gymnasium – altsprachliches Gymnasium.

[8] Der Nippes – kleine, zur Zierde aufgestellte Figuren.

[9] „Ich und Du – enemenemu – raus bist Du" – aus einem Abzählvers für Kinder.

[10] Die Buddenbrooks – gemeint ist Thomas Manns Roman „Buddenbrooks" (1901).

[11] Die Königin im Asyl – es handelt sich um Königin Anne-Marie, die Frau des griechischen Königs Konstantin II.; das Herrscherpaar mußte 1967 Griechenland verlassen.

[12] Der Akkord – Arbeit, bei der man nach der Stückzahl bezahlt wird.

8 Christa Moog, *Saison*

[1] Mit Sachen – gemeint ist: mit Kleidung; angekleidet.

[2] Der Boden – hier: der Dachboden.

12 Franz Hohler, *Erlebnis*

[1] Die Margriten – die Margeriten.

[2] Die fallenlose Tür – Tür ohne Riegel und Klinke.

[3] Das Baugespann – schweizer.: Stangen, die die Ausmaße eines geplanten Gebäudes anzeigen.

[4] Das bruuchsch eifach – schweizer.: Das brauchst du einfach.

13 Volker Braun, *Der Halbstarke*

[1] Der Abschnittsbevollmächtigte – Volkspolizist (DDR), der für einen bestimmten Wohnbezirk zuständig ist.

[2] Ausflippen – salopp für: sich bewußt außerhalb der gesellschaftlichen Normen stellen; die Gesellschaft verlassen, weil man ihre Wertmaßstäbe nicht anerkennt.

14 Gabriele Wohmann, *Schönes goldenes Haar*

[1] Poussieren – umgangssprachlich, veraltend für: tätscheln, tändeln.

[2] Pappen – umgangssprachlich für: kleben.

[3] Schnicken – landschaftl. für: schnippen (mit einer schnellenden Bewegung des gebeugten Zeigefingers kleine Teilchen von einer Stelle wegschleudern).

[4] Kniffen – Papier o.ä. scharf falten, falzen.

15 Wolf Wondratschek, *Aspirin*

[1] Die Höhensonne – Quarzlampe, die ultraviolettes Licht ausstrahlt (zum Heilen und Bräunen).

17 Elfriede Jelinek, *Paula*

[1] Nicht schlecht – umgangssprachlich für: sehr.

[2] Der Arbeitsgang – gemeint ist der Gang zur Arbeit.

[3] Aufsagen – hier gehoben für: aufkündigen.

[4] In anderen Umständen sein – schwanger sein.

[5] Platzlich – Adjektivbildung (Neologismus) zu: vom Platz her / vom Raum her.

[6] Sanieren – normalerweise im Finanz- und Bauwesen gebraucht: in Ordnung bringen; rentabel machen; modernisieren.

[7] Ungesund – ungebräuchlich in dieser Verwendung; normalerweise auf das Aussehen, die Ernährung, das Klima u.ä. bezogen.

[8] „Der Kommissar" – Titel einer populären Fernsehserie.

[9] Unrecht Gut gedeiht nicht – sprichwörtliche Redensart.

[10] Die Hege – eigentlich: Gesamtheit der Maßnahmen zur Pflege und zum Schutz von Pflanzen und Tieren.

[11] Etwas in petto haben – umgangssprachlich für: etwas für einen bestimmten Zweck in Bereitschaft haben, es aber noch zurückhalten, um es zu gegebener Zeit überraschend anzubringen (und damit einen Trumpf auszuspielen).

[12] Sich attraktivieren – Verbbildung (Neologismus) statt: sich attraktiv machen.

[13] Etwas sausen lassen – salopp für: auf etwas verzichten; etwas nicht weiter betreiben oder verfolgen.

[14] Etwas vermasseln – salopp für: etwas unabsichtlich oder in schlechter Absicht zunichte machen; etwas (durch viele Fehler) verderben.

19 Jutta Schutting, *Sprachführer*

[1] Jdm. etwas verabreichen – jdm. etwas zu essen, zu trinken, zum Einnehmen o.ä. geben.

[2] Die Putzerei – österr.: die Chemische Reinigung.

[3] AB – das Augsburgische Bekenntnis (Confessio Augustana); grundlegende Bekenntnisschrift der Lutherischen Kirche.

[4] HB – das Helvetische Bekenntnis (Confessio Helvetica); Bekenntnisschrift der Reformierten Kirche.

[5] Die Rettung – österr.: der Rettungsdienst.

[6] Marod – österr., umgangssprachlich für: leicht krank.

[7] Der Kasten – österr., süddt.: der Schrank.

20 Ludwig Fels, *Kunstwelt*

[1] Jdn. für voll nehmen – jdn. ernst nehmen.

[2] Flurbereinigen – Verbbildung (Neologismus) zu: Flurbereinigung (Zusammenlegung und Neueinteilung von zersplittertem landwirtschaftlichem Grundbesitz).

[3] Die Schneise – von Bäumen und Unterholz freigehaltener, mehr oder weniger breiter, gerader Streifen innerhalb eines Waldes.

[4] Der Trimmpfad – häufig durch einen Wald führender, meist als Rundstrecke angelegter Weg mit verschiedenartigen Sportgeräten und Anweisungen für Turnübungen.

21 Hannelies Taschau, *Ich bin anständig, weil ihr sagt, daß ich anständig bin*

[1] Der Tacken – umgangssprachlich, salopp für: Markstück, Deutsche Mark.

[2] Der Jägerzaun – Zaun aus gekreuzten Holzstäben.

[3] Der tausendjährige Rosenstock – Sehenswürdigkeit im Dom zu Hildesheim (11. Jahrhundert).

[4] Den Ausschank machen – hinter dem Tresen bedienen; Getränke ausschenken.

[5] Doppelte und Einfache – gemeint sind doppelte und einfache Gläser Schnaps.

[6] Einen drauf machen – umgangssprachlich für: spontan irgendwo ausgiebig feiern.

[7] Abbauen – hier: in der Leistung nachlassen; an Kraft, Konzentration verlieren.

[8] Den Hals nicht vollkriegen – umgangssprachlich für: nie genug bekommen.

[9] Der Blaumann – eigentlich: blauer Arbeitsanzug; hier metaphorisch für: Gefängniskleidung.

[10] Die sturmfreie Bude – Zimmer, das die Möglichkeit bietet, ungehindert Damen- bzw. Herrenbesuch zu empfangen.

[11] Etwas in der Hinterhand haben – etwas in Reserve haben.

[12] Der Rechnungsabzug – (eigenmächtiges) Abziehen eines bestimmten Betrags von der Rechnungssumme, wenn man die Kauf- oder Vertragsbedingungen für nicht vollständig erfüllt hält.

[13] Der U-Häftling – kurz für: der Untersuchungshäftling.

[14] Etwas springen lassen – umgangssprachlich für: etwas spendieren.

[15] Der Leibkübel – der Toilettenkübel.

[16] Der Resopaltisch – kunststoffbeschichteter, leicht abwaschbarer Tisch.

[17] Die Verdunklungsgefahr – Verdacht der Verdunklung eines Tatbestandes durch den Beschuldigten.

[18] Aus dem Schneider sein – umgangssprachlich für: eine schwierige Situation überwunden, das Schlimmste überstanden haben.

22 Hans Joachim Schädlich, *Nirgend ein Ort*

[1] Der Bogen – gemeint ist ein Papierbogen, hier ein Filmplakat.

[2] Das Lichtspiel – veraltend für: das Kino, der Film.

[3] Der Blechkuchen – Kuchen, der auf dem Backblech ausgerollt und gebacken wird.

23 Helga M. Novak, *Palisaden oder Aufenthalt in einem irren Haus*

[1] Das rosane Kleid – rosa, hochsprachlich nicht flektiert, wird in der Umgangssprache oft flektiert, wobei ein „n" zwischen die Vokale geschoben wird.

[2] Das Köchelverzeichnis – „Chronologisch-thematisches Verzeichnis sämtlicher Tonwerke Wolfgang Amadeus Mozarts" (1862), verfaßt von Ludwig Ritter von Köchel.

[3] Der Israelische Blitzkrieg – gemeint ist der Sechstagekrieg zwischen Israel und Ägypten 1967.

[4] Auf Teufel komm raus – umgangssprachliche Redewendung: aus

Leibeskräften; so stark, heftig, schnell o.ä. wie möglich (was auch geschehen möge).

[5] Das Würmchen – familiär für: kleines, unbeholfenes, hilfsbedürftiges Kind oder Wesen.

[6] Die Pantolette – leichter Sommerschuh ohne Fersenteil, meist mit Absatz (Mittelding zwischen Pantoffel und Sandalette).

[7] Die Vesper – landschaftl., vor allem süddt.: kleinere Zwischenmahlzeit (besonders am Nachmittag).

25 Günter Kunert, *Alltägliche Geschichte einer Berliner Straße*

[1] Der Hörselberg – der Sage nach wohnt im Inneren des Hörselbergs seit dem 15. Jahrhundert Frau Venus, zu der Tannhäuser kommt. Der Hörselberg ist ein Hexenberg, in dem auch Hölle und Fegefeuer liegen.

[2] Die Frankfurter Allee – Straße in Berlin.

[3] Brandig – eigentlich medizinisch oder botanisch: von Brand befallen; hier: zersetzt, zerfressen.

26 Günter Herburger, *Ein Vormittag*

[1] Feixen – umgangssprachlich für: breit, hämisch, schadenfroh lachen; grinsen.

[2] Panino – ital.: belegtes Brötchen; Sandwich.

[3] Blondieren – künstlich aufhellen; blond färben.

27 Klaus Stiller, *Ausländer*

[1] Vorpreschen – nach vorne eilen, fahren, jagen; hier in übertragener Bedeutung: sich bei einer Diskussion o.ä. weit und ungestüm nach vorne wagen.

28 Volker Braun, *Staatstheater*

[1] Die Republik – gemeint ist die Deutsche Demokratische Republik.

29 Peter Bichsel, *Eine Geschichte zur falschen Zeit*

[1] Arthur Gordon Pym – fiktiver Erzähler in Edgar Allan Poes Roman „The Narrative of Arthur Gordon Pym" (1838).

[2] Bob Dylan [eigentl. Robert Zimmermann] (geb. 1941); amerikanischer Liedersänger und -komponist.

[3] Der Voranschlag – die Vorausberechnung der Einnahmen und Ausgaben.

30 Hans Joachim Schädlich, *In abgelegener Provinz*

1 Die Morgenwäsche – gemeint ist die morgendliche Waschung, die Morgentoilette.
2 Aufstampfen – fest (zornig, vor Wut) mit den Füßen auf den Boden stampfen.

31 Ludwig Fels, *Krisenkritik*

1 Ausbeinen – landschaftl.: Knochen aus dem Fleisch lösen.

32 Angelika Mechtel, *Netter Nachmittag*

1 Die Feldherrnhalle – Gebäude in München.
2 Glückab – Fliegergruß (dem Bergmannsgruß „Glückauf" nachgebildet).
3 Jdm. etwas vor den Latz knallen – salopp für: jdm. etwas brüsk, ohne Umschweife ins Gesicht sagen; jdn. scharf zurechtweisen.
4 Kein Kraut …, das gegen ihn wächst – Anspielung auf die Redewendung: dagegen ist kein Kraut gewachsen (dagegen gibt es kein Mittel; dagegen kommt man nicht an).

33 Gabriele Wohmann, *Grün ist schöner*

1 Der Placken – landschaftl.: der Fleck.
2 Die Höhensonne – Quarzlampe, die ultraviolettes Licht ausstrahlt (zum Heilen und Bräunen).

34 Hermann Kinder, *Glückliche Entfernung*

1 Die Unwirsche – Substantivbildung (Neologismus) zu „unwirsch".
2 Mümmeln – mit kleinen, meist schnelleren Bewegungen über eine längere Zeit kauen; mit den Vorderzähnen mit schnellen Bewegungen fressen.
3 Pludern – sich bauschen; sich aufplustern.

35 Werner Kofler, *Ein Bericht für eine Jury*

1 Der Tusch – von einer Kapelle (mit Blasinstrumenten) schmetternd gespielte, kurze, markante Folge von Tönen.
2 Zerbröseln – zerbröckeln, zerkrümeln.
3 Else Lasker-Schüler (1869–1945); deutsche Dichterin.
4 Franz Innerhofer (geb. 1944); österreichischer Schriftsteller.

[5] Thomas Wolfe (1900–1938); amerikanischer Schriftsteller. „Look homeward, angel" (dt. Schau heimwärts, Engel!) ist der Titel eines 1929 erschienenen Romans.

[6] Der dumme August – Zirkusclown, Spaßmacher.

[7] Marcel Marceau (geb. 1923); französischer Pantomimenspieler.

36 Frank-Wolf Matthies, *Die Beschreibung der Frau*

[1] Erich Honecker (geb. 1912); seit 1971 Erster Sekretär der SED (Sozialistische Einheitspartei Deutschlands) und seit 1976 außerdem Vorsitzender des Staatsrates der DDR (Staatsoberhaupt).

[2] Die Stasi – Kurzwort für: der Staatssicherheitsdienst (politische Polizei in der DDR).

[3] Der Vopo – Kurzwort für: Volkspolizist; die Vopo – Kurzwort für: Volkspolizei (DDR).

[4] Wer nicht für uns ist, ist gegen uns – Zitat aus Lenins Abhandlung „Staat und Revolution" (1917).

[5] Wer sich nicht in Gefahr begibt, kommt darin um – Zitat aus dem „Kunze-Lied" des Liedersängers Wolf Biermann, der 1976 aus der DDR ausgebürgert wurde.

[6] Die Glotze – salopp für: der Fernseher; der Fernsehapparat.

[7] Die Kaufhalle – Supermarkt in der DDR.

[8] Franz Fühmann (1922–1984); deutscher Schriftsteller (DDR).

[9] Heinz Kahlau (geb. 1931); deutscher Schriftsteller (DDR).

[10] Gary Cooper (1901–1961); amerikanischer Filmschauspieler.

[11] Zazie – Titelheldin aus Raymond Queneaus Roman „Zazie dans le métro" (1959).

[12] Holden Caulfield – Hauptfigur aus Jerome D. Salingers Roman „The Catcher in the Rye" (1951).

[13] Anna Blume – Titel und Figur einer Gedichtsammlung von Kurt Schwitters (1919).

[14] Katharina Blum – Titelfigur von Heinrich Bölls Roman „Die verlorene Ehre der Katharina Blum" (1974).

[15] Fjodor Pawlowitsch Karamasow – eine der Hauptfiguren aus Fjodor Dostojewskijs Roman „Die Brüder Karamasow" (1879/80).

[16] Der kleine Prinz – gemeint ist Antoine de Saint-Exupérys „Le petit prince" (1943).

[17] Alves Bäsenstiel – Figur, die in mehreren Prosastücken von Kurt Schwitters auftritt.

37 Hermann Kinder, *Gelungen*

[1] Unterstelltermaßen – Adverbialbildung (Neologismus) zu „unterstellen".

[2] Unverbrüchlich – sonst eigentlich nur in übertragener Bedeutung gebraucht: nicht aufzulösen, zu brechen (z.B. unverbrüchliche Treue).

[3] Herzen – liebevoll umarmen; liebkosen.

38 Adolf Muschg, *Ein ungetreuer Prokurist*

[1] Das Auspendeln – hier in der Bedeutung: allmähliche Beendigung, Zuendegehen.

[2] Der Saftladen – salopp, abwertend für: schlecht geführter Betrieb.

[3] Das Aufschnupfen – kurzes, seufzendes Hochziehen der Nase.

[4] Sich zusammenläppern – umgangssprachlich für: sich aus kleineren Mengen nach und nach zu einer größeren Menge anhäufen.

[5] Raubbau treiben – (bes. Bergbau, Landwirtschaft, Forstwirtschaft) extreme wirtschaftliche Nutzung, die den Bestand von etwas gefährdet; hier in übertragener Bedeutung.

39 Ernst Jandl, *betten*

[1] Der Unterstand – (im Krieg) unter der Erdoberfläche befindlicher Raum zum Schutz gegen Beschuß.

[2] Der Reichsarbeitsdienst – im nationalsozialistischen Deutschland Organisation zur Durchführung eines gesetzlich vorgeschriebenen halbjährigen Arbeitsdienstes.

[3] Stümpern – abwertend für: schlecht, dilettantisch arbeiten.

41 Peter Rosei, *Warten*

[1] Die Kimmung – Seemannssprache: von Himmel und Meer gebildete Linie des Horizonts.

[2] Sind gestanden – süddt. für: haben gestanden.

[3] Nieder – niedrig.

43 Hans Christoph Buch, *Ein Pferd wird erschossen*

[1] Albrecht von Haller (1708–1777); Dichter; Professor der Anatomie, Botanik und Chirurgie in Göttingen.

[2] Il bat – il bat – il ne bat plus – franz.: er schlägt – er schlägt – er schlägt nicht mehr.

[3] Thomas Bernhard (geb. 1931); österreichischer Schriftsteller.

[4] V. Schklowski (geb. 1893); Mitbegründer und führender Theoretiker des russischen Formalismus; Schriftsteller.

[5] Sic transit gloria mundi – lat.: So vergeht der Ruhm der Welt (Zitat aus der „Imitatio Christi", einem Erbauungsbuch des 15. Jahrhunderts, das Thomas von Kempen zugeschrieben wird).

[6] Die Kalaschnikow – russisches Maschinengewehr.

44 Franz Böni, *Paßkehren*

[1] Die Paßkehre – Wendung, scharfe Kurve einer Straße, die sich bis zur Paßhöhe hinaufschlängelt.

[2] Das Wohlfahrtshaus – Gebäude, das von der öffentlichen Fürsorge als Wohnhaus zur Verfügung gestellt wird.

[3] Der Riegelbau – schweizer.: das Fachwerkhaus.

46 Franz Innerhofer, *W.*

[1] Niederwerten – Zusammensetzung (Neologismus) aus „niedermachen" und „abwerten".

[2] Die Jause – österr.: Zwischenmahlzeit.

[3] Jdm. etwas anhängen – jdn. zu etwas verleiten; jdm. etwas aufbürden.

[4] Jdm. etwas abknöpfen – salopp für: jdm., ohne daß er sich dagegen sträuben kann, einen Geldbetrag abnehmen.

[5] Jdn. freihalten – für jdn. die Zeche bezahlen.

47 Nicolas Born, *Die Bremer Stadtmusikanten*

[1] „Die Bremer Stadtmusikanten" – Titel eines der „Kinder- und Hausmärchen" (1812–1822) der Gebrüder Grimm.

[2] Schusselig – umgangssprachlich, abwertend für: zur Vergeßlichkeit neigend und fahrig; gedankenlos.

[3] Viel um die Ohren haben – umgangssprachlich für: sehr viel Arbeit und/oder Sorgen haben.

[4] Potztausend – Interjektion: Ausruf der Überraschung oder des Unwillens.

[5] Der Gevatter – veraltend: Jemand, mit dem man befreundet, verwandt oder bekannt ist.

[6] Fürbaß – veraltet, noch scherzhaft: weiter, vorwärts.

[7] Der Saufaus – veraltend: der Trunkenbold.

[8] Reißaus nehmen – umgangssprachlich für: entfliehen, weglaufen.

48 Gert Neumann, *Die Namen*

1 Die hölzerne Faust – ein hölzernes Instrument, mit dem die Fähre am Seil entlang gezogen wird.

49 Wolfgang Koeppen, *Romanisches Café*

1 Friedrich I. Barbarossa (Staufer); 1152–1190 deutscher König; Kaiserkrönung 1155.

2 Lohengrin – Sagenheld aus dem Gralskreis; Sohn des Parzival. Kommt auf Geheiß des Königs Artur der bedrängten Herzogin Elsa von Brabant in einem von einem Schwan gezogenen Schiff zur Hilfe.

3 Der große Kurfürst – gemeint ist Friedrich Wilhelm (1640–1688), als Kurfürst von Brandenburg der mächtigste deutsche Fürst nach dem Kaiser.

4 Fridericus Rex – gemeint ist Friedrich II., der Große; König von Preußen 1740–1788.

5 „Der Trompeter von Säckingen. Ein Sang vom Oberrhein" (1854). – Versepos von Joseph Viktor von Scheffel.

6 „Ein feste Burg ist unser Gott" – Kirchenlied Martin Luthers.

7 Gustav Freytag (1816–1895); deutscher Kulturhistoriker und Schriftsteller. „Die Ahnen" ist der Titel eines Romanzyklus von Freytag (erschienen 1872–1880).

8 Adolf Stöcker (1835–1909); evang. Geistlicher und Politiker. War 1874–1889 Hof- und Domprediger in Berlin. Religiös orthodox und politisch streng konservativ.

9 Otis – Fahrstuhlfabrikant.

10 Die Pickelhaube – von der preußischen Infanterie getragener Helm.

11 Der Flederwisch – das Federbüschel; das Federgebinde.

12 Die Tresse – schmale Borte, Besatz an Uniformen (zur Rangbezeichnung).

13 Der Flügeladjutant – Adjutant eines Fürsten.

14 Die Armierungstruppe – Einheit von nicht frontverwendungsfähigen Soldaten im I. Weltkrieg, die zu Befestigungsarbeiten, Wegebauten o.ä. eingesetzt wurde.

15 Der Train – Truppe, die für den Nachschub sorgt; der Troß.

16 Der Schipper (Substantivbildung zu „schippen" – schaufeln) – salopp für: der Totengräber.

17 Der Stern der Schande – gemeint ist der gelbe Judenstern.

18 Die Kirche – gemeint ist die „Kaiser-Wilhelm-Gedächtniskirche" in Berlin, die im II. Weltkrieg stark beschädigt wurde.

19 Die Oriflamme – ehemalige Kriegsfahne der französischen Könige; heute ein zweizipfeliges Hängebanner.

50 Fritz Rudolf Fries, *Brügge oder Der Versuch, einer Amerikanerin Rodenbach zu erklären*

[1] Georges Rodenbach (1855–1898); französischsprachiger belgischer Schriftsteller.

[2] Hugo Viane – Hauptfigur aus Rodenbachs Roman „Bruges-la-morte" (1892).

[3] Vineta – sagenhafter Ort auf der Insel Wollin in der Ostsee; Vineta wurde der Sage nach vom Meer verschlungen.

[4] Thule – im Altertum ein sagenhaftes Land im hohen Norden.

[5] Fernand Khnopff (1858–1921); belgischer Maler und Bildhauer.

[6] Jan Toorop (1858–1928); niederländischer Maler.

[7] Joris-Karl Huysmans (1848–1907); belgischer Schriftsteller flämischer Abstammung.

[8] Die Hanse – mittelalterlicher Städtebund, der sich hauptsächlich zusammengeschlossen hatte, um mit anderen Ländern Handel zu treiben.

[9] Hans Memling (1433–1494); niederländischer Maler.

[10] Memlings Jungfrau Ursula – Anspielung auf Memlings „Ursula-Schrein" (1489), der sich in Brügge befindet.

[11] Groucho Marx (1895–1977); einer der Marxbrothers (amerikanische Komiker des amerikanischen Vaudeville-Theaters und Films).

[12] Woody Allen [eigentl. A. Stewart Konigsberg] (geb. 1935); amerikanischer Filmkomiker und -regisseur.

[13] Der Belfried – berühmter Turm in Brügge, der zu den Markthallen gehört.

[14] Das Räuberzivil – umgangssprachlich für: nachlässige, legere Freizeitkleidung.

[15] Das Streptomyzin – besonders gegen Tuberkulose wirksames Antibiotikum.

[16] Das Köchelverzeichnis – „Chronologisch-thematisches Verzeichnis sämtlicher Tonwerke Wolfgang Amadeus Mozarts" (1862), verfaßt von Ludwig Ritter von Köchel.

[17] Cancan – aus Algier stammender schneller Tanz (mit hohem Beinwurf), der im 19. Jahrhundert in Paris in Mode kam.

[18] Frans Masereel (1889–1972); belgischer Graphiker und Maler.

[19] Das Meyer-Lexikon – bekanntes deutsches Konversationslexikon.

[20] Renée Vivien [eigentl. Pauline M. Tarn] (1877–1909); französischschreibende schottisch-amerikanische Schriftstellerin.

[21] Robert Rauschenberg (geb. 1925); amerikanischer Maler, Graphiker und Happeningkünstler, der bahnbrechend war für die Popart.

[22] Roy Lichtenstein (geb. 1923); amerikanischer Künstler, der zu den konsequentesten Vertretern der Popart gehört.

52 Thomas Bernhard, *Das Verbrechen eines Innsbrucker Kaufmannssohns*

1   Viktualisch – Adjektivbildung (Neologismus) zu: Viktualien (veraltet: Lebensmittel).
2   Der Ochsenziemer – schwere Peitsche (zur Züchtigung).
3   Der Kukuruz – landschaftl., bes. österr.: der Mais.
4   Der Radelbock – vermutlich: der Sackkarren.
5   Geselcht – geräuchert.
6   Die Verhunzung – abwertend für: die Verunstaltung von etwas, das Verderben einer Sache (durch unsachgemäßen Umgang).
7   Die Verhimmelung – die Vergötterung.
8   Metaphysikalisch – Kompositum (Neologismus) aus „metaphysisch" und „physikalisch".
9   Atonisch – schlaff, spannungslos, ohne Tonus (betrifft den Zustand der Muskulatur).
10 Melk – Ortschaft in der Nähe von Wien.
11 Der Wechsel – veraltend: monatliches Unterhaltsgeld (meistens für Studenten).
12 „Moby Dick or The white whale" (1851) – Roman von Herman Melville.
13 Mit einem ausgeschlagenen Schafspelz – mit Schafspelz gefüttert.

53 Ulrich Plenzdorf, *kein runter kein fern*

1   Mick (und die Schdons) – gemeint sind Mick Jagger und die Rolling Stones (britische Popmusik-Gruppe).
2   Rocho, rochorepocho, rochorepochopipoar – lautmalerische Interjektionen.
3   Das Springerhaus – es handelt sich um das Verlagsgebäude des westdeutschen Großverlegers Axel Springer (Zeitschriftenimperium, zu dem u.a. die „Bild"-Zeitung gehört) in West-Berlin, unweit der Mauer.
4   Mit ihre Anlage – für die Berliner Umgangssprache sind Verwechslungen von Dativ und Akkusativ charakteristisch.
5   EIKENNGETTNOSETTISFEKSCHIN – „I can't get no satisfaction" (bekannter Stones-Titel).
6   Mfred – Manfred.
7   Einskommadrei – gemeint ist der Notendurchschnitt bei Schulzeugnissen; eins (sehr gut) ist die beste Note.
8   Leuna (Bezirk Halle) – eines der industriellen Zentren in der DDR.
9   Der Alex – Der Alexanderplatz.
10 Walter Ul – Walter Ulbricht (1893–1973); 1950–1971 Generalsekretär bzw. Erster Sekretär der SED (Sozialistische Einheitspartei Deutschlands).

[11] NVA – Nationale Volksarmee.

[12] Gestört – gemeint ist: sozial und/oder psychisch gestört.

[13] Zum ballspiel – statt: zum Beispiel.

[14] Puln – statt: pulen (sich mit den Fingern an etwas zu schaffen machen, um dort etwas in kleinen Stücken zu entfernen; z.B. an einem Etikett, einer Narbe pulen).

[15] Aufrolln – statt: aufrollen (hier in der militärischen Bedeutung: von der Seite her angreifen und einen Durchbruch erzielen).

[16] Die Aufnahmedia – vermutlich: die Aufnahmediagnose.

[17] Der Hilfser – verkürzt statt: der Hilfsschüler (Schüler an einer Sonderschule).

[18] Der Fünfenschreiber – jmd., der oft eine „fünf" bekommt; fünf (mangelhaft) – zweitschlechteste Note im Notensystem.

[19] Den Jagdschein haben – umgangssprachlich für: vom Gericht für unzurechnungsfähig erklärt worden sein.

[20] Die Böllerschüsse – zu einer festlichen Gelegenheit abgegebene Schüsse.

[21] Das Vorgelege – technisch: Welle mit Zahnrädern oder Riemenscheiben, die Bewegung überträgt oder ein Getriebe ein- und ausschaltet.

[22] Des Nossen Fleich – verkürzt statt: des Genossen Fleischmann.

[23] Die Plaste – DDR-deutsch für: das Plastik.

[24] Der Kell – vermutlich: der Keller.

[25] Vlo – eigentlich: das Klo.

[26] T vierunddreißig – russischer Panzer, Modell T 34.

[27] Auf die Bretter gehen – k.o. (knockout) beim Boxen.

[28] Junge Pioniere – Jugendorganisation der DDR (Kinder bis zum 14. Lebensjahr); Vorstufe der FDJ (vgl. Anm. 30). Ernst Thälmann (1886–1944); Führer der KPD (Kommunistische Partei Deutschlands), der im KZ ermordet wurde.

[29] Der Huckel – umgangssprachlich für: Welle, kleiner Hügel (hier: auf der Handfläche).

[30] FDJ – Freie Deutsche Jugend (Jugendorganisation der DDR).

[31] Die u – gemeint ist: die U-Bahn.

[32] Mong cher mongmon mong frer Gastrong – entstellend zu franz.: mon cher frère Gaston (mein lieber Bruder Gaston).

[33] MDN – Mark der Deutschen Notenbank (bis 1967 die offizielle Bezeichnung der Mark der DDR).

[34] Zapletal – wahrscheinlich handelt es sich um eine Arzneimittelmarke.

[35] Der Zuch – phonetisch statt: der Zug.

[36] Das Westfern – gemeint ist: das Westfernsehen (die Fernsehsender der Bundesrepublik).

[37] Klecker – hier ist vermutlich gemeint: seine Schulden kleckerweise (d.h. in kleinen Raten) bezahlen.

[38] Verpumpen – umgangssprachlich für: verleihen.

[39] Sie gebor – statt: sie gebar.

[40] Verluchte – wahrscheinlich: verfluchte.

[41] Esbahn – statt: S-Bahn (Berliner Stadtbahn).

[42] Slihp ju werri well in jur bettgestell – entstellend zu der engl.-dt. Verballhornung: Sleep you very well in your Bettgestell?

[43] O werri matsch war ju sei ist kwatsch – entstellend zu der engl.-dt. Verballhornung: O very much what you say is Quatsch.

[44] Druschba – russ.: Freundschaft.

[45] Nathan der … – gemeint ist Lessings Theaterstück „Nathan der Weise" (1779). Anspielung auf das in der DDR besonders propagierte klassische Erbe.

[46] Sorau – phonetisch statt: So rauh.

[47] PGH – Produktionsgenossenschaft des Handwerks (DDR).

[48] Zitiert werden die auf Lewis Carroll (1832–1898) zurückgehenden nonsense-Verse: Dunkel war's, der Mond schien helle, als ein Auto blitzeschnelle langsam um die Ecke bog. Drinnen saßen stehend Leute, schweigend ins Gespräch vertieft, als ein totgeschossener Hase auf der Sandbank Schlittschuh lief.

[49] Power to the people – Titel eines Songs von Yoko Ono und John Lennon.

[50] Hautse – phonetisch statt: haut sie.

[51] Wacht auf verdammte dieser … – Anspielung auf die „Internationale" („Wacht auf, Verdammte dieser Erde").

[52] Deutschland Deutschland über – „Deutschland, Deutschland über alles"; Beginn des „Deutschlandlieds" von August Heinrich Hoffmann von Fallersleben (die dritte Strophe wird als Nationalhymne der Bundesrepublik Deutschland gesungen).

[53] Oh du lieber Augustin alles ist – „Oh du lieber Augustin, alles ist hin"; Anfang eines bekannten Volkslieds.

55 Friederike Mayröcker, *Ironside oder, österreichische Reise*

[1] Schreibchenweise – Zusammenziehung aus „schreiben" und „scheibchenweise".

[2] Verwalken – umgangssprachlich für: kräftig verprügeln.

[3] Auszerhals – Neologismus, mit dem man u.a. folgendes assoziieren kann: außerhalb; lauthals; aus vollem Halse.

[4] Das Stiegenhaus – das Treppenhaus.

57 Fritz Rudolf Fries, *Frauentags Anfang oder Das Ende von Arlecq und Paasch*

[1] Der Frauentag – spezieller Feiertag in der DDR zu Ehren der Frau.

[2] Arlecq und Paasch sind die Hauptprotagonisten von Fries' erstem Roman „Der Weg nach Oobliadooh" (1966).

[3] Die Beschläge – gemeint sind: Türbeschläge (Metallverzierung um die Türklinke).

[4] Die Vignette – ornamentale, bildliche Darstellung auf dem Titelblatt am Beginn oder Ende eines Kapitels oder am Schluß eines Buches.

[5] Heinrich Vogeler (1872–1942); Maler, Grafiker, Buchillustrator, Formgestalter. Zunächst profilierter Vertreter von Symbolismus und Jugendstil.

[6] Jan Toorop (1858–1928); niederländischer Maler.

[7] Georges Rodenbach (1855–1898); französischsprachiger belgischer Schriftsteller.

[8] Kanneliert – mit geraden Rillen versehen.

[9] Der Flockenvorhang – metaphorisch: „Vorhang" aus Schneeflocken.

[10] Die Blutbuche – Rotbuche (mit blutroten bis fast schwarzen Blättern).

[11] Emile Gallé (1846–1904); französischer Handwerker; Entwürfe von Möbeln, Glas und Keramikwaren (oft mit pflanzlicher Ornamentik); führender Künstler des Jugendstils.

[12] „Den 20. Jänner ging Lenz durchs Gebirge" – mit diesem Satz beginnt Georg Büchners Erzählung „Lenz" (1835).

[13] Schlierig – fettige Streifen bildend.

[14] Der Intershop – Geschäft (DDR), in dem ausländische, besonders westliche Waren nur gegen westliche Währung verkauft werden.

[15] Der Scheck – gemeint ist ein Intershop-Scheck (Gutschein, den DDR-Bürger in Banken gegen westliche Währung erwerben können und der zum Einkauf im Intershop berechtigt). „Er kaufte einen Scheck ab" – er kaufte Waren in Höhe des auf dem Scheck verzeichneten Betrages.

[16] Kahlbaum – billige Schnapsmarke in der DDR.

[17] Der Konsum – Einzelhandelsgeschäft auf genossenschaftlicher Grundlage in der DDR.

[18] Der Fünfjahrplan – für fünf Jahre aufgestellter Volkswirtschaftsplan in einer sozialistischen Planwirtschaft.

[19] Stierblut – besondere Farbe, die im Altertum durch die Mischung von Stierblut und Kanthariden (Fliegenart) fabriziert wurde.

[20] Verquer – vom Üblichen abweichend, absonderlich, merkwürdig.

[21] Alfred Döblin (1878–1957); Facharzt für Nervenkrankheiten und Schriftsteller.

[22] Meschugge – salopp für: nicht bei Verstand; verrückt.

[23] „Ja Herr Pfarrer, sehen Sie, die Langeweile" – Zitat aus „Lenz".

[24] Wie Gott in Frankreich leben – sprichwörtliche Redensart.

25 Anspielung auf die Kognak-Sorte „Napoleon".

26 Die Plaste – DDR-deutsch für: das Plastik.

27 Der Wanderer im Rembrandt-Hut ... – Anspielung auf eine Figur aus „Der Weg nach Oobliadooh", die dort u.a. unter dem Namen „Gott" auftritt.

28 West – gemeint sind: West-Artikel, Waren aus dem westlichen Ausland.

29 Vasco da Gama (1469–1524); portugiesischer Seefahrer, der 1498 die westindische Küste bei Calicut erreichte.

30 Die Mär – veraltet, noch scherzhaft: Erzählung, seltsame Geschichte, unglaubwürdiger oder unwahrer Bericht.

31 „I knew a wonderful princess in the land of Oobliadooh" – Zeile aus einem Schlagertext, die in „Der Weg nach Oobliadooh" zur leitmotivischen Sehnsuchtsformel wird.

32 Die italienische Filmschauspielerin Lucia Bosé (geb. 1931) spielt eine Hauptrolle in dem Film „Roma ore undici" (1953).

33 Falk – ebenfalls eine Figur aus dem Roman „Der Weg nach Oobliadooh".

34 Dexter Gordon (geb. 1923); amerikanischer Tenorsaxophonist, der modernen Jazz spielt.

35 Eindecken – hier im Sinne von: überhäufen, überschütten.

36 „Der Eulenspiegel" – satirisch-humoristische Zeitschrift der DDR.

37 Joseph Beuys (1921–1986); Plastiker, Zeichner, Aktionskünstler, der das Publikum häufig durch Art und Präsentation seiner Objekte provozierte; von ihm stammt z.B. die These: „Jeder Mensch ist ein Künstler"; Filz und Fett zählten zu dem hauptsächlich von ihm eingesetzten Material.

38 Christo [eigentl. Christo Javacheff] (geb. 1935); bildender Künstler. Verpackt Objekte, umhüllt Monumente und Gebäude, gestaltet Landschaftsabschnitte mit Folien u.a.

39 Hochgehandelt – gemeint ist, daß die Werke hoch im Kurs stehen.

40 Die Gladow-Bande – kriminelle Berliner Bande der Nachkriegszeit.

41 Vegetal – Neologismus: pflanzenhaft.

42 Marsyas – Gestalt der griechischen Mythologie; nachdem er von Apoll in einem musikalischen Wettstreit besiegt worden war, wurde ihm bei lebendigem Leib die Haut abgezogen.

43 Der Exitus – (lat.) Medizinersprache: der Tod.

44 Wo ein Meer ist, ist auch ein Weg – Verfälschung des idiomatischen Ausdrucks: Wo ein Wille ist, ist auch ein Weg.

45 Feixen – Studentensprache: breit, schadenfroh, hämisch lachen; grinsen.

58 Urs Widmer, *Hand und Fuß – ein Buch*

1 Das Schäferstündchen – heimliches Beisammensein von Verliebten.
2 Rubbeln – kräftig reiben.
3 Handsgemein – wortspielerisch zu: hundsgemein (niederträchtig; sehr gemein).
4 Der Handsfott – wortspielerisch zu: der Hundsfott (niederträchtiger, gemeiner Kerl; Schurke, Schuft).
5 Der Lampenhund – wortspielerisch zu: der Lumpenhund (gemeiner, niederträchtiger Mensch; Lump).
6 Hand im Korb sein – verzerrt für: Hahn im Korb sein (als Mann in einem überwiegend aus Frauen bestehenden Kreis im Mittelpunkt stehen).
7 Der Gockel – besonders süddt., sonst umgangssprachlich scherzhaft für: der Hahn.
8 Blinde Hühner ... – Anspielung auf das Sprichwort: Auch ein blindes Huhn findet manchmal ein Korn.
9 Gummig – Adjektivbildung (Neologismus) zu: Gummi.
10 Der Blaumann – Arbeitsanzug, blaue Arbeitsbekleidung.
11 Ein Faß anstechen – ein Faß durch Anstich öffnen; anzapfen.
12 Der Berserker – kampflustiger, sich wild gebärdender, kraftstrotzender Mann.
13 Velosolex – französisches Mofa-Fabrikat.
14 Handkehrum – Zusammenziehung aus „im Handumdrehen" (überraschend, schnell, mühelos) und „umkehren".
15 Die grünen Daumen – Anspielung auf den Ausdruck: einen grünen Daumen haben (familiär für: geschickt mit Pflanzen umgehen können).

Das andere Inhaltsverzeichnis

Quellenverzeichnis

Jürgen Becker, *Geschäftsbesuch*, aus: J. B. *Erzählen bis Ostende*, © Suhrkamp Verlag, Frankfurt am Main 1981

Jurek Becker, *Die Strafe*, aus: J. B. *Nach der ersten Zukunft*, © Suhrkamp Verlag, Frankfurt am Main 1980

Thomas Bernhard, *Das Verbrechen eines Innsbrucker Kaufmannssohns*, aus: T. B. *Die Erzählungen*, © Suhrkamp Verlag, Frankfurt am Main 1979

Peter Bichsel, *Eine Geschichte zur falschen Zeit*, aus: P. B. *Geschichten zur falschen Zeit*, © Luchterhand, Darmstadt und Neuwied 1979

Franz Böni, *Paßkehren*, aus: F. B. *Alvier*, © Suhrkamp Verlag, Frankfurt am Main 1982

Nicolas Born, *Die Bremer Stadtmusikanten*, aus: N. B. *Täterskizzen*, © Rowohlt Verlag, Reinbek bei Hamburg 1983

Nicolas Born, *Der Neger im Lokal*, aus: N. B. *Täterskizzen*, © Rowohlt Verlag, Reinbek bei Hamburg 1983

Thomas Brasch, *Wer redet schon gern von einem Untergang*, aus: Th. B. *Vor den Vätern sterben die Söhne*, © Rotbuch Verlag, Berlin 1977

Thomas Brasch, *Mit sozialistischem Gruß*, aus: Th. B. *Vor den Vätern sterben die Söhne*, © Rotbuch Verlag, Berlin 1977

Volker Braun, *Der Halbstarke*, aus: V. B. *Berichte von Hinze und Kunze*, © Mitteldeutscher Verlag, Halle – Leipzig 1983

Volker Braun, *Harmlose Kritik*, aus: V. B. *Berichte von Hinze und Kunze*, © Mitteldeutscher Verlag, Halle – Leipzig 1983

Volker Braun, *Staatstheater*, aus: V. B. *Berichte von Hinze und Kunze*, Suhrkamp Verlag, Frankfurt am Main 1983, © beim Autor

Hans Christoph Buch, *Ein Pferd wird erschossen*, aus: H. C. B. *Jammerschoner*, © Suhrkamp Verlag, Frankfurt am Main 1982

Jürg Federspiel, *Schweizer, einem Mißgeschick zuschauend,* aus: J. F. *Die beste Stadt für Blinde,* © Suhrkamp Verlag, Zürich/Frankfurt am Main 1980

Ludwig Fels, *Kunstwelt,* aus L. F. *Betonmärchen. Prosa,* © Luchterhand, Darmstadt und Neuwied 1983

Ludwig Fels, *Krisenkritik,* aus: L. F. *Betonmärchen. Prosa,* © Luchterhand, Darmstadt und Neuwied 1983

Fritz Rudolf Fries, *Brügge oder Der Versuch, einer Amerikanerin Rodenbach zu erklären,* aus: F. R. F. *Schumann, China und der Zwickauer See,* Suhrkamp Verlag, Frankfurt am Main 1982, © Aufbau-Verlag, Berlin und Weimar 1980 – unter dem Titel: *Alle meine Hotel-Leben. Reisen 1957–1979*

Fritz Rudolf Fries, *Frauentags Anfang oder Das Ende von Arlecq und Paasch,* aus: *Sinn und Form 34,* 1982, H. 2, © Aufbau-Verlag, Berlin und Weimar 1982

Peter Härtling, *Die Fragenden,* aus: P. H. *Drei Kalendergeschichten aus meinem Land,* in: *Deutschland, Deutschland. 47 Schriftsteller aus der BRD und DDR schreiben über ihr Land.* Hrsgg. von Jochen Jung, Residenz Verlag, Salzburg und Wien 1979, © beim Autor

Günter Herburger, *Ein Vormittag,* aus: G. H. *Eine gleichmäßige Landschaft. Erzählungen,* © Luchterhand, Darmstadt und Neuwied 1979

Wolfgang Hilbig, *Der Leser,* aus: W. H. *Unterm Neomond,* © Verlag S. Fischer, Frankfurt am Main 1982

Franz Hohler, *Erlebnis,* aus: *Ein eigenartiger Tag. Lesebuch von F. H.,* © Luchterhand, Darmstadt und Neuwied 1979

Franz Hohler, *Wie ich lebe,* aus: *Ein eigenartiger Tag. Lesebuch von F. H.,* © Luchterhand, Darmstadt und Neuwied 1979

Franz Innerhofer, *W.,* aus: *Glückliches Österreich. Literarische Besichtigung eines Vaterlandes.* Hrsgg. von Jochen Jung, © Residenz Verlag, Salzburg und Wien 1978

Ernst Jandl, *betten*, aus: E. J. *für alle*, © Luchterhand, Darmstadt und Neuwied 1984

Ernst Jandl, *ein gewitter*, aus: E. J. *für alle*, © Luchterhand, Darmstadt und Neuwied 1984

Elfriede Jelinek, *Paula*, aus: E. J. *Die endlose Unschuldigkeit. Prosa – Hörspiel – Essay*, © Schwiftinger Galerie-Verlag, München 1980

Hermann Kinder, *Glückliche Entfernung*, aus: H. K. *Liebe und Tod. 25 schöne Geschichten von A bis Z*, © Haffmans Verlag, Zürich 1983

Hermann Kinder, *Gelungen*, aus: H. K. *Liebe und Tod. 25 schöne Geschichten von A bis Z*, © Haffmans Verlag, Zürich 1983

Wolfgang Koeppen, *Romanisches Café*, aus: W. K. *Romanisches Café*. © Suhrkamp Verlag, Frankfurt am Main 1972

Werner Kofler, *Ein Bericht für eine Jury*, aus: *Tintenfisch 17*. Hrsgg. von Michael Krüger und Klaus Wagenbach, Verlag Klaus Wagenbach, Berlin 1979 (Erstdruck), © beim Autor

Günter Kunert, *Alltägliche Geschichte einer Berliner Straße*, aus: G. K. *Die Beerdigung findet in aller Stille statt*, © Carl Hanser Verlag, München/Wien 1969

Monika Maron, *Annaeva*, aus: M. M. *Das Mißverständnis*, © Verlag S. Fischer, Frankfurt am Main 1982

Frank-Wolf Matthies, *Die Beschreibung der Frau*, aus: F. W. M. *Morgen* (dnb 122), © Rowohlt Taschenbuch Verlag, Reinbek 1979

Frank-Wolf Matthies, *Die Mauer*, aus: F. W. M. *Morgen* (dnb 122), © Rowohlt Taschenbuch Verlag, Reinbek 1979

Friederike Mayröcker, *Ironside oder, österreichische Reise*, aus: *Tintenfisch 16. Literatur in Österreich*. Hrsgg. von Gustav Ernst und Klaus Wagenbach, Verlag Klaus Wagenbach, Berlin 1979 (aus: F. M. *rot ist unten*, © Jugend und Volk Verlag, Wien–München 1977)

Angelika Mechtel, *Netter Nachmittag*, aus: A. M. *Das Mädchen und der Pinguin*, © Paul List Verlag, München 1986

Angelika Mechtel, *Hochhausgeschichte I*, aus: A. M. *Hochhausgeschichten*, Relief Verlag Eilers, München 1971, © bei der Autorin

Christoph Meckel, *Die Geschichte des Negers*, aus: Ch. M. *Tunifers Erinnerungen und andere Erzählungen*, Verlag S. Fischer, Frankfurt am Main 1980, © beim Autor

Christa Moog, *Saison*, aus: Ch. M. *Die Fans von Union. Geschichten*, © Verlag Claassen, Düsseldorf 1985

Adolf Muschg, *Ein ungetreuer Prokurist*, aus: A. M. *Liebesgeschichten*, © Suhrkamp Verlag, Frankfurt am Main 1972

Gert Neumann, *Die Namen*, aus: G. N. *Die Schuld der Worte*, © Verlag S. Fischer 1979

Helga M. Novak, *Palisaden oder Aufenthalt in einem irren Haus*, aus: H. M. N. *Palisaden. Erzählungen 1967–1975*, © Luchterhand, Darmstadt und Neuwied 1980

Ulrich Plenzdorf, *kein runter kein fern*, aus: *Geschichten aus der DDR*. Hrsgg. von Hans-Jürgen Schmitt, Hoffmann und Campe, Hamburg 1979 (Erstdruck: Klagenfurter Texte 1978, List Verlag, München 1978), © beim Autor

Elisabeth Plessen, *Sie oder ich unterwegs*, aus: E. P. *Zu machen, daß ein gebraten Huhn aus der Schüssel laufe. Geschichten*, Deutscher Taschenbuch Verlag, München 1984, © bei der Autorin

Peter Rosei, *Warten*, aus: P. R. *Wege*, © Residenz Verlag, Salzburg 1974

Hans Joachim Schädlich, *Halme, Zweige, Fluß*, aus: H. J. S. *Irgend etwas irgendwie*, BrennGlas Verlag Assenheim, Niddatal 1984, © beim Autor

Hans Joachim Schädlich, *In abgelegener Provinz*, aus: H. J. S. *Irgend etwas irgendwie*, BrennGlas Verlag Assenheim, Niddatal 1984, © beim Autor

Hans Joachim Schädlich, *Nirgend ein Ort*, aus: H. J. S. *Versuchte Nähe*, © Rowohlt Verlag, Reinbek bei Hamburg 1971

Jutta Schutting, *Sprachführer*, aus: J. S. *Sistiana*, © Residenz Verlag, Salzburg und Wien 1976

Klaus Stiller, *Ausländer*, aus: K. S. *Traumberufe*, © Carl Hanser Verlag, München/Wien 1977

Hannelies Taschau, *Ich bin anständig, weil ihr sagt, daß ich anständig bin*, aus: H. T. *Strip und andere Erzählungen*, Rowohlt Verlag, Reinbek bei Hamburg 1975, © bei der Autorin

Urs Widmer, *Hand und Fuß – ein Buch*, aus: *Das Urs Widmer Lesebuch*. Hrsgg. von Thomas Bodmer, © Diogenes Verlag, Zürich 1980

Gabriele Wohmann, *Schönes goldenes Haar*, aus: G. W. *Ländliches Fest. Erzählungen*, © Luchterhand, Darmstadt und Neuwied 1968, 8. Auflage 1983

Gabriele Wohmann, *Grün ist schöner*, aus: G. W. *Selbstverteidigung. Prosa und anderes*, Luchterhand, Neuwied und Berlin 1971, © bei der Autorin

Ror Wolf, aus: *Mehrere Männer*, in: R. W. *Die Gefährlichkeit der großen Ebene*, Suhrkamp Verlag, Frankfurt am Main 1976, © beim Autor

Wolf Wondratschek, *Deutschunterricht*, aus: W. W. *Früher begann der Tag mit einer Schußwunde*, © Carl Hanser Verlag, München/Wien 1969

Wolf Wondratschek, *Aspirin*, aus: W. W. *Früher begann der Tag mit einer Schußwunde*, © Carl Hanser Verlag, München/Wien 1969

Notizen

Notizen

Notizen